VOUS, MARGUERITE YOURCENAR

DU MÊME AUTEUR

Le Désir fou, roman, Éditions Stock, 1976.

Colette, libre et entravée, biographie, Éditions Stock, 1978.
Réédition, Éditions du Seuil, Collection Point, 1984.
Ouvrage couronné par l'Académie française.

Regard sur les Françaises, essai, Éditions Stock, 1984.
Réédition, Éditions du Seuil, Collection Points, 1985.
Ouvrage couronné par l'Académie française et l'Académie
des sciences morales et politiques.

Histoire d'Eurydice pendant la remontée, roman,
Éditions du Seuil, 1991.

Lettres à ses amis et quelques autres, correspondance
de Marguerite Yourcenar, édition établie, présentée et annotée
par Michèle Sarde et Joseph Brami, Éditions Gallimard, 1995.

Michèle Sarde

Vous,
Marguerite
Yourcenar

La passion et ses masques

ROBERT LAFFONT

x

1000 S 36429

2221059301

Pour Hugo

1939...

LE PARTAGE DES EAUX

« Il est toujours agréable de donner à un être qui a vécu un petit relais dans le temps. »

Les Yeux ouverts

« En somme l'écrivain est le secrétaire de soi-même. »

Les Yeux ouverts

« En un sens, toute vie racontée est exemplaire [...]. Ne jamais perdre de vue le graphique d'une vie humaine, qui ne se compose pas, quoi qu'on dise, d'une horizontale et de deux perpendiculaires mais bien plutôt de trois lignes sinueuses, étirées à l'infini, sans cesse rapprochées et divergeant sans cesse : ce qu'un homme a cru être, ce qu'il a voulu être, et ce qu'il fut. »

Carnets de notes de Mémoires d'Hadrien

« Quoi qu'on fasse, on reconstruit toujours le monument à sa manière. Mais c'est déjà beaucoup de n'employer que des pierres authentiques. »

Carnets de notes de Mémoires d'Hadrien

« Qu'une femme se raconte, et le premier reproche qu'on lui fera est de n'être plus femme. »

Carnets de notes de Mémoires d'Hadrien

« Tout nous échappe, et tous, et nous-mêmes. La vie de mon père m'est plus inconnue que celle d'Hadrien [...]. Ce ne sont jamais que murs écroulés, pans d'ombre. »

Carnets de notes de Mémoires d'Hadrien

15 octobre 1939. Un peu plus d'un mois après la déclaration de guerre, dans un port français, une femme en partance pour les États-Unis se fait photographier, sans doute à la hâte.

Cette femme, c'est vous, Marguerite de Crayencour, dite Marguerite Yourcenar. De cette photographie vous n'aviez conservé que le négatif, sur lequel je vous ai d'abord distinguée, vêtue de clair, avec un chapeau blanc à large bord. Développée, la copie sur papier vous présente habillée de sombre dans la clarté du jour. Cette pellicule écran qui vous montre lumineuse au milieu de l'obscurité, cette épreuve qui vous représente obscure en pleine lumière, tracent toutes deux, avec exactitude, les contours d'une existence et d'une figure en clair-obscur, à l'image des maîtres flamands que vous affectionnez. La légende qui illustre le négatif est ainsi libellée : « Marguerite à trente-six ans. Bordeaux. Le jour de son départ pour les États-Unis. »

C'est Grace, peut-être, qui a rédigé la légende. Grace Frick, que vous appelez Grâce, à la française, en jouant sur ce mot qui donne son titre au roman que vous venez de finir. Grâce, que vous avez décidé, après bien des hésitations, de rejoindre de l'autre côté de l'Atlantique, en ce temps de trouble où vous ne savez plus très bien quoi faire de votre vie.

Dans votre sac de voyage, vous avez précieusement rangé votre passeport que je retrouverai cinquante ans plus tard, dans un dossier, intact, entre une carte de presse des *Nouvelles littéraires*

13

datant de 1929 et votre certificat de naturalisation américaine délivré le 12 décembre 1947.

Il est précieux, ce papier d'identité, en ce temps de nationalisme panique où une administration tatillonne bientôt tranchera, au vu d'un tampon, entre les vivants et les morts. Sans doute est-ce inconsciemment ce contexte qui a inspiré votre souhait de conserver cet unique passeport, dans le méli-mélo des traces de votre vie que vous avez voulu abandonner derrière vous.

Délivré le 18 mai 1937 au consulat de France à Lausanne, prorogé le 13 mai 1939 à Athènes, puis le 16 août à New York, ce passeport est libellé au nom de : de Crayencour dite « Marguerite Yourcenar » ; prénoms : Marguerite, Antoinette, Jeanne, Marie, Ghislaine ; nationalité : Française ; lieu et date de naissance : Bruxelles le 8 juin 1903 ; profession : femme de lettres ; domicile : Lausanne (Suisse). Votre signalement y est ainsi établi en page 2, jouxtant la photographie d'un visage plein aux cheveux courts et aux lèvres sensuelles. Taille : 1,65 m ; cheveux : noirs ; yeux : bleus ; nez : moyen ; bouche : moyenne ; barbe : néant ; menton : rond ; visage : ovale ; teint : naturel ; signes particuliers : néant.

J'aime à vous imaginer sur le pont du cargo américain *California*, en ce 15 octobre 1939 — le tampon du commissariat spécial de Bordeaux sur votre passeport en fait foi. La veille, le 14 octobre, vous avez manqué un autre cargo, mixte celui-là, le *Saint John*, qui a jeté l'ancre avec ses passagers, mais le commandant du *California*, réservé aux marchandises, a par exception pris des passagers ce jour-là et peut-être justement ceux du *Nieuw Amsterdam*, ce paquebot hollandais sur lequel vous aviez réservé une place et qui, lui, a refusé de prendre la mer, pour cause de guerre.

Ainsi vous voilà sur un cargo de fortune à Bordeaux, tandis que le confortable paquebot que vous aviez choisi préfère le refuge du port de Rotterdam, qui sera d'ailleurs bombardé de fond en comble dans quelques mois.

Apparemment, ce voyage d'octobre 1939 vers les côtes américaines n'a rien d'extraordinaire. Il a été précédé deux ans plus tôt, en septembre 1937, par un autre voyage dont vous gardez au moins un souvenir, celui d'avoir, dans le « roulis de la traversée atlantique [1] », mis au point l'une des nouvelles les plus sanglantes de votre œuvre romanesque, *Le Chef rouge* [2]. Cette expédition, vous l'aviez entreprise également à l'invitation de Grace, cette Américaine de votre âge, « aux traits de jeune sibylle », que vous veniez alors de rencontrer à Paris, en février 1937, et avec laquelle vous avez tout de suite follement voyagé en Sicile, à Rome, à Florence, à Venise, à Corfou, en Dalmatie, dans votre Grèce bien-aimée, par Athènes, Delphes, Sounion, et retour à Naples, tant il est vrai, comme vous l'écrirez, vieille, que « l'obsession du voyage pour un cœur jeune est presque toujours corollaire de celle de l'amour [3] ».

Mais aujourd'hui, deux ans après la première rencontre avec le Nouveau Monde, avec l'« admirable été indien » du Connecticut en automne, vous seriez prête à répéter ce que vous disiez déjà à votre ami Emmanuel Boudot-Lamotte le 16 novembre 1937, que « l'Europe est mille fois plus loin d'ici que la Perse, à laquelle je pense encore [4] ». Car ce voyage ne ressemble pas à l'autre ni aux autres, innombrables, qui vous ont fait sillonner l'Europe autour d'un centre de gravité qui avait pour nom la Grèce. Ce voyage-là sur cet incroyable cargo-là a toutes les allures d'un départ en exil et la Sibylle d'une Némésis.

En avez-vous l'intuition tandis que le *California* lève l'ancre et que vous regardez disparaître les côtes familières, que ce voyage de six mois se métamorphosera en un éloignement de onze ans d'abord, sans plus jamais vous ramener pour de bon dans l'Europe de votre jeunesse ? Pouvez-vous imaginer que les États-Unis deviendront désormais, sinon votre patrie, mot qui vous est étranger, au moins le pays dont vous prendrez, un jour qui n'est pas si lointain, la nationalité, et surtout le lieu où vous vous établirez pour vivre avec vos fantômes et pour en faire des êtres de fiction ?

Non. En cet instant d'octobre 1939, vous n'avez au mieux qu'un lointain pressentiment de ce que « les extraordinaires carambolages du hasard et du choix » vous préparent, le destin ambigu d'habiter dans un pays auquel vous avouez vous-même n'avoir pas pensé cinq minutes avant l'âge de trente-cinq ans.

Ce que vous sentez clairement, c'est que vous êtes à un carrefour de votre vie. Tout d'abord, vous n'avez presque plus le sou. Tout ce qui restait de la fortune de votre mère, mal géré par votre demi-frère, vous l'avez croqué, volontairement, en dix ans de nomadisme, de vie de bohème, de vie de bâton de chaise, de vie libre, comme diraient les uns ou les autres, cultivant certains dérèglements du corps et de l'esprit que vous avez sublimés dans vos poèmes et vos récits.

Ces derniers, *Alexis*, *La Nouvelle Eurydice*, *Pindare*, *La Mort conduit l'attelage*, *Feux*, *Denier du rêve* et *Le Coup de grâce*, vous ont assuré des succès d'estime et le respect d'une petite coterie parisienne et d'hommes comme Edmond Jaloux, Charles Du Bos et Paul Morand. Mais l'estime ne fait pas vivre et vous n'avez pas encore connu la gloire que vous avez désirée, enfant. Comme l'indique votre passeport, vous êtes une femme de lettres, mais pas encore tout à fait un écrivain.

Votre passion pour un homme qui vous a repoussée vous a, au cours de cette décennie, dévorée comme le Minotaure dont votre œuvre ne quittera jamais le labyrinthe. Vous avez flambé pour lui dans cette Grèce mythique où vous avez infatigablement bourlingué et, de vos propres cendres, vous avez fait des poèmes si impudiques que vous avez souhaité que votre livre, jamais, ne soit lu.

L'Europe, vous le pressentez, car vous avez le talent de Cassandre, qui est de prévoir, sinon celui d'Ariane, qui est de se prévoir, va passer par une phase de dissolution et de destruction sans précédent. Une œuvre au noir. Et vous, dans cette tourmente, qu'allez-vous devenir ? C'est ce que vous vous demandiez anxieusement il y a un peu plus d'un mois, le 3 septembre 1939, dans un café de Sierre, en Valais, en entendant à la radio l'annonce des hostilités et l'entrée des troupes hitlériennes en Belgique.

Le même jour, alors que vous traversiez le Léman sur un bateau presque vide, vous avez entendu, côté Savoie et côté Suisse, sonner le tocsin qui annonce la guerre. Ce tocsin franco-suisse vous a rappelé le tocsin belge que vous aviez entendu sonner vingt-cinq ans plus tôt le long d'un chemin dans la dune de

Westende. Vous aviez alors onze ans. Le réflexe de Michel, votre père, fut le même que le vôtre aujourd'hui : prendre la mer. Mais le premier exil en Angleterre pour cause de guerre n'avait duré que quelques mois.

Cette fois-ci « ce sont les cloches de sept ou huit villages qui sonnent à la fois, parmi lesquelles se détache le grand bourdon de la cathédrale de Lausanne [5] ».

Qu'allez-vous devenir ? « Seule, comme je l'étais, libre comme je l'étais, n'étant en somme attachée à aucun lieu en particulier sauf par mon choix, à aucun être sauf par mon choix, il me parut un long moment que ma propre vie s'effaçait, n'était qu'un carrefour où s'engouffraient ces ondes de bruits ; ce tocsin n'était déjà plus le signal d'un danger mais un glas, celui de tous ceux qui allaient mourir dans cette aventure, comme peut-être moi-même [6]. »

Rentrée à Lausanne, dans le salon de l'hôtel Meurice, vous avez entendu, au milieu de visages consternés, la déclaration de guerre de l'Angleterre à l'Allemagne, puis celle « à retardement » de la France. Et les nouvelles se sont précipitées, celle du torpillage de l'*Athinia*, coulé sur les côtes d'Irlande, et celle qui vous concerne plus personnellement : le *Nieuw Amsterdam* ne fera pas route vers le Nouveau Monde et vous êtes bloquée dans l'ancien.

Qu'allez-vous faire ? Contrairement à la plupart des gens pris dans des obligations professionnelles ou privées, pour lesquels la guerre, si elle introduit une menace, ne contraint à aucun choix, vous êtes, vous, acculée au dilemme : partir, rester. Dans le contexte de votre époque et de votre caste, vous êtes une anomalie : femme, jeune encore, seule, libre, vagabonde... et sans ressources. Mais vous n'êtes pas sans détermination. La guerre deviendra pour vous l'occasion même de décider. L'annulation du *Nieuw Amsterdam* serait-elle un présage ? Vous avez hésité. Vous avez consulté autour de vous vos amis, votre entourage. Une jeune femme grecque, installée à Lausanne et dont le penchant pour l'étonnant et le sensationnel vous est connu, vous a donné ce conseil exalté : « Si j'étais de vous, je m'arrangerais pour faire du reportage et pour choisir les occurrences les plus extraordinaires ; soyez à Paris le jour où il brûle et à Berlin le jour où Hitler se rendra [7]. » Étant déjà, par caractère, encline à opter pour des solutions moins fracassantes, vous n'avez écouté que d'une oreille ces propos faciles.

Votre ami Edmond Jaloux ne s'est guère montré meilleur conseiller. Vous avez dîné avec lui dans une taverne de Lausanne ou dans les jardins d'Ouchy, sans savoir que c'était probablement la dernière fois. Vous aimez cet homme de lettres qui a salué chacun de vos livres d'une critique enthousiaste. Vous n'ignorez pas pour autant où vont les sympathies d'un écrivain qui, à peine quelques mois plus tôt, vous avait parlé d'une revue ayant publié les textes d'Hitler et à laquelle il avait « l'honneur de collaborer [8] ». Mais c'est monnaie courante à l'époque. André Fraigneau, l'homme que vous avez adoré jusqu'à l'humiliation, ne tenait pas des propos différents. Et, pour tout dire, vous avez des amis dans les deux camps.

Vous avez trouvé cette fois Edmond accablé, pris en flagrant délit de ce péché de légèreté qui déjà vous irrite dans l'intelligentsia parisienne. « Hitler nous a amusés parce qu'il est une sorte de Wallenstein mais la situation présente passe la mesure [9] » est tout ce qu'il a su vous déclarer devant une assiettée de petits gâteaux.

Dans le doute, du moins vous êtes-vous résolue à quitter Lausanne, à rester à Paris. Alors, en toute hâte, vous avez fait vos préparatifs, entassant dans deux ou trois malles quelques objets échappés au naufrage familial, de l'argenterie, une pendule, des bibelots de valeur, de vieilles correspondances, des bijoux peut-être, et surtout vos biens à vous, parmi les plus précieux, des lettres intimes, des agendas, des fragments de journaux, le manuscrit d'*Hadrien*, dernière version, avec la plus grande partie des notes. Ces malles, vous les avez laissées en garde à la direction de l'hôtel Meurice à Lausanne, comme vous avez toujours fait, dans votre existence vagabonde, en ces époques où l'hôtel est un mode de vie naturel pour beaucoup d'intellectuels, d'artistes ou de bourgeois bohèmes, sans domicile fixe. La troisième femme de votre père, l'Anglaise Christine Hovelt, mettra sans doute ces objets au garde-meuble avant de se rendre à Pau en 1940 à moins que vous ne les ayez laissés directement à sa garde.

Et vous êtes partie en hâte, n'emportant que l'essentiel — un essentiel qui comprend quelques résumés sur l'empereur, faits naguère à Yale, une carte de l'Empire romain à la mort de Trajan, et le profil d'Antinoüs du musée archéologique de Florence, « qui est jeune, grave et doux [10] » ; ignorant que ces bribes de votre passé, amputées de beaucoup d'objets de prix, ne vous seraient rendues qu'exactement dix ans plus tard. Et qu'un jour glacial de janvier 1949, dans l'île des Monts-Déserts, à l'autre bout du monde, vous alliez extraire de ces reliques quatre ou cinq feuillets jaunes qui commencent par « Mon cher Marc... », en qui vous mettriez quelques instants à reconnaître Marc Aurèle. Marc Aurèle, philosophe stoïcien, fils adoptif, successeur de l'empereur Hadrien...

Alors, la Grèce ? Les États-Unis ? À Paris vous avez tenté en même temps deux démarches contradictoires. Vous êtes allée au ministère de l'Information demander à Jean Giraudoux une mission culturelle en Grèce. À défaut de celle-ci, vous avez cherché, dites-vous, à trouver les fonds nécessaires pour vous y rendre.

Et vous avez prêté l'oreille à André Morize, qui vous a encouragée à rejoindre les États-Unis à vos propres frais afin de « propagandiser » dans ce dernier pays pour la France. Si le paquebot *Nieuw Amsterdam* reste en rade, du moins vos papiers pour les États-Unis sont-ils, eux, en règle. Vous aviez, dès le 19 juillet, prévenu votre éditeur, Emmanuel Boudot-Lamotte, votre interlocuteur chez Gaston Gallimard : « Ne possédant plus de domicile fixe, j'aurais besoin d'une ou de plusieurs attestations, comme quoi Paris est bien l'une de mes résidences principales et celle où, à cause de mes travaux littéraires, je me verrais forcée de revenir [11]. » Et, le 24 juillet, Gallimard s'était exécuté.

Mais rien n'était résolu. En cette fin de septembre, en ce début d'octobre, vous balanciez toujours entre votre vieux pays d'élection et votre future patrie d'adoption. Et en attendant que le hasard fasse peser sur l'un des plateaux de cette balance la nécessité d'un choix, que vous ne parveniez pas à faire sans un signe d'encouragement, vous avez traîné votre incertitude et votre désœuvrement dans un Paris insolite, déserté par ses habitants, où une alerte réunit dans un couloir du métro Opéra les secrétaires d'un ministère proche, les marmitons du café de la Paix et vous.

Vous avez erré de la Madeleine à la Concorde et de la Concorde à la place Vendôme, à la recherche d'un peu de chaleur humaine, d'un échange intellectuel... ou, au moins, d'une information.

Finalement — rumeur, conseil amical ou renseignement administratif ? — un message vous est parvenu. Dans le port de Bordeaux, semble-t-il, des départs auraient été prévus pour l'Amérique. Les passagers refoulés du *Nieuw Amsterdam* seraient invités à s'y rendre.

Bien que cette dernière instruction se fût révélée fausse, vous avez enfin réussi à vous faire accepter sur ce cargo qui se prépare à quitter les côtes européennes. Une fois de plus, dans la précipitation, vous avez confié au portier de nuit de l'hôtel Wagram qui sous peu résonnerait sous la botte, là où il n'y a pas trois ans vous rencontriez Grace, le reste de vos possessions en ce monde. Et vous vous êtes éloignée, encore tout imprégnée d'anecdotes parisiennes et de souvenirs de rencontres qui n'ont pas deux mois : « Cocteau, au bar du Ritz, plus préoccupé, comme toujours, de charmer et d'éblouir que des événements... Dadelsen, léger, rejoignant son régiment... Marianne Oswald, rêvant d'établir à New York une boîte de nuit exclusivement pour femmes... Julien Gracq, en uniforme, entrevu dans le salon d'un ami anglais, peuplé de Chirico [...]. Et çà et là, incertains, comme tout le monde, des Allemands de race juive, se demandant s'il convenait de rester à Paris ou d'obtenir un passeport pour le Portugal [12]. »

Une dernière anecdote, que vous notez, vous revient encore avant que le bateau ne s'éloigne du port : « Une nuit, après une petite réception rue du Bac, qu'avaient interrompue une alerte et une descente à la cave agrémentée des propos de la concierge, il m'arriva, dans la rue toute noire, de tomber dans une excavation du service de voirie et d'y perdre dans la boue mes chaussures, récupérées le lendemain [13]. »

Et puis, au fur et à mesure que le roulis régulier du cargo vous isole, fait écran entre l'avenir obscur et la lumière insouciante du tout-Paris et de l'Europe vagabonde des riches et des oisifs, prennent place dans votre mémoire les figures de ceux qui ont compté pour vous mais que vous ne comptez pas sur les doigts d'une main. Vous les revoyez, un à un, une à une, homme et femme mélangés, car pour vous l'amour n'a pas de genre, il n'a qu'un corps et ce corps est pareillement aimanté par la beauté, toute la beauté, qu'elle prenne la forme courbe d'un sein de femme ou la ligne dure d'une cuisse de garçon.

L'année dernière encore, pour les fêtes de fin d'année, Lucy Kyriakos était venue vous rejoindre au Tyrol, dans la neige ; et vous l'avez revue en Grèce à Pâques, il n'y a pas six mois, cette belle jeune femme, votre amante sans doute, qui sera tuée dans moins de deux ans sous le bombardement de Janina.

Le nom d'un autre Grec, Andreas Embirikos, vous sera encore si cher en 1975 que vous ajouterez celle de sa mort à la liste des dates importantes de votre vie, liste de moins d'une quinzaine de noms où sont consignés soigneusement les jours et mois de naissance de ceux qui vous ont été les plus proches. Andreas, le poète qui vous a initiée à ce pays que vous idolâtrez, votre compagnon d'esprit, et de lit sans doute, Andreas, avec qui vous avez vécu une mystérieuse expédition en mer en 1936, au moment même où vous vous mouriez d'amour pour l'Autre, qui était aussi son ami. Andreas, que vous n'allez plus revoir.

Et cet Autre, André, à qui vous avez crié votre désir dans *Feux*, en êtes-vous guérie ? Face à la « mer solitaire », en présence de cette « immensité presque toujours vide [14] », recomposez-vous dans la vague son jeune corps de dieu grec, festonné par instants d'une dentelle d'écume ? André, dont vous imaginez la silhouette élégante, l'admirable visage fin et cruel aux côtés de ce même Cocteau dont il est le familier, auquel il consacrera, après la guerre, un *Cocteau par lui-même*. Dans la vague océane, « qui se prosterne, explose et finalement s'aplatit [15] », dans les tempêtes atlantiques, projetez-vous le souvenir de la « mer violette », du « vent, bon compagnon », de cette Méditerranée « à la fois humaine et divine [16] », dans laquelle son corps, entre tous, à peine plus sinueux lui-même qu'une vague se laissait à la fois caresser et porter ? Malgré l'exorcisme des livres, est-il possible que vous soyez guérie de cette obsession du désir, de cette hantise d'un corps qui vous inspirait, il y a encore cinq ans, ces lignes, parmi d'autres non moins ardentes : « J'ai fait de toi, faute de mieux, la

21

clé de voûte de mon univers [17]. » « Où me sauver ? Tu emplis ce monde. Je ne puis te fuir qu'en toi [18]. »

Est-ce de Lui que vous vous sauvez ? Est-ce son fantôme que vous serrez contre vous dans le lit étroit de votre cabine ou bien est-il déjà pour vous confondu avec son personnage, qu'il s'appelle Éric, Thésée ou le Minotaure, ce monstre que vous avez relégué au plus profond de vous dans l'enfer de votre labyrinthe intérieur mais qui continuera à se lever et à gronder, par intervalles, jusqu'à votre mort ? Car, si l'amant tant désiré est devenu fantôme et personnage, il est en bonne compagnie dans la cale. Peut-être y fraternise-t-il avec le futur Hadrien qui, pour l'instant, espère, sous forme de feuillets dactylographiés dans la malle de l'hôtel Meurice. Ou avec le futur Zénon, ébauché déjà dans une nouvelle de *La Mort conduit l'attelage*, que vous avez publiée en 1934. Ou avec le futur Nathanaël, lui aussi esquissé dans un récit, que vous porterez encore pendant quatre décennies avant de lui donner le jour dans *Un homme obscur*.

Non, vous n'êtes pas seule. Tout autour de vous, tout à l'intérieur de vous, vous les sentez, vos personnages, qui rôdent, qui émergent ou se replient sur eux-mêmes, qui manifestent farouchement leur volonté d'exister. Pour vous, ils sont aussi réels qu'Andreas, que Lucy, qu'André. Ou que Michel de Crayencour votre père, et Jeanne, sa bien-aimée. Et ils vous accompagnent.

Car, si l'on doit faire le compte de ceux qui, invisibles, êtres de chair et êtres de fiction mêlés, vous escortent en ce voyage où se partagent les eaux de votre vie, il faudrait, pour être juste, y inclure les morts. Ceux que vous avez aimés à l'aube de votre existence et que vous ferez ressusciter comme personnages au soir de votre existence.

Votre père était déjà auprès de vous quand vous avez traversé la Manche en 1914, pour rejoindre l'Angleterre. Autre guerre. Autre mer. Sans y penser, vous avez mis vos pieds dans les empreintes de cet homme aux semelles de vent. À présent, vous croyez le voir de l'autre côté du bastingage, tel qu'il se présentait à vous dans votre enfance, tel qu'il apparut à Jeanne en 1904, à l'âge de quarante-sept ans « avec son crâne rasé, à la hongroise [...], ses longues moustaches tombantes [...], les yeux un peu sorciers sous les sourcils embroussaillés et les mains aux deux phalanges mutilées [19] ». À côté de lui, Jeanne, l'amante du père, la femme aimée de vous dans la petite enfance, célébrée par vous dans des « Tombeaux », qui sont de vrais poèmes d'amour. Jeanne, telle que Michel la vit pour la première fois le jour de son mariage avec Fernande, votre mère. Jeanne d'avant votre naissance telle qu'il vous la raconta plus tard, avec son visage d'ambre pâle, son corps sculptural aux lignes à peine soulignées par un long tailleur de velours rose, un chapeau de feutre rose couvrant les cheveux et les yeux sombres.

Jeanne et Michel. L'une repose non loin de Lausanne, l'autre à Laeken, en Belgique, dans des cimetières où vous n'oublierez pas de revenir. Mais ils ne vous ont pas quittée, ils glissent avec vous, avec vos vivants et vos fantômes, avec un empereur du IIe siècle, le futur Hadrien des *Mémoires*, avec un alchimiste de la Renaissance, qui s'appellera, qui s'appelle déjà Zénon, avec Marcella, pasionaria antifasciste de *Denier du rêve*, ombres légères sur le lourd cargo qui suit sa route vers la cité de New York.

L'Europe, pendant longtemps, n'aura plus été qu'un point minuscule que vous fixiez à l'horizon, et, dans les heures et les jours qui ont suivi, un point imaginaire. Et vous n'avez pas fini de rêver, tandis que se dessinent déjà les côtes américaines où Grâce, votre amante, vous espère..., de rêver sur votre Europe des années 30, « semblable à un beau parc où les privilégiés se promènent à leur gré et où les pièces d'identité servent seulement à retirer les lettres de la poste restante [20] ». Une Europe que vous emportez tout entière avec vous.

I.

Michel à travers votre miroir

« Tout est dans les premiers commencements. »
Claude Lévi Strauss, *Tristes Tropiques*

« Derrière chacune de nos passions
pour un genre de vie, il y a un être. »
Marguerite Yourcenar, *Quoi ? L'Éternité*

1.

Le premier personnage de votre vie

Le 12 janvier 1929, Michel, votre père, le premier personnage de votre vie, est mort d'un cancer généralisé, dans une clinique de Lausanne. Dix ans après la rédaction de votre premier texte, *Le Jardin des chimères*, qu'il avait fait publier à compte d'auteur. Cinquante ans avant la mort de Grace, en 1979. Fatidique chiffre neuf. Fatidiques fins de décennies qui découpent presque mécaniquement votre existence en plusieurs vies. « La personne que j'étais dans ces années d'avant trente-neuf me paraît bien loin de moi [1] », avez-vous écrit en 1964, reprenant comme en écho ces paroles de votre père sur son lit de mort : « J'ai vécu plusieurs vies. Je ne vois même pas ce qui les rattache l'une à l'autre [2]. »

Cette fatalité du chiffre neuf, l'avez-vous mentionnée aux astrologues par lesquels, dans les années 70, vous avez fait établir votre horoscope, celui de Zénon... et celui de Michel ? Les années 70, c'est l'époque où vous avez commencé à vous intéresser à votre père pour lui-même, à évoquer, dans votre trilogie familiale *Le Labyrinthe du monde*, l'homme du monde doublé d'un aventurier qui portait justement, tatoué à la saignée de son bras gauche, le mot grec *anankê*, la fatalité. Mais les signes avant-coureurs de ce regain d'intérêt pour votre autre vie, votre vie la plus ancienne, et même celles qui étaient plus anciennes qu'elle, celle de votre père Michel, celle de votre mère Fernande, morte à votre naissance, s'étaient fait sentir dès le début des années 70, dans votre correspondance. Entre-temps, et surtout à l'époque où vous rompez les amarres avec l'Europe pour rejoindre Grace à New York, vous n'avez pas voulu ou pas pu vous souvenir de votre enfance et de votre prime jeunesse.

Conduite typique, dirait la science des comportements : on demeure par nécessité égoïste à trente-cinq ans, comme on l'a été plus encore à vingt-cinq, à quinze ou à cinq. « Un père est un monsieur qui vous a eue comme fille, dans mon cas, quand il avait quarante-cinq ans [3] », avez-vous déclaré à Bernard Pivot en 1979. « Mettons que j'aie commencé à l'observer quand j'en avais, moi, sept. Toute sa jeunesse était derrière lui [...]. Ensuite [...] le fait même d'être une fille fausse la situation à l'égard d'un personnage : c'est mon père. Et on ne pense pas assez que ce père est un monsieur qui a sa vie à lui, ses aventures à lui, ses soucis à lui. Il peut être un très bon père mais la paternité ne le compose pas entièrement. Il y a bien d'autres choses qu'on risque d'oublier [4]. »

Dans votre enfance, le sentiment, reconstruit par vous, qui prédomine à l'égard de « cette grande personne autour de laquelle tournait la mécanique de ma vie [5] » n'est pas de l'amour au sens où l'amour reçu suppose la réciprocité, ni cette espèce d'attachement charnel réservé à Barbe, qui vous lave, vous dorlote et vous donne à manger. « Je ne sais si j'aimais ou non ce monsieur de haute taille, affectueux sans cajoleries, qui ne m'adressait jamais de remontrances et parfois de bons sourires [6]. » C'est plutôt une obscure peur de le perdre, entretenue par les deux bonnes et les religieuses qui vous apprennent à lire au Mont-Noir. Celles-là vous ont prévenue qu'à la mort de votre père vous verriez du changement : « Un pensionnat de bonnes sœurs avec une robe de laine noire et un tablier, beaucoup de prières et peu de friandises ; l'interdiction d'avoir avec moi Monsieur Trier aux pattes torses et quand j'aurais désobéi, des coups de règle sur les doigts [7]. »

L'idée de cette mort ne vous inquiète pas en elle-même — « la plupart des petits enfants croient les grandes personnes immortelles [8] ». Non. « Ce qui m'effrayait, c'était l'absence. C'est sans doute à partir de cette époque que je pris l'habitude d'essayer de m'endormir le plus tard possible, espérant entendre les pas de Michel crisser sur le gravier du jardin. Bien plus tard, certaines de mes veillées de femme m'ont rappelé celle-là [9]. »

De cette peur de l'absence, vous avez gardé le goût de vivre et de voyager avec un compagnon ou une compagne dont on partage tous les instants. Après Grace, il y aura Jerry. Après Jerry, vous chercherez désespérément une nouvelle compagnie. Contrairement à l'image que vous allez projeter devant les médias à la fin de votre vie, vous avez eu horreur de la solitude et, si vous avez vécu loin du « monde », c'était en partie pour mieux goûter, comme avec Michel en votre enfance et jusqu'à sa mort, les charmes d'un tête-à-tête quotidien sinon exclusif.

Car — vous y avez vous-même peu insisté — vous ne vous êtes pratiquement jamais quittés depuis le jour de juillet 1903, où votre père, en deuil de votre mère, est rentré au Mont-Noir, avec cette nouvelle née de quelques semaines, qui était vous. Je feuillette la chronologie que vous avez vous-même établie, je consulte votre biographe [10]. Je vois d'abord des étés au Mont-Noir, ce château de famille près de Bailleul, à la frontière belge, chez Noémi, votre redoutable grand-mère, et des hivers rue Marais, à Lille, d'autres étés à Scheveningue, auprès de Jeanne, d'autres hivers dans le Midi, à la mort de Noémi en 1909, et puis la villa de Westende, sur la côte belge, à partir de 1912. Avec Michel. En 1914, fuyant la guerre, il vous emmène quelques mois de l'autre côté de la Manche, puis vous revenez à Paris et dans le midi de la France. Toujours ensemble.

Votre père ne vous quitte que pour s'adonner à ses deux démons : l'amour des femmes et celui du tapis vert. À la surface, vous n'en souffrez pas. En profondeur, si vous n'avez pas porté de jugement sur le vice du joueur, par votre sobriété dans vos goûts et dans vos dépenses entre 1939 et 1979 — certains y verront des signes d'avarice — vous avez condamné l'aliénation du jeu et le gaspillage. Quant aux petites femmes faciles et souvent sottes, avec qui on peut « rire, pleurer, faire l'amour mais non s'expliquer [11] », qu'affectionnait Michel, elles vous inspirent un mépris qui s'exprimera partout dans votre œuvre. Parmi toutes ses femmes, vous ne lui en voudrez qu'une : Jeanne. Et celle-là, vous l'aimerez, à votre tour, d'un si grand amour que votre histoire

29

finira par s'identifier avec la sienne et vos désastres avec les siens : « D'une seule femme qu'il allait aimer et perdre durant mon enfance, il garda une image inoubliable qui s'est imposée à moi comme un modèle de vie [12]. »

Vous avez six ans, huit ans, dix ans. Avec Michel, pas d'école, pas de pensionnat. Il avait trop souffert au collège, trop souffert aussi d'une mère hargneuse et peu aimante, pour vous imposer votre revêche grand-mère, qui mourra, d'ailleurs, quand vous aurez neuf ans. Si vous n'avez pas ressenti le manque de Fernande, si vous n'avez pas soupiré après la présence féminine, au chevet du lit comme à la table d'étude, c'est aussi parce que Monsieur de Crayencour, maître d'école et maître d'œuvre, père et mère à la fois, a su vous tenir lieu de tout.

À une époque où les enfants de votre âge et de votre milieu n'aperçoivent que rarement une mère pressée dans une toilette de bal, vous revoyez un soir d'été un homme inquiet, étendant sur ses genoux cette petite fille de cinq ans, qui est vous, et « dans le grand salon du Mont-Noir, essayant d'endormir la petite légèrement fiévreuse, à l'aide de cette berceuse enfantine que Wagner a prêtée à Wotan, lorsque celui-ci livre au sommeil magique Brunehild entourée de flammes : Do do l'enfant do [13] ».

Et si ce souvenir-là, dites-vous, est unique, en revanche, c'est régulièrement que Michel « rentrait une heure plus tôt, tous les soirs, avant de ressortir pour dîner, afin de me faire réciter mon alphabet grec et de corriger mes exercices de déclinaison latine [14] ».

Certes, il vous laisse parfois sous la surveillance d'abord d'une jeune Barbe puis, plus tard, d'une jeune Camille, auxquelles vous vous attacherez avec cette même fidélité inaliénable que vous mettez dans toutes vos affections, mais il n'est guère plus absent qu'une mère d'aujourd'hui qui a son travail et ses occupations. Et s'il laisse au début les religieuses vous apprendre les rudiments de l'alphabet, une fois que vous savez lire, il se charge de vos lectures.

Lui, qui a fugué du collège, déserté deux fois de l'armée française et travaillé un temps dans un cirque ambulant, il vous a inoculé le démon des gens du voyage, la fureur de changer de place. Même à partir de 1922, lorsque vous vous amourachez de l'Italie où vous voyagez parfois seule — vous avez maintenant une vingtaine d'années — il sera auprès de vous dans les moments de grâce, où l'harmonie d'un lieu et d'une rêverie fera lever en vous les personnages de vos meilleurs récits.

Ainsi, en 1924, avez-vous foulé ensemble « la longue allée bordée d'une garde prétorienne de cyprès menant pas à pas [15] » à la villa Adriana, demeure d'un empereur, alors « silencieux domaine des ombres, hanté en avril par le cri du coucou, en août par le crissement des cigales [16] », lieu inspiré où vous furent infusés la passion d'Hadrien et le désir de la faire revivre.

Cette présence de votre père à la visite initiatique de 1924, vous l'avez à peine mentionnée. Mais, à la fin de votre vie, rapportant une autre visite à la villa Adriana que Jeanne aurait faite avec son mari, c'est à Jeanne que vous prêtez cette hallucination : « Parmi les visiteurs qui arrivent en sens inverse [...], elle a cru voir Michel... C'est bien lui ? Ce ne peut-être que lui. Cet homme en panama et en légers lainages — il fait chaud aujourd'hui — aux bons vêtements [...] presque volontairement décatis, comme l'étaient, dit-on, ceux des anciens dandys anglais, avant d'être portés ; ce solide visage aux yeux bienveillants, un rien rieur, aux coins plissés de petites rides [...]. Mais ce n'est pas lui. Ce n'est pas non plus quelqu'un d'autre. A-t-elle créé de rien un fantôme [17] ? »

Cette amoureuse, prise au piège d'une vision, qui s'élance vers un fantôme, cette femme aimante qui n'est pas sans savoir qu'une ombre en cache une autre, est-ce Jeanne, est-ce vous, qui, derrière l'alibi d'une autre, se donne le plaisir de contempler une dernière fois le souvenir de Michel dans la villa d'Hadrien ?

À Naples, au printemps 1925, il est encore là, avec vous, devant la bouleversante Pietà de l'église Sainte-Anne-des-Lombards. C'est là que vous situerez pendant le Jeudi saint la scène d'amour entre Anna et son frère Miguel, les deux amants incestueux d'*Anna, soror*. Avec Michel, vous avez erré dans la « pauvreté grouillante et vivace des quartiers populaires, dans la beauté austère ou la splendeur fanée [18] » des églises comme ce Saint-Jean de-la-Mer où vous montrerez Anna ouvrant le cercueil de son amant. Vous avez visité le fort Saint-Elme et la chartreuse où vous imaginerez don Alvaro fuyant sa vie. Vous avez traversé les villages désolés de la Basilicate dans l'un desquels vous placerez la demeure de Valentine et de ses enfants, vous avez visité les « ruines de Paestum que Miguel aperçoit dans une sorte de rêve [19] ».

Miguel. Michel. L'un toujours présent auprès de vous. L'autre, qui sort de vous, en ce printemps 1925, dans le premier jet d'une version qui sera ensuite retouchée mais viendra prendre place dans vos œuvres complètes de la Pléiade, prêtes pour l'immortalité. Miguel. Michel. Vous, qui vous êtes méfiée de Freud et de ses disciples, vous aviez examiné l'hypothèse d'un rapprochement entre le prénom de Miguel et celui de votre détesté demi-frère « Michel-Joseph », pour la rejeter comme absurde. L'idée, cependant, ne vous est jamais venue d'accoler le nom de l'amant incestueux et le nom du père. Mais c'est là usurper un pouvoir que vous n'avez pas eu le désir d'exercer, peut-être fausser une clé que vous n'avez pas souhaité éprouver. « Là où il a choisi de se taire, je ne puis qu'enregistrer son silence [20] », avez-vous dit de votre père. Vous avez droit au même respect de votre intimité.

Silence et respect. C'est de cette étoffe qu'est faite sans doute cette journée de janvier 1929 où vous avez assisté à l'agonie de votre père. Ce moment-là vous appartient. Tout comme celui de la mort de Grace. Vous n'en parlerez jamais.

En revanche, vous n'avez pas cherché à dissimuler la fureur que vous a causée votre demi-frère refusant de venir au chevet de son père mourant. Michel, pourtant, vous avait demandé de n'en rien faire. Mais Christine, « l'Anglaise sentimentale et conventionnelle » qu'il a épousée il y a deux ans et demi et qui le soigne avec dévouement, a insisté. « Michel-Joseph répondit qu'occupé à se bâtir une maison dans la banlieue de Bruxelles, il n'avait pas en poche l'argent de ce trajet ; de plus, par cet hiver rigoureux, et par un matin de tempête de neige, sa femme avait eu une attaque de nerfs à l'idée de faire le voyage en Suisse [21]. »

Entre la colère, l'irritation que suscite en vous votre pusillanime belle-mère et les incontournables démarches administratives, vous ne pensez plus beaucoup à tous ces souvenirs à la fois proches et déjà lointains pour une jeune femme de vingt-cinq ans qui a envie de vivre. Dans la complexité des sentiments que vous cause cette mort et que vous n'aurez pas trop de toute une vie pour démêler, ce qui émerge le plus clairement à votre conscience est à la fois ambivalent et trivial : le chagrin et le soulagement.

Le chagrin ne se dit pas. Il se dissipe apparemment vite. Il n'aura pas fini de hanter directement ou indirectement votre œuvre et votre correspondance, c'est-à-dire votre vie.

Le soulagement est simple. Depuis quelques mois, et même quelques années, la santé de votre père vous a quelque peu entravée, ne serait-ce que parce que vous ne pouviez pas vagabonder, voyager loin, être à vos amours autant que vous le souhaitiez. Et vous l'avez dit sans ambages : « Je l'ai soigné, mal d'ailleurs, parce qu'on a tout de même ses soucis, ses préoccupations personnelles à vingt-quatre ans. On est encore novice devant la maladie et la mort. Il m'arriva de le quitter beaucoup plus souvent qu'il ne m'arrive de quitter Grace malade, en me disant avec angoisse " Qu'est-ce qui pourrait bien se passer ? Devrais-je être là ? " À vingt-quatre ans on a encore trop confiance dans la vie. Mais enfin, j'étais avec lui. Je l'ai vu mourir. Cela m'a donné la leçon immédiate d'une très belle existence réussie quand, de l'extérieur, cela paraissait une vie folle et manquée [22]. »

Sur les circonstances précises de la mort, sur les funérailles de votre père, vous avez donné peu de détails. Cependant, vous avez archivé le faire-part de décès, sorte de miroir d'une famille qui s'est réunie en Belgique pour la cérémonie. Voici comment il la présentait et représentait :

« Madame de CRAYENCOUR, née HOVELT [Christine, troisième épouse de votre père] ;
Monsieur de CRAYENCOUR et Madame de CRAYENCOUR, née de BOCHGRAVE [votre demi-frère Michel Fernand Marie Joseph que vous appelez Michel-Joseph dans *Le Labyrinthe du Monde* et son épouse Solange] ;
Mademoiselle de CRAYENCOUR [vous] ;
Messieurs Michel, Emmanuel, Jean-Pierre, Antoine et Georges de CRAYENCOUR [vos demi-neveux, les fils de Michel Fernand. Dans les années 60, vous vous rapprocherez de Georges, le plus jeune, et échangerez avec lui une correspondance régulière] ;

Comte de PAS et Comtesse de PAS, née de RINVILLIERS [le comte de PAS est veuf de Marie de CRAYENCOUR, votre tante, jeune sœur de Michel, tuée tragiquement en janvier 1902, d'un coup de feu ricoché. La comtesse est sa deuxième épouse] ;
Comte Ernest de PAS et Comtesse Ernest de PAS, née Vicomtesse de La VILLE-BOISNET, Comte de MAZENOD et Comtesse de MAZENOD, née Comtesse de PAS, Comtesse Cécile de PAS [les enfants et beaux-enfants du dernier avec sa première femme Marie] ;
Les Familles HOVELT et de VASCONCELLOS [la famille de Christine, troisième et dernière épouse de votre père] ; les Familles de CARTIER de MARCHIENNE [la famille de votre mère Fernande, deuxième épouse], de La GRANGE et RAUX de La GRANGE [la famille de Berthe, première épouse et mère de Michel Fernand] ; les Familles de CARTIER d'YVES, de SEBYLLE, MANDERBACH et DELVAUX ;
Les Familles Van ESLANDE et BOSSUT
Ont la douleur de vous faire part de la perte cruelle qu'ils viennent d'éprouver en la personne de :

Messire
Michel-Charles-René-Joseph Cleenewerck
DE CRAYENCOUR [23] »

Le reste du faire-part précise que le défunt a été muni des sacrements de l'Église, que l'absoute a été donnée en la chapelle du Dépositoire de Montoie, à Lausanne, mais que le service funèbre suivi de l'inhumation, probablement à la demande de Michel-Joseph, appuyé par Christine qui compte s'installer en Belgique, aura lieu à Bruxelles dans la plus stricte intimité. Les adresses indiquées sont celles de Bruxelles et celle de la villa Loretta, boulevard d'Italie, à Monaco, point fixe où vous vous êtes retrouvés régulièrement pendant presque une décennie, Michel, Christine et vous.

L'autre document concernant la mort de votre père est un Souvenir Pieux. Je n'y aurais pas prêté attention si, dans le livre consacré à votre mère, et que vous avez justement intitulé *Souvenirs pieux*, vous n'aviez brillamment démontré comment ce post mortem permet de déchiffrer un regard posé sur un mort.

« Une quinzaine environ après la mort de Fernande [...] les parents et les amis intimes reçurent par la poste une dernière communication dont la jeune femme était l'objet. C'était ce qu'on appelle un Souvenir Pieux : un feuillet d'un format assez petit pour qu'on pût l'insérer entre les pages d'un missel, où l'on voit au recto une image de piété [...] au verso une demande de se souvenir devant Dieu du défunt ou de la défunte, suivie de quelques citations [...]. Le Souvenir Pieux de Fernande était discret [...]. Au verso [...] figuraient deux phrases sans nom d'auteur [24] », que vous supposez rédigées par votre père :

« Il ne faut pas pleurer parce que cela n'est plus, il faut sourire parce que cela a été.

« Elle a toujours essayé de faire de son mieux [25]. »

Après avoir salué l'optimisme de la première pensée, vous notez, à propos de la deuxième formule et non sans ironie, que « parmi les amis et parents qui lurent cet éloge, certains durent lui trouver une ressemblance avec ces " certificats " qu'un homme bon mais qui ne veut pas mentir donne à une personne qui a quitté son service et chez qui on ne trouve à louer aucun talent en particulier [26] ». La phrase dut, cependant, vous frapper assez pour resurgir à plusieurs reprises dans vos écrits, dans des circonstances assez variées, comme si vous aviez tenté obscurément de raviver la tiédeur du dernier regard officiel porté par votre père sur votre mère, devant l'éternité.

Ce Souvenir Pieux qui a servi de point de départ au volume consacré à votre mère doit néanmoins être complété par une trouvaille inédite, que vous avez pris soin de conserver pour vos futurs biographes. Apparemment découvert par vous fortuitement, sans doute après la rédaction de *Souvenirs pieux*, puisque alors vous n'en soufflez mot. Vous avez photocopié ce Souvenir Pieux sur une feuille à côté de l'autre, celui qu'avait voulu Michel, celui que vous avez vous-même commenté.

Ce « curieux Souvenir Pieux de Fernande », d'après votre propre commentaire, « complètement différent de celui dont Michel avait gardé quelques exemplaires » propose aux survivants les pensées qui suivent.

« Soumise à la volonté de Dieu, elle a supporté avec une résignation toute chrétienne les souffrances de sa maladie, consolant son époux, bénissant son enfant, encourageant ses frères et sœurs, faisant l'admiration de tous ceux qui l'approchaient.

« Elle s'est endormie avec ce calme qui est pour les mourants la plus précieuse des grâces, et pour les survivants la plus douce des consolations.

« Cher époux, chère famille, ne vous attristez pas comme ceux qui n'ont pas d'espérance. Le monde est un exil, la vie est un passage, le ciel notre patrie. Là je vous aimerai, comme je vous ai aimés sur la terre ; là nous serons réunis un jour pour ne plus nous séparer.

« En attendant, ne m'oubliez pas dans vos prières [27]. »

Vous avez pris soin de commenter vous-même sur une page séparée les différences entre les deux Souvenirs.

« 1. La photographie mortuaire est remplacée par une banale et noire crucifixion.

« 2. Le texte est complètement différent du "Souvenir Pieux" conservé et répète presque textuellement le pompeux et dévot paragraphe qui figurait sur celui de sa mère.

« 3. Enfin, cette horreur a été imprimée à Assche (?) [28] tandis que le "Souvenir Pieux" gardé et distribué par Michel a été imprimé à Bruxelles. »

« Faut-il croire,

"A. que la famille, peu satisfaite du "Souvenir Pieux" fait faire par Michel, a de son côté fait le sien ?

« B. que Michel avait laissé à la famille le soin de ce détail, et que peu satisfait du résultat, il a fait faire un "Souvenir Pieux" plus à son gré [29] ? »

Quant au Souvenir Pieux de votre père, il n'y en a à ma connaissance qu'un seul. Le 7 septembre 1929, Camille Letot, votre ancienne bonne et complice, reçut sur une carte bordée de noir, au nom de Marg Yourcenar, ces quelques lignes accompagnées du feuillet :

« Ma chère Camille, je t'envoie le Souvenir Pieux de mon père, comme je te l'ai promis. Il arrive un peu tard mais il a fallu du temps pour faire reproduire la photographie [30]. »

Au recto, au-dessus de la demande de se souvenir de Messire Michel Cleenewerck de Crayencour, figure une photo de Michel, vieux et compassé, dans son costume sombre, comme s'il était déjà en deuil de lui-même.

Au verso, parmi les cinq citations des Écritures, il est intéressant de départager la part que vous avez eue dans ce choix de celle de votre belle-mère ou, peut-être, de votre demi-frère. Je suppose que la première et la dernière pensée viennent de vous.

La première est tirée de saint Paul, épître aux Corinthiens (I Cor. 13) : « Quand je parlerais toutes les langues des anges et des hommes, si je n'ai la charité, je ne suis qu'un airain vide, une cymbale retentissante. Quand je connaîtrais tous les mystères, quand j'aurais une foi suffisante pour soulever les montagnes, si je n'ai la charité, je ne suis rien. La charité est patiente ; elle est bienveillante ; elle ne connaît pas l'orgueil ; elle n'est pas égoïste ; elle ne pense pas à mal et ne sympathise pas avec l'injustice, mais avec la vérité [31]... » On verra plus tard que cette citation des Écritures aura été associée à un personnage inspiré par votre père dans un roman de Jeanne de Vietinghoff, la femme qu'il a aimée.

« Elle ne sympathise pas avec l'injustice, mais avec la vérité. » La formule frappée se prolonge dans une dernière citation, celle de l'Ecclésiaste (IV. 4) : « Il n'a jamais rejeté la prière de celui qui souffre, ni détourné son visage du pauvre [32]. » J'y vois l'écho d'un hommage plus laïque à Michel, où vous n'exprimerez pas autre chose avec d'autres mots : « Le désir [...] éveille ou ravive ce qu'il y a de mieux en lui, la curiosité des êtres, l'instinctive bonté [33]. »

Qu'on ne s'y trompe pas, cette vertu religieuse, la charité, dont le revers séculier est la bonté, l'active curiosité des êtres, loin de paraître méprisable à ce grand esprit qui est le vôtre, restera pour vous, malgré les dérives des années 30, une valeur prédominante. Le 6 octobre 1985, deux ans avant votre mort, vous recopiez à la main, pour vous seule, ce vœu, parmi les quatre vœux bouddhiques : « Si innombrables que soient les créatures errantes dans l'immensité de l'univers, je travaillerai à les sauver [34]. »

Malgré vos différentes vies et vos apparentes métamorphoses, vos convictions fondamentales, imprégnées originellement de catholicisme, puis revitalisées par les sagesses orientales, et qui doivent autant au tempérament qu'à la tradition, ne se seront en rien altérées.

Mais, en ce 12 janvier 1929, devant le masque mortuaire du

premier être qui aura compté dans votre vie, peut-être de celui qui aura le plus compté, vous ne songez qu'à rentrer dans une autre danse, celle des masques vivants. « Après l'avoir pleuré mort [...] j'avoue que pendant près de trente ans, je l'ai presque oublié. Ce qui ne l'aurait d'ailleurs ni étonné ni choqué car un être jeune doit oublier et doit vivre. Ce n'est que beaucoup plus tard dans ma vie que mon père est redevenu pour moi une pensée constante [35]. »

Vous n'avez pas fini, nous n'avons pas fini de démêler ce que cet homme, somme toute exceptionnel, à mi-chemin entre Merlin et Pygmalion, a déposé dans le berceau de votre enfance.

2.

Pygmalion

Fernande était morte à votre naissance et par votre naissance le 18 juin 1903. Vous ne l'avez pas regrettée, dites-vous. Maintes et maintes fois, aux critiques, aux journalistes, aux amis qui attendaient de vous un soupir, l'aveu d'une tristesse d'orpheline, vous avez répété que votre enfance n'avait été en rien dépourvue de présence féminine. Si votre grand-mère, qui mourut du cœur, à la stupéfaction d'un voisin facétieux, s'étonnant qu'elle en eût un, n'appartenait pas à l'espèce maternelle, Barbe et Camille, ou vos tantes ou les éphémères maîtresses de votre père et surtout Jeanne, vous tinrent facilement, d'après vous, lieu de mère.

Vous avez affirmé que votre premier déchirement d'enfant ne fut pas la mort de Fernande mais le renvoi de Barbe. Cette jeune femme, engagée pour s'occuper de vous, vous avait donné votre premier bain. Elle vous lavait, vous habillait, vous promenait et mangeait parfois de baisers le tendre corps enfantin à la peau lisse qui était le vôtre. « Plus tard, ces élans cessèrent, mais les baisers affectueux n'étaient pas rares ; c'est à peu près les seuls que je reçusse, sauf de Jeanne, qui n'était pas souvent là, et sauf le baiser très aimant, mais aussi assez routinier, du père français qu'était Michel, se penchant sur la petite fille pour l'embrassade du soir [1]. »

Pour arrondir ses fins de mois, la jolie Barbe fréquentait parfois les maisons de passe. Ne sachant quoi faire de vous, elle vous emmène avec elle dans la maison des femmes et vous installe au salon entre les gros messieurs avec leurs « chaînes de montre garnies de breloques » et ces « dames au peignoir souvent entrou-vert [2] ».

Une lettre anonyme mit fin à ces visites, restées fort plai-santes dans votre souvenir et qui expliquent sans doute votre atti-rance pour les lieux de débauche, les prostitués, hommes ou femmes, et la prostitution que vous souhaiterez, en votre grand âge, resacraliser.

Vous n'avez pas pardonné à Michel de vous avoir menti sur le départ de Barbe, qu'il vous a présenté comme provisoire, et de vous avoir dit de ne pas pleurer si haut. Dans les jours suivants, vous avez écrit à Barbe des cartes sans orthographe pour la sup-plier de revenir. Au bout de très longtemps, elle vous a répondu une petite lettre affectueuse vous annonçant son mariage. Depuis, vous avez continué à vous écrire jusqu'en 1920.

C'est un souvenir charnel et déjà érotique que vous conser-vez de Barbe, la nuit dans la tourelle où peut-être elle recevait César, son amant : « Elle sortait nue du cabinet de toilette où elle avait pris son tub, traversait la grande chambre, un bougeoir à la main, accompagnée par son ombre, géante sur le mur blanc, et allait s'asseoir devant le poêle [...]. L'ombre nette et noire, aux grands seins, au ventre un peu tombant, était majestueusement belle [3]. »

Des années plus tard, vers 1912, Camille Debocq, future femme Letot, petite ouvrière de filature qui s'était reconvertie en bonne à tout faire, entra au service de la famille. Elle partit avec vous en Angleterre, vous défendit contre les brutalités de votre demi-frère, et resta une complice, avec laquelle vous vous cha-maillez peut-être, qui aime Molière, comme vous, et partage vos promenades dans Paris.

Elle vous retrouvera en 1961 et vous lui écrirez affectueuse-ment : « Je me demande si ma Camille d'autrefois a encore, mal-gré tout, sa gaieté, son amour des chansons et son caractère de " soupe au lait " [4]. »

Une belle photo que vous avez agrandie pour elle vous repré-sente toutes deux, vous assise au premier plan sur une chaise, face au dossier, avec de longs cheveux de quatorze ans, une robe claire et un nœud clair dans les cheveux ; Camille debout à la fenêtre, en clair-obscur. Vous avez ainsi légendé la photo : « Il y a aussi une photographie de moi assise dans ma chambre et de toi, se penchant à la fenêtre ; le photographe l'a très bien agrandie : on dirait un petit tableau (c'est mon père qui l'avait prise vers 1917). J'ai pensé que tu aurais plaisir à revoir tout cela [5]. »

Après vos retrouvailles de 1961, Camille vous adressera tous les ans une carte à la Saint-Michel et vous serez chaque fois touchée par cette attention : « C'est avec un bien grand plaisir que j'ai reçu la jolie carte pour la Saint-Michel. Tu es probablement la seule à savoir encore quelle fête ce jour était chez nous. Merci [6] !... »

Est-ce là tout ce que vous avez connu de tendresse maternelle ? Bien sûr, il y a Jeanne et nous y reviendrons. Mais, sur ce chapitre, votre discours est rempli de contradictions. Vous avez beau dire que « les maîtresses ou les quasi-maîtresses de mon père, et plus tard la troisième femme de celui-ci m'assurèrent amplement ma part des rapports de fille à mère [7] », vous avez écrit dans votre livre posthume que « la faible tendresse [d'Odette, de Beata, de Juliette de Marcigny, les quelques amantes de votre père dont vous vous souvenez et déguisez les noms et les identités], à supposer qu'elle existe, se délaie de beaucoup d'indifférence [8] ». La troisième femme de votre père, Christine Hovelt, vous exaspère le plus souvent ; au mieux, elle éveille en vous cette « bienveillance un peu agacée qu'on a pour une bonne personne, pas très douée pour la réflexion [9] ».

Vous n'êtes pas sans savoir qu'une relation de mère à fille ne se limite pas à quelques friandises, « la joie d'être choyée, le chagrin de ne pas l'être [10] ». Peut-on raisonnablement vous suivre quand vous prophétisez d'assez sinistres rapports imaginaires avec votre mère au cas où elle aurait survécu : « Influencée par elle, ou irritée par elle, mon adolescence eût versé davantage dans la soumission ou dans la révolte qui eût presque inévitablement prévalu vers 1920 chez une fille de dix-sept ans. [...] Tout porte à croire que je l'aurais d'abord aimée d'un amour égoïste et distrait, comme la plupart des enfants, puis d'une affection faite surtout d'habitude, traversée de querelles, de plus en plus mitigée par l'indifférence [11]. » Le moins qu'on puisse dire est que vous n'idéalisez ni Fernande disparue ni, en général, l'attachement si complexe d'une fille pour sa mère.

Michel vous a-t-il inconsciemment encouragée dans ce travail de dépréciation ? Ce n'est pas impossible. La phrase sur le Souvenir Pieux en est un exemple, tout comme le sentiment qu'il vous a communiqué qu'une séparation entre Fernande et lui se serait probablement produite si elle avait vécu. Dans *Souvenirs pieux*, votre livre consacré à Fernande, vous la décrivez avec une distance un peu glacée et une condescendance que vous n'avez pas pour d'autres personnages, qu'ils soient fictifs ou réels. Lui en avez-vous voulu d'être morte ? Avez-vous dissimulé votre culpabilité obscure d'avoir été la cause de sa mort sous une hostilité à son égard, et à l'égard des femmes qui lui ressemblent et auxquelles vous n'avez pas fait la part belle dans vos romans comme dans vos commentaires ? La critique inspirée de la psychanalyse, dont vous vous seriez farouchement défiée, aura beau jeu de mettre en avant dans vos livres l'ambivalence de votre besoin maternel et de votre rejet : *Le Lait de la mort* [12], par exemple, conte l'histoire de cette jeune mère emmurée qui continue à nourrir son enfant, grâce à deux interstices pratiqués dans le mur par lesquels passent ses seins.

Mais si aucune romantique nostalgie n'a affleuré à votre conscience, c'est probablement parce que Michel a occupé non seulement l'espace de votre enfance, mais encore plus celui de votre adolescence et de votre prime jeunesse. Ce Pygmalion, dont l'intérêt pour vous dépasse largement celui d'un père ordinaire, a mis au point une éducation libérale, digne de celle de Pierre Eyquem, père de Montaigne, dont les autres enfants n'entendent parler que dans la discipline de l'école.

Dès que vous avez une dizaine d'années, il doit percevoir en vous, sinon l'enfant prodige, terme qui n'appartient pas à son vocabulaire ni au vôtre, du moins une exceptionnelle qualité d'âme et d'esprit et des affinités qu'il n'entretenait pas avec son premier fils. Comme beaucoup de séducteurs, il aime d'instinct les femmes et leur compagnie ; il ne résiste pas à une petite fille indépendante et intelligente comme un homme, qui, de plus, est la sienne. Au printemps 1914, vous écrivez que « Michel semblait avoir momentanément renoncé à ses amies pour se faire de sa fille un petit compagnon [13] ».

Ce père attentif orchestre vos sorties, vos loisirs. Il ordonne à Mademoiselle de vous montrer à Paris les sites et les monuments célèbres : la Sainte-Chapelle, le musée de Cluny, le Louvre, où elle vous conduit deux fois par semaine, dont vous ne vous lassez pas, et jusqu'aux églises de confession différente, Saint-Julien-le-Pauvre et sa liturgie syriaque, l'église grecque et l'église roumaine orthodoxe, les crécelles de l'église arménienne et surtout l'église russe de la rue Daru, où Jeanne et son mari ont autrefois conduit Michel, où lui vous mènera à son tour, et où vous ne manquerez jamais, jusqu'à la fin, d'assister à un office au cours de vos séjours à Paris. Avec Michel, vous allez au théâtre voir les classiques et les pièces à la mode, Réjane dans *L'Aiglon*, *Chantecler*, Mounet-Sully dans *Polyeucte*.

Très tôt votre père a pris en main la conduite de votre éducation. Laissant à une gouvernante bretonne le soin de vous apprendre le calcul, qu'« elle enseignait mal et que je dus réapprendre plus tard [14] », il s'était réservé « la grammaire qu'il tenait à ce que je n'apprisse que par l'usage, l'anglais, qu'il alternait avec le français et l'enrichissement sans fin des lectures [...]. Nous lisions chaque soir, quand il ne sortait pas. Racine, Saint-Simon, Chateaubriand, Flaubert, passaient par sa voix. L'Anatole France des *Dieux ont soif* et le Loti du *Pèlerin d'Ankhor* entre-coupaient Shakespeare. Parfois un passage hardi le faisait hésiter ; il le sautait plus ou moins, ce qui importait peu puisqu'il me donnait ensuite le livre à finir [15] ».

Ce père exigeant est facilement coléreux. Comme tout parent qui joue à l'éducateur, il a parfois des accès d'impatience. S'étant mis en tête de vous apprendre l'anglais, à onze ans, dans la traduction anglaise de Marc Aurèle, un jour d'exil en Angleterre, il jette par la fenêtre le Marc Aurèle bilingue que vous n'arrivez ni à traduire correctement du grec ni à prononcer convenablement en anglais. À la décharge de cette violence, un observateur facétieux pourrait faire remarquer que votre prononciation de l'anglais ne s'est guère améliorée depuis.

Cependant, Marc Aurèle continuera à cheminer en vous

jusqu'à la banale formule qui allait décider des *Mémoires d'Hadrien* : Mon cher Marc... Mon cher Marc Aurèle. Le livre jeté par la fenêtre revenait par la plume. Malgré les apparences, Michel n'aurait sans doute pas été surpris d'être doublement prémonitoire : pour l'empereur... et pour l'anglais.

Michel ne vous a pas donné de livres d'enfant. De toute façon, la comtesse de Ségur, grande personne qui « abêtit les enfants », vous semble « pleine de sottise et même de bassesse [16] ». Jules Verne vous ennuie : « Il ne plaisait peut-être qu'aux petits garçons [17]. » Vous adorez les contes de fées mais vous les saviez par cœur avant d'avoir appris à lire. En revanche, « je connus bientôt, grâce à mon père, de nombreux " classiques " ; j'allais effleurer toute la littérature française et une partie au moins de la littérature anglaise entre sept et dix-huit ans [18] ». À dix ans, votre père vous enseigne les bases du latin, à douze ans celles du grec.

Au vu des effets qu'aura sur vous une telle éducation, le sempiternel débat sur ce qu'il convient de faire lire aux enfants n'est pas de mise ici. On dira que vous étiez une exception, une surdouée, que la lecture précoce aura stimulée. Vous auriez contesté un tel enfermement dans une catégorie, arguant que l'enfant, au moins au début, lit sans tout comprendre mais perçoit certaines choses qui demeureront indélébiles.

Vous l'avez amplement démontré en marquant le cheminement secret qui mène de votre toute première lecture à *Mémoires d'Hadrien*. Vous deviez avoir à peu près six ans. Le livre, une nouveauté pour l'époque, était un roman d'une Madame Reynès-Montlaur [19]. Vous l'avez découvert dans la chambre de Michel au Mont-Noir un matin de départ, en automne. Votre père était occupé à faire ses valises et, comme il faisait froid, il vous avait conseillé de vous glisser sous l'édredon de son lit à courtines. Vous avez pris le livre sur sa table de chevet et vous l'avez ouvert au hasard. « La plupart des propos et des descriptions était trop difficile pour moi, mais je tombai sur quelques lignes où des personnages assis au bord du Nil (savais-je où situer le Nil sur la carte ?) regardaient une barque à voile pourpre (savais-je ce qu'était la couleur pourpre ?) avancer, poussée par le vent, vue au coucher du soleil sur le fond vert des palmeraies et le fond roux du désert [...]. Un sentiment d'émerveillement m'envahit si fort que je refermai le livre [20]. »

Quarante ans plus tard vous verriez sur le même pont « pleurer un homme à cheveux gris [21] ». Le personnage d'Hadrien est né de cette première lecture que vous avez aussi racontée à Matthieu Galey et que vous avez recensée dans la liste de livres lus entre la sixième et la douzième année.

Car à la fin de votre vie, vous vous plairez à dresser ces listes secrètes, qu'elles aient été des repères pour vous-même, des espèces de pense-bête à l'échelle de votre vie ou des instructions à l'égard de vos futurs biographes. J'ai retrouvé celles de vos lectures dans un poussiéreux dossier de la bibliothèque de Harvard. Des livres de jeunesse vous faites une première recension commentée dans l'ordre chronologique, sans doute, de la lecture.

Après le fameux Reynès-Montlaur, cité en premier, viennent les contes de Grimm, avec surtout *Blanche-Neige*, l'histoire des sept cygnes et *Le Musicien de Brême*, puis ceux d'Andersen : « presque tout m'y ravissait sauf les contes qui mettent en scène des objets inanimés et qui ne me paraissaient pas " vrais " [22] ». La lecture de ces contes va nourrir une rêverie qui à son tour produira des contes, ceux des *Nouvelles orientales*, ceux que vous avez écrits plus tard pour les enfants, le *Conte bleu* de la période noire et l'inoubliable petite sirène de votre théâtre, à laquelle vous avez avoué vous être identifiée plus qu'à d'autres personnages. De Madame de Ségur — nous savons que vous ne l'aimiez pas — vous avez retenu seulement *Les Mémoires d'un âne*, « à cause de l'âne. J'avais moi-même un âne, ou plutôt une ânesse, Martine, et son ânon Printemps, que j'aimais. Une domestique, je ne sais plus laquelle, m'avait dit un jour qu'il fallait respecter les ânes parce qu'ils ont une croix marquée sur le dos en souvenir du jour où l'un d'eux a porté Jésus. Je n'ai jamais oublié cette simple phrase [23] ».

Quant aux Quatre Évangiles, autre lecture fondamentale, « je les ai connus aussitôt que j'ai su lire par les " évangiles du jour " du missel. De plus, ils me furent lus de temps en temps par les grandes personnes. Je crois qu'un enfant les comprend et les aime exactement comme Giotto les aimait et les comprenait [24] ».

La Légende dorée, de Jacques de Voragine : « Mon père m'en a lu de bonne heure de nombreux passages. Mon éducation historique et esthétique a commencé là [25]. » On peut ajouter qu'elle a nourri de nombreux chapitres de *Feux*, notamment celui sur Marie-Madeleine.

Le Catéchisme du diocèse de Malines est la dernière lecture commentée de la liste. « Je suivis deux hivers de suite des cours de catéchisme à la cathédrale de Sainte-Gudule durant mes séjours chez ma tante à Bruxelles. Je le savais par cœur de la première à la dernière ligne et les prix pleuvaient sur moi (à sept ou huit ans). Je me souviens aussi qu'une après-midi, le bon chanoine qui m'instruisait m'emmena en guise de récompense voir à Bruxelles les vitraux de Sainte-Gudule, l'horrible histoire d'un Juif brûlé pour sacrilège. Je n'en fus pas particulièrement perturbée, du fait d'une part je n'imaginais pas l'horrible et inexpiable souffrance de la victime et que, de l'autre, comme tous les enfants, j'acceptais implicitement que les choses se passent comme ça [26]. »

Bien des années plus tard, vous épargnerez à Zénon le même supplice en lui ménageant par le suicide une sortie honorable. Cependant, le préjugé contre les juifs, si tôt inoculé et renforcé par le contexte et la tradition familiale, ne sera jamais, malgré vos prises de position antiracistes, complètement dissipé.

À cette liste « raisonnée » des livres de base s'ajoute une énumération simple des « autres livres lus avant la douzième année » dans laquelle on note les deux premiers volumes de *Jean-Christophe*, quelques passages de Virgile, *Macbeth* de Shakespeare (« vu avec Mounet-Sully dans le rôle de Duncan »), quelques *Vies* de Plutarque dans la traduction d'Amyot, *L'Odyssée* d'Homère, Cervantès, Molière, les comédies de Musset, *Julien* et des passages du *Léonard* de Merejkowski, Corneille, surtout *Polyeucte* (« vu avec Mounet-Sully »), Racine, surtout *Phèdre* et *Bérénice* (« vu avec Bartet ») *Les Oiseaux*, d'Aristophane, *Ruy Blas* et certains poèmes d'Hugo, de nombreux passages du *Mémorial de Sainte-Hélène*, *Les Savants illustres* de

Figuier (« Aristote, Archimède à un niveau de légende »), *Salammbô*, de Flaubert, Marc Aurèle (« entrevu »), La Bruyère (« lu très jeune »), La Fontaine, Rostand : *L'Aiglon, Cyrano* (« vu avec Coquelin »), *La Samaritaine*, les quatre premiers chants de *L'Enfer* de Dante, l'album de gravures concernant la Révolution française de Payot, quelques pages de Lenôtre et des abrégés pour jeunes lecteurs de nombreux Mémoires (« Madame Vigée-Lebrun, Madame de Motteville, Madame de Staël, Delaunay, entre autres ») [27].

Cette énumération, complétée par d'autres listes d'auteurs lus entre la douzième et la quinzième année, puis de la quinzième à la dix-huitième année, est à faire rêver un écolier ou un lycéen de notre temps d'autant plus que vous ne mentionnez, ditez-vous, que les livres dont vous avez gardé le souvenir. La liste n'en est donc pas exhaustive.

Elle permet, cependant, de se faire une idée des inventaires ultérieurs. Ces catalogues s'allongent au fur et à mesure que vous prenez de l'âge. À la fin de votre vie, vous faites des recensions par année, quelquefois même sur un seul été.

Elles aident aussi à départager la part d'influence de votre père, forte au début, de la culture que vous avez acquise en dehors de lui ou après lui.

En 1915 — vous n'avez que douze ans — il vous lit le soir, à son habitude, *Au-dessus de la mêlée* de Romain Rolland. À quatorze ans, il vous le met entre les mains. De cette lecture, « bouffée d'air pur dans l'atmosphère d'un chauvinisme étouffant de la Grande Guerre [28] », vous tirerez pour la vie des leçons de pacifisme et de tolérance. Michel vous a également communiqué sa passion de Shakespeare, d'Ibsen, de Nietzsche, de Tolstoï, et des écrivains du XVIIᵉ français, surtout Saint-Simon.

À partir d'un certain âge, en revanche, c'est vous qui lui faites découvrir les livres que vous aimez : « Il n'était pas grand lecteur de Balzac. J'irai jusqu'à dire, ce qui semble très arrogant de ma part, que dans une certaine mesure, c'est moi qui lui ai fait lire une partie de la littérature française du XIXᵉ siècle. C'est moi qui lui ai dit, par exemple : "Lisons *La Chartreuse de Parme*" [29]. » Mais quand vous avez découvert Proust, vers 1927 ou 1928, votre père, trop vieux déjà, ne suivait plus : « Il y avait ce refus de la vieillesse, cette répugnance à lire les ouvrages les plus récents [30]. »

Restent ces inoubliables souvenirs de l'intimité autour de la lecture entre votre père et vous. Vous avez seize ans, dix-sept ans, l'âge où vous passez à Nice — Grace dit à Aix-en-Provence — la première partie de votre baccalauréat. L'âge où vous composez votre premier livre — « Icare ». Dans les longues soirées tièdes à Menton, à Monte-Carlo, à Saint-Romain, à Roquebrune, vous lisez Ibsen à haute voix, à tour de rôle. « Je lisais et quand j'étais fatiguée, c'était lui qui prenait le relais. Il lisait fort bien, beaucoup mieux que moi : il extériorisait beaucoup plus [31]. »

Michel a même imaginé, pour améliorer votre diction, « une espèce de notation musicale pour marquer les endroits où l'on s'arrête, et les endroits où la voix s'élève et retombe [32] ». Il annote les pièces que vous lisez, et dont vous avez conservé quelques exemplaires dans votre bibliothèque, échos de longues discussions littéraires ou de conversations plus personnelles, où Michel ne se confie pas vraiment, car vous avez tous deux horreur des confidences, mais témoigne de sa vie pour vous.

Car Michel ne vous traite pas en enfant ni en être subalterne. Les considérations d'âge, de sexe ou de classe lui sont étrangères et ne règlent en rien ses sympathies ou ses antipathies, qui sont violentes. Vous vous en souviendrez bien plus tard, lorsque vous écrirez à vote vieille amie Jeanne Carayon, qui se plaint du vieillissement : « Je n'ai jamais pensé que l'âge était un critère. Je ne me sentais pas particulièrement jeune il y a cinquante ans (j'aimais beaucoup vers ma vingtième année la compagnie des vieilles gens) et je ne me sens pas " vieille " aujourd'hui. Mon âge change (il a toujours changé) d'heure en heure ; dans les moments de fatigue, j'ai un siècle, dix siècles ; dans les moments de travail ou de conversation, j'en ai, mettons, quarante ; dans les moments d'agrément, sortie au jardin, jeu avec le chien, j'ai souvent l'impression d'en avoir quatre, ce qui continue à me sembler le bel âge, pas du tout pour les raisons sentimentales qu'on donne toujours, et que je crois très fausses, mais à cause des yeux tout neufs et des sens tout neufs [33]. »

Pour Michel, miraculeusement échappé à la rigidité de sa mère et de son milieu, à la discipline de l'armée, dont il a — il est vrai — déserté deux fois, les hiérarchies, quelles qu'elles soient, sont inexistantes. Il y a en lui, certes, du Pygmalion, dans l'excitation que ressent, à quelque degré, tout pédagogue sérieux à modeler un être. Mais il y a surtout une vocation du jeu, un sens ludique des échanges entre les êtres et entre les rôles. Démons et merveilles ou magie blanche, cet enchanteur sans le savoir vous fait sortir de son sac à malices, à moins que ce ne soit de la boîte de Pandore. Il faut bien qu'il égale Fernande, qui, elle, vous avait fait sortir de son ventre. De la lecture, « miracle banal, progressif », il vous voit sans étonnement passer à un autre miracle, celui de l'écriture.

Tout avait commencé effectivement « le jour où les quelques signes de l'alphabet ont cessé d'être des traits incompréhensibles, pas même beaux, alignés sur fond blanc, arbitrairement groupés, et dont chacun désormais constitue une porte d'entrée, donne sur d'autres siècles, d'autres pays, des multitudes d'êtres plus nombreux que nous n'en rencontrons jamais dans la vie, parfois une idée qui changera la nôtre, une notion qui nous rendra un peu meilleurs, ou du moins un peu moins ignorants qu'hier [34] ».

Un jour, vous avez découvert que cette porte d'entrée, qui s'ouvre au lecteur sur d'autres siècles, d'autres pays, avec leur multitude d'êtres, débouche aussi sur une autre porte, plus étroite, parce que seuls les écrivains l'empruntent et plus magique parce qu'ils y règnent en maîtres absolus.

Vos débuts d'auteur ont tout de suite été prometteurs. En font foi certains poèmes publiés plus tard dans *Les Charités d'Alcippe*, et les cartons de Harvard renfermant à la fois vos poèmes de la quinzième à la dix-neuvième année et ceux que vous avez appelés « Poèmes anciens ». Dans ces « Juvenilia », comme vous les nommez dédaigneusement, l'imitation de l'Antiquité ou de la Pléiade et l'exercice d'école priment, à un âge où l'on est volontiers violent et préoccupé de soi, sur l'inspiration personnelle.

Ces poèmes, sages et conventionnels, célèbrent l'île des Bienheureux, des souvenirs de Provence, une canéphore, un oranger, le lac des cygnes, à grand renfort de références mytholo-

giques. Un petit poème est même intitulé « D'après Théocrite »,
tandis qu'un autre, prémonitoire, « Paroles d'Ariane, imitées de
Catulle ». Est-ce à dire que vous avez brûlé les plus intimes ?

Entre l'adolescente et la femme adulte, deux thèmes, cependant, permettent de faire le pont : la poussée de la chair et le désir
de reconnaissance. Un poème de 1919 (vous avez seize ans), intitulé « Promenade du matin », dit maladroitement :

> Sans espoir importun, sans inutile envie,
> Frémissant d'un bonheur qui confine à l'effroi,
> J'avance, corps empli d'un merveilleux émoi,
> Adorant en moi ma fragile vie [...]
> La mer et le soleil sont l'élément farouche
> De mon sang plein de sel, de mon cœur plein de feu
> Et je crois dans l'ardeur du vaste matin bleu
> Accorder ma bouche au baiser d'un dieu [35].

Un autre, « Au bord de la source », de la même époque,
exprime cette confiance dans la vie, cette ouverture à l'avenir,
caractéristiques de la robuste jeune fille qui était vous :

> Limpide source de Provence
> Coulant des fentes d'un rocher,
> Ton eau sera l'eau de Jouvence
> Que plus tard je viendrai chercher.
> Plus tard, s'il se peut que je sois
> Une vieille au regard lassé
> Sans espoir, sans amour, sans joie,
> Tu me parleras du passé.
> Mais aujourd'hui, ruisseau très pur
> Que rien jamais ne vient ternir,
> Lorsque j'écoute ton murmure,
> Tu ne parles que d'avenir [36].

Un autre groupe de poèmes que vous avez réunis sous la
rubrique « Album de vers anciens retouchés » comprend des
textes plus tardifs, en général antérieurs à la mort de Michel, mais
que vous avez remaniés dans les années 30. Les lieux, les figures,
les métaphores qui hanteront toute votre œuvre sont là, présents
dans leur expression juvénile, comme des garants de sa conti-

nuité. Dans un poème de 1920, intitulé « Album italien : Tibur », on peut lire ces vers prémonitoires :

> Un rameau d'olivier, un vol de tourterelles
> Effleurent le vieux mur de marbre travertin,
> Où doutait Hadrien, où pensait Marc Aurèle
> Tremblent comme un sourire un simple brin de thym.
> Des morts vivent ici leur vie incorporelle,
> Le jeune Antinoüs y pense à son destin [37].

Ailleurs, des évocations comme « l'insinuant appel de la sirène antique [38] », ou une « Sappho, qui se souvient d'Attys [39] », avant *La Petite Sirène* ou avant *Feux*, témoignent que les liens subtils qui se tissent à l'intérieur de votre œuvre se sont noués secrètement en vous dès l'extrême jeunesse.

Dans cette invocation à une momie du Fayoum, sonnet écrit à quatorze ans, il y a déjà toute l'affinité magique qui vous unira au vieil empereur romain.

> Tu mangeas de ce fruit dont, à mon tour, je mange ;
> Le plaisir t'ébranla de sa secousse étrange ;
> Tu sus l'hiver, l'été et le jour, et la nuit.
> Et je crois presque entendre à travers la vitrine,
> Comme un grelot tintant dans ta maigre poitrine,
> Le cœur commun à tous qui me sert aujourd'hui [40].

L'un des derniers poèmes date de 1929. Il s'intitule « Album belge : Cimetière de Laeken », là où est enterré Michel. C'est un sonnet allégorique, un peu verlainien, sans aucun rapport apparent avec la mort de votre père, une espèce de rêve mi-galant, mi-parodique dans une ambiance surréaliste de démodé ridicule.

> Le postillon des morts arrête sa berline.
> Accrochant (nom de Dieu) aux bornes des tombeaux ;
> Les Belges d'autrefois, les belles et les beaux
> Dansent en redingote ou bien en crinoline.
>
> Des banquiers fantômaux sous leurs plastrons moussus
> Parlent titres, crédit, cigares, politique ;

> Et la lune embellit l'église en faux gothique
> Veillant sur les ébats de ces couples cossus [...]

> Et debout à l'écart de ces Messieurs et Dames,
> Pour quelques connaisseurs, relisant leurs programmes,
> La Malibran soupire un air de Rossini [41].

À travers cette parodie qui exprime plus d'ironie que de violence, doit-on voir votre regard critique porté sur une cérémonie dont on a pu sentir, à travers le faire-part de décès, la solennité protocolaire ?

Dès cette époque, et dans la plupart de vos poèmes, un écran d'imitation ou d'érudition, ici de dérision à l'égard des rites de votre caste sociale, s'interpose entre vos émotions brutes — chagrin ou désir — et leur expression littéraire. Est-ce parce que vous montrez à Michel tout ou partie de ce que vous écrivez que la pudeur, vive chez une adolescente à l'égard d'un père qu'elle respecte, paralyse dans votre poésie ce qui en fait normalement la substance : la sincérité dans l'expression directe d'une sensibilité ?

Plus tard, vous reproduirez cette habitude en faisant lire à Grace tous vos manuscrits au fur et à mesure que vous les écrivez, et toutes vos lettres qu'elle archive. Et se répètent, dans ces œuvres de la maturité, le même contrôle de l'intimité et de ses manifestations, la même sourcilleuse discrétion. Entre Michel et Grace, il y aura la dérive des années 30, la fougueuse explosion d'indécence du temps de *Feux*. Après Grace, et même Jerry, les ultimes confidences de *Quoi ? L'Éternité*. Mais à la fin, attisée par la curiosité et les indiscrétions des journalistes, votre répugnance à parler de vous sera devenue une seconde nature. Et il vous faudra trouver des biais.

À notre époque d'impudeur institutionnalisée par les médias, votre public ou vos critiques peuvent regretter de n'avoir pas de plus croustillantes Juvenilia à se mettre sous l'œil ou sous la dent. Mais c'est peut-être grâce à ces barrières psychologiques, à ces purs exercices de style, à ces gammes de futur écrivain que la solide petite fille et jeune fille élevée par Michel ne sombra dans aucun narcissisme autodestructeur, aucune logorrhée de confidences, aucun déséquilibre qui l'auraient empêchée, comme tant de femmes, de sa génération ou d'autres, de devenir un être indépendant, de vivre, d'aimer et de créer à sa guise.

Quand Michel n'aurait accompli que cela, dans son éducation de père célibataire, il aurait fait beaucoup. Il fit mieux. Il vous ouvrit l'accès, non seulement à l'écriture — qu'à l'instar de millions d'adolescentes vous auriez trouvée toute seule — mais à la publication.

3.

À compte d'auteur

Comme cadeau de Noël 1919, l'année de vos seize ans, Michel vous offre de publier « Icare », à compte d'auteur. Vous venez de le terminer, ce poème dialogué qui décrit la montée du héros vers le Soleil. Vous écrivez déjà un autre recueil, *Les Dieux ne sont pas morts*, que vous aurez fini dans moins de deux ans, sans compter tous les autres poèmes.

Tout de suite, il vous a demandé : « Préfères-tu prendre un pseudonyme ? » Et vous avez répondu : « Oui, bien sûr [1]. »

Michel, autant que vous sinon plus, tient à prendre ses distances avec une famille à laquelle il a toujours cherché à échapper. Et puis il aime le jeu, le canular ou la mystification derrière laquelle on se cache, on intervertit les rôles. Et vous, derrière ce paravent, vous vous sentez tellement plus libre. « Alors, nous avons cherché, nous nous sommes amusés à faire des anagrammes du nom de Crayencour et, après une soirée agréable, déplaçant les mots, les lettres sur une feuille de papier, nous sommes tombés sur Yourcenar [2]. »

Pour le prénom, vous tombez d'accord aussi. Ce sera Marg, la moitié de votre prénom, débarrassée de l'indice qui le féminise, peut-être aussi l'adjonction de M(ichel) à (M)arg(uerite), curieux prénom androgyne qui neutralise mystérieusement votre identité sexuelle. Yourcenar, cet arbre aux bras ouverts, deuxième nom donné par le père, qui n'est pas hérité de la tradition familiale, mais inventé ensemble, vous le garderez, pour vous abriter, comme pseudonyme d'abord, puis vous l'adopterez comme nom légal en vous faisant naturaliser américaine en 1947. Lorsque, plus de trente ans plus tard, votre nationalité française vous sera rendue afin que vous puissiez entrer à l'Académie, ce sera sous ce nom, choisi avec votre père dans un allègre face-à-face.

En revanche, dès la mort de Michel, vous abandonnerez le déconcertant prénom de Marg, utilisé une dernière fois pour des articles et pour *Alexis ou le Traité du vain combat* en 1929. *La Nouvelle Eurydice* fut signée en 1931 de la simple initiale « M », suivie de Yourcenar. Avec *Pindare*, qui sort chez Grasset en 1932, vous retrouvez votre prénom, Marguerite.

Comme la plupart des femmes écrivains, vous choisissez un pseudonyme. Mais chacune résout ce choix à sa manière et les scénarios varient autant que les personnes. Aurore Dupin, baronne Dudevant par mariage, élit, avec son amant Jules Sandeau, un nom qui coupe en deux le sien : Sand. L'initiale « J. », qui est celle de Jules, commence par les réunir dans leurs œuvres communes, puis, à la séparation littéraire avec Sandeau, Aurore féminise un prénom masculin en « George » et garde « Sand ».

Gabrielle Gauthiers Villars, née Colette, cache d'abord son identité d'auteur sous le nom du mari qui signe « Willy ». Son accès à l'indépendance passera par la reconnaissance d'une première identité d'épouse, Colette Willy, où le nom du père, utilisé comme prénom, et le pseudonyme du mari sont accolés. La gloire sera donnée sans partage, à cinquante ans, à la seule Colette réussissant à se faire un nom avec un prénom qui est de fait le nom de son père.

Bien que votre statut de célibataire vous épargne le détour par le nom du mari, vous n'en éviterez pas pour autant d'avoir à choisir. Avant de porter seule votre prénom de baptême et l'anagramme de votre nom de famille, élu en plein accord avec votre père, vous commencerez par signer pour lui, et lui pour vous, lui avec votre nom de famille, vous avec votre pseudonyme.

Car votre biographe [3] montre que c'est Michel et non Marguerite qui a écrit à la maison Perrin, pour proposer, à compte d'auteur, un manuscrit intitulé *Le Jardin des chimères* (« Icare » rebaptisé). Puis pour relancer l'éditeur par une lettre dactylographiée signée de sa main, le 27 septembre 1920, et enfin pour

55

prendre acte de son acceptation, le 4 octobre. Dans cette dernière lettre manuscrite, Michel pousse le jeu jusqu'à signer Marguerite de Crayencour, tout en précisant dans un post-scriptum : « J'ai pris comme pseudonyme Marg Yourcenar, qui est, comme vous le voyez, l'anagramme de mon vrai nom. Je crois qu'il est d'usage de payer la moitié du prix d'avance. Pour faire un compte rond, je vous envoie un chèque de deux mille francs à valoir [4]. »

La confusion des signatures reflète la confusion des sexes et la relation fusionnelle que vous entretenez avec votre père. Ce « Marg Yourcenar » au sexe incertain, qui signe de la main de Michel, sera l'auteur officiel d'une petite nouvelle, cette fois écrite par le père, remaniée et signée par la fille.

C'était en 1927 ou 1928, peu de temps avant sa mort, pendant que vous écriviez *Alexis*. Michel a sorti d'un tiroir une douzaine de feuillets manuscrits, souvenir romancé de son voyage de noces, avec Fernande sans doute, la plus récente de ses épouses, puisque ses notes avaient été consignées vers 1904, dites-vous, ou entre 1905 et 1910, dit Grace Frick [5]. Et il vous a proposé de faire paraître ces pages, son unique œuvre littéraire, sous votre nom.

« — Tu les feras tiennes en les arrangeant à ton gré. Il y manque un titre et il faudra sans doute les étoffer un peu plus. J'aimerais assez qu'elles paraissent après tant d'années, mais je ne vais pas, à mon âge, soumettre un manuscrit à un comité de rédaction [6]. »

Ce « il faudra sans doute les étoffer un peu » rappelle étonnamment le « vous ne pourriez pas échauffer un peu ces enfantillages » lancé par Willy à Colette devant la première version de *Claudine à l'école*. Sauf que, là, c'est Michel qui écrit, vous qui étoffez. Vous le ferez, dites-vous, en transformant Georges, le héros du récit de votre père, en intellectuel porté à la méditation mais c'est avec Michel que vous découvrez la circonstance qui terminera la nouvelle : vous inventez un télégramme remis au nouveau marié avant qu'il s'engage dans l'escalier menant à sa nuit de noces, lui annonçant le suicide de la vieille maîtresse qu'il vient de quitter. Le petit récit ainsi rafistolé est baptisé par l'un ou par l'autre « Le Premier Soir ». Il fut publié par la *Revue de*

France en décembre 1929, soit quelques mois après la mort de Michel, et finit par recevoir un prix littéraire, le premier de votre carrière, que vous acceptez avec des sentiments mitigés, en songeant à l'auteur véritable qui en aurait été à la fois amusé et content.

« Pas plus que Michel ne s'étonnait de me voir écrire les confidences d'Alexis, il ne trouvait rien d'incongru à mettre sous ma plume cette histoire d'un voyage de noces 1900. Aux yeux de cet homme qui répétait sans cesse que rien d'humain ne devait nous être étranger, l'âge et le sexe n'étaient en matière littéraire que des contingences secondaires. Des problèmes qui plus tard allaient laisser mes critiques perplexes ne se posaient pas pour lui [7]. » Pour vous non plus, apparemment. Vous congédiez sans perplexité l'incongruité pour une fille de signer de son nom le récit — modifié par elle — du voyage de noces de ses parents tel que l'a vécu et écrit son père.

Passons sur l'interversion des rôles et la confusion des personnes. Qui lit ? Qui écrit ? Qui signe, derrière l'insolite « Marg Yourcenar » ? Ce texte qui dit « je » et que vous n'avez pas écrit entièrement vous-même est à l'origine de beaucoup d'autres, que vous avez écrits, où vous avez dit « je » à la place d'Éric ou d'Hadrien, ou un « il », qui est l'équivalent de « je », à la place de Zénon. Tout se passe comme si, en ce dédoublement de personnalité sur lequel vous jouez tous deux, Michel vous avait transféré son regard masculin sur le monde, en refoulant votre féminité vers les strates inférieures.

De ce processus, vous ne paraissez pas avoir conscience. Une fois encore, c'est Michel qui vous intéresse dans ce récit, lorsque vous y reviendrez dans votre maturité. Michel, c'est-à-dire la part de réalité authentique qui passe dans la fiction. Et vous vous faites paradoxalement l'exégète d'un récit, dont vous êtes signataire, pour y cerner à la fois votre père et le miroir qu'il tendait à votre mère, au moment même où vous avez été conçue, répondant à la question du koan zen, citée en exergue à *Souvenirs pieux* : « Quel était votre visage avant que votre père et votre mère se fussent rencontrés ? »

Écrivain, vous savez que tout auteur de fiction nourrit son

œuvre de sa substance. Cherchant à dégager ce que furent, pendant les trois ans de leur vie commune, les rapports de Michel et de Fernande, vous êtes amenée à départager, en biographe de l'intérieur, la pure invention de l'expérience intime. « Mutatis, mutandis, nous pouvons imaginer Monsieur de C. dans quelque hôtel de la Riviera [...] passant une longue demi-heure au fumoir ou sur la terrasse [...]. Il aura, comme son personnage, préféré l'escalier à l'ascenseur [...]. Il monte d'un pas ni trop rapide ni trop ralenti, se demandant comment finira tout ça [8]. »

Mais « Le Premier Soir » n'est pas une œuvre innocente.

La preuve, le manuscrit de votre père, en a soigneusement été conservée par vous-même, à travers pérégrinations et expatriation. La comparaison entre son récit de 1905 et le vôtre de 1928 montre les transformations que vous y avez apportées. Elles sont édifiantes. Vous avez remanié son texte en le rendant plus brutal, plus cruel, plus méprisant à l'égard des femmes.

L'original de votre père livrait sans voile les états d'âme d'un quinquagénaire 1900, déjà blasé sur la vie en général et les femmes en particulier, s'attardant sur « la fragilité de ce sentiment qui l'avait poussé vers cette jeune fille et qui deviendrait banal quand elle serait devenue femme [9] ».

Et vous, précisément « sa » jeune fille, la fille de Fernande qui a inspiré le récit, vous avez aggravé sa copie en la griffant de touches plus désabusées, plus cyniques. Votre texte ne dit plus seulement : « Ils s'aimaient certes, mais d'un amour si différent [10] », mais : « Ils s'aimaient, ou du moins l'avaient cru, mais leurs amours, différentes l'un de l'autre, ne servaient qu'à leur prouver combien ils se ressemblaient peu [11] ». Il ne dit plus seulement : « Quand il dénouerait son étreinte, il aurait au cœur comme l'impression d'un meurtre ; il la considérait avec une tendresse attristée [12] », mais : « Quand il dénouerait son étreinte, il aurait au cœur la sensation d'un meurtre, auquel la passion ne fournirait même pas de circonstances atténuantes, puisqu'après tout il ne la désirait pas. Ou du moins il ne la désirait pas plus qu'une autre [13] ».

Il y a plus. Non contente d'accentuer le caractère misogyne du texte, vous en avez rajouté. Des phrases comme « pensait-elle ? Tant de femmes ne pensent à rien [14] », ou « Il tâcha de l'imaginer enceinte. Ainsi il lui donnerait un fils qu'elle se féliciterait d'avoir, bien qu'il l'enlaidît et lui donnât des nausées [15] » ne viennent pas de l'original.

Vous avez inventé ces confidences libertines sur une maîtresse « au corps expérimenté de femme mûre [16] », dont on s'est fatigué : « Le plaisir de rompre était le seul qu'il pouvait encore prendre d'elle [17]. » Vous avez surenchéri sur votre père par des clichés de votre cru : « Il se rappela avec colère que les larmes des femmes sèchent plus vite que leur fard [18]. » Vous en avez remis sur le rejet impatient de l'enfermement conjugal et familial : « Il comprenait qu'il aurait maintenant à s'intéresser à cette famille qui n'était pas la sienne — lui qui s'était vanté si longtemps de n'en avoir aucune [...]. Il imagina un bonheur de modèle courant, convenable, accordé à toutes les traditions familiales [19]. »

Et vous avez fini, avant même d'en avoir rassasié un amant, par intérioriser le dégoût de la chair féminine, qui est votre chair, en prétendant découvrir à travers un autre, à travers l'autre, que « le bonheur n'est pas au fond d'un corps [20] », que « la beauté est incommunicable et [que] les êtres, pas plus que les choses, ne se pénètrent pas [21] ».

Bien des jaillissements de *Feux* — « Il ne m'a sauvée ni de la mort, ni des maux, ni du crime, car c'est par eux que l'on se sauve. Il m'a sauvée du bonheur [22] » — se souviendront de cette dictée. Bien des professions de foi misogynes d'Hadrien ou de Zénon, qu'on vous a reprochées, aussi. Elle explique votre admiration — vous si sévère à l'égard de vos contemporains — pour le Montherlant de *Pitié pour les femmes* ou des *Jeunes Filles*, que démolira, dès 1949, une Simone de Beauvoir.

En dépit du besoin qu'il avait d'elles, et des passions qu'elles lui inspirèrent, le mépris — d'époque — que Monsieur de Crayencour éprouvait pour les femmes s'est transmis à vous en termes de mépris de la féminité — la vôtre comme celle des autres femmes. Il se traduira aussi dans votre œuvre par la création de personnages féminins secondaires ou rejetés, qui se complaisent dans la souffrance, et de personnages masculins qui préfèrent aux femmes les jeunes gens. Alexis est le premier de la lignée.

Au moins le premier publié, parce que en 1929, lorsqu'il paraît, vous avez déjà écrit des centaines de pages, qui sont dans vos tiroirs... ou dans les cendres de votre cheminée. Toute votre œuvre à venir sous la forme d'un immense roman « irréalisable et irréalisé [23] », qui devait s'appeler « Remous », et dont sortira l'essentiel de votre œuvre future, de *L'Œuvre au Noir* à *Un homme obscur* et à *Une belle matinée* sans compter les deux premiers volumes de vos chroniques « autobiographiques » centrées sur l'histoire de votre ascendance familiale. À cela s'ajoutent les multiples versions d'*Hadrien* qui sont allées au panier. Que Michel ait ou non lu ces ébauches dans leur intégralité importe moins que le fait qu'il ait été présent pendant leur conception, qu'il en ait été en quelque sorte l'inspirateur et qu'il en ait mesuré l'importance. Il est émouvant de constater que vous avez secrètement et fiévreusement réussi à produire pour votre père un corps de textes qui représente la matrice de toute votre œuvre à venir. Puis, que vous l'avez détruit après sa mort en même temps que vous vous mettiez à l'oublier, lui. Enfin, que vous vous soyez mise à reconstruire sur ce tracé de cendres.

De ces fécondes rêveries d'entre la dix-neuvième et la vingt-troisième année, vous avez sur le moment gardé une biographie sur Pindare qui sera publiée en 1932 et *Alexis,* un des rares livres que vous ne remanierez ni ne retoucherez plus.

Vous y racontez l'histoire d'un jeune homme, marié depuis deux ans, qui, découvrant que son homosexualité est irréductible, écrit à sa femme, au moment de la quitter, les raisons pour lesquelles il s'en va. Apparemment, personne de plus éloigné de ce « je » masculin, doublement masculinisé par ses goûts, que la jeune femme que vous êtes. Et pourtant, on verra que le sujet vous est moins étranger qu'il ne semble, qu'il vous est même intimement proche.

Michel en a lu le manuscrit intégral juste avant sa mort, à votre insu, puisque vous ne lui en faisiez lire que des passages. « J'ai trouvé un petit papier qu'il avait glissé dans le dernier livre qu'il ait ouvert, la *Correspondance* d'Alain-Fournier et de

Jacques Rivière. C'était un tout petit bout de papier sur lequel il avait écrit : " Je n'ai rien lu d'aussi limpide qu'*Alexis*. " J'étais heureuse, vous pensez ! Dans cette dernière parole, il y avait toute l'amitié, toute la compréhension entre mon père et moi [24]. » Dans *Quoi ? L'Éternité,* vous retouchez cette évocation faite quelques années plus tôt à Matthieu Galey. « Il nota en marge de ce petit récit que rien n'était plus " pur ", commentaire qui m'émeut encore aujourd'hui mais montre à quel point le mot " pur " devenait dans la bouche de Michel autre chose que ce qu'il est pour la plupart des pères [25]. »

Limpide ou pur, « appréciation du fond ou de la forme [26] ? » se demande à juste titre votre biographe. Limpide concerne le sens du message que vous avez voulu faire passer dans *Alexis*. La pureté est plutôt une caractéristique du style et renvoie à une éthique. La retouche peut être un pied de nez posthume au livre d'entretiens avec Matthieu Galey que vous avez injustement boudé. Il montre aussi à l'œuvre le travail de l'écrivain remaniant et retouchant constamment ce qui est par ailleurs présenté comme parole authentique, mais à laquelle on ne peut jamais complètement se fier.

Prolixe sur l'épisode du « Premier Soir », vous avez, en revanche, passé sous silence la réaction de Michel à « Anna de la Cerna », première version d'*Anna, soror...*, cette histoire d'amour fou entre un frère et une sœur, que vous avez composée au printemps 1925, alors que Michel est auprès de vous, au moment même où il souffre sa première attaque. Vous avez dit à plusieurs reprises que vous aviez conçu ce roman à l'âge de vingt-deux ans, alors que vous n'aviez encore aucune expérience de la passion, et que « les baisers et les larmes d'Anna sur le Christ mort de Sainte-Anne-des-Lombards, la chaude nuit d'amour du Jeudi au Vendredi saint allaient germer des émotions d'une enfant qui ne savait pas ce qu'était la mort ni ce qu'était l'amour [27] ».

Ce silence est-il l'écho d'un autre silence, celui de Michel, ou tout simplement signifie-t-il que vous n'avez pas osé lui faire lire ce récit brûlant sur un sujet qui ne pouvait que vous mettre tous les deux mal à l'aise ? En tout état de cause, vous n'avez pas non plus évoqué de commentaire de Michel sur les cinq cents pages de « Remous », sur les premiers « Hadrien », que vous aviez déjà écrits avant sa mort, ou sur les quelques articles et poèmes que vous avez publiés à la même époque.

Rien ne confirme l'hypothèse d'un malaise à propos de l'histoire d'Anna, si ce n'est quelques lignes d'un carnet manuscrit de la bibliothèque de Harvard, dont les quarante-trois premières pages ont été arrachées. Dans ce brouillon quasi indéchiffrable, vous avez avoué, sur les relations que vous entreteniez avec votre père, ceci : « Plus tard encore, elle [il s'agit de vous-même] sera le jeune écrivain dont il suivra les progrès avec bienveillance et sévérité, la jeune femme qu'il devine — à ses écrits plutôt qu'à ses confidences — car ni l'un ni l'autre ne se sont jamais confiés, aux tourmentes de l'amour et du plaisir, et que, lui, arrivé comme autrefois le vieux Sophocle, au moment de la vie où l'amour est pour lui un tyran sauvage, dont il se félicite d'être délivré, plaindra, sans d'ailleurs la convaincre, d'attacher tant d'importance à " quelques spasmes " [28]. »

Ces notes, sans doute destinées à préparer vos chroniques familiales et autobiographiques, on comprend que vous les ayez occultées, par leur difficulté d'accès, sans toutefois vous résoudre à les brûler dans la cheminée, comme d'autres papiers, ou les mettre sous scellés, comme vous avez fait de vos lettres à Grace.

Elles disent, ces lignes, plusieurs choses capitales. Tout d'abord, que Michel et vous n'échangez pas de confidences. Ici vous êtes prise en flagrant délit de contradiction, car si c'est partiellement vrai de la jeune fille un peu farouche que vous deviez être, la réciproque ne s'applique pas à votre père qui vous a raconté toute sa vie ou tout ce qu'on peut raconter d'une vie dans des « récits faits et refaits au cours de longues promenades dans la campagne provençale ou ligure et plus tard sur le banc d'un jardin d'hôtel ou de clinique suisse [29] ».

On a vu que cette vie, dont vous connaissez des détails strictement intimes, qu'un père ne livre pas ordinairement à sa fille, est devenue pour vous une espèce de modèle, l'exemple même d'une existence réussie. On verra que ce cadeau de l'histoire de sa vie, offert par votre père, deviendra le thème fondamental des trois derniers livres importants que vous écrirez à la fin de votre vie et qui sont centrés sur la figure de Michel, aussi bien qu'une inspiration indirecte pour d'autres.

Ces lignes disent aussi que c'est à vos écrits, plus qu'à vos dires, que votre père devine sa fille, encouragement ou pousse-au-crime lancé à ceux qui, comme moi, sont ainsi habilités, à la suite de Michel, à vous chercher toute crue dans les pages de vos ouvrages. En cela, il ne fait que précéder l'exemple que vous avez donné vous-même plusieurs fois. Ainsi évoquerez-vous à travers ses écrits la figure de votre oncle, l'écrivain Octave Pirmez, pour chercher à en dégager les affinités qui vous unissent : « Je tâche de compléter les lacunes de ses brèves notations, à l'aide de fragments tirés de ses autres ouvrages, d'entrer dans l'esprit de cet homme auquel je suis, d'assez loin, apparentée, pour vivre avec lui un certain jour d'il y a quatre-vingt-dix-sept ans [30]. » « Par souci d'authenticité, j'ai fait le plus possible monologuer Octave en empruntant à ses propres livres [31]. »

De la même façon, auriez-vous souffert, je l'espère, l'entreprise qui est ici la mienne et qui consiste, « pour entrer dans un être », à « écouter sa voix et à comprendre le chant même dont il est fait [32] ».

La dernière proposition, qui évoque un Michel revenu de tout et plaignant sa fille d'être à son tour soumise aux dérives des passions, suggère aussi que vous aviez commencé à vous livrer indirectement à cette époque où, le *Pindare* et *Alexis* mis à part, vous aviez noirci des centaines de pages dont la plupart sont allées au panier. Mais avez-vous laissé Michel lire toutes ces pages ?

Il semble aussi, d'après ce passage inédit, que vous êtes, dès lors, entrée dans « les tourmentes de l'amour et du plaisir » et que votre père a cherché à vous éloigner du « tyran sauvage » qui asservit les sens et le cœur, lui qui y avait sacrifié presque toute son existence au point, dans sa jeunesse, de s'être coupé les deux phalanges du médius pour les beaux yeux de Maud, la jolie Anglaise pour laquelle il s'expatria et qu'il emmena jusqu'en Amérique.

Doit-on augurer, quand Michel tel le vieux Sophocle — qui est, ne l'oublions pas, le père d'Électre — tente de vous dissuader d'attacher autant d'importance à « quelques spasmes » que, s'il souhaite, d'une part, vous épargner l'expérience qu'on n'épargne pas à ses enfants, il ne voit pas, d'autre part, d'un très bon œil sa fille lui échapper ? Aurait-il été, comme bien des pères, secrètement jaloux de tout ce et ceux qui vous détournaient de lui ?

Ces questions, non seulement vous n'y répondez pas mais vous ne les posez pas. Une tenace et authentique modestie, qui tourne parfois à l'autodévalorisation, jointe à une admiration illimitée pour votre père, vous empêchera, même avec la distance de l'âge, de mesurer l'importance que vous avez dû vous-même revêtir pour Michel. Face à lui, dans la rétrospective de votre enfance, vous vous donnez comme quantité presque négligeable, comme s'il avait toujours mieux à faire qu'à s'occuper de vous. Face à vous, et bien qu'il vous ait toujours traitée en égale, il est un peu l'adulte que certains films, chaussant le regard de l'enfant, nous ont accoutumés à voir plus grand que nature et disproportionné à nous. Peut-être votre incapacité, dans les chroniques autobiographiques, à vous représenter au-delà de l'âge de quatorze ans, et même le plus souvent au-delà de l'âge de sept ans, qui a intrigué vos critiques et frustré votre public, tient-elle à ce blocage initial, à ce déséquilibre entre le grand monsieur et la petite fille.

Ce déséquilibre, vous avez certes essayé de le réduire en insistant sur la réciprocité et la liberté de vos rapports, surtout en ce qui concerne les jeux avec l'écriture ; plus tard vous avez affirmé votre pouvoir créateur en prenant la vie de Michel comme sujet et votre père comme personnage. Déjà vieille dame, vous vous êtes penchée sur Michel adolescent, sur Michel, jeune homme à des époques où la différence d'âge se renverse en votre faveur...

Mais vous n'avez jamais abordé — et peut-être pour une fille ou un fils est-ce trop difficile — la question de savoir ce qu'a représenté pour un anticonformiste sensible, exceptionnellement doué lui-même, ce miroir féminin et jeune que vous lui tendiez comme à un double. On a glosé sur Pygmalion, sur Œdipe et sur les complexités des rapports au père ou à la mère. On ne se demande pas assez ce qu'est la statue pour le statuaire, Œdipe pour Jocaste et la fille pour le père. De quels yeux Michel de

Crayencour regardait-il la signataire de son œuvre unique, l'auteur d'articles, de poèmes et de récits qu'il aide à publier, qu'il aurait peut-être voulu écrire, la jeune fille sensuelle qui s'élance vers le plaisir que d'autres vont lui donner ? Aujourd'hui que les hommes font entendre sur un ton plus grave la voix de la paternité et revendiquent d'élever eux-mêmes leurs enfants, notamment leurs filles, l'éducation pionnière de Michel, son libéralisme d'avant-garde... et sa réussite pourraient servir de trop rare modèle tout comme son témoignage, si on le possédait, de source de réflexion.

Un passage inédit retrouvé par votre biographe permet de se faire une idée des sentiments profonds de Michel à l'égard de Marguerite. « Si tu mourais, je prendrais tes livres, tes vêtements, tout ce qui est à toi, j'en remplirais un canot que je mettrais à la remorque d'une barque et je coulerais le tout en pleine mer [33]. »

Cette apostrophe passionnée est d'un amant plus que d'un père, indice de l'intensité d'un attachement que « Loulou », votre demi-belle-sœur par alliance — elle a vingt ans de plus que vous —, une des survivantes de cette époque, se plaira à souligner dans sa correspondance des années 70, quand elle évoque « ton cher père », pour qui vous étiez tout.

Certes, c'est avec un mélange ambigu de respect, de tendresse, d'admiration, d'irritation, de fierté et surtout d'amour que Michel a dû assister à l'envol de ce cygne noir que lui avait donné et laissé Fernande.

Il n'aura pas eu cependant le temps de voir *Alexis* publié ni même sans doute accepté pour publication. Vous l'aviez vous-même, cette fois-ci, envoyé à Gallimard, qui l'avait refusé, puis à une petite maison, Le Sans-Pareil, connue pour avoir publié les surréalistes. René Hilsum, le directeur, influencé par le rapport favorable de son collaborateur Louis Martin-Chauffier, et intrigué par l'identité de Marg Yourcenar, avait voulu vous voir, à peu près, dit-il, au moment où vous étiez au chevet de Michel mourant ou, selon vous, après sa mort [34].

Mais c'est bien après la disparition de Michel, à l'automne de l'année 1929, qu'il a publié *Alexis*, par un beau jour parisien très froid. Le contrat spitule que la Demoiselle Marg Yourcenar touchera huit pour cent de droits d'auteur sur les trois mille premiers exemplaires et dix pour cent au-delà. Le tirage n'est que de mille exemplaires plus quelques exemplaires de luxe. Vous avez reçu un à-valoir de cent cinquante francs, somme assez coquette pour un livre de débutant, et il ne faut pas oublier que Michel avait payé pour le premier. Vous avez marché à pied de la rue Froidevaux à la place Vendôme en jubilant et en vous disant : « Ce n'est qu'un petit livre, on ne sait pas ce qu'il deviendra, mais tout de même, me voilà maintenant parmi les écrivains français, il y a toute une foule avec moi [35]. » Et puis vous êtes entrée dans le magasin Lalique et vous avez acheté, pour cent cinquante francs exactement, un vase bleu, « d'un bleu laiteux, comme la couleur de ce jour d'hiver [36] », que vous emporterez avec vous jusqu'en Amérique.

Quant à votre premier éditeur René Hilsum, vous ne l'oublierez plus. Le 15 mai 1986, l'année précédant votre mort, vous allez écrire à votre ami Yannick Guillou qui est votre interlocuteur chez Gallimard : « J'ai vu hier René Hilsum (mon inoubliable premier éditeur d'*Alexis*) et me suis aperçue ne jamais lui avoir fait envoyer *Un homme obscur*, qu'il ne connaît pas. J'aimerais qu'il l'ait (il est à demi hollandais) dans le beau petit volume brun qui fera équilibre sur sa table au petit volume gris de l'*Alexis* original [37]. »

À présent, vous volez de vos propres ailes. Le cordon a été définitivement coupé, et pas seulement par la mort. Avez-vous eu une pensée pour la joie qu'aurait éprouvée Michel ? Peut-être. Mais, surtout, vous vous sentez libre. Vous vous croyez libre. Vous voulez ignorer que le Minotaure espère, dans le labyrinthe, que « quoi qu'on fasse et où qu'on aille, des murs s'élèvent autour de nous et par nos soins, abris d'abord et bientôt prisons [38] ».

4.

Jeanne ou la face cachée

Cela se passait sur un banc du vieil Antibes, face à la mer, à côté d'une maison très ancienne, XVIe ou XVIIe, qui vous rappelle celle de Nostradamus à Salon, vers 1925. Ou bien était-ce vers 1923 ? Une fille de vingt ans qui était vous dialoguait avec son père. Il devinait ou elle lui confiait qu'elle était « perturbée par une rencontre avec un jeune inconnu qui lui paraissait différent des autres [1] ».

Pour la première fois mais non la dernière de votre vie, vous êtes tombée amoureuse d'un homme qui aime les hommes. Pour la première fois vous êtes troublée dans votre corps, dans vos sentiments, et pour la dernière dans votre esprit parce que vous ne comprenez pas encore tout à fait ce qui vous arrive. Sans y penser, voilà que vous êtes entrée dans la danse chaotique, dans le bal où les travestis échangent leurs masques pour mieux recouvrir leurs détresses.

Souffrez-vous ? Sans doute moins que plus tard quand vous traverserez l'enfer de *Feux*. Mais vous souffrez pour la première fois. Et vous ne savez pas bien pourquoi. Un homme qui aime les hommes. C'est nouveau pour vous qui avez vécu les vingt premières années de votre vie avec un homme à femmes, un homme qui ne peut pas se passer des femmes.

Alors vous cherchez refuge en lui, votre père. Vous lui avouez votre confusion. Vous lui demandez de le rencontrer, ce jeune homme qui vous bouleverse. Pour une fois. Parce que Michel, peut-être jaloux de votre bande, dédaigne en général vos amis et refuse de les voir. Il refuse cette fois-ci encore. Mais il essaie de vous calmer, de vous montrer qu'en matière de préférences sensuelles « rien n'est insolite ou inacceptable [2] ». Et pour vous convaincre, il vous dit ceci : « Si j'étais sur un bateau échoué qu'il soit impossible de renflouer, et qu'on serait sûr de voir sombrer dans une heure, à supposer qu'il n'y eût pas de femme à bord, je prendrais un jeune garçon, un mousse [3]. »

La phrase chemine en vous. Est-ce l'ascendant du mage Michel de Nostre-Dame, alias Nostradamus, homonyme de votre père et qui hante encore sa maison de Saint-Rémy-de-Provence où vous aimez tous deux vous promener ? On en retrouvera la substance au cours d'un dialogue que vous avez reconstitué et développé dans *Quoi ? L'Éternité* entre Égon, le mari de Jeanne, et le même Michel. « Égon » s'appelle dans la réalité Conrad de Vietinghoff. Lui aussi aime les hommes. Au mari de Jeanne, Michel tient le langage qu'il tenait à sa fille, vingt ans plus tôt : « On me prend pour le type même de l'homme à femmes ; j'en ai effectivement rendu heureuses ou malheureuses une demi-douzaine, ennuyé, agacé ou fait jouir quatre ou cinq douzaines d'autres [...]. De ces femmes, rien à dire : elles ont occupé ma vie ; elles l'occuperont sans doute jusqu'à l'heure de la mort. Mais si je me trouvais sur un bateau échoué, sans espoir de renflouage [...] et si, alors, jetant les yeux autour de moi, je n'apercevais pas une femme passable, je ferais sans doute de mon mieux pour m'emparer d'un beau garçon de l'équipage et pour passer dans la chaleur humaine, de courts et longs mauvais moments. Et peut-être de ton côté, tout camarade masculin manquant, chercherais-tu dans la même occasion une passagère obligeante [4]. »

Le message de Michel — ou bien est-ce le vôtre ? — est clair. Les goûts sexuels sont aléatoires. Les carambolages de hasard et de choix s'appliquent aussi bien à l'ordre charnel qu'à d'autres aspects de la destinée humaine. Ne perdons pas notre temps sur des différences de détail qui ne font que masquer à quel point nous sommes tous, pédérastes ou hommes à femmes, bisexuels ou hétérosexuels, profondément identiques. « Nous sommes pareils mais nos choix vont en sens inverse, un peu comme dans les anciens manuels militaires où l'on nous apprend que faire sur place demi-tour à gauche est exactement la même chose que faire demi-tour à droite, seulement c'est le contraire [5]. »

Le langage que vous tient Michel n'est pas sans éveiller en vous des résonances. C'était encore à l'époque de l'innocence, en 1914 — vous aviez onze ans — lors de l'exil momentané en Angleterre. Dans le désordre des colis et des valises, et les hasards de cette émigration, vous vous étiez retrouvée une nuit dans le même lit que Yolande, fille d'une maîtresse de votre père, de quelques années plus âgée que vous. « Couchée, cette nuit-là dans l'étroit lit de Yolande, le seul dont nous disposions, un instant, une prémonition de désirs intermittents ressentis et satisfaits plus tard au cours de ma vie, me fit trouver d'emblée l'attitude et les mouvements nécessaires à deux femmes qui s'aiment [6]. »

Cet épisode, vous le faites suivre immédiatement de son pendant, qui a eu pour décor la même Angleterre à la même époque et pour acteur cette fois un homme, le cousin X : « Le cousin entra sur la pointe des pieds, sanglé dans son épais peignoir éponge [...]. Il referma sans bruit la porte, s'approcha de moi pour me lisser les cheveux, fit couler sur le sol ma chemise de nuit encore enfantine à manches et à col boutonné. Il m'attira enfin devant le miroir et me caressa de la bouche et des mains en m'assurant que j'étais belle. Discrètement il fit deviner à mes doigts, à travers l'épais tissu-éponge, la topographie d'un corps d'homme [7]. »

Loin de vous alarmer ni de vous blesser, l'épisode vous rassure et vous pacifie : « Je m'endormis contente d'avoir été trouvée belle, émue que ces minces protubérances sur ma poitrine s'appelassent déjà des seins, satisfaite aussi d'en savoir un peu plus sur ce qu'est un homme [8]. »

Le cousin X, cependant, vous a moins troublée que la jeune Yolande. La raison ? « C'est peut-être que la volupté dont je ne me faisais encore qu'une idée assez vague était déjà pour moi indissolublement liée à l'idée de la beauté : elle était inséparable des torses lisses des statues grecques, de la peau dorée du Bacchus de Vinci, du jeune danseur russe étendu sur une écharpe abandonnée. Nous étions loin du compte. Le cousin X n'était pas beau [9]. »

Grâce à ces souvenirs encore frais de la prépuberté, vous avez obscurément compris le sens des paroles de Michel, elles ont sans doute décidé de l'orientation de votre vie amoureuse à moins que ce ne soit l'orientation de votre vie amoureuse qui vous ait fait reconstruire le discours de votre père ou au moins imputé à ses paroles le sens qui était déjà le vôtre. Mais ce langage vous a libérée. Michel vous donnait en quelque sorte son aval.

À des années de distance, lorsque vous le réinventez en votre vieillesse, vous lui faites porter d'autres messages encore. Celui de votre bisexualité à vous que vous avez implicitement affirmée dans les nombreuses interviews où vous insistez sur la bisexualité d'Hadrien ou de Zénon, que la critique cherchait à enfermer, comme elle vous enfermait, vous, dans la seule catégorie de l'homosexualité.

L'éveil de votre sensualité ainsi évoqué révèle aussi l'attrait que revêt pour vous la beauté surtout masculine. Cette dernière particularité est moins commune qu'on ne pense chez les femmes, souvent plus sensibles à la brute qu'à l'éphèbe. Elle éclaire en partie votre attirance pour André Fraigneau, Jerry Wilson, sans doute le jeune inconnu que votre père a, à la fois, excusé et boudé, et pour les jeunes homosexuels, en moyenne plus beaux ou plus soucieux de leur beauté que les autres hommes, dont vous vous êtes entourée jusqu'à la fin de votre vie. Ou peut-être est-ce au contraire cette attirance pour les hommes qui aiment les hommes qui a entraîné une prédilection esthétique, qu'on ne trouve pas chez vous seulement dans les goûts sensuels ? Les deux penchants communiquent.

Des intermittences des sens et du passage de l'un à l'autre sexe, il sera question plus tard. Ce qui compte au moment de la première rencontre avec le jeune inconnu, c'est que vous vous présentiez vous-même comme doublement captivée par l'un et l'autre sexe, dès avant la puberté. Celle-ci s'était apparemment passée sans encombre : « Les bonnes me donnèrent une provision d'épaisses bandes de linge soigneusement cousues en me disant qu'il en allait de même chaque mois de toutes les femmes. Je n'allais pas plus loin que cette explication [10]. »

Si l'éveil des sens est simple à raconter, il en va autrement d'une rencontre à laquelle vous avez fait une allusion unique à propos de la conversation avec Michel sur le banc d'Antibes. On peut la dater vers 1926, entre le printemps 1925 et l'été 1926.

Au printemps 1925, alors que vous rédigez la première version d'*Anna*, vous n'avez pas encore personnellement d'expérience du « dur amour », vous ne faites que le pressentir : « J'avais vingt-deux ans, tout juste l'âge d'Anna lors de sa brûlante aventure [...]. Mon expérience sensuelle restait à l'époque assez limitée, celle de la passion était encore au prochain tournant mais l'amour d'Anna et de Miguel flambait néanmoins en moi [11]. »

Ainsi préparée, dans votre corps et dans votre sensibilité, à vivre une passion, vous avez désiré un bel inconnu que votre père a dédaigneusement refusé de voir. Cette rencontre, plus tard, vous la traiterez — peut-être sous influence — de « mince aventure », et vous reconnaîtrez vous en être servie pour entreprendre *Alexis*. Vous avez alors assimilé la leçon de Michel, à laquelle *Alexis* est à la fois une réponse et un écho. Nulle surprise, dans ce contexte, que Michel ait admiré la pureté ou la limpidité de ce récit qui, à distance, était aussi son œuvre.

Sur la transformation de l'amour vécu en fiction, il n'y a rien que de très courant chez tout romancier. Ce qui est plus original est votre identification, non à Monique, la jeune femme à laquelle s'adresse Alexis et qui demeure absente du récit, mais à un « Je » qui est celui, sublimé, de l'homme que vous venez de désirer et de perdre tout à la fois : « Il y a quelque chose que je préférerais à tuer le Minotaure », dira Thérèse dans « Ariane et l'Aventurier ». « Quoi ? » lui demandera Antolycos. « Être le Minotaure », lui répondra Thésée [12].

L'idée vous restera. Trente ans plus tard, vous écrirez à votre ami Jacques Brosse : « En vous lisant, j'ai parfois pensé à la phrase de Rama Krishna à un de ses disciples qui s'occupait de spiritisme : " Quand on évoque les fantômes, on devient fantôme ; quand on évoque Dieu, on devient Dieu. " [13] »

Démarche opposée à celle de Narcisse, être l'autre est la thérapie que vous venez de découvrir et qui sert les intérêts de la littérature et vos intérêts psychiques propres. C'est la première fois, si on exclut « Le Premier Soir », qu'un livre vous permet cette vampirisation qui est le comble de l'amour et de l'art. Devenir l'homme aimé, porter sur le monde et jusque sur la femme, qui est vous, « son » regard, c'est le pouvoir du démiurge, c'est le pouvoir d'un dieu. Ce ne sera pas la dernière fois que vous en userez.

Mais *Alexis* ne doit pas son inspiration au seul inconnu de 1926. « Je m'étais servie, pour reculer dans le passé, une mince aventure, de l'alibi que m'offrait le souvenir de Jeanne et d'Égon [14]. »

Jeanne. Elle a été la plus tendre amie de Fernande au pensionnat. Elle est, dites-vous, le plus grand amour que Michel aura éprouvé pour une femme. Elle sera tout au long de votre vie l'incarnation d'un idéal humain et féminin. Elle a inspiré la Monique d'*Alexis*, la Thérèse de *La Nouvelle Eurydice*, l'Isolde des poèmes, avant de réinvestir directement votre œuvre dans les chroniques familiales et d'occuper, sous son vrai prénom, Jeanne, presque tout l'espace de *Quoi ? L'Éternité*.

Jeanne, qui s'appelait en réalité Jeanne de Vietinghoff, a joué dans votre existence et dans votre œuvre — dans votre œuvre-existence, car on ne peut à partir d'un certain moment séparer l'une de l'autre — un rôle aussi considérable que celui de Michel. Mais cette influence féminine, reconnue à la fin dans *Le Labyrinthe du monde*, s'est exercée en creux dans l'ordre de l'imaginaire et du rêve. Elle a cheminé secrètement depuis les tout premiers récits jusqu'au dernier livre inachevé, qui est un hymne d'amour à une femme revendiquée explicitement comme un modèle, implicitement comme un double. Jeanne, c'est l'ombre portée sur le lumineux Michel, bien que Jeanne, à bien des égards, soit plus claire que lui ; c'est aussi la face obscure de vous-même, sur laquelle peu à peu les derniers livres feront la lumière, une lumière si aveuglante qu'on finira par y apercevoir clairement votre profil.

Sur une chronologie que vous avez établie avec Grace, probablement dans les années 70, parmi les dates cruciales de votre jeunesse, entre la mort de Fernande en 1903 et celle de votre grand-mère en 1909, figurent ces deux mentions insolites : « Fin été 1904 ou début hiver 1905 : Lettre de Monique [...]. Printemps 1909 ? Rupture avec Monique [15]. »

Monique est la femme d'Alexis dans le roman qui porte son nom. C'est donc un personnage inventé. Mais il y a eu peut-être une lettre de Jeanne à Michel en 1904 ou 1905 l'invitant à venir passer ses vacances à Scheveningue avec Marguerite, l'enfant de Fernande. Il y a eu une histoire d'amour entre Michel, le veuf de Fernande, et Jeanne, la femme de Conrad de Vietinghoff. Il y a eu sans doute — et toujours d'après votre récit — une rupture brutale entre Michel et Jeanne, qui les désespéra tous deux au point de leur arracher des larmes, bien des années plus tard, lorsque chacun d'eux était déjà engagé dans les allées de la mort.

Monique ou Jeanne, Thérèse ou Jeanne, Marguerite ou Jeanne. Leur capacité à s'interchanger abolit les frontières entre réalité et fiction, qui s'interpénètrent dans vos romans mais aussi dans votre vie. Elle révèle à quel point vous vous êtes précocement identifiée à Jeanne. Celle-ci se substitue à vous comme protagoniste d'une histoire qui dépasse votre « mince aventure » pour devenir un drame aux proportions universelles. Elle dévoile, mieux qu'une analyse, que jusqu'à la mort de Michel les événements de sa vie et de la vôtre s'imbriquaient au point de fusionner presque totalement : soixante ans plus tard, la lettre de Jeanne à Michel, point de départ de leur liaison amoureuse, revêt pour vous plus d'importance que la naissance non mentionnée de votre mère que vous supposez, à tort ou à raison, moins aimée de lui.

Jeanne est cependant, dès l'origine, liée à Fernande d'une amitié que vous vous plaisez à imaginer particulière. Dans l'ambiance confite en dévotion du pensionnat du Sacré-Cœur à Bruxelles, une Fernande de seize ans a vu apparaître, au premier semestre 1887, une éblouissante Hollandaise de son âge, d'une bonne famille luthérienne, qui vient pour un an parfaire, dans une école catholique, son français déjà exceptionnellement pur. La jeune Belge aux yeux verts et à la sensibilité un peu fiévreuse se prend pour la belle Jeanne Van T. — c'est ainsi que vous la nommez dans *Quoi ? L'Éternité* —, à qui une goutte de sang indonésien confère une nonchalance un peu exotique de brune au teint

sombre, d'une de ces passions où la sensualité se mêle à l'exaltation spirituelle, selon des dosages qu'il est difficile, voire délicat
d'estimer : « Des lèvres édentées d'anciennes gouvernantes ont
longtemps susurré qu'une amitié particulière existait entre les
deux élèves. Ce fut en tout cas une intimité caressante et chaude.
C'est l'un des miracles de la jeunesse que de redécouvrir sans
modèle [...] tous les secrets que l'érotisme croit posséder et dont il
ne possède le plus souvent qu'une contrefaçon. Mais les bavar-
dages des vieilles Fräulein sont trop peu comme preuve d'une
pareille illumination des sens : nous ne saurons jamais si Jeanne
et Fernande la connurent ou même l'entrevirent ensemble [16]. »
Qu'importe que, dans la réalité, Jeanne Van T., qui s'appelait simplement Bricou, fût par son père aussi belge que Fernande !
Qu'importe la réalité de Jeanne Bricou que Monique ou Jeanne
Van T. tirent vers le rêve, votre rêve !

La supposition d'une attache amoureuse entre Fernande et la
femme qui sera aimée et de Michel et de Marguerite vous excite
assez pour que vous y reveniez notamment dans *Souvenirs pieux*.
À l'appui de cette hypothèse, vous remarquez, dans son bulletin
du deuxième trimestre 1887, que vous avez en votre possession,
la dégringolade des résultats scolaires de Fernande. Elle a
entraîné le retour de la pensionnaire dans sa famille, peut-être
alertée en même temps par cette intempestive affection entre les
deux condisciples.

Mais la tendresse mutuelle de Fernande et de Jeanne survit à
cette séparation-punition. Et lorsqu'elle épouse Michel de
Crayencour le 8 novembre 1900, Fernande souhaitera que Jeanne
soit son unique demoiselle d'honneur.

C'est ce jour, précisément de son propre mariage avec Fernande, que Michel voit pour la première fois l'amie de sa femme.
Il en est ébloui. « D'avance il la savait belle, il n'avait pourtant
pas imaginé ce visage d'ambre pâle, ce corps praxitélien aux
contours discrètement marqués par le long tailleur de velours
rose, le grand chapeau de feutre rose couvrant à demi la nuit des
cheveux et les tranquilles yeux sombres. Un tel émoi dut s'exprimer silencieusement en lui par un de ces laconiques jurons d'ancien cuirassier : Crénom [17] ! »

Michel ira-t-il, réflexe que vous lui prêtez, jusqu'à regretter de n'avoir pas rencontré la belle Hollandaise avant la jeune Belge, afin qu'elle occupe la place de Fernande, tout en blanc à ses côtés ? « Mais les jeux étaient faits. Fernande avait quand même bien du charme ; et Mademoiselle Van T. irait dans quinze jours se marier à Dresde [18]. »

Car, entre-temps, Jeanne a trouvé son « Alexis ». Il s'appelle Conrad de Vietinghoff, mais vous le nommerez dans *Quoi ? L'Éternité* Égon, prénom de son fils, qui lui s'appelle Clément dans votre livre. Cet échange de noms et de prénoms entre littérature et réalité mérite qu'on s'y attarde. Conrad est le prénom du frère de Sophie dans *Le Coup de grâce*. Jeanne s'appelle Monique dans *Alexis* et dans *Souvenirs pieux*, premier volume d'une trilogie où elle se transforme en Jeanne dans le troisième volume. De même le nom de famille de Sophie et Conrad de Reval dans *Le Coup de grâce* sera donné à Jeanne et à Égon dans *Quoi ? L'Éternité*. Dans ce dernier volume, un personnage épisodique, rencontré par Égon, au cours d'un voyage qu'il fait durant la guerre — la première — dans sa Courlande natale, s'appelle Élie Grekoff, nom d'un peintre d'origine russe qui est demeuré, depuis les années 50, votre ami intime et l'un de vos correspondants privilégiés. Comme Balzac, faisant appeler à son chevet son personnage, le docteur Horace Bianchon, il ne vous restait plus qu'à convoquer Zénon à votre lit de mort.

Car le chassé-croisé de prénoms ne fait que refléter le chassé-croisé des vies et des intrigues entre la réalité et la littérature. L'histoire de Conrad de Vietinghoff et de Jeanne Van T., alias Égon et Jeanne de Reval, on peut l'imaginer à travers la fiction d'*Alexis* ou le récit de *Quoi ? L'Éternité* sans oublier d'autres détails empruntés à d'autres textes. Comme Alexis ou comme Éric du *Coup de grâce*, Conrad, qu'à votre suite nous appellerons Égon, appartient à une bonne famille aristocratique balte, connue et appauvrie. Son patrimoine, consistant à être honoré parce qu'on descend de personnages devenus légendaires, qu'il partage avec de nombreux frères, ne le nourrit pas. Mais très tôt il manifeste des dons artistiques qui feront de lui un musicien célèbre. Muni d'un diplôme du Conservatoire de Riga, il part à Dresde

75

pour étudier et travailler comme organiste dans la congrégation luthérienne que fréquentent Jeanne Van T. et sa mère.

« Jeanne aime ; c'est la première fois [...]. L'amour d'Égon emplit Jeanne comme le bruit des flots un coquillage et y résonnera jusqu'à ce que le coquillage soit brisé [19]. » La suite, vous l'avez racontée plusieurs fois. Conrad ou Égon ou Alexis ou Emmanuel épouse Jeanne ou Monique ou Thérèse, et il en a deux enfants, deux fils. Mais ses préférences charnelles et passionnelles vont aux hommes. Et Jeanne souffre l'intolérable.

Entre-temps, Fernande était morte en vous donnant le jour. L'année suivante, Michel reçut au Mont-Noir la fameuse « lettre de Monique ». Cette scène, vous avez voulu la fixer dans le détail, saluant en elle l'avènement heureux — que le jour de votre naissance qui avait tué votre mère biologique ne symbolisait pas — d'une mère d'adoption. « Je n'étais pas [...] la fille de Fernande. J'étais davantage la fille de Jeanne, de celle qui s'était promis de veiller sur moi dès ma naissance et que Michel, en dépit de ses rancœurs, n'avait cessé de me proposer comme une image parfaite de la femme [20]. »

D'après votre récit, Michel s'est installé ce jour-là devant la croisée de la fenêtre, il a arrêté son regard sur une enveloppe « encadrée d'un mince fil noir [21] », il a contemplé l'écriture, une écriture de femme et de femme qui a fait ses études dans un bon pensionnat, mais « moins grêle et plus ferme que celle de Fernande [22] », il a glissé un couteau sous le cachet de cire noire et il a lu... les lignes suivantes réécrites par vous... ou d'autres lignes que nous ne connaîtrons pas.

Monsieur, je ne vous écris qu'en tremblant.

Je n'ai appris que tout récemment la mort de Fernande, qui fut l'une de mes meilleures amies [...].

Quand Fernande m'a écrit pour m'apprendre qu'elle était enceinte, je l'étais moi-même. Nous nous sommes promis réciproquement, au cas où un accident nous arriverait, de veiller sur nos enfants. Il serait vain et prétentieux de me proposer pour tenir auprès de la petite la place d'une mère ; je le sens mieux que jamais, maintenant que j'ai moi-même deux fils. Mais je puis peut-être vous aider un peu, quand vous le voudrez, dans cette tâche, si lourde pour un veuf, d'élever un enfant [23]. »

La lettre se terminait par une invitation à passer une partie de l'été à Scheveningue dans le pavillon de la grande maison d'été qu'y possède la famille de Jeanne. « Vous seriez dans un milieu ami, et l'enfant profiterait du bon air marin. Mon mari, d'accord avec moi en tout, en serait heureux lui aussi. Il est très occupé par sa carrière de musicien, et vous prie de l'excuser d'avance d'être souvent absent [24]. »

L'essentiel est dit en peu de mots, et il se pourrait qu'à cet effet vous ayez apporté à la lettre originale quelques retouches : les absences du mari, l'enfant qui fait le trait d'union de la rencontre comme il fera le trait d'union du souvenir. À Scheveningue ou après, de Michel ou de vous, lequel est le plus envoûté par la beauté de Jeanne ? « Devant la beauté, cette chose si rare, le sentiment qui chez lui l'emporte est celui du respect. Le respect pour Jeanne est un sentiment qui survivra chez lui aux flammes de la passion elle-même [25]. »

Jeanne et Michel furent-ils amants ? Michel, dites-vous, ne vous fait pas de confidences. Mais, comme vous, il lui arrive d'écrire. Les derniers vers d'un poème à Jeanne, écrit à l'automne 1904, et que vous avez conservé (« Et quand Elle viendra, penche-toi sur ma couche, / Afin qu'au réveil j'aie la félicité / De sentir ton baiser tout vivant sur ma bouche, / D'en garder la douceur pendant l'éternité [26]. ») vous paraissent éloquents. Tantôt vous affirmez leur lien sensuel comme une évidence : « Jeanne s'est donnée simplement. Michel a éprouvé de ce don une grande reconnaissance et peu de surprise [27]. » Tantôt comme une hypothèse où subsistent des doutes : « Les souvenirs brûlent rarement si longtemps à moins qu'il n'y ait eu, entre deux êtres, connivence charnelle [28]. »

Bien qu'il avoue n'être pas dépourvu de jalousie (« il est naturel d'avoir froid quand l'attention d'un être aimé se pose sur quelqu'un d'autre, comme en été, quand un nuage passe sur le soleil [29] »), le mari, qui court les lieux de débauche à la recherche assoiffée d'amants de passage, respecte la liberté d'une femme qu'il sait faire souffrir. Michel a une certaine expérience du trio amoureux. Il a arpenté l'Europe autrefois avec « ses deux femmes », Berthe, son épouse, et la jeune sœur de cette dernière, Gabrielle. Jasait-on autour d'eux ? L'époque était libérale. Et « tout grand amour est un jardin entouré de murailles [...]. Tout ce qui se chuchote sûrement autour de ces personnes et sur elles, les ragots du monde qui salissent et qui déforment n'atteignent pas ces trois êtres qui ne reconnaîtraient probablement pas l'image qu'on se fait d'eux [30]». La conversation, authentique ou inventée, entre Michel et Égon, dont il a été question plus haut, se situe dans ce contexte d'intimité franche mais aussi de sourde hostilité entre le jeune mari et l'amant expérimenté.

C'est Jeanne, elle-même auteur d'essais littéraires et même d'un roman, qui inspire à Michel le seul exercice littéraire qu'il ait mené à bien en dehors du « Premier Soir ». Il s'agit de la traduction française d'un ouvrage écrit en latin par un auteur tchèque, Jean Amos Komensky ou Comenius, *Le Labyrinthe du monde et le Paradis du cœur*, qui fut un livre de référence pour la communauté morave en exil. Komensky était un érudit et réformateur religieux du XVIIe siècle, l'un des chefs des Frères moraves, dont la communauté est elle-même issue du groupe hussite et anabaptiste. Michel s'est aidé, comme l'indique sa préface, de la traduction anglaise du comte Lutzow, qu'il a lue avec Jeanne.

Il publia ce livre, sous le titre *Le Paradis du cœur*, comme il a publié les vôtres au début, à compte d'auteur, chez Danel à Lille en 1906. Avec sa prodigalité coutumière, cet homme, qui adore dépenser pour une femme, le fait tirer à cinq cents exemplaires et en envoie deux cent cinquante à Jeanne. Vingt ans après, le ministre des Affaires culturelles de la jeune République tchéco-slovaque écrira à l'auteur pour le remercier d'avoir traduit ce livre longtemps interdit par les Autrichiens. Décidément, Michel avait la plume heureuse !

Plus de soixante ans plus tard, après avoir usé à maintes reprises des métaphores du Labyrinthe et du Minotaure, vous choisirez le titre *Le Labyrinthe du monde* pour désigner la trilogie des chroniques autobiographiques où Michel et Jeanne occupent la première place. Avant cela, vous vous êtes souvenue des ana-baptistes dans *L'Œuvre au Noir*.

Une fois de plus, les sentiers s'enchevêtrent, de la fiction à la réalité et de la réalité à la fiction. « Le tracé d'une vie humaine est aussi complexe que l'image d'une galaxie. À y regarder de très près, on s'apercevrait que ces groupes d'événements, ces rencontres perçues d'abord sans rapport les unes avec les autres, sont reliés entre eux par des lignes si ténues que l'œil a du mal à les suivre et qui tantôt cessent semble-t-il de mener nulle part et tantôt se prolongent au-delà de la page [31]. »

L'histoire d'amour entre Michel et Jeanne se terminera abruptement au printemps 1909. Pour une fois, vous n'y donnez pas à votre père le beau rôle. Et c'est ainsi que vous racontez ou plutôt romancez leur rupture :

C'était après le drame qui avait ébranlé, à Rome où « Égon » avait été invité à donner un concert, le couple Vietinghoff. Franz, la petite frappe dont s'est entiché le musicien, est inculpé de trafic de stupéfiants et de vol de tableaux. Il a été écroué après une descente de police dans un « mauvais lieu » où ils ont été arrêtés tous les deux. Le scandale, alimenté par les gazettes de France et d'Italie, qui atteint « Égon », éclabousse sa femme.

Michel, dont la tolérance à l'égard des « pédérastes », comme à l'égard des juifs, a des limites, entend profiter du scandale pour arracher Jeanne à « Égon ». Dès le retour de la jeune femme à Paris, il lui a donné rendez-vous au Louvre, dans la salle de Vénus. Là il lui propose de divorcer, de partir avec lui dans de longues randonnées à travers le monde, dans le yacht qu'il achètera pour elle.

Jeanne rappelle qu'elle a deux enfants. Il lui rétorque qu'elle en aura trois avec Marguerite, qu'« Égon » n'osera pas, après une aussi « répugnante aventure », les lui réclamer. Elle refuse doucement :

« Ne voyez-vous pas que si je le quitte, et lui reprends ses enfants, j'aurais l'air de m'associer à la meute qui ne demande pas mieux que d'aboyer ou de baver sur lui. Vous ne voudriez pas que je fasse rien de tel [32]. »

Michel insiste. Jeanne résiste :

« Il me semble que je lui sers à quelque chose. Il n'y a pas d'île où même dans le malheur on ne puisse pas vivre en paix.

— Dites plutôt que vous y avez pris goût. Ce milieu vous plaît, vous excite, vous y trouvez sans doute des compensations. Qui me prouve que Franz n'ait pas été aussi votre amant [33] ? »

La colère chez Michel est violente. Elle balaie tout. C'est cette violence qui lui fera perdre Jeanne, un des rares épisodes de sa vie que vous n'approuvez pas. Une des seules circonstances où votre sympathie ne va pas à Michel. Pour la première, l'unique fois peut-être, quelle que soit la véracité des détails que vous rapportez, et qui sont sans doute empruntés autant et même plus qu'à la vie de Michel, de Jeanne et de Conrad, à l'existence doulou-reuse que vous menez avec Jerry et son amant Daniel, à l'époque où, vieille femme, vous écrivez ces lignes, vous percevez ce qu'on appellerait aujourd'hui le machisme de votre père, ce « ton péremptoire de l'homme pour lequel tout élan des sens dégrade une femme à moins, bien entendu, qu'il n'en soit le bénéficaire et pour qui toute singularité sexuelle déshonore un homme [34] ».

Ce machisme que vous avez par ailleurs assumé, aggravé et même signé dans « Le Premier Soir », alors qu'il était plus ou moins inspiré de Fernande, vous ne le tolérez plus quand il s'agit de Jeanne que vous voyez trembler sous l'insulte, se lever sans tendre sa main à serrer ou à baiser et s'éloigner pour toujours dans la grande galerie bordée de sarcophages vides, cette Jeanne que vous allez regretter plus encore peut-être que votre père.

Car il est permis de se demander comment une personne que vous avez cessé de fréquenter à l'âge de six ans a pu conserver jusqu'à la fin de votre existence une telle influence sur vous. Les souvenirs de vacances sur la plage de Scheveningue sont tout de même peu de chose, même s'ils ne sont pas entièrement reconsti-tués à partir des récits de votre père et des photographies.

Ces dernières montrent tantôt une toute petite fille engoncée dans une robe de broderie anglaise avec une grande capeline de paille, tantôt « Clément », en réalité Égon, l'aîné de Jeanne, et Marguerite qui s'avancent vers la mer pieds nus « riant de voir le sable sourdre entre leurs orteils et le petit Axel qui se traîne encore à quatre pattes [35] ».

Parfois Jeanne se lève, prend par la main les deux aînés qui jouent sous la tente qu'on a fait dresser pour eux, et marche doucement vers la mer. Mais le souvenir se trouble. Est-ce Barbe, est-ce Jeanne ? Vous-même vous en doutez : « C'est peut-être parce que je veux que cette promenade ait été une sorte d'enlèvement, loin du petit monde domestique connu, une espèce d'adoption que j'ai préféré imaginer ce beau visage penché sur moi [36]. »

Une espèce d'adoption. Voilà le mot lâché. Car l'adoption est mutuelle, elle se tisse secrètement entre les membres du trio parental que vous formez avec Michel et Jeanne, et on ne sait plus qui décide de cette harmonie, si c'est Jeanne, si c'est Michel, si c'est vous qui en « rejointoyant » tous ces morceaux épars, en réunissant ces trois êtres désunis, au moins par le temps et par la mort, vous laissez entraîner par le désir de devenir la fille de Jeanne, et au-delà même, de devenir Jeanne.

À d'autres moments, dans le midi de la France cette fois, vous avez souvenir d'avoir, tout enfant, accompagné le couple au cours d'excursions sur la côte ou dans l'arrière-pays, dans une voiture à chevaux : « Cette calme cadence, ces beaux lieux qui défilent sans hâte à gauche et à droite, resteront longtemps une de mes nostalgies [37]. » Nostalgie de paysage ou nostalgie de tendresse entre la figure d'un père et la figure d'une mère, unis par un grand amour qui s'étend à l'enfant ?

Vous n'en dites pas plus mais vous montrez que Michel, lui, est resté ambivalent à l'égard de Jeanne. Certes, il regrette la rupture et reconnaît « s'être conduit en imbécile [38] ». Mais il lui garde du ressentiment et vous obligera à abandonner à la fille du portier une poupée qu'elle vous a envoyée de Rome.

Dans une autre scène, authentique ou inventée, Michel vous fait doucement la morale, bien que vous affirmiez que ce n'est pas son genre. Vous aviez commis un petit méfait de futur écrivain en racontant à la cuisinière et à la bonne, un soir, un gros mensonge : que la simple gerbe de roses soufre que votre père avait offerte à Madame de San Juan était un immense bouquet de roses tout en or.

« — Voilà un mensonge que Jeanne de Reval n'aurait jamais fait [...]. Tu savais que c'était un bouquet de fleurs fraîches. Pourquoi avoir prétendu qu'elles étaient en or ?

« — Pour faire plus beau, dis-je en baissant un peu la tête.

81

« — Jeanne savait que la vérité seule est belle, dit-il. Tâche de t'en souvenir [39]. »

Cette phrase, entre mille autres, et même si ce n'était pas exactement cette phrase-là, s'est gravée. « Ces quelques phrases de Jeanne, transmises comme malgré soi par cette voix d'homme, me montraient le chemin. D'autres encore et d'autres exemples plus émouvants que tous les conseils me parvinrent plus tard. Je serais sans doute très différente de ce que je suis si Jeanne à distance ne m'avait formée [40]. »

À partir de leur rupture, ce que vous transmet Michel de Jeanne, malgré sa rancœur, c'est donc un souvenir idéalisé. « On eût dit que d'un fonds fuligineux de nuages bas, de colères, de dégoûts même, l'image de la femme aimée s'élevait plus haute et plus claire comme la lune par un soir orageux d'été [41]. »

Mais ce sera seule que vous reverrez Jeanne au moins à deux reprises. La première fois, c'est en Belgique en 1913. Votre père vous a envoyée à Bruxelles passer une journée chez votre tante maternelle infirme qui fête son anniversaire. Jeanne est là. Elle vous tend les bras. Vous vous y jetez avec joie. « Son baiser venu à la fois de l'âme, du cœur et du corps me rendit aussitôt l'intimité facile d'autrefois bien que ces récentes quatre années d'absence représentassent à mon âge presque la moitié de ma vie [42]. »

La prochaine fois que vous reverrez Jeanne sera, semble-t-il, la dernière. Sans doute, vers 1922, au Cap-Ferrat. Sur la chronologie, votre mémoire reste incertaine et même contradictoire. Tantôt vous prétendez avoir revu Jeanne à vingt ans, tantôt à quinze. Jeanne a vieilli, elle souffre peut-être déjà de la maladie qui l'emportera sous peu. C'est ce jour-là que vous voyez des larmes déborder sur ses joues grises en prononçant le nom de cet homme « sorti de sa vie depuis tant d'années et qui continuait à ne plus vouloir d'elle [43] » et un peu plus tard que vous entendez « Michel quasi moribond dans sa chambre d'une clinique suisse éclater en sanglots à la vue d'une corbeille de fleurs qu'on lui envoyait en mémoire de Jeanne [44] ». La dernière rencontre au Cap-Ferrat est l'unique moment où vous avez pu vous entretenir directement avec Jeanne de sa vie, à une époque où, déjà adulte, vous pouviez écouter et comprendre.

Jeanne Bricou, épouse Vietinghoff, née le 31 décembre 1875 à Bruxelles, mourra à Lausanne, comme Michel, trois ans plus tard, le 15 ou le 16 juin 1926. Vous vous recueillerez sur sa tombe dans un cimetière dont vos écrits attestent que vous l'avez long-temps cherché et qu'illustre une photographie conservée toute votre vie. Et quand, dans les années 40, vous envisagerez votre mort en Europe par testament, c'est à Chamblandes, Mont-Pèle-rin, canton de Vaud, que vous souhaiterez être enterrée.

À partir de ce moment, Jeanne de Vietinghoff appartiendra à la mémoire et surtout à la littérature. Une fois de plus, c'est par l'intermédiaire de Michel que cette mère élue par lui, cette fée marraine évanescente et si présente se manifeste à vous. À travers lui, vous aimez Jeanne. En dépit de lui, vous vous identifiez à Jeanne. Comme Jeanne, vous tombez amoureuse d'un homme qui aime les hommes, puis d'un autre. Et vous racontez votre histoire en racontant l'histoire de Jeanne.

5.

Le deuil et les livres

Jeanne est morte. Michel est mort. Mais Alexis est né, Thérèse de *La Nouvelle Eurydice* est en train de naître. Anna, Hadrien, Zénon, Nathanaël, et d'autres encore sont dans vos cartons ou dans les tiroirs de votre mémoire. Autour de 1929, vous avez fait votre deuil des êtres que vous aviez le plus aimés en votre enfance ou en votre jeunesse. Vous avez dû faire le deuil de votre patrimoine. Vous avez rompu avec la famille et l'assemblée des ancêtres. Mais vous avez reçu en partage le don magique de transformer le deuil en littérature. Plus tard, la littérature vous rendra un patrimoine que vous ne devez qu'à vous-même, sous un nom qui sera le premier et le dernier de la dynastie. En dilapidant votre héritage et en capitalisant sur votre éducation, Michel devait secrètement savoir que vous finiriez par vous y retrouver et par le retrouver aussi en fin de course. Quant à vous, comme Zénon, le médecin alchimiste, votre frère en fiction, vous découvrez que l'écriture seule est capable de changer le deuil en or et en éternité.

Cette pratique alchimique de l'écrivain, qui consiste, avant de le monnayer en avances et droits d'auteur, à transformer une ou plusieurs personnes de chair en personnages de fiction, on l'observe à l'œuvre sur Jeanne ; il faudra attendre l'écoulement de votre vie entière pour que son personnage émerge lentement au jour.

Ce que vous saviez de Jeanne au départ était peu de chose puisque vous ne l'avez vraiment « fréquentée » qu'entre l'âge de trois et six ans. Pour essayer d'évoquer la vie de Jeanne, votre source principale a été Michel « qui jusqu'à la fin ne cessa de me parler d'elle [1] ». Puis « des récits discrets me furent faits beaucoup plus tard par des dames âgées qui avaient sans doute mis beaucoup d'eau dans le vin de leurs souvenirs [2] ». Enfin, il y a le témoignage direct de Jeanne « à l'unique moment où j'ai pu l'aborder en qualité d'adulte, à supposer qu'on soit adulte à vingt ans [3] ».

Vers 1927 [4], vous accompagnez en Suisse votre père malade qui vient se faire soigner. Par un jour d'hiver, dans la neige craquelante et immaculée, vous cherchez à travers bois la tombe de Jeanne dans un cimetière isolé. Toute votre vie, vous conserverez une photographie de ce tombeau, prise peut-être ce jour-là, prise peut-être par vous, qui repose encore dans un carton de bibliothèque. Et vous avez le sentiment d'être Orphée, le poète venant chercher chez les morts la femme qu'il aime pour la ramener dans le séjour, sinon des vivants, au moins de ceux qu'un artiste a su immortaliser. Ou d'être Tristan se réveillant auprès du corps de sa bien-aimée. Et dans une crise de nostalgie de cette femme, que vous connaissiez à peine, mais qui incarnait la mère que vous aviez moins encore connue et perdue en venant au jour, vous est venu cet hymne à Isolde morte :

Ceux qui nous attendaient se sont lassés d'attendre
Et sont morts sans savoir que nous allions venir [...]
Vous ne saurez jamais que j'emporte votre âme
Comme une lampe d'or qui m'éclaire en marchant
Qu'un peu de votre voix a passé dans mon chant
Et vous vivez un peu puisque je vous survis [5]...

Comme plus tard Stanislas, le personnage de votre roman, vous avez alors tâché de retrouver les proches, les amis de Jeanne. « Naturellement, j'ai obtenu des renseignements qui ne correspondaient pas toujours les uns avec les autres. Je suis allée voir le médecin qui avait soigné cette femme, j'ai fini par retrouver le mari et nous avons eu quelques conversations sur la disparue [6]. »

À la suite de cette quête et de cette enquête, vous avez écrit un In Memoriam qui est votre Souvenir Pieux à vous. Il s'intitulait « En mémoire de Diotime : Jeanne de Vietinghoff », et il a paru dans la *Revue mondiale* le 15 février 1929, un mois environ après la mort de Michel.

C'est à titre d'écrivain que vous honorez officiellement dans cette revue le souvenir de la baronne de Vietinghoff, auteur de plusieurs essais, notamment *La Liberté intérieure*, *L'Intelligence du bien*, qui fut même traduit en anglais, et d'un roman, *L'Autre Devoir*, que vous jugez médiocre. Car, bien que certains de ces livres soient, dites-vous, « fort beaux », ils « n'offrent cependant qu'une image affaiblie d'elle-même [7] ». Les livres de Jeanne ne sont que « la cendre d'un admirable foyer », tandis que Jeanne elle-même était avant tout « une de ces âmes qui nous font croire que l'âme existe [8] ».

Autrement dit, au modèle de l'auteur qui vous indique un chemin que vous avez suivi bien au-delà d'elle, vous préférez celui de la femme, dont les œuvres permettent surtout de se faire une idée du timbre de la voix de Jeanne.

Jeanne disait, et vous la citez : « Pourquoi faire de la vie un devoir quand on peut en faire un sourire [9] ? »

Elle disait aussi, et vous la citez : « Nous souffrons chaque fois que nous doutons de quelqu'un ou de quelque chose, mais notre souffrance se transforme en joie, dès que nous avons saisi dans cette personne ou dans cette chose, la beauté immortelle qui nous les faisait aimer [10]. »

Vous dites d'elle qu'à la qualité de son âme s'ajoutait le génie du cœur, que « dans sa vie qui ne fut pas sans ombre et fut toujours sans tache, Jeanne de Vietinghoff se maintint sans cesse au niveau du bonheur [...]. La souffrance et la joie furent pour elle des passantes qui parlent facilement d'autre chose [11] ».

Si vous aviez, comme vous l'avez envisagé quelquefois, écrit une réponse de Monique à la lettre d'Alexis, sans doute lui auriez-vous prêté cette voix et ces inflexions de Jeanne pour dire l'intégrité devant la faute, l'acceptation de l'autre et des passions humaines : « L'âme, maîtresse d'elle-même, ne repousse aucun plaisir même prétendu vulgaire [...]. Elle ne condamne aucune forme de la passion humaine, elle tente seulement d'y joindre l'infini [...]. Elle a toujours douté que l'homme eût à répondre de ce qu'on nomme ses fautes. Elle les voyait pareilles à ces éclats de marbre, débris inévitables, qui s'accumulent autour du chef-d'œuvre inachevé dans l'atelier du sculpteur [12]. »

Ces lignes nous livrent, à travers le voile, et moins directement que vous n'oserez le faire dans *Quoi ? L'Éternité*, avec la distance du temps, la pureté de Jeanne dans la débauche, de Jeanne dans l'adultère, de Jeanne dans l'acceptation sans complaisance de l'homme qui la fait souffrir.

D'elle vous dites, et je vous cite : « J'ai négligé de dire combien elle était belle. Elle mourut, presque jeune encore, avant l'épreuve de la vieillesse qu'elle ne redoutait pas [...]. Sa vie, bien plus que son œuvre, me donne l'impression du parfait. Le monde est ainsi fait que les plus rares vertus d'un être doivent toujours rester le secret de quelques autres [13]. »

Certes, votre dévotion pour Jeanne ne vous rend pas aveugle à son talent littéraire, sur lequel vous manifestez, tout comme pour les essais romanesques de Fernande et les livres de femmes en général, une sévérité que vous n'avez pas exercée sur la nouvelle de votre père. Mais surtout votre Souvenir Pieux montre à quel point, dès les années 20, Jeanne était précocement devenue cette muse qui vous montrait la voix et vous inspirait le chant.

Et c'est à elle, et non à Michel, que vous rendez le plus bel hommage que vous ayez offert à vos morts : « Sans doute, elle accepta la mort comme une nuit plus profonde que les autres, que doit suivre un plus limpide matin. On voudrait croire qu'elle ne s'est pas trompée. On voudrait croire que la dissolution du tombeau n'arrête pas un développement si rare ; on voudrait croire que la mort pour de telles âmes n'est qu'un échelon de plus [14]. »

À votre suite, je suis allée à la recherche de Jeanne dans ses écrits. Je l'y ai trouvée, telle qu'en elle-même, vous l'avez réveillée dans les vôtres. Elle dit, et je la cite, avoir un jour découvert la beauté de la vérité dans le regard profond de deux yeux d'enfant. Cet enfant n'était pas un ange, ajoute-t-elle, il avait ses défauts mais il savait être vrai, dans le bien comme dans le mal, dans l'amour comme dans la colère, dans le geste comme dans la parole et sa beauté était le reflet de sa parfaite sincérité. J'aime à imaginer que l'évocation de ces yeux d'enfant, grands ouverts sur la beauté du monde, miroir pour Jeanne de la vérité parfaite, lui a été inspirée par la prunelle céleste, le regard limpide de la petite Marguerite sur la plage de Scheveningue. Et que vous avez habité ses livres comme elle habite les vôtres.

Car, après ce « Tombeau », Jeanne appartient à votre littérature. Votre travail d'écrivain va consister, à partir du peu que vous savez sur Jeanne, à « boucher les trous de la tapisserie, rejointoyer les fragments de verre brisé [15] », à « remplir un blanc ou souligner un trait à l'aide de précisions empruntées à d'autres personnes, ayant avec Jeanne une ressemblance au moins de profil ou de profil perdu, ou placées dans des circonstances à peu près analogues qui authentifient celles où elle a vécu [16] ».

Suivons votre regard. Une de ces personnes ayant une ressemblance avec Jeanne pourrait bien être vous-même qui avez été justement placée ou qui vous serez placée dans des circonstances analogues. Devenant alors le modèle de votre modèle, c'est avec, dites-vous, le plus grand scrupule que vous resituerez « dans son champ magnétique l'existence de Jeanne [17] ».

Ce travail que votre inconscient et votre mémoire ont effectué sur Jeanne peut servir de scénario exemplaire à d'autres métamorphoses qui font passer un mortel de chair proche de vous à un personnage romanesque que vous appelez une « persona », c'est-à-dire « une espèce de figure représentative ou une espèce d'épure [18] ».

Objet tout d'abord d'un simple In Memoriam, Jeanne, dès après la disparition de Michel, devient la destinataire des *Sept Poèmes pour Isolde morte*, sans doute en partie écrits avant. Mais la déploration de la mort de Jeanne a pu s'enrichir du deuil de Michel. Dans l'ambiance de disparition et d'écroulement de l'année 1929, est-ce à lui, est-ce à elle que vous avez destiné ce lyrisme élégiaque ? « Tout ce que j'ai cru mien se dissout et chancelle / Je ne me trouve qu'en me cherchant ailleurs [19] » ou « L'univers me reprend le peu qui fut nous-même / Vous ne saurez jamais que mes larmes vous aiment / J'oublierai chaque jour combien je vous aimais. [20] »

Cette promesse prémonitoire d'oubli, vous l'avez tenue. De votre propre aveu, nous savons que vous avez oublié Michel et

88

vous avez aussi oublié Jeanne. En tout cas, vous avez attendu, pour écrire sur eux, d'être à l'âge où vous vous penchez en aînée sur la jeunesse de ceux qui étaient de très grandes personnes lorsque vous étiez une toute petite fille. Mais cette mise entre parenthèses est-elle vraiment ce qu'on appelle oubli ? Vous-même avez écrit que « la mémoire n'est pas une collection de documents disposés en bon ordre au fond d'on ne sait quel nous-même ; elle vit et change ; elle rapproche les bouts de bois mort pour en faire de nouveau de la flamme [21] ».

Avant d'abandonner vers 1930 tout ce bois mort que raviveront les chroniques du *Labyrinthe du monde*, vous avez pris le deuil en fiction et enseveli Jeanne et Michel sous un mauvais roman, *La Nouvelle Eurydice*. « Après *Alexis*, il s'est passé de tels événements dans ma vie que je n'ai pas pu me remettre à écrire immédiatement [22]. »

Ces événements de votre vie, comme vous nommez pudiquement la mort de Michel, vous fragilisent ; pour les dominer, vous êtes tentée de les déplacer dans la littérature mais, comme le faisait remarquer Colette, on n'écrit pas un roman d'amour en même temps qu'on fait l'amour, on n'écrit pas un roman de deuil au moment même où l'on vit ce deuil. « J'avais pris un épisode de ma propre existence, intéressant et très singulier parce que justement ce n'était ni un sujet de roman d'amour, ni de roman d'ambition ou de vanité ; rien de tout cela. Cela aurait pu être un roman d'influence montrant le jeu des influences sur un être jeune [23]. »

Vous attribuez la platitude du roman à l'artifice littéraire qui piège facilement un jeune auteur désirant avant tout se faire une place dans les cercles intellectuels. Et Michel n'est plus là pour endiguer, pour rectifier à l'aune de son exigence de clarté, de son souci d'exactitude. « C'eût été très beau si cela avait été raconté tel quel, comme l'attachement d'un être jeune à une personne plus âgée qu'on a considérée comme un exemple humain [...] mais cela demande du jugement, du tact en matière de psychologie de l'adolescence que je n'avais pas à vingt-neuf ans. Le sujet était trop différent du sujet ordinaire des romans que je connaissais [24]. »

Dans *La Nouvelle Eurydice*, Stanislas, le narrateur, tombe amoureux de Thérèse, femme de son ami Emmanuel. Un malentendu empêche Thérèse de se donner à Stanislas. Puis Thérèse disparaît et Stanislas erre à la recherche de sa tombe dans des villages et des cimetières allégoriques qui se nomment Vives, Ombre, Vivombre et Ombrevive. La situation se retourne dans le dénouement où Stanislas, retrouvant Emmanuel pour lui parler de Thérèse, découvre que c'est Emmanuel et non Thérèse l'objet de son amour.

Ce récit manqué pèche par excès de non-dit. Ou plutôt il en dit trop ou pas assez. L'homosexualité d'Emmanuel n'est jamais énoncée, même indirectement, comme celle d'Alexis. Celle de Stanislas non plus, et elle se développe trop tardivement dans le récit pour être plausible. Mais les romans manqués et désavoués par leur auteur font souvent le pain bénit des biographes : la part autobiographique à l'œuvre en direct se dissimule mal sous le travestissement et, même dans les œuvres obscures comme celle-ci, se laisse déchiffrer. On découvre que c'est la maladresse à travestir la part vécue qui explique le manque de cohérence de la fiction.

Dans votre résistance à vous dévoiler, vous le savez si bien que vous avez longtemps préféré qu'on ne réédite pas ce roman. Il faut attendre 1981, alors que vous êtes déjà engagée dans l'entreprise autobiographique, pour déceler la première hésitation. « Je commence à penser que *La Nouvelle Eurydice* devrait se placer également en appendice sous la mention " un roman de jeunesse : *La Nouvelle Eurydice* ", ceci parce que tant de lecteurs m'en parlent avec insistance ; et je ne veux pas qu'en l'éliminant complètement, ce faible récit finisse par sembler contenir on ne sait quel mystère [25]. »

Mais vous aviez si bien réussi à oublier le sujet de votre récit que, l'évoquant devant Matthieu Galey, vous prétendez qu'il s'agit de « l'histoire d'une jeune femme que Stanislas a vaguement aimée, et apprend qu'elle était mariée et qu'elle est morte ».

Dans le récit, Stanislas sait, bien sûr, que Thérèse est mariée à son ami Emmanuel, et il fréquente le couple comme Michel a fréquenté le couple Vietinghoff. Comme Michel, il s'éprend de cette épouse malheureuse, bien que les raisons du malaise ne soient jamais élucidées. La rencontre entre Stanislas et Thérèse rappelle exactement la rencontre de Michel et de Jeanne, dans un mariage — qui, dans le roman, est celui d'une sœur de Stanislas — où elle est demoiselle d'honneur. La tenue de Thérèse, elle-même, tout en rose et noir, est la réplique précise de celle de Jeanne. Stanislas s'aperçut simplement « qu'elle portait une robe presque rose, rappelant, selon la mode, le calice renversé d'un glaïeul, et qu'un large chapeau de velours rose mettait sur son visage l'ombre pathétique qu'on voit au centre des vieux cadres [26] ».

Une tempête empêche Stanislas d'entendre Thérèse frapper à la porte, lorsqu'elle vient s'offrir à lui, et il la perd, comme Michel a perdu Jeanne pour n'avoir rien entendu ni compris. Puis, dans la suite du récit, c'est à vous que Stanislas ressemble lorsque, apprenant que Thérèse est morte, il recherche sa tombe à travers bois. Comme vous-même encore, Stanislas retrouve des proches de la morte, notamment son mari, et recueille sur la disparue « des renseignements variés, les uns disant que la morte était l'épouse la plus fidèle du monde, d'autres que c'était le contraire. Si bien qu'il n'arrive plus très bien à savoir ce qu'il pense d'elle et qui était réellement la femme qu'il regrette [27] ».

L'homosexualité de Conrad et de ses amis se superpose gauchement au dénouement sur Stanislas et Emmanuel qui s'éprennent l'un de l'autre. Stanislas se détache comme par enchantement de Thérèse pour devenir un Conrad au petit pied. « Déjà, je n'attachais plus assez d'importance à Thérèse pour comprendre qu'il [Emmanuel] m'en voulût à cause d'elle [...]. Je ne voyais plus dans cette femme dont pendant deux années je m'étais fait une idole, que la cause d'un malentendu entre mon ami et moi [28]. »

Ce petit récit hermétique, qui veut cacher trop de choses à la fois, laisse transparaître l'itinéraire que prennent, à cette époque, les directions de votre vie. Avec le deuil de Jeanne, un certain lien, tout imaginaire puisque vous la connaissiez si peu, avec la mère et avec la féminité, se rompt. Le machisme de Michel, que vous avez signé dans sa nouvelle, certain mépris des femmes, que professe assez naturellement votre entourage d'hommes qui préfèrent les hommes, n'auront pas été suffisamment contrebalancés par un modèle de femme resté lointain et qui a disparu prématurément. Obscurément, vous en voulez à Fernande d'être morte, à vous-même d'avoir causé sa mort, à l'amour entre homme et femme d'être à l'origine de cette naissance mortelle.

On verra à quel point votre archaïque disposition pour le sacrifice et la douleur en amour — qu'il faut bien appeler par son nom de masochisme — aura contribué à développer cette tendance à la dépréciation de soi qui se traduit dans vos écrits par une dévalorisation de la féminité en général. L'évolution du personnage de Stanislas traduit ce processus. Au jeune homme amoureux d'une femme, qui hérite à la fois de Michel et de vous, se superpose un personnage de bisexuel dont les préférences charnelles s'adressent plutôt au même. Vous voilà prête à rencontrer André et à construire dans sa mouvance le personnage d'Éric, en attendant Hadrien et Zénon.

La Nouvelle Eurydice, quel que soit l'angle envisagé, est un roman de deuil, parce que sans le savoir c'est une part de vous-même que vous étouffez. Dans le mythe, Orphée tente en vain de faire revenir sa bien-aimée dans le séjour des vivants. Dans la réalité, vous venez de perdre et Jeanne et Michel. En littérature, vous commencez à refouler les femmes et la féminité, c'est-à-dire vous-même, dans le labyrinthe de votre inconscient. Et vous vous projetez dans des personnages masculins, qui ressemblent aux hommes que vous aimez sans espoir dans la vie, des hommes que les femmes n'intéressent guère. « Je ne pensais plus à Thérèse », dit Stanislas à la fin du roman. « Il me semblait que le souvenir de cette morte se fût décomposé en moi [29]. »

Après Thérèse en 1930, vous éliminerez par mort violente deux figures féminines dans votre œuvre, Marcella en 1934 [30] et en 1938 Sophie [31], plus proche de vous qu'aucun personnage de vos romans. Et puis ce sera fini. La femme, si elle reste présente — ô combien — dans votre vie, s'efface de votre fiction pour ne subsister qu'en marge, dans les inédits, dans le théâtre, dans les textes ou les personnages secondaires. Il faudra attendre plus de quatre décennies pour que vous ressuscitiez Jeanne de chez les morts, dans une sorte de réparation vibrante, et qu'à côté de Fernande vous lui rendiez la vie immortelle d'une « persona » dans *Le Labyrinthe du monde*. Il ne vous aura pas fallu moins d'une longue existence pour réhabiliter la féminité, à travers la permanence d'une mère biologique et idéale dédoublée.

Vers 1970, voulant revenir à la véritable Jeanne, vous allez demander à votre vieille amie et correctrice d'épreuves chez Gallimard, Jeanne Carayon, de vous retrouver un exemplaire de *L'Autre Devoir*, unique roman de Jeanne de Vietinghoff publié en 1924, que vous reconnaissez être un ouvrage « insignifiant, sauf pour des raisons personnelles pour moi [32] ». La raison est qu'elle s'y inspire de son histoire d'amour avec votre père.

Si vous avez effectivement relu — ou lu — *L'Autre Devoir*, il n'en paraît pas grand-chose dans *Quoi ? L'Éternité* où vous reconstruisez le personnage de Jeanne, selon votre fameuse méthode qui consiste à rejointoyer les morceaux et à remplir les creux de vous-même.

L'Autre Devoir, sous-titré « Histoire d'une âme », permet, quelle que soit sa médiocrité littéraire, de dégager de la fiction une Jeanne différente de celle que vous réinventez si bien. Une femme moins libre, plus « coincée » que vous ne l'avez portraiturée mais plus pathétique dans son incapacité à s'arracher à son obsession du sacrifice pour accomplir son bonheur dans l'amour. Cet amour sans chaînes, elle le définit dans le roman comme « l'autre Devoir », le devoir de vie qu'une conscience libérée des préjugés du monde se doit à soi-même.

Le roman de Jeanne de Vietinghoff met en scène une Marceline mariée comme Jeanne à un Charles Rohan qui pourrait s'appeler Conrad de Vietinghoff, « jeune homme de vingt-cinq ans, élancé, pâle, les traits émaciés, un être simple, une âme d'enfant qui traversait la vie sans la voir, un cœur pur [33] ». L'auteur, n'osant sans doute prêter à son personnage de mari les penchants homosexuels de son époux véritable, mentionne simplement qu'il « aime une femme mariée », transformation qui affaiblit les deux personnages autant que la cohérence de la fiction et empêche que le roman atteigne son but : poser la question existentielle du bonheur.

Mais si l'œuvre est manquée comme roman, elle n'en reste pas moins un document passionnant. Elle complète votre évocation, forcément biaisée, de Jeanne et de votre père. Elle figure même à sa façon cette réponse de Monique à Alexis que vous avez toujours voulu et jamais pu écrire.

Charles et Marceline sont malheureux ensemble, comme vous avez montré, en vous inspirant de votre expérience propre, que Jeanne et Conrad ou Alexis et Monique l'étaient, et vos révélations sur leur vie privée éclairent le texte de Madame de Vietinghoff et lui donnent une autre vigueur. « Elle consentit à être la femme de Charles Rohan [...] lui s'occupa d'une nouvelle (sic) union de jeunes gens, elle visita les pauvres [...]. Et ils passaient ainsi tous les jours l'un à côté de l'autre, affamés d'une tendresse qu'ils ne parvenaient pas à se donner [34]. » Mais « ni la charité, ni l'amour maternel, ni l'activité forcenée qu'elle s'était imposée » ne réussissent à apaiser la soif d'amour de Marceline, au point de lui faire désirer ce qu'elle appelle le « lent suicide de l'âme [35] ».

C'est alors que Léon de Tiège — alias Michel de Crayencour ? — fait son apparition dans l'existence de Marceline : « Fils prodigue d'une comtesse évangélique, Léon de Tiège avait fui depuis de longues années l'atmosphère rigide de la Treille et menait à Londres une existence de bohème [36]. » Comme Michel, Léon ne s'embarrasse pas trop de doutes quand il s'agit de vivre : « Aimer, s'épanouir, tout oser, sans scrupules et sans frein, telle était sa règle de vie [37]. »

L'impact de la personnalité de Léon sur celle de Marceline est un morceau que vous n'avez pas « rejointoyé » dans votre relation de l'histoire de Michel et de Jeanne : « Elle pensait " quel contraste entre cette vie pleine, ardente et mon existence monotone et sacrifiée ! " Il montait en elle un enivrement de l'esprit. Vivre !... Il doit faire bon vivre !... Elle n'avait jamais vécu [38]. »

Commence alors dans l'âme sourcilleuse de cette Bovary protestante, elle aussi mariée à un Charles, un combat qui la place, moralement, à des coudées au-dessus du modèle littéraire, cédant d'emblée à son propre Léon : « Vivre c'était la vérité !... Vivre serait-il le devoir ? Pour obéir au dieu de la vérité, il fallait être non une sainte, un apôtre, une bienfaitrice mais soi-même [39]. » Prise au piège de cette sainteté perverse à laquelle une partie de son être cherche à échapper, Marceline est consciente que l'influence qu'exerce sur elle Léon « ne tenait ni à son charme ni à ses mérites — elle le savait égoïste, manquant souvent d'égards pour les autres — mais d'un certain don qu'il avait d'invoquer en elle la vie [40] ».

Ce don d'invoquer la vie, sans doute hérité de votre père qui l'exerça sur sa fille, est peut-être, dans le roman oublié de Jeanne de Vietinghoff, plus proche dans ses accents du discours authentique de Michel que dans la scène de rupture réinventée de *Quoi ? L'Éternité*. Léon de Tiège y fait l'éloge de « l'amour sain, normal, qui comprend à la fois l'âme et le corps ; car, je vous le dis, Marceline, la sensualité, que vous méprisez, aussi est un degré de l'évolution [41] ».

En balayant les objections de Marceline, qui reflètent autant de clichés ou de préjugés de la société de son temps, Léon de Tiège projette sur l'ombre de Michel de Crayencour de ces clartés que vous vous êtes vous-même appliquée à élucider dans vos évocations de votre père.

L'idéal chrétien ? « Il est beau [...] quand il condamne à vingt, trente ou quarante ans de vie commune des êtres dont l'union est un crime aux yeux de l'âme [42]. »

Le bien et le mal ? « Pourquoi voulez-vous séparer le bien du mal, l'ombre de la lumière, la souffrance du bonheur [43] ? »

L'éducation de l'enfant ? « Croyez-vous qu'il aurait beaucoup perdu à être élevé par une mère heureuse [44] ? »

Le devoir social ? « À quoi vous servira la considération quand vous aurez tué votre âme [45] ? »

Marceline finira par se rendre quand elle aura compris que son sacrifice ne fait qu'encombrer le mari qui en était le destinataire, mais non le bénéficiaire. « Ce bonheur, elle l'avait sacrifié inutilement, sacrifié pour lui qui n'en avait que faire [...]. Il n'avait jamais cessé d'aimer et de désirer la liberté qui seule pouvait lui rendre le bonheur de sa jeunesse [46]. »

Lorsque Marceline comprend que Charles ne désire que la paix afin de pouvoir s'adonner à ses « bonheurs de jeunesse », renvoyés avec discrétion au vague des passions, il est trop tard pour Léon que Jeanne a convenablement liquidé dès le premier tiers du livre, « surpris par un shrapnel à la lisière de la forêt, en une reconnaissance pour laquelle il s'était offert volontairement [47] », dans l'est marocain.

Mais il est encore temps pour Michel — eh oui, Michel ! — Zernowski. Les rencontres littéraires ne sont pas moins troublantes que les rencontres amoureuses. C'est à la Villa Adriana, lieu où se noua l'attachement qui allait vous conduire à votre long compagnonnage avec l'empereur, que Marceline contemple pour la première fois — plus exactement pour la deuxième — Michel Zernowski. « Parmi le labyrinthe des pierres [...] un homme était là, appuyé contre un mur, à peu de distance au-dessus d'elle. Il avait un costume de velours marron, et s'abritant de la main, il contemplait la silhouette d'un pin isolé se dressant sur le ciel de la campagne [48]. »

Comment votre lecteur, le lecteur des *Mémoires d'Hadrien* qui paraîtra en 1951, n'identifierait-il pas le coup de foudre de Marceline pour ce personnage en costume de velours marron, prénommé Michel, qui, vers 1924, ou avant, a pu tenir à la jeune femme qu'il va aimer ce discours prophétique : « Croyez-vous, Madame, que l'Empereur Adrien aurait été si grand, et son œuvre immortelle, s'il avait connu la modération d'un frein, la prudence que dicte la sagesse et le rassasiement de la conscience apaisée [49] ? »

Qu'importe alors que Marceline se donne cette fois à Michel avant de sacrifier à nouveau ce bonheur pour des raisons peu convaincantes. Ce sont ces rencontres obscures qui nous éblouissent comme elles vous ont éblouie, ces liens invisibles et infinis qui se sont tissés entre ces vies réelles et imaginaires, formant une trame vivante, déchiffrable à l'infini dans un va-et-vient incessant entre fiction et réalité.

Dernier cheminement quasi magique entre cet obscur roman de Jeanne et le contexte dans lequel vécut et mourut votre père : Au début de *L'Autre Devoir*, Marceline soigne chez elle Léon de Tiège blessé et entreprend de ramener à la foi cette âme égarée, ignorant qu'elle-même fera ultérieurement le chemin inverse. Son mari lui demande un soir de lire à leur hôte un passage des Écritures « en dernière tentative de réconciliation chrétienne [50] ». Alors Marceline « se leva lentement, prit une Bible sur le guéridon voisin, l'ouvrit et lut au hasard : " Quand même je parlerais toutes les langues des hommes, si je n'ai point la charité, je ne suis que comme l'airain qui résonne ou comme une cymbale qui retentit. " [51] »

On se le rappelle. Ce passage de l'épître aux Corinthiens de saint Paul est celui qui a été choisi pour le Souvenir Pieux de Michel de Crayencour en 1929. Choisi par vous ? Après avoir lu *L'Autre Devoir* de votre bien-aimée Jeanne de Vietinghoff, la mère que, sous l'influence de votre père, vous vous étiez choisie ? Qu'on adopte ou non ce détour, il reste que le roman de Jeanne est paru en 1924, des années après sa séparation d'avec Michel, scène réinventée par vous que vous situerez au Louvre lorsque vous l'évoquerez dans *Quoi ? L'Éternité* écrit à la fin des années 80.

Mais pourquoi anticiper sur cette lointaine époque ? Pour l'heure, vous êtes une jeune femme d'à peine vingt-six ou vingt-sept ans, affamée de vivre et dans *La Nouvelle Eurydice*, le deuil une fois consommé, vous ne craignez pas d'écrire, avec l'insolence de votre âge : « Nous regrettons les morts tant que nous ne les avons pas remplacés [52]. »

6.

Ruptures de succession

Autour de l'année 1929, vous attendez impatiemment de sauter le dernier obstacle pour pouvoir rompre les amarres. Car un autre deuil, que vous partagez avec des millions de vos contemporains, vous attend au tournant, celui des espèces sonnantes et trébuchantes. Ce deuil-là en entraînera un autre encore, celui de la famille de Crayencour, en la personne de votre détesté demi-frère, que, dans *Quoi ? L'Éternité*, vous rebaptisez Michel-Joseph, ou plus dédaigneusement « le petit Michel », afin de le mieux distinguer de Michel. Le seul.

La dilapidation de votre héritage, vous le reconnaissez sans ressentissement, avait été plus qu'aux trois quarts accomplie par votre père. Paradoxalement conforme à des clichés que par ailleurs il désavouait, Michel s'est ruiné par le jeu et par les femmes. Des placements désastreux ont fait le reste.

Tant que Noémi a vécu, elle a servi au fils prodigue une rente limitée qui permettait de sauver les meubles, encore que Michel ait emprunté à des taux d'intérêt élevés, sur son futur héritage. À sa mort, Michel se trouve à la tête d'une fortune honorable, qu'il va réduire à néant, entre 1912 et 1929, soit en dix-sept ans.

Pour commencer, la vente du Mont-Noir était passée presque inaperçue. Bien avant le décès de sa mère, Michel s'était juré de « bazarder ». « Le notaire du lieu, qui pourtant désapprouvait cette vente, fit diligence, mais des prêts à des taux souvent usuraires que Michel avait obtenus en donnant pour garanties cer-

98

taines fermes bien avant l'ouverture de la succession, compliquè-
rent les choses [...]. Michel signa sans un regard [1]. »

Il laisse — dites-vous — à son fils aîné tout pouvoir sur les
biens mobiliers. « Qu'ai-je à faire de ces vieilleries ? » Les objets
jugés sans valeur furent bradés aux villageois, en un « étonnant
décrochez-moi ça », étalé sur la pelouse devant le château : « Les
cachemires usés, les lampes à huile désuètes, un corset aux
baleines cassées de Noémi, les ustensiles jugés sans valeur et dont
quelques-uns sont aujourd'hui des pièces de collection, mes
jouets, parmi lesquels on voyait, heureusement sortie de ma
mémoire, une grotte de Lourdes éclairée à l'électricité, cadeau
d'une riche et pieuse cousine [2]. »

Votre demi-frère, du moins l'affirmez-vous, sut garder les
« beaux meubles, bergères Louis XV, vraies ou fausses, argenterie, tapis d'Orient, lustres de cristal jugés démodés, piles de linge
inusable, accumulées par cinq générations et portraits d'ancêtres
authentifiés ou non [3] ». Il sut aussi se faire offrir sur la côte belge
une villa pour l'avant ou l'arrière-saison. « Sachant combien l'argent filait entre les mains du prodigue, il avait conseillé, dès la
vente du Mont-Noir, qu'une part du capital fût immédiatement
investie dans ce qu'il appelait une " occasion " : l'achat d'une
villa Art nouveau [4]. » Michel, impavide, accorde ce qu'il
considère, dites-vous, comme son cadeau d'adieu. D'adieu au
reste du patrimoine, en tout cas, certainement.

La recette pour se faire ruiner par les femmes est simple : il
suffit de mal les choisir et d'être parfois un peu trop « bon ».
Parmi d'autres croqueuses de diamants patentées, Odette — ce
prénom proustien, vous l'inventez sans doute — est une ravis-
sante « échappée des feuillets de *La Vie parisienne* [5] ». Toujours à
l'affût de la mode, elle doit en cachette aux couturiers parisiens
des sommes qui dépassent les crédits ouverts par son protecteur
de marquis. « Michel trouve tout simple d'arranger tout ça [6]. »

Juliette de Marcigny, autre maîtresse de Michel, entourée
d'une « longue rumeur de scandale [7] », est atteinte d'une maladie
incurable. Selon le chirurgien mondain, une intervention, quoique
risquée, pourrait prolonger sa vie d'au moins une année. La

somme est écrasante, la sécurité sociale inexistante. Qu'à cela ne tienne, Michel hypothèque une ferme.

D'hypothèque en hypothèque, de diamant en yacht, de croisière en villa, d'élégance en élégance — et quelle que soit la véracité de ces anecdotes « exemplaires » — ce bohémien à panache, qui retient une maison d'été pour cinq ans, et passe le plus clair de son temps à errer d'un casino à l'autre, tente de regagner au jeu les restes de sa fortune qui se dissout comme neige au soleil. Il faut avouer que le jeu l'amuse, peut-être encore plus que les dames, et qu'il y perd encore plus facilement.

À la veille de la guerre de 14, Michel décide de se passer de son agent de change qui ne lui a pas donné satisfaction, et de placer lui-même les sommes provenant de la vente du Mont-Noir. Il se commet avec deux hommes d'affaires véreux, dont il devient d'après vous la victime, et y perd encore un bon tiers de son capital.

La dernière décennie de son existence sera assombrie par les préoccupations d'argent, auxquelles il vous mêle un peu. Peut-être sont-elles à l'origine de son état de santé. Dès 1925, à Naples, il a une première attaque mais c'est d'un cancer généralisé qu'il meurt en 1929.

Heureusement qu'il y a l'héritage de votre mère. Depuis que Christine Brown-Hovelt, l'Anglaise rencontrée à Londres en 1914, partage votre existence, votre trio de plus en plus désargenté semble avoir été renfloué par ces nouveaux subsides. En 1926, on se rappelle que, sur votre conseil, Michel a épousé Christine à Monte-Carlo. Beaucoup plus tard, dans une longue lettre en anglais adressée à la nièce infirme de cette dernière, Eulalie Hovelt, dite Pixie, qui sollicite une part de l'héritage de sa tante, vous décrirez ainsi votre commune situation financière de l'époque : « Les dernières dispositions testamentaires de Christine sont inspirées d'obligations et d'engagements antérieurs. Quand elle s'est jointe à mon père et moi, en 1917, elle ne jouissait d'aucune espèce de revenu, pas plus qu'elle n'en a eu par la suite, jusqu'à la mort de votre tante, sa sœur Amélie, en 1926. Pendant ces neuf ou dix années, elle a partagé avec nous les ressources financières aussi bien que le mode de vie ; elle a eu le sentiment qu'elle avait une dette à l'égard de mon père, d'autant plus qu'il avait déjà entamé son capital et ne pouvait plus espérer laisser quoi que ce soit pour moi. Nous avions commencé tous les trois à écorner l'héritage que ma mère m'avait laissé [8]. »

À cette époque où vous vivez de manière si fusionnelle avec Michel, vous imitez sa prodigalité et sa légèreté à l'égard des biens matériels. Quel changement depuis, après que vous avez éprouvé la nécessité ou même la gêne qui mène à la dépendance ! Plus tard, on vous reprochera votre côté « regardant », vos pinaillages sur des sommes de détail, votre âpreté à discuter vos contrats avec les éditeurs, l'esprit de petite économie que vous mettez dans l'achat de la moindre babiole. De ce point de vue, la vie vous a déniaisée. L'exemple de votre père aussi. « On parle de l'ignorance sexuelle où la société, à certaines époques proches de nous, quand ce n'est pas même en dépit des apparences, à la nôtre, laisse volontairement la jeunesse ; on ne parle pas assez de l'extraordinaire ignorance financière et légale où nous sommes tous plongés ; dans ces sciences, d'où dépend notre indépendance et quelquefois notre vie, le plus perspicace et le plus cultivé d'entre nous n'est souvent qu'un analphabète [9]. »

Ainsi le patrimoine des Crayencour a-t-il été, sous vos yeux et sans beaucoup vous troubler sur le moment, réduit à zéro. Mais votre ressentiment se déplace, cheminant de la personne de votre père, à qui vous passez tout, à celle de votre demi-frère. Et vous lui reprochez d'avoir gardé quelques restes, les meubles qu'il a pu sauver, la villa. « En matière d'héritage, il en était resté à la loi salique et à celle de primogéniture. Peut-être supposait-t-il aussi que Michel, dont depuis des années, il ignorait l'état de fortune, m'avait laissé en francs or, l'équivalent de cette somme jamais réclamée [10]. »

Votre belle-mère Christine décide alors, peut-être à l'instigation de votre frère, qui vit à Bruxelles, d'aller s'établir en Belgique, loin de cette Suisse de cliniques où elle a soigné un moribond et où elle finira par revenir au bout de dix-huit mois. Vous en profitez pour faire dans le pays de votre mère d'intermittents séjours. Saisie, peut-être à cause de votre deuil, d'un désir de ressourcement, vous faites ce que vous appellerez la « tournée des châteaux », dans les demeures qui abritèrent la famille de Fernande au cours des derniers siècles : à Marchienne, vous rêvez de Saint-Just qui y séjourna ; Flémalle est un petit château à tourelles, construit au début du XVIIIᵉ siècle sur les vestiges d'une commanderie ; le souvenir de votre parent lointain, l'écrivain Octave Pirmez, le seul dont vous vous sentiez la petite-nièce, flotte à Acoz et Thuin ; Suarlée est la demeure où naquit et grandit Fernande.

Entre deux visites pèlerinages, préludes à celles que vous referez en 1956, vous dînez assez souvent dans la nouvelle maison de votre demi-frère, toute remplie des meubles et des portraits de famille que Michel lui a laissé emporter et garder. Vous voulez oublier vos ressentiments récents, surtout son refus de venir au chevet de Michel dans les derniers moments. Privée de votre père, vous avez besoin de vous rapprocher de votre frère. C'est sans doute la période de votre vie où vous vous êtes sentie le moins éloignée de lui ; c'est aussi la dernière où vous l'ayez vu.

Puisqu'il va disparaître de votre vie, attardons-nous un moment sur votre demi-frère et sur les relations tendues que vous avez entretenues avec lui en votre enfance.

Le chevalier Michel IX Cleenewerck de Crayencour, comme l'appellent ses enfants et les initiés, de dix-huit ans votre aîné, est né à Tournai le 17 juillet 1885. Prénommé Michel Fernand Marie Joseph, il est le fils de Berthe de La Grange, première épouse de Michel. Son enfance, surtout si on la compare à la vôtre, fut négligée par ses parents qu'il ne voyait pratiquement jamais. Votre grand-mère commune, l'acariâtre Noémi, qui le privilégiait, eut à votre naissance ce mot que vous ne lui pardonnerez pas : « Voilà le petit Michel coupé en deux ! »

Dans *Le Labyrinthe du monde*, vous nommez votre demi-frère Michel-Joseph, et escamotez, peut-être à cause de votre mère Fernande, son deuxième prénom, Fernand, par lequel je le désignerai ici. Le jeune Michel Fernand, donc, ne pouvait raisonnablement pas escorter ses parents de ville d'eaux en concours hippique, et il ne reçut pas la moitié de l'affection et de l'attention que Michel prodiguera à la petite Marguerite. Il demeura avec ses grands-parents maternels, dans la famille de La Grange, au château du Faij à Cobrieux près de Cysoing. Voici dans quelle ambiance il évoque lui-même son enfance : « Le château du Faij reste pour moi le nid, la place forte et le refuge et j'en ai gardé l'impression, sans doute mirage de ma vie heureuse d'enfant, que j'étais là, à l'abri de toutes les vicissitudes ! C'est là que s'écoula ma prime jeunesse, loin de mon père et de ma mère, qui couraient le monde et que je ne revoyais que de loin en loin [11]. »

Déjà le petit Michel Fernand se sent mieux loin de ses parents, qui ne s'intéressent pas à lui. Entre la qualité de l'éducation qu'il a reçue et celle dont vous jouirez quinze ans plus tard, il y a la distance du prince de sang au marchand de canons.

À six ou sept ans, on l'envoie à l'école du village de Cobrieux, pour l'en sortir à l'âge de dix ans, et l'expédier au collège de Jésuites de Tournai, puis dans un établissement niçois dont il se fait renvoyer. En sixième, il retourne chez les Jésuites, cette fois rue de Vaugirard à Paris et il en garde un sinistre souvenir : « Les élèves y étaient traités comme des recrues, et soumis à une discipline de fer. On y manquait des commodités les plus élémentaires et la propreté y était inexistante [12]. » Le collégien ne fait pas long feu dans cette prison, on le retire heureusement de « ce troupeau de forçats [13] ».

Il est alors confié à un abbé, dénommé Pilate, qui « pourtant ne se lavait les mains que fort rarement [14] », et suit les cours de Saint-Joseph, ex-collège de Jésuites tenu par les prêtres séculiers.

Cette formation peu épanouissante est assez représentative de celle des jeunes gens de la génération et du milieu de Michel Fernand. Dans le contexte familial, néanmoins, le fait que Michel, votre père commun, ait si vite oublié sa propre hantise du collège d'où il avait fugué à plusieurs reprises, quand il s'est agi de l'éducation de son premier enfant, est un peu troublant.

Quant à vous, qui avez été élevée dans la douceur et le confort et constamment stimulée à l'étude par Michel, vous ne témoignez guère plus de compréhension à l'égard de votre aîné. Au contraire, vous vous moquez de lui, en observant que, dans sa description de l'école, il ne saura « noter entre ces boîtes d'autres différences que la bouffe plus ou moins mauvaise et des lieux plus ou moins sales [15] ». Il faut avoir eu, comme la vôtre, une enfance épargnée pour ne pas sentir à travers ces détails — petites misères matérielles et sentiment d'abandon — ce à quoi il fallait survivre pour devenir adulte. Vous y êtes, au contraire, sensible quand il s'agit de votre père.

Vous reconnaissez cependant, sans faire de comparaison, la désinvolture de Michel dans l'exercice de ses responsabilités paternelles à l'égard de son aîné. « Michel, quand il pense à son fils, c'est-à-dire rarement, multiplie les cadeaux, des premiers soldats de plomb à la première voiture de course. Il lui offre, adolescent, de longs voyages, accompagné d'un quelconque camarade qui lui sert d'escorte [...]. Il l'invite parfois durant les vacances ou le retire arbitrairement du collège pour passer quelque temps avec lui et sa seconde femme ou l'une de ses maîtresses. Ces épisodes tournaient souvent mal [16]. »

La situation est claire. Michel ne s'est pas occupé de son fils. Berthe meurt prématurément quand le jeune garçon a une quinzaine d'années, remplacée par une jeune belle-mère Fernande qui disparaît elle-même au bout de trois ans. L'adolescent délaissé manifeste assez normalement une grande animosité à l'égard de son père, qui la lui rend. Le traitement de faveur réservé à la petite sœur, qui elle vit et voyage avec Michel, ne le rend pas plus bienveillant à l'endroit d'un père sans doute de plus en plus détesté et d'une demi-sœur de plus en plus jalousée. La frénésie de dilapidation de Michel ne peut que renforcer cette hostilité déclarée à laquelle vous répondez vous aussi par un mépris hostile.

Il n'y a pas de remède à ces antipathies-là. Des années après la mort de votre demi-frère, vous lui en voudrez encore. Et vous avez, vous aussi, plus d'une raison de lui en vouloir.

Tout d'abord, Michel Fernand, pour vous Michel-Joseph, qui s'est affirmé dans le conflit avec son père, vous déplaît viscéralement, parce qu'il vous paraît en tout son antithèse. « Michel, de trois épouses et bon nombre de maîtresses, a en tout deux enfants ; Michel-Joseph sera père d'une famille nombreuse. Fils d'un grand liseur, il se flattera d'être ignare. En dépit d'un penchant très vif pour certains aspects de la vie religieuse, Michel vivra et mourra libre de toute foi ; Michel-Joseph ne manque pas la messe de onze heures [...]. Mais ce qui les sépare le plus est leur attitude à l'égard du Veau d'Or. Michel n'aime l'argent que pour le volatiliser ; Michel-Joseph y tient parce qu'il sait que tout ce qui lui est cher, la considération sociale, les belles alliances, la réussite mondaine, s'effondre sans un compte en banque [17]. »

Le portrait, sous votre plume habituellement bienveillante ou neutre, et qui pèse chaque mot, est chargé. Vous n'avez pas oublié la description que votre frère a faite de Fernande dans son auto-biographie.

Dans le procès que votre frère n'a pas cessé de faire à votre Michel sur le gaspillage d'une fortune — « Tu as vendu les terres qui étaient dans la famille depuis des générations : Crayencour, Danoutre, le Mont-Noir [18] » —, vous prenez le parti de votre père. C'est que vous avez reçu compensation en amour pour le *pretium doloris* de la plaie d'argent. Et vous avez, secrètement peut-être, la prémonition que votre plume libérée par votre père vaut de l'or.

Michel Fernand, lui, n'a pas reçu le même dédommagement, ni en affection ni en éducation. Et il réclame son dû. Son aversion contre la préférée du père s'exprime dans votre enfance par une brutalité qui l'oppose à Michel, jusque dans des pugilats qui vous terrifient. De toute façon, cet adolescent maussade et agressif vous fait peur et, réciproquement, vous avez le don de l'exaspérer. « Enfant, ses entrées soudaines m'effrayaient [...]. Il s'irritait que sa demi-sœur, qui avait déjà pour lui le défaut d'exister, fût plus rêveuse, plus grave, plus tranquille que l'idée convenue qu'il se faisait des petites filles [...]. Je me souviens d'un après-midi au bord de la mer [...] où je m'absorbais dans la contemplation des vagues [...]. Mon demi-frère s'approcha de son pas feutré [...] " Que fais-tu là ? Un enfant doit jouer et non rêvasser. Où est ta poupée ? Une petite fille ne doit jamais être sans sa poupée. " [19] »

Un brutal souvenir de Michel Fernand, comme coulé en eau profonde, remontera à la surface dans un de vos songes-cauche-mars des années 30 : « Je la reconnais : c'est la chatte du jardinier qui redevint sauvage, lorsqu'on lui enleva ses petits pour les noyer dans la mare et que mon frère dut abattre d'un coup de feu [20]. » Plus tard, en 1914, la présence de Michel Fernand dans la maison de banlieue londonienne, entre le Common de Putney et le parc de Richmond, où vous êtes réfugiée avec votre père, assombrit l'ambiance familiale. Camille, votre jeune bonne et complice, refuse de se soumettre aux volontés du jeune maître, qu'elle appelle « Monsieur Michel ». « Ma longue rupture avec mon frère ne t'étonnera pas », lui écrivez-vous bien des années plus tard, en 1965, « toi qui te souviens sûrement de " Monsieur Michel " et de son caractère si violent. Je me rappelle encore avec reconnaissance que tu t'es souvent interposée pour me défendre quand j'étais une petite fille de dix ou onze ans. (Et je me souviens encore avec amusement de l'histoire de l'éponge et des brosses descendues à coups de pied dans l'escalier parce que " Monsieur Michel ", en Angleterre, avait accaparé la salle de bains.) [21] ».

Entre 1915 et 1929, il n'a jamais revu son père, écrivez-vous dans la même lettre, ce qui est faux, puisqu'on possède de vous une carte postale de 25 août 1928, envoyée à la même Camille, de Glion, en Suisse, où vous faites allusion à une visite de votre demi-frère et de son épouse, qui se serait « bien passée [22] ». Entre-temps, Michel Fernand a épousé Solange de Borchgrave, jeune fille de bonne famille belge. Il adoptera plus tard la nationalité de sa femme, au grand dam de son père, oubliant qu'il avait lui-même déserté deux fois de l'armée française et qu'il avait dû attendre une amnistie dans cette même Belgique où est né son fils.

Mais revenons à l'année 1929, juste après le décès de Michel, alors que vous dînez avec votre demi-frère, tous griefs momentanément effacés, dans la salle à manger de sa maison de Bruxelles. Votre belle-mère Christine et vous, vous êtes désemparées devant les embarras de la succession. Il vous reste un capital que Michel n'a pas complètement dilapidé : l'héritage de Fernande qui consiste surtout en terres et en fermes. Vous n'avez aucune envie de vous en occuper vous-même. D'abord, vous n'y entendez rien ; et puis il vous faudrait séjourner davantage à Bruxelles, qui vous semble alors la « capitale de l'épaisseur [23] », tandis que Paris, où *Alexis* vient de paraître, vous attire comme un aimant. Et les opérations de placement où votre père a connu des expériences malheureuses vous rebutent.

Michel Fernand s'est-il discrètement proposé ? « J'en vins à me dire qu'un demi-frère installé sur les lieux et s'occupant d'affaires immobilières saurait mieux que moi vendre ces terres et en placer le produit [24]. »

Il est difficile d'établir si votre frère s'est montré négligent et peu scrupuleux, comme vous l'avez suggéré à plusieurs reprises, ou s'il fut emporté, comme tant d'autres, par l'ouragan de la crise. Toujours est-il que la banque immobilière s'effondra, « et comme l'affaire n'était pas à responsabilité limitée (j'ignorais alors ce que ce mot signifiait), j'y perdis plus que je n'y avais mis. L'hôtel aussi, au moins métaphoriquement, croula : l'hypothèque n'était qu'une seconde hypothèque et, disait-on, " irrécupérable " [25] ».

La nouvelle de ce naufrage vous fut assez légèrement annoncée par votre demi-frère, dites-vous, dans une carte postale représentant la Grand-Place de Bruxelles. En quelques mots, il vous y informa que tout ce qui restait de votre héritage maternel s'était volatilisé. En guise de consolation, il ajouta cette note insolente : « Il ne te reste plus qu'à vendre des pommes aux carrefours. »

Le coup était dur. La manière de l'assener, si l'anecdote est exacte, plus encore. Sur le moment, c'est la désinvolture de l'annonce qui vous indigne. Vous n'aurez pas trop de presque toute votre existence pour éprouver la dépendance dans laquelle votre revers de fortune vous aura placée à l'égard des autres, de vos éditeurs, de Grace surtout. Sans doute, si votre demi-frère avait mis dans la gestion de votre capital le scrupule et le dévouement qu'il a su, semble-t-il, investir dans le sien, votre vie aurait-elle été changée. Peut-être ne seriez-vous pas partie en Amérique ; peut-être n'y seriez-vous pas restée !

La carte de Michel Fernand, que vous ne semblez pas avoir gardée, consomme une rupture qui s'étend pratiquement à toute la famille de Crayencour, avec laquelle vous ne renouerez des liens — surtout avec Georges, le plus jeune fils de votre demi-frère — que tardivement. Votre rancœur à l'égard du « petit Michel » sera réactivée, après sa mort, lorsque sa famille fera circuler son autobiographie comprenant une description peu amène de Fernande.

À la fin de votre vie, vous n'aurez toujours pas désarmé et vous tracerez de lui dans *Le Labyrinthe du monde* un portrait mordant.

On peut paradoxalement se demander si ce drame d'argent n'a pas eu des effets heureux sur votre plume, la contraignant, à partir des années 40 où vous n'avez plus de moyens, à viser un public plus large et à sortir des succès d'estime de vos premiers livres, *Alexis, Feux,* ou *Le Coup de grâce,* auxquels vous vous étiez tenue jusqu'en 1939, c'est-à-dire jusqu'à ce que vous ayez épuisé vos ressources. Sans doute contesteriez-vous cette hypothèse, en arguant que le succès des *Mémoires d'Hadrien* et de *L'Œuvre au Noir* vous ont prise de court, alors que vous n'escomptiez de ces livres difficiles qu'une fortune limitée. Mais les faits sont là : c'est au moment où vos moyens d'existence sont réduits presque à néant, au moment où vous prenez conscience qu'il vous faudra travailler, dépendre d'une autre ou vivre de votre plume que vos chiffres de vente — en 1951, avec *Hadrien* — se mettront à monter.

Pour l'heure — nous sommes vingt ans plus tôt en 1931, le dos au mur —, vous réagissiez. Vous faites ce que vous auriez dû faire à la mort de Michel. Vous appelez à la rescousse un vieux juriste qui a déjà porté secours à votre père dans ses difficultés financières. « Il récupéra à peu près la moitié du prêt consenti aux hôteliers déficitaires. Je décidai que cette somme, prudemment grignotée, suffirait pour me donner dix à douze ans de luxueuse liberté. Après on verrait [26]. »

Après on verra. On n'est pas sérieuse quand on a vingt-huit ans, et qu'on suit la voie d'un père, qui à soixante-dix ne l'était guère plus. Vous finirez donc d'épuiser le bien de Fernande que Michel avait entamé allègrement avec vous. Toujours dans son sillage, vous vendez la plupart des objets de valeur qui sont restés en votre possession. Qu'avez-vous à faire de ces vieilleries ? La route de la liberté est à ce prix. Elle vous conduira pendant une décennie à votre guise, à votre rythme qui devient endiablé, jusqu'en octobre 1939, jusqu'au séisme planétaire, jusqu'à la rencontre avec Grace. En attendant, il ne vous reste rien du patrimoine des Cleenewerck de Crayencour, pas même un parent, pas même un nom. Vous rompez avec tous, vous vous débarrassez de tout. Sauf des babioles que vous laisserez, un jour d'octobre, dans les malles de l'hôtel Meurice à Lausanne ou de l'hôtel Wagram à Paris.

Sauf un bijou, un camée antique représentant la tête d'Auguste vieilli, que votre grand-père Michel-Charles avait acheté dans sa jeunesse en Italie et légué à son fils, votre père. Michel, à son tour, vous avait offert ce bijou pour l'anniversaire de vos quinze printemps, et vous l'avez porté pendant dix-sept années. « Vers 1935, je le donnai, dans un de ces élans qu'il ne faut jamais regretter, à un homme que j'aimais ou croyais aimer [27]. »

Votre regret — malgré la dénégation — s'adresse-t-il à l'objet ou à la passion, dont les flammes vous attendent au prochain tournant ? Cinquante années plus tard, à la lumière de ce que vous avez appris, vous voulez en atténuer, par pudeur ou par cynisme, la portée : « Peut-être ne me serais-je jamais dessaisie de ce chef-d'œuvre, si je n'avais découvert, quelques jours avant de le donner, qu'une légère fêlure, due à je ne sais quel choc, s'était produite sur l'extrême bord de l'onyx [28]. »

La confusion des valeurs n'en reflète pas moins un trouble similaire devant ce qui, un jour, bouleversa votre existence : les cendres d'un fol amour et la fêlure, sur l'onyx, d'un antique bijou de famille.

II.

« Hermès »
ou le Désir sous le masque

> « Aimer les yeux fermés c'est aimer comme un
> aveugle. Aimer les yeux ouverts, c'est peut-être
> éperdument accepter. Je t'aime comme une folle. »
>
> *Feux*

1.

L'irrésistible

Était-ce l'été ou l'automne 1930 que se situe votre rencontre chez Grasset avec celui que vous appelez Hermès lorsque vous lui dédiez le chant d'amour le plus sensuel et le plus volcanique que vous ayez écrit : *Feux* ? Lui-même ne se rappelait plus exactement la date de ce premier rendez-vous, lorsque Josyane Savigneau, votre biographe, l'a consulté en 1989, peu de temps avant sa mort survenue en 1991.

Vous n'en avez jamais parlé directement et vous avez effacé son nom de vos écrits, comme vous avez cherché à éliminer son image de votre mémoire et son existence de votre vie. Refoulé dans les profondeurs, il resurgira dans les failles, ces voies de retour que votre inconscient se ménage malgré la furieuse censure : une lettre et une carte de 1933, conservées par l'intéressé, d'autres missives des années 30 où il est indirectement question de lui, quelques textes contemporains de la période 1930-1939, parmi vos plus beaux, et aussi un brouillon « oublié », sans nom, égaré dans une autre correspondance, abandonné à votre insu, comme la vague révèle en le déposant sur la plage, longtemps après, l'instrument décoloré d'un crime passionnel. Dans cinquante ans, votre journal des années 30, que vous avez fait mettre sous scellés avec vos lettres à Grace et d'autres papiers intimes, jettera peut-être sur cette passion une lumière nouvelle. Mais la plupart d'entre nous ne seront plus là pour la voir.

Son nom, je le prononce, puisque vous ne le pouvez pas, c'est André Fraigneau. Il dit qu'il a vingt-trois ans, quatre ans de moins que vous, mais c'est une coquetterie inspirée de son obsession frénétique de la jeunesse. Son état civil montre qu'il est né le 15 mai 1905, deux ans après vous, à Nîmes. Il ne s'appelle pas non plus André mais Amédée. Amédée Henri Urbain. Fils d'une Auvergnate et d'un père originaire de l'île de la Réunion, cette île Bourbon à laquelle il déclarera devoir sa « nonchalance créole ». Une île à laquelle vous devrez peut-être, vous, votre passion des îles, tant il est vrai que sont insondables les voies de l'inconscient.

Sur la beauté en revanche qui fait passer le reste, il ne triche pas. Il est beau, très beau même, exactement la beauté qui vous trouble chez un jeune homme. Deux portraits, l'un de François Salvat, dans le frontispice de *Fortune virile*, livre de Fraigneau publié en 1944, l'autre de Georges Dezeuze, nous le restituent, tel qu'il a dû vous apparaître en ce jour parisien d'automne plutôt que d'été : un visage de jeune dieu sur un corps d'éphèbe, avec ce mélange de finesse presque féminine, d'arrogance mâle et de mépris haineux, viscéral, pour les femmes, qui ne cessera de vous magnétiser chez un homme. Le regard est clair, la chevelure d'archange rejetée en arrière ; la lèvre hautaine et cruelle est aussi mince que la vôtre est pleine et sensuelle. Bien entendu, comme Alexis, comme le Conrad de Jeanne, comme votre inconnu des années 20, il est un homme qui aime les hommes.

Vous avez la modestie des fiers, vous pouvez être intransigeante en vraie timide, vous serez absolue dans la passion, sans complaisance, pareille aux femmes que vos héros méprisent, mais vous ne manquez jamais de savoir-vivre. Il est vaniteux, sûr de son charme, jouant de son pouvoir. Il intitulera son premier roman autobiographique *L'Irrésistible*. Il sait de quoi il parle. Vous ne lui résisterez pas.

L'Irrésistible, paru en 1935, premier roman d'une trilogie autobiographique comprenant *Camp volant* (1937) et *La Fleur de l'âge* (1941), permet de se faire une idée de ce qu'étaient, en ce début des années 30 où vous l'avez rencontré, André Fraigneau, alias Guillaume Francœur, et l'image qu'il entretenait et cherchait à projeter de lui-même.

À Guillaume Francœur, étudiant en droit en 1924 à la faculté de « Murs » — Fraigneau avait étudié le droit à Montpellier — nul en effet ne résiste. Hommes ou femmes, tous sont captivés par son extrême beauté, son intelligence incisive, sa culture et son esprit caustique. Il séduit successivement Sabine, jeune fille de la bonne société rencontrée dans un train, les sœurs Victoire et Barbe, Véra et Georgette et enfin Nadège. Nadège est peut-être la plus intéressante pour lui : elle vient de manquer son suicide, comme Fraigneau lui-même qui s'était jeté dans le Rhin, « le grand Fleuve », lors de son voyage d'initiation en Allemagne, commencé sous influence barrésienne, et terminé dans l'adoration de Stefan George, Keyserling, et surtout Wagner et Louis II de Bavière. Propagée par son auteur, la nouvelle de ce suicide artistiquement manqué ne contribua pas peu à la vogue dont il continue à jouir à ce jour.

Mais Francœur s'intéresse surtout à Rolf, jeune étudiant polonais dont il découpe le pardessus en lanières pour attirer son attention et faire sa connaissance. Saturé des conquêtes féminines qu'il dédaigne, l'Irrésistible laisse tomber toutes ces proies trop faciles. Ce qu'il deviendra, le lecteur ne l'apprendra qu'au volume suivant.

L'Irrésistible, à mon avis, excellent document et faible roman, garde beaucoup d'admirateurs. Peut-être parce que les traits qui définissent le protagoniste constituent un fidèle portrait-robot de ces jeunes dilettantes des années 30, admirateurs de Barrès et de Gobineau, qui se dirigeaient la tête la première vers l'adoration de *Mein Kampf* et la Collaboration. C'est certainement aussi l'autoportrait ressemblant du jeune homme que vous avez idolâtré. Guillaume Francœur est un Narcisse à l'ego démesurément gonflé, dont le dégoût pour les femmes se mesure à l'aune de l'adoration — jugée sotte par lui-même — qu'elles lui prodiguent.

Miné par un Ennui baudelairien, dont il ignore que c'est l'envers de l'ennui de lui-même, Francœur-Fraigneau s'amuse à séduire par désœuvrement mais n'est vraiment magnétisé que par la Virilité érigée en valeur supérieure dans le groupe masculin — celui du collège comme celui de l'armée — et par la Mort, ou plutôt par l'Idée de la mort.

L'odeur physique des femmes lui soulève le cœur : « Les étudiantes appliquées, levées trop tôt pour être soignées, dégageaient une odeur puissante et comme élastique. À chaque respiration, le cœur de celui qui venait d'entrer dans la pièce semblait devoir s'appuyer sur ce tremplin d'effluves, pour rebondir plus haut dans la nausée. Pourquoi sont-elles si laides ? se demandait Francœur en nouant sa cravate [1]. » En revanche, les mains et les corps nus des hommes, le sien y compris, le transportent : « Francœur était attiré par les mains : les siennes étaient extraordinaires, il eut envie de les comparer à celles de son ami [...]. Les mains du Polonais étaient belles par le modelé, celles du Français par le dessin [2]. »

Il trouve néanmoins, dans sa condescendance à l'égard de la gent femelle, certain piquant à en humilier les représentantes et à les faire souffrir. Une description de visite au bordel par le groupe des étudiants, fils de notaires ou de chefs d'escadron en retraite, auquel il appartient, signe ce regard voyeur et blasé : « Enfin deux dames entrèrent, se placèrent sous le lustre dans l'arène vide du tapis, enlevèrent leur peignoir comme pour lutter. Elles luttèrent en effet, une drôle de lutte avec des jambes gigotantes, des éclairs de cuisses où tremblaient des jarretières écarlates, beaucoup de chevelure étalée au bon endroit pour dissimuler ce qu'on était venu voir, des soupirs faux à révolter les chiens. Ces forcenées sur commande manquaient d'imprévu ou simplement d'indécence [3]. »

Francœur contemple ce morne spectacle sans titillements, il n'est tout simplement pas intéressé. Mais il ne dédaigne pas les plaisirs pervers de la cruauté à l'égard d'une proie plus vulnérable, une jeune fille par exemple. Sabine « tournait vers lui un visage de victime. Francœur détestait cet air traqué des femmes qui attire irrésistiblement, invite l'homme à la ressemblance d'une bête aveugle, dangereuse, désirée [4] ». Il n'hésite pas à prêter l'oreille aux fantasmes et aux ragots des étudiants mâles qui dégradent et salissent sa future maîtresse. « Elle était prétentieuse, férue de lectures et de concerts. Des officiers reçus à Grenache pendant les manœuvres l'avaient vue se baigner nue dans le bassin du parc, danser des danses grecques sous les arbres [...]. Le soir, elle s'était offerte à chacun d'eux, lequel bien entendu avait refusé. Certainement elle couchait avec son frère, etc., etc. [...]. Le jeune homme pensait avec ravissement " Tout cela est certainement vrai. Ils sont incapables d'inventer " [5]. »

Au bal costumé de l'Association des étudiants, Véra, autre conquête de Francœur, n'est pas mieux traitée que Sabine : « Elle avait dû traîner dans pas mal de garçonnières, pendant que les étudiants vont au cours. À force d'ouvrir par désœuvrement les livres qui s'y entassent, elle avait beaucoup lu et pas mal retenu [...]. Fanée, marquée, la bouche et les joues peintes de travers [...] Véra [...] touchait son auditeur à ces points de délectation facile et un peu morbide que Barrès d'abord, l'Allemagne ensuite avaient contribué à transformer en besoin grave [6]. »

Victoire, cette énième victime de l'Irrésistible, « les mains aux hanches, le tout petit tutu relevé sur les fesses, ne cachait ni son indignation ni son derrière [7] ». Devant ce spectacle à vomir, Francœur s'imagine à Berlin dans un dancing spécial. Il pense : « Mais c'est un bal costumé, les grues sont en femmes du monde, les femmes du monde en grues, les filles en épouvantails à moineaux, les moineaux [8]... »

Le bal se termine par l'apothéose de Francœur : « Alors il y eut un acte extraordinaire. Entraînée par la violence du succès, Victoire eut le génie d'un geste. Elle porta la main à son chapeau usé, en arracha le ruban où était gravé le nom d'une frégate illusoire : l'*Irrésistible*, elle l'attacha autour du cou de Francœur comme le collier d'un ordre. La foule, charmée, domptée, criait l'épithète, recommençait. Quel délire [9] ! »

Enfin introduit chez Sabine, le jeune homme s'y fait accompagner par Georges, un autre garçon qu'il vient de rencontrer, sans que la jeune fille mette à la porte le mufle et son ami. Le trio ambivalent qu'ils forment n'est pas sans évoquer celui que vous constituerez à plusieurs reprises, vous, Fraigneau et Baissette, ou Boudot-Lamotte ou un autre. « Ils se jetèrent sur le volume, tombèrent tous les trois sur le tapis. Sabine avait le livre sur les genoux, dans les plis de sa robe. Les deux garçons collés contre elle lui soufflaient leur haleine contre les joues [...]. Elle se sentait cernée et emportée dans un mystère qui ne la concernait pas et dont elle subissait la grandeur avec cette double chaleur d'homme [10]. » On ne peut exprimer plus directement l'exclusion de la femme par la connivence charnelle des deux garçons bardés de leur supériorité quintessentielle.

Lorsque Sabine, délaissée et mariée à un autre, aperçoit Francœur dans une réception, elle a du mal à retenir ses larmes, cherchant « pour la dernière fois en vain sous quel front, sous quel nez de cadavre illustre, *Il* la dominait encore, *Il* la méprisait, *Il* cachait son rire cruel [11] ».

Loin de ces hystériques, le beau Francœur ne respire qu'avec son ami Rolf sur la motocyclette à deux sièges de ce dernier : « Les deux garçons achetèrent des casques de cuir qui les firent ressembler à des chevaliers du Moyen Âge. Rolf conduisait. Francœur s'appuyait au dos de son ami [...]. Bientôt le vent, le danger, le plaisir sculptèrent un seul bolide [...]. Pour Francœur, qui n'avait pas à conduire, à corner, à s'appuyer au guidon, il s'agissait d'obéir à l'impulsion irrésistible où l'entraînait un dos aveugle. Ce pouvait être un dieu, un démon, la mort. Le paysage comptait peu dans ces courses pures [12]. »

Dernière conquête de l'Irrésistible, la jeune Nadège l'attire parce qu'elle a cette réputation d'avoir flirté avec la mort. Mais c'est l'amour d'un homme qui l'y a conduite, non le dépassement inhumain de soi. Nadège ne mérite pas mieux que les autres. Il la questionne sur le jeune homme qui l'a ainsi désespérée : « Dès le seuil de pierre, elle se serra contre lui avec un abandon qui lui déplut. Il l'écarta... " cet objet de votre amour, ce point de départ, ce jeune homme... vraiment je ne comprends pas... " Elle frissonna, avec la joie profonde de l'entendre enfin parler le langage des vivants, de recevoir l'aveu tout chaud de sa jalousie [...]. Que faire ? Que donner en échange ? Jusqu'où descendre pour qu'il la ramasse ? Elle ferma les yeux comme une noyée qui s'enfonce, elle osa dire " Excusez-moi pour cela, l'amour est aveugle ". Il laissa retomber ses mains et elle comprit qu'elle l'avait perdu. Mais il ne regardait plus rien à cette hauteur, à cette bassesse des êtres humains [13]. »

Cette scène, qui rappelle par la morgue de l'homme, l'humiliation de la femme, l'ambiance des *Jeunes Filles* de Montherlant, a été écrite dans les années où vous-même érigiez à l'auteur de *L'Irrésistible* le monument lyrique de *Feux*. Avez-vous directement ou indirectement inspiré cette Sabine, prétentieuse, férue de lectures et de concerts, qui se baigne nue, danse des danses grecques sous les arbres et, comme votre Sophie du *Coup de grâce*, s'offre à chacun des officiers pour en être ignoblement rejetée, ou comme cette Nadège qui aime à mourir et, avec votre Sappho, manque son suicide. Jusqu'où descendre pour qu'il la ramasse ? Cette phrase qu'écrit à son sujet l'homme que vous adorez ne prolonge-t-elle pas en écho la supplique que vous signez à la première personne dans *Feux* ? « Rien à craindre. J'ai touché le fond. Je ne puis tomber plus bas que ton cœur [14]. »

L'évocation des mains de Rolf a-t-elle inspiré ou été inspirée par votre invocation aux caresses de l'aimé : « Tu pourrais t'effondrer d'un seul bloc dans le néant où vont les morts : Je me consolerais si tu me léguais tes mains. Tes mains seules subsisteraient, détachées de toi, inexplicables, comme celles des dieux de marbre devenus poussière et chaux de leur propre tombe. Elles survivraient à tes actes, aux misérables corps qu'elles ont caressés [...]. Redevenues innocentes, puisque tu ne serais plus là pour en faire tes complices [...]. Tes mains ouvertes, incapables de donner ou de prendre aucune joie m'auraient laissée tomber comme une poupée brisée [...]. Avec de petits sanglots satisfaits, je repose la tête comme un enfant entre ces paumes pleines des étoiles, des croix, des précipices de ce qui fut mon destin [15]. »

Ce destin, est-ce que la Cassandre qui sommeille en vous l'entrevoit en cet après-midi d'automne où Narcisse rencontre Écho ? Mais si la prophétesse regarde au-delà de *Feux*, au-delà de l'obsession amoureuse des années 30, comme nous le pouvons aujourd'hui que le néant s'est refermé autour de la victime et de son tourmenteur, elle verra aussi que Narcisse succombe à son destin tandis que vous ne vous contenterez pas d'être une simple caisse de résonance.

Cinquante ans plus tard, l'ex-Irrésistible ne désavoue pas son personnage. « Physiquement, je la trouvais plutôt laide, dira-t-il de vous à votre biographe. Elle, elle aimait l'amour. Elle aimait les bars, l'alcool, les longues conversations. Elle cherchait sans cesse à séduire. Elle a essayé avec plusieurs de mes amis. Tout cela l'intéressait beaucoup [16]. » Mais, si Fraigneau ne dédaigne plus de parler de vous, au moins au passé, vous aurez, vous, cessé de prononcer ou d'écrire son nom depuis la fin de la guerre et n'avez conservé, dans votre bibliothèque de Petite Plaisance, qu'un seul de ses ouvrages postérieurs à 1942, celui consacré à Jean Cocteau.

Certes, face à l'homme que vous allez désirer avec une violence mortelle, dont à plus de quatre-vingts ans vous n'allez plus retenir le prénom que vous crierez dans votre délire, se réveillent en vous des pulsions archaïques de femelle battue, de chienne en rut, de sorcière au seuil du bûcher. Vous aurez beau les travestir, c'est elles qui mèneront la danse pendant ces quelques années de galop effréné à travers l'Europe, dans une irrépressible fuite en avant, une acrobatie d'ascensions et de chutes vertigineuses, jusqu'au saut dans le vide où vous attend le filet protecteur de l'écriture. Ces années-là, vous les nommerez pudiquement celles du « bal masqué », ou de la « danse chaotique » et, jusqu'à votre mort, vous les ouaterez de silence.

Mais en cet instant d'automne 1930, l'homme qui va vous faire basculer n'est encore qu'un jeune lecteur et « conseiller littéraire », comme il dit, chez Bernard Grasset, où il est entré comme stagiaire pendant l'été 1929. Admirateur, outre de la culture allemande, de Drieu La Rochelle, Cocteau, Morand, Giraudoux, il a hésité entre le dessin et la littérature. À son actif : une exposition de dessins chez Jeanne Bucher, une plaquette, *Le Val de grâce*, publiée chez Pierre Lévy, aux éditions du Carrefour, et une intransigeance à l'égard d'autrui qui le prédispose au métier d'éditeur.

Fouillant par hasard dans un placard de manuscrits refusés, il en a tiré votre *Pindare* qu'il a apprécié. Ce jeune homme est de ceux qui ont lu et aimé *Alexis*. Il dit qu'il connaissait votre nom, qu'il a estimé devoir publier ce manuscrit, qu'il a convaincu chez Grasset de rechercher l'auteur du *Pindare*, sur lequel personne ne pouvait mettre la main à Paris.

Si le nom de Yourcenar lui était connu, Fraigneau ne dit pas s'il savait alors le véritable prénom de l'auteur d'*Alexis* qui signait Marg Yourcenar et entretenait l'incertitude sur son identité sexuelle. A-t-il cru que vous étiez un homme, un beau jeune homme comme lui ? Était-ce la motivation profonde de son zèle à vous retrouver, de son désir de vous publier ? J'imagine alors sa déception lorsqu'il voit se profiler, au seuil de son bureau, la silhouette de cette jeune femme dont il aurait sans doute préféré qu'elle fût la sœur de l'auteur du *Pindare*.

À l'appui de cette hypothèse : *Le Coup de grâce*, où Éric, attiré par Conrad, nourrit à l'égard de Sophie, la sœur de ce dernier et votre sosie, des sentiments ambivalents : « Tout me prédisposait à me méprendre sur Sophie, d'autant plus que sa voix douce et rude, ses cheveux tondus, ses petites blouses, ses gros souliers, toujours encroûtés de boue, faisaient d'elle à mes yeux le frère de son frère [17]. » Autre argument : le Thésée d'André Fraigneau, dont on verra qu'il oublie vite la sœur et son fil, pour tomber amoureux du Minotaure, frère monstrueux d'Ariane et de Phèdre.

Votre silhouette qui s'encadre dans la porte, il est difficile de deviner si elle s'était déjà virilisée, comme en témoigne votre photo de 1936, révélant un visage masculinisé par une coupe de cheveux d'homme, ou celle de 1939, à côté de Nelly Liambey, Lucy Kyriakos et sa sœur, où vous portez un costume pantalon et fumez la cigarette avec une détermination peu féminine mais conforme à l'esprit de la décennie qui suit *La Garçonne*.

Fraigneau, lui, suggère à Matthieu Galey que c'est à la suite de ses refus que vous vous seriez « consolée avec les dames, faute de pouvoir être un homme qui aime les hommes ou la maîtresse des hommes qui aiment les hommes [18] ». Si c'est effectivement la déception et le désespoir de n'être pas aimée en retour qui entraîneront votre masculinisation physique, on peut tenter de vous évoquer, en ce jour de premier rendez-vous, encore femme, la lèvre fardée — vous reconnaîtrez plus tard avoir péché en votre jeunesse de port du rouge à lèvres — avec vos yeux « miraculeusement bleus » comme votre héroïne de *Conte bleu* dont les larmes se changeaient en aigues-marines, et séductrice jusqu'au bout de l'âme. Mais Fraigneau n'est pas Michel. Même s'il n'est pas déçu que vous ne soyez pas un homme, il vous regarde avec cet œil critique, cette condescendance qu'il réserve aux représentantes du sexe faible. Et c'est lui qui vous séduit de corps et d'esprit.

Vous êtes entrée dans le minuscule bureau — Fraigneau n'est encore qu'un sous-fifre chez Grasset. Il s'est levé pour vous accueillir. Il est fin, élancé, le visage inflexible. Il vous toise. Encore qu'il soit moins haut qu'on ne l'imagine, vous êtes plus petite que lui, le corps en courbes molles, déjà enveloppé. Vous levez vers lui un regard qui, sous peu, se chargera de prière. En un éclair, une fulgurance, vous entrevoyez le pire. Le désir incurable de souffrir se fiche en vous comme un clou tandis que le plaisir trouble de tourmenter s'éveille et monte en ce futur adepte d'Hitler. Après votre mort, l'Irrésistible dira de vous, citant l'Éric du *Coup de grâce* qui pense à Sophie : « Le comique de la chose était que c'est justement mes qualités de froideur et de refus qui m'avaient fait aimer : elle m'eût repoussé avec froideur si elle avait aperçu dans mes yeux, à nos premières rencontres, cette lueur que maintenant elle mourait de n'y pas voir [19]. » La réalité ne dépasse pas plus la fiction que le contraire. Elles se croisent ou s'entrecroisent.

Vous vous rasseyez. Vous causez. De littérature sans aucun doute. La vôtre et la sienne. Vous parlez du *Pindare* mais aussi de vos textes en préparation. Justement, vous avez apporté celui que vous venez de terminer en souvenir de Jeanne, intitulé *La Nouvelle Eurydice*. Il se dit intéressé par celui-là aussi. Il ne pourra qu'être sensible au thème de votre roman : deux hommes qui finissent par découvrir qu'ils s'aiment aux dépens d'une femme symboliquement éliminée. Il aimera aussi cette structure de trio, préfiguration troublante d'un scénario que vous allez répéter ensemble dans la vie avec différents tiers.

Il voudra publier *La Nouvelle Eurydice*. Tout de suite. Avant le *Pindare*, qui sortira un an plus tard, en 1932. Depuis, vous avez condamné ce roman — tout comme celui qui l'avait distingué et fait paraître en 1931 chez Grasset — au silence. (*Pindare* sera le premier livre que vous signez de votre prénom complet de femme : Marguerite.) Est-ce de votre passion que vous avez eu honte, ou de son objet, ce futur auteur de *L'Irrésistible* et de bien d'autres ouvrages du même acabit, qui, au moment où vous le rencontrez, n'avait lui-même encore publié qu'un récit assez vulgaire de souvenirs de régiment sur fond d'amitiés particulières. Il faut bien l'avouer cependant. Devant un beau jeune homme au corps de dieu déchu, devant chaque avatar d'Antinoüs, vous devenez aveugle et sourde et rejouez à l'envers le drame de Pierre Louÿs dans le rôle du pantin.

Mais, si vous avez gardé à l'homme la haine tenace d'une amoureuse rebutée, doublée d'une amie déçue, vous n'avez pas renié votre passion : vous n'avez pas désavoué *Feux*.

La rencontre que je viens d'évoquer est imaginaire. Ni André Fraigneau ni vous ne l'avez jamais racontée. Les murs des éditions Grasset n'ont jamais révélé les belles histoires non écrites qui se sont nouées entre les auteurs d'autres histoires arrêtées sur papier. En revanche, on possède sur la même époque et les mêmes protagonistes un témoignage extérieur, celui de Georges Dezeuze, qui dans son autobiographie publiée en 1986 se souvient : « Quand je travaillais à l'atelier Jean-Boucher, il m'arrivait souvent l'après-midi d'aller faire du croquis de nus à la Grande-Chaumière [...]. En sortant, je rencontrais parfois André Fraigneau. Il était lecteur chez Grasset, rue des Saints-Pères. Il recevait tout le jour des écrivains connus, mais aussi de jeunes auteurs en mal d'édition.

« " Je suis là, me disait-il, pour discerner la qualité " [...].

« Un soir, comme je le retrouvais sur la terrasse d'un café de Montparnasse :

« " Voyons vos dessins ", me dit-il [...]. J'étalai donc mon travail, quand une dame vint s'asseoir avec nous. Fraigneau l'attendait. Elle proposait un manuscrit à l'édition. [...]

« Cette dame, que ma mère aurait pu décrire comme " une religieuse sécularisée ", entendez une nonne en civil, puisque, en ce temps-là, la loi interdisait le costume religieux aux enseignants, cette dame était vêtue d'un petit tailleur sans coquetterie, encore qu'elle n'eût à ce moment-là guère plus de vingt-cinq ans. Elle était coiffée d'un chapeau de paille sombre, décoré sur le devant d'un grand nœud papillon. Du moins, tel est le souvenir que j'en garde [20]. »

Rien dans cette évocation ne permet d'affirmer qu'il s'agissait là de la première rencontre entre l'écrivain et son éditeur. La mémoire, nous le savons, est incertaine. Celle de Georges Dezeuze lui permet de poursuivre : « Je ne devais entendre parler d'elle et de son ouvrage que longtemps après. Le livre qu'elle proposait était un " Pindare ". Il devait paraître chez Grasset dans la collection " Documents et Études historiques ". Le premier volume de cette série étant l'*Hippocrate* de Gaston Baissette. La dame s'appelait Marguerite Yourcenar. De toute évidence, André Fraigneau avait su discerner la qualité [21]. » Qu'importent les petites contradictions entre ce récit et celui de la « trouvaille » par Fraigneau du *Pindare*, ou même le fait que celle qui était encore Marg Yourcenar commencera par publier *La Nouvelle Eurydice*. Peut-être n'avez-vous ressemblé que beaucoup plus tard à la « nonne en civil » que rapporte à Dezeuze la chasse au temps perdu. Peut-être étiez-vous seulement fraîche sans apprêt, vivante et vulnérable, comme le sera à la fin de la décennie votre Sophie du *Coup de grâce*.

Mais n'anticipons pas. 1930 et les années qui suivent vous trouvent « amis », André et vous. Peut-être Fraigneau vous entraîne-t-il parfois à Paris dans la vie dissipée de la bohème interlope d'avant-guerre qu'il a décrite à Matthieu Galey avec « son restaurant, son bar Le Rugby et son dancing rue Saint-Georges, où ces messieurs guinchaient entre eux sans oublier le bal de la rue de Lappe, où l'on allait danser en bourgeois, avec les beaux marlous, en compagnie de quelque dame du monde évoluée [...]. Ensuite, certains consommaient dans les hôtels de passe voisins... Jamais chez eux [22] ». Avez-vous été de ces dames « évoluées » ? Certains passages de *Feux* le suggèrent : « Le soir, dans les bouges où nous traînons ensemble, ton corps nu semble un ange chargé de veiller ton âme [23]. »

D'autres allusions laissent entendre que vous avez, comme Jeanne avant vous, attendu éveillée dans les interminables nuits blanches, tandis que l'aimé drague dans les mauvais lieux : « Deux heures du matin. Les rats rongent dans les poubelles les restes du jour mort : la ville appartient aux fantômes, aux assassins, aux somnambules. Où es-tu ? Dans quel lit ? Dans quel rêve ? Si je te rencontrais, tu passerais sans me voir car nous ne sommes pas vus par nos songes. Je n'ai pas faim : je ne parviens pas ce soir à digérer ma vie. Je suis fatiguée. J'ai marché toute la nuit pour semer ton souvenir. Je n'ai pas sommeil : je n'ai même pas appétit de la mort. Assise sur un banc, abrutie malgré moi par l'approche du matin, je cesse de me rappeler que j'essaye de t'oublier. Je ferme les yeux [24]... »

Sans lui vous étiez et le soir et la nuit. Fraigneau le reconnaît, qui se défend d'avoir eu la moindre intimité avec vous, affirmant que vous ne fréquentiez pas ses amis, pas même Cocteau, avec lequel il était très lié, et que vous avez connu plus tard par d'autres voies. D'après lui, vous n'avez jamais partagé les soirées du Bœuf sur le toit. Il ne vous voyait que l'après-midi dans des salons de thé, comme Le Thé colombin, rue du Mont-Thabor, ou le Wagram, rue de Rivoli, qui était votre hôtel.

Ni le temps ni la mort, ni la publication de *Feux* n'ont entamé la dureté de cet homme, qui se plaint cinquante ans plus tard de votre insistance, de votre acharnement à le voir quand vous étiez à Paris, « ce qui heureusement n'était pas trop souvent ». Certes, vous n'étiez pas prophète en votre pays et votre obsession de la figure de Cassandre n'est pas sans fondement. Qui reconnaîtrait la future académicienne dans la jeune toquée que dessinent le commentaire posthume de Fraigneau et les lignes vitrioliques de *Feux* ?

Dans le petit matin, une femme saoule de cognac et de malheur traîne dans les rues grises — à Paris, à Athènes, ou même à Rome — sa déprime, son envie de mourir. Et, par le détour de l'inconscient, rencontre Dieu *le père*, déguisé en chiffonnier. « Notre père qui êtes au ciel... Verrais-je jamais venir s'asseoir à côté de moi un vieil homme en pardessus brun, les pieds boueux d'avoir, pour me rejoindre, traversé Dieu sait quel fleuve ? Il s'affalerait sur le banc, tenant dans sa main fermée un cadeau très précieux qui suffirait à tout changer. Il ouvrirait les doigts lentement, l'un après l'autre, très prudemment parce que ça s'envole... Que tiendrait-il ? Un oiseau, un germe, un couteau, une clef pour ouvrir la boîte de conserve du cœur [25]. »

Parvenue au seuil de l'épuisement — du corps et du cœur —

vous avez, par fatigue, oublié de verrouiller la porte du cabinet secret, du placard à malices où le sorcier Michel de Notre-Dame, le vieil homme au pardessus brun, celui qui autrefois endormait la petite Marguerite avec ses berceuses, qui naguère couvrait de ses baumes les cicatrices d'une jeune fille déchirée, brandit, avec son bon vieux sourire, le magique arrache-cœur sous forme d'ouvre-boîte. C'est lui que vous appelez à la rescousse. Par-delà la mort, c'est votre père qui vous aide encore.

2.

L'invitation au voyage

La Grèce. C'est votre terrain d'échange par excellence, et sans doute l'un de vos premiers sujets de conversation avec Fraigneau. Pour vous, elle n'est encore que mythique. Vous êtes si imprégnée d'elle par les livres — lus et écrits — qu'on en oublie qu'en 1930 vous n'y avez encore jamais mis le pied. Fraigneau vous a précédée dans la patrie des Dieux et des Poètes sur le sol que vous rêvez de fouler, grâce à un vieil helléniste, auteur chez Grasset : Mario Meunier.

André Fraigneau reviendra avec beaucoup de détails sur cet épisode de sa jeune existence : « Mario Meunier nous parla d'un voyage qu'il avait fait en Grèce, avec un certain nombre d'écrivains célèbres, pour des représentations données à Delphes. À ce moment-là, ça avait fait grand bruit. Excité par ce qu'il me disait (et puis après tout, puisque je gagnais ma vie, pourquoi pas un autre voyage ? Étant donné que j'étais depuis l'Allemagne un de ceux qui savaient qu'on pouvait sortir des frontières), je lui ai demandé comment aller en Grèce avec une bourse d'étudiant. Le cher Mario Meunier a répliqué : " Tout simplement en vous présentant à Johannidès qui est le directeur du ' Voyage en Grèce '. Certainement il arrangera quelque chose pour vous. " Reparution des rails magiques. Ils me conduisent au bureau du Johannidès en question. Je me présente. Au nom de Mario Meunier, toutes les portes s'ouvrent, et je revois la tête de Johannidès découvrant le jeune homme que j'étais car il s'attendait à un autre vieil helléniste [1]. »

Fraigneau s'étonne que l'auteur du *Pindare* n'ait jamais été en Grèce, lui qui en reviendra « transfiguré » comme il l'écrira dans son récit. Qu'à cela ne tienne ! Vous n'êtes pas la seule. Gaston Baissette, jeune Languedocien qui vient de publier chez le même éditeur sa thèse de doctorat en médecine sur Hippocrate, est dans le même cas de figure. Gaston, fils d'un notaire d'Albi, a fait ses études de médecine à Toulouse où il a aussi collaboré à *Feuilles au vent*, revue littéraire toulousaine. Ce jeune poète a reçu une médaille d'argent de la faculté de médecine de Paris pour sa thèse. À présent, il collabore aux *Cahiers du Sud* de Jean Ballard où son conte fantastique *Svea Morgen* a été publié en 1930. Fraigneau vous présente à Baissette. Vous sympathisez. Pour longtemps. Et dans les années 80, peu de temps avant votre mort à tous trois, vous souhaiterez revoir Gaston à Montpellier et vous passerez avec lui une de ces mystérieuses journées d'entre poètes où le passé a rendez-vous avec l'amitié.

En 1930, vous évoquiez lui et vous dans vos livres une Grèce que vous ne connaissez pas, avec une prescience si parfaite que Fraigneau s'en étonne, « retour d'Athènes, ébloui, et faisant part de mon éblouissement dans *Les Voyageurs transfigurés* [2] ». Et il vous invite au voyage, comme lui-même y avait été invité par Mario Meunier et le peintre Salvat.

La Méditerranée, moule spirituel et culturel de l'Occident, est à la mode en ce début des années 30. Le fameux Johannidès dirige la compagnie de navigation Neptos, qui embarque la bohème désœuvrée et les dilettantes pétris de culture antique pour toutes les Cythère. Cette vogue se marque aussi dans la sortie ou l'essor de plusieurs revues dont ces *Cahiers du Sud* où vous publierez avec Baissette et Fraigneau votre trilogie inspirée du Minotaure, mais aussi les premiers chapitres de *Feux* et *Le Voyage en Grèce*, et où vous donnerez quelques articles inspirés de vos séjours et de vos amours : « Apollon tragique », en 1935, « La Dernière Olympique » et « Enquête [3] », en 1936.

L'invitation au voyage que lance Fraigneau à ses nouveaux amis, Marguerite et Gaston, doit s'entendre avec toutes les connotations modernes du voyage, du *trip*. « On peut dire que nous ne vécûmes plus que pour la Grèce et par elle, pendant des mois, jusqu'à perdre le sentiment de l'actuel et habiter cet espace intermédiaire du Fabuleux et du Quotidien décrit dans l'immortel Gradiva[4]. » Ambiguës, ces lignes ne permettent pas d'établir s'il vous advint de voyager vraiment avec Fraigneau et/ou Baissette en Grèce ou s'il ne s'agissait que d'un délire mythologique à trois, débouchant sur un jeu littéraire qui, lui, laissera des traces. On sait que vous avez effacé Fraigneau de votre biographie avec la même efficacité que le KGB oblitérait la photographie des indésirables sur les documents officiels. Lui-même n'a jamais mentionné le moindre pèlerinage grec en votre compagnie.

Ce qui est sûr, c'est que vous avez, en ce début des années 30, où vous êtes folle de Fraigneau, passé le plus clair de votre temps en Grèce. Ce qui est sûr aussi, c'est que Fraigneau y a fait à la même époque plusieurs voyages ; témoin *L'Irrésistible*, écrit en 1935 entre Paris, Athènes et Paris, témoin aussi *Les Voyageurs transfigurés*, récit d'un premier voyage en Grèce que Fraigneau, contrairement à ce qu'il suggère, n'a publié à la NRF qu'en 1933, trois ans après sa rencontre avec vous, mais qu'il a pu vivre et écrire bien avant sa publication.

Les « Voyageurs transfigurés » de Fraigneau, équipe de jeunes architectes français se prétendant alpinistes qu'il accompagne par hasard, n'ont rien à voir avec vous ou avec Baissette. Mais ce voyage initiatique qu'évoque l'homme aimé, que vous l'ayez fait ou que vous ayez rêvé de le faire avec lui, a déclenché un éblouissement devant les lieux mythiques et magiques qu'il vous a communiqué. Vous avez évoqué dans vos textes les mêmes terrasses d'Athènes, où l'on boit le café turc, avant de lire son avenir dans le marc, le même ciel net de l'Attique, les mêmes soirs dorés d'Olympie, les mêmes petits villages de l'Eubée ou du Péloponnèse. Et le texte de *Feux* ne sépare pas le corps infiniment désirable du bien-aimé de la patrie d'Achille, de Patrocle ou de Phédon ; il accompagne son fantôme sur toutes les côtes hellènes, sur toutes les routes de ce nouveau pays, qui restera jusqu'au bout, et même si vous n'y reviendrez plus pendant bien des années, votre pays d'élection.

À la suite de Fraigneau et de ses Voyageurs, meublons ce chapitre blanc de votre biographie — années vides sur le papier que remplit un seul mot : *La Grèce* — par un voyage imaginaire, qu'aimante la bobine de vos textes, entremêlés à ceux de Fraigneau, puis démêlés des siens, comme autant de fils d'Ariane à travers la géographie hellène. Un voyage commencé à Marseille, après une nuit de couchette et de mauvais café et un déjeuner sur le vieux port, au restaurant Les Cascades.

Sur le pont supérieur du bateau, « joli royaume de planches [5] », les Voyageurs néophytes découvrent un village de cabines blanches, qui est comme un bateau dans le bateau. Lentement, vrombissant ses sirènes dans le crépuscule, le bateau s'ébranle, tandis que les Voyageurs regardent « se réduire le dernier morceau de terre [...] balayé avec les débris du soleil [6] ».

Au mouvement de la salle à manger répond celui des vins légers du dîner, avant qu'on apporte sur la terrasse réservée le café turc qui ici se nomme déjà grec. « Deux fauteuils vides se balancent comme des nacelles sur une tache de lune. L'œil noir du marc au fond des taches blanches [7]. » Ces deux fauteuils pourraient être les vôtres, celui d'André Fraigneau, dont vous appelez la présence à votre premier voyage, la vôtre qu'il n'évoque pas. Ensemble, vous pourriez être montés à cette passerelle de vigie qu'il décrit minutieusement, laissant Baissette ou un autre dans sa cabine derrière la portière de toile avec la lumière des veilleuses et le ronflement des ventilateurs. Ensemble, vous auriez frôlé les canots de sauvetage, enjambé les filins, descendu les praticables jusqu'à l'arrière. Là vous auriez contemplé « les trois lignes : la fumée, le sillage, deux parallèles pures jusqu'à la ligne de l'horizon qui les coupe [8] ». Lui voit la Mort, dit-il. Vous, vous n'auriez vu que Lui.

Peut-être auriez-vous contemplé la pancarte : « En cas d'abandon du navire, prière de se rendre au canot 47. » Comme vous auriez alors désiré un naufrage qui vous livrerait à l'intimité de ce canot 47, « barque immobile, blanche, suspendue à ses crochets, entre la mer et le ciel [9] ! ». Tout votre corps se serait alors tendu vers le sien. Le lui dire. Sombrer avec lui : « N'importe quel faux pas pourrait te faire tomber sur mon corps [10]. »

Gorgée d'horizons et d'espoir, vous seriez rentrée dans la cabine solitaire avec l'envie de crier. « Ivre de bonheur, comme on est ivre d'air à la fin d'une longue course, je me suis jetée sur mon lit à la façon d'un plongeur qui se lance de dos, les bras en croix : j'ai basculé dans une mer bleue. Adossée à l'abîme, comme une nageuse qui fait la planche, soutenue par la vessie d'oxygène de mes poumons pleins d'air, j'émergeai de cette mer grecque comme une île nouveau-née [11]. »

Repas copieux, siestes interminables. Revient l'heure du whisky pour lui, du cognac grec pour vous. « Et tout au long quarante cigarettes [12] » à côté de la rangée de verres dans l'immense fumoir de cuir vide.

Peut-être est-ce cette nuit, la nuit primitive, celle où vous vous offrez, où il vous repousse. Cette scène-là, vous l'avez inlassablement répétée dans votre mémoire, vous l'avez peut-être consignée dans votre journal des années 30 aujourd'hui inaccessible, vous l'avez ruminée dans chaque poème, vous l'avez revécue à travers Clytemnestre, à travers Léna, à travers Marie-Madeleine, à travers Sappho. Vous l'avez même justifiée dans *Feux* : « Un dieu qui veut que je vive t'a ordonné de ne plus m'aimer. Je ne supporte pas bien le bonheur. Manque d'habitude. Dans tes bras, je ne pouvais que mourir [13]. »

Vous l'avez racontée. Une seule fois. À travers l'histoire de Sophie, substitution que vous avez déjà utilisée en surimprimant dans *Alexis* votre histoire sur celle de Jeanne. Et, par un déplacement typique de votre désir de vous identifier au bien-aimé qui vous rejette, vous avez mis l'évocation de cette scène dans la bouche et sous la plume d'Éric, le tourmenteur de Sophie dans *Le Coup de grâce*, Éric, qu'a inspiré André Fraigneau.

Pourtant, même réfracté par ce dernier, le lyrisme passionnel qui se dégage des lignes du *Coup de grâce* est échappé tout droit de *Feux* : « Elle leva ses mains marquées par la rouille de la balustrade où nous étions, une minute plus tôt, appuyés ensemble, et se jeta sur ma poitrine, comme si elle venait à l'instant d'être blessée. Ce geste, qu'elle avait mis près de dix semaines à accomplir, le plus étonnant, c'est que je l'acceptai [...]. Cette femme, pareille à un grand pays conquis où je ne suis pas entré, je me souviens en tout cas de l'exact degré de tiédeur qu'avait ce jour-là sa salive et l'odeur de sa peau vivante [...]. Elle palpitait contre

131

moi et aucune rencontre féminine de prostitution ou de hasard ne m'avait préparé à cette violence, à cette affreuse douceur [...]. Je ne sais à quel moment le délice tourna à l'horreur. Je m'arrachai à Sophie avec une sauvagerie qui dut paraître cruelle à ce corps que le bonheur rendait sans défense. Elle rouvrit les paupières [...], elle recula, se couvrit la figure de son coude levé, comme une enfant souffletée et ce fut la dernière fois que je la vis pleurer sous mes yeux [14]. »

Ainsi peut-on supposer qu'à un moment de votre vie — était-ce sur ce bateau au milieu de la mer violette, était-ce sur le continent du pays que vous avez associé à l'homme si désiré, était-ce à Athènes, ou à Mycènes, sur une île ou dans un village, à Paris, ou ailleurs, était-ce même avec André Fraigneau ou avec un autre ? — vous avez été cette femme offerte qui criait de désir : « Tu es Dieu, tu pourrais me briser [15] », et flambait de douleur : « Cesser d'être aimée, c'est devenir invisible. Tu ne t'aperçois plus que j'ai un corps [16]. »

Impavide, lui, dans le même moment, dans les mêmes lieux, écrivait avec cruauté : « Je pense à Pâris, je pense à Hippolyte. Je comprends qu'avant toute chose, Pâris ou Hippolyte, c'est un jeune homme qui s'en fout [17]. »

Bientôt, les Voyageurs longeront les côtes de Sicile et de Calabre, glisseront sur la mer Tyrrhénienne « grasse, luisante comme une cuve de raisin noir [18] », traverseront le golfe de Corinthe, apercevant, au sortir du canal, un mas comme en Camargue avec une treille, un morceau de voie ferrée serpentant sur un bout de désert et une locomotive Stephenson blottie derrière un mûrier.

La terre, ils la toucheront au port du Pirée, où vous refuserez d'aborder un 8 février 1982, après cinquante ans d'absence, devant « des carcasses de fer, des cageots fourbus, des taches d'huile partout sur l'eau, dans un soleil qui se radoucit au contact des flots de soie [19] ». Sur le quai se pressent des silhouettes habillées de noir ou de coutil blanc, coiffées de panamas, une foule qui grouille dans l'ombre des paquebots amarrés. Les Voyageurs dépaysés reçoivent l'éclat des murs de chaux dans les ruelles poussiéreuses où ils s'enfonceront, où vous aurez envie de mourir à nouveau.

À Phalère, ils prennent un bain dans la mer Égée. Les garçons sont nus. Vous êtes peut-être sans vêtements, vous qui aimez à nager sans voiles, qui avez confié avoir, dans le costume d'Ève, nagé au pied des ruines de Sélinonte, effarouchant quelques *contadini*. À pic sur la mer, une glissière avec ses échelles ressemble à un toboggan d'aujourd'hui. Une sirène bascule et « les pieds relevés, se laisse glisser dans un long flottement de seins jusqu'à disparaître sous une brusque palme d'eau [20] ». Un des garçons demande à la sirène de passer entre ses deux jambes. « La sirène renâcle un peu, obéit par force. Elle ouvre les jambes et ne rit plus. Le garçon [...] plonge. La sirène est toute droite, la tête levée, dans une attitude extravagante de servilité et de hauteur [21]. »

À ces lignes d'André Fraigneau, il est troublant d'associer celles que, dix ans plus tard, vous écrirez pour votre *Petite Sirène* de théâtre à qui le prince bien-aimé commande une acrobatie de cirque, « cette figure de danse où tu te tiens, la tête en bas, comme un petit phoque avec une grâce un peu comique [22] »... Car, longtemps après que le souvenir de l'aimé se sera décoloré en vous, vous continuerez de lier la passion amoureuse et ses tourments au travesti et à la haute voltige du chapiteau.

Dans l'après-midi qui monte, les Voyageurs prennent une limousine pour l'Acropole. Son premier angle est un coup de dent dans leur cœur. « Frappés d'éternité sur la neige d'un marbre immortel [23] », ils suivent les autres angles de la « simple Maison élevée par les Grecs à ce point unique où le jour et tous les dieux du ciel [...] se balancent un moment à hauteur d'homme [24] ». Pendant qu'ils se pétrifient sur place, « un rose animal gagne le marbre, monte aux ruines du Temple [25] ». Un homme — est-ce Gaston Baissette ? — regarde une femme. Une femme — est-ce vous ? — regarde André Fraigneau qui ne voit que lui-même et « des paquets de Pentélique ».

À la redescente, une petite place attend les Voyageurs, qui s'asseyent à une table de fer, sous les poivriers. Ils espèrent la nuit. Une femme casse la tige d'un poivrier pour en exaspérer

133

sous sa main l'odeur et la faire monter en effluves jusqu'aux narines de l'homme aimé. Ils causent de la Ville. D'Athènes, vous retiendrez d'abord la continuité rurale : « L'Athènes de Thésée était un village ; l'Athènes byzantine en était redevenue un autre et on soupçonne qu'aux plus beaux temps, elle demeura telle [26]. »

Demain, sur les bords de l'Illyssos, dans un ciel tour à tour « bleu au soleil et mauve au crépuscule [27] », dans des hangars espacés, sans portes, les Voyageurs regarderont des gymnastes de faubourg s'entraîner dans un grésillement de lampe Carcel. Le regard de Fraigneau s'attardera sur telle chute de reins, telles épaules musculeuses, telles cuisses fuselées de garçon. Et vous, vous songerez à Sappho, vous songerez à Léna, vous réinventerez la courtisane Léna qui « était la concubine d'Aristogiton et sa maîtresse bien moins que sa servante [...], descendait laver le linge dans le lit sec de l'Illyssos, veillait à ce que son maître se munît d'un foulard qui l'empêcherait de s'enrhumer après les exercices du stade. Pour prix de tant de soins, il se laissait aimer. Ils sortaient ensemble : ils allaient écouter dans les petits cafés les disques tournoyants des chansons populaires, ardentes et lamentables comme un obscur soleil. Elle était fière de voir son portrait en première page des journaux de sport [28] ».

Vous finissez par regarder le beau gymnaste avec *Ses* yeux. Vous vous identifiez avec cette proie vulgaire qui le hante et vous hante plus encore que lui. Vous les regardez s'éloigner ensemble comme Léna regarde son amant s'éloigner dans la voiture d'Harmodios. Vous les suivez de loin et hallucinez Léna. « Comme une chienne qui suit de loin sur la route son maître parti sans elle, Léna reprit en sens inverse le chemin montueux [...]. Dans chaque auberge de village où elle entrait pour acheter un peu d'ombre et un café flanqué d'un verre d'eau, elle trouvait le patron encore occupé à compter les pièces d'or négligemment tombées des poches de ces deux hommes ; partout ils avaient pris les meilleures chambres, bu les meilleurs vins, obligé les chanteurs à brailler jusqu'à l'aube [29]. »

Les Voyageurs marchent dans la Ville, le long de jardins où traînent, sous les treilles des terrasses, des chaises vides ou des fauteuils de paille. Près de la source Amaroussi, ils mangent des aubergines « à la cuiller comme des figues », de la confiture de rose et des raisins sans pépins tirés de bassins de cuivre qui portent un nom de jeune fille, les *stafillia*. À nouveau, Fraigneau suit du regard, longuement, un jeune soldat grec, un evzone moustachu, qui a des jambes de statue sous un jupon de danseuse et porte des pantoufles à pompons.

Le soir, au lieu d'aller danser au vieux Phalère, à Kiphissia, dans un de ces clubs fermés où vont les Athéniens à la mode, les Voyageurs prennent des glaces, face à l'Acropole éclairé comme par sa propre pâleur sous un croissant de lune jailli de l'Hymette. Il ressemble à un jeu de mah-jong en pièces d'ivoire, remarque Fraigneau, mais Marguerite songe à la ville de Thésée.

Et l'évocation de l'Athènes éternelle aux mauves crépuscules, toute colorée par le reflet de vos saisons passées en Grèce, resurgira bien avant *Hadrien*, dans le discours de Thésée à Ariane en 1932. « J'aime mieux vous dire que [...] son eau pure, son vin coupé de résine, son pain assaisonné de grains de sésame ont une saveur légère qu'on ne retrouve nulle part ailleurs et que ses femmes au cœur lourd, au pur profil, aux chevelures lisses et compliquées dansent le soir au bord de la mer [30]. »

Sous la pergola, l'orchestre joue des mélodies : le musicien noir se tourne vers la table des Voyageurs et chante en français dans son porte-voix : « Aime-moi comme une rose / Une rose à peine éclose... » Une voix éméchée propose d'aller boire ailleurs, à Kiphissia ou à Gliphada, tandis qu'un troupeau de chèvres « transhumant, en train d'échanger l'herbe sèche du Pentélique contre l'herbe sèche du Parnasse [31] » se fraie un chemin dans les rues de la Ville. Et « les derniers noctambules attablés sur la terrasse du café Iannaki ne tournent pas même la tête et les voyageurs internationaux couchés dans leurs lits d'hôtels entendent des bâillements dans leurs rêves [32] ».

Vous le répéterez plus fort après le énième cognac grec, dans le petit café aux abords du Parthénon, entre l'opulent armateur et le maire d'une commune rurale venu pour affaires à la ville, Athènes est un village. Demain vos deux voisins « dégusteront le même jus noir, goûteront aux mêmes verres d'eau, dont ils répandront le reste sur la poussière, inconsciente libation à la fraîcheur,

135

tendront au même petit cireur leurs souliers bientôt astiqués avec le même soin [33] ».

Et vous irez vous coucher, dans ce même hôtel Grande-Bretagne où, dans cinquante ans, vous allez vous permettre d'échapper au protocole médiatique, afin de traquer, l'espace de quelques heures, les odeurs de votre jeunesse qui traînent encore derrière les bouteilles du vieux bar.

Était-ce ce soir-là que, repoussée, humiliée, vous avez bu plus que de raison, vous avez bu jusqu'à perdre la mémoire du corps obsédant qui se dérobe car « l'alcool dégrise. Après quelques gorgées de cognac, je ne pense plus à toi [34] ». Est-ce ce soir-là que, saoule de chagrin, vous vous êtes laissée tomber sur votre lit « avec les gestes d'une noyée qui s'abandonne [...]. À chaque moment, mes genoux se cognent à ton souvenir [35] ». Est-ce ce soir-là que vous vous êtes offerte à chacun, comme la Sabine de *L'Irrésistible*, que vous êtes passée de main en main... « Je n'ai jamais connu que l'adoration ou la débauche [36]. » Comme Jeanne ? Comme Sophie. « Chaque matin, femme au désespoir parce que l'homme qu'elle aimait n'était pas celui avec lequel elle venait de coucher [37]. »

À l'aube, sur l'embarcadère du Pirée, au centre des ruelles mal pavées où, entre les flaques, les éclaboussures dégagent des odeurs à soulever le cœur, Fraigneau regarde d'autres voyageurs, sa bande d'alpinistes français qui s'apprêtent à embarquer, entre les colonnes du bureau de douane, pour la Crète, et comptent le prix de leur passage en drachmes à l'effigie de Pallas. Si pour vous la Crète, terre du Labyrinthe, a pris depuis longtemps la dimension tragique du destin, pour Fraigneau, elle n'est que prétexte à facétie et calembour littéraire. « Ainsi Ariane, Thésée, c'est cela une expédition en Crète, quelques performances sportives, un peu de camping et la plus abstraite des victoires, une difficulté vaincue, une difficulté de terrain [...]. Ce voyage, cette cargaison de jeunes Parisiens attirés dans les eaux grecques, est-ce normal ? Les confus chemins du Labyrinthe débouchent peut-être au Bureau de la Compagnie maritime, tout près de la Comédie française, vieux pièges abandonnés [38]. » Et de s'abandonner à une rêverie érotico-mythologique à partir de mâles épaules : « De mes nouveaux Argonautes, dont je fus l'Orphée temporaire, lequel serait Thésée ? Je pense au Parisien aux cheveux partagés, au torse d'or. Il combattrait, mais sans le secours de la Fable, sans Ariane, sans fil ! Thésée sans fil ! TSF [39] ! »

À ces blagues de cuistre répond longuement l'écho de votre lamento de Phèdre : « Devant la froideur d'Hippolyte, elle imite le soleil quand il heurte un cristal : elle se change en spectre ; elle n'habite plus son corps que comme son propre enfer. Elle reconstitue au fond de soi-même un Labyrinthe où elle ne peut que se retrouver : le fil d'Ariane ne lui permet plus d'en sortir puisqu'elle se l'embobine au cœur [40]. » Vous ignorez encore que de vos différences de points de vue va naître un divertissement littéraire.

Arrivée à Olympie. De la ville de Zeus, Fraigneau écrit en 1933 : « Des platanes... Une vallée ronde, dix fermes et l'hôtel rustique qui nous évite la splendeur déplacée du grand hôtel allemand [41]. » De la même ville, vous écrivez en 1934 : « Une vallée douce comme une paume humaine que traversent la ligne de cœur d'une rivière, la ligne de vie d'un fleuve et où se bombe à l'est le mont de Jupiter, que le soleil du matin franchit comme un disque lancé par un lutteur [42]. »

À Olympie, Fraigneau jette ses voyageurs dans une vacance précipitée de Club Méditerranée avant la lettre.

À Olympie, vous ne songez pas seulement aux dieux mais à leurs compagnes, pas seulement aux dieux mais à leurs formes naturelles et mythologiques. « Olympie fut un lieu où l'on venait prier autant que recevoir des couronnes. Mais avant l'introduction du culte de Zeus, d'autres statues trônaient ici, des statues de femmes [...]. Tout ici proclame non pas tant la métamorphose que la profonde identité. Les quelques colonnes encore enracinées dans ce sol semblent s'étonner de ne pas pousser de branches ou porter de fleurs, comme les nymphes qui devenaient arbustes, comme les garçons qui devenaient narcisses ou hyacinthes [43]. »

Les Parisiens de Fraigneau abandonnent vite Olympie, « ce trou velouté d'arbres et de laine [44] » à son bocage et à ses bergers, et c'est vous qui approchez le plus près du mystère de la ville des dieux et des cœurs brisés : « Le secret le plus profond d'Olympie

137

tient dans cette seule note pure : lutter est un jeu, vivre est un jeu, mourir est un jeu ; perte et gain ne sont que des différences passagères mais le jeu réclame toutes nos forces, et le sort pour mise n'accepte que nos cœurs [45]... »

Delphes ? Où est Delphes ? « Un doigt désigne un espace intermédiaire entre la Grande Ourse et qui doit être la constellation terrestre d'Itea [46]. » Toujours facétieux, Fraigneau évoque l'enthousiasme de la pythie avec des métaphores d'époque : « La prêtresse entrait dans la danse comme un objet de sorcellerie, comme une figurine de cire à fin d'envoûtement. La Pythie sur Delphes, c'est le disque sur le phonographe. Apollon diamant lui labourait le cœur [47]. »

À cet Apollon tourmenteur répond la clameur du désir de sa victime, votre clameur : « un cœur, c'est peut-être malpropre. C'est de l'ordre de la table d'anatomie sur l'étal du boucher. Je préfère ton corps [48] ».

Les ruines de Delphes sont à ras de terre. Les Voyageurs vont à la recherche du théâtre. En vain. Ils longent un mur de clôture abrité d'arbres. Tout à coup, une brèche. Ils passent de l'autre côté. Brusquement, ils se trouvent « là où l'hémicycle humain accentue par un dessin sublime le dessein général du paysage de Delphes, qui est de tourner [49] ». La tragédie est là. Un Voyageur s'est assis pendant que la Voyageuse grimpe au sommet des gradins. Et soudain votre voix purifiée, amplifiée par l'écho de bronze, tombe dans le vieil amphithéâtre :

« Midi : l'heure du crime à Mycènes. " Apollon, ô Apollon, mon meurtrier... " »

« Qui hurle ainsi ? Cassandre [50]. »

Dans la mémoire des Voyageurs, le théâtre de Delphes se rétrécira à « cette terrasse de rocher en angle vif qui protège les ruines du vent de la mer [51] », ou se confondra avec l'étape qui précède la fontaine Castalie d'où jaillissait la Voie lactée. Sur le bateau du retour, Fraigneau éprouvera, après la course immobile des chevaux de l'Acropole et la valse immobile des cercles de Delphes, « la terrible vitesse de la pierre [52] ». Déjà Messine a disparu, « entraînée par un radeau de nuit [53] ». Il redescend vers sa cabine, oublieux de tout ce qui n'est pas la poignée dérisoire des petites reliques qu'il rapporte dans sa valise : « un caillou de l'Acropole, une branche d'olivier sacrée, une grenade et un éclat d'amphore [54] ».

Vous n'avez que votre deuil à rapporter de la patrie du Soleil, dieu meurtrier. Dans l'ombre de la nuit océane, vous fermez « les yeux sur les vertus de l'espérance », que vous confondiez, direz-vous un jour, « avec les illusions les plus basses [55] ». Vous êtes immergée dans « son » obscurité, « son » manque : « il ne m'a sauvée ni de la mort, ni des maux, ni du crime, car c'est par eux que l'on se sauve. Il m'a sauvée du bonheur [56] ». Votre nostalgie s'enroule autour d'une colonne d'Olympie, votre rêverie tourne en volutes autour de la figure d'Hippolyte, alors que « la Mort venait à lui sous la forme d'Artémis. Il la devinait sans la voir car les mourants ne font que deviner les Dieux. Et nous qui sans cesse mourons notre vie, nous n'avons pas non plus entrevu Artémis [57] ».

Ainsi s'achève le premier voyage en Grèce, matrice de tous les autres. Dans la solitude. Comme il a commencé. Comme il s'est poursuivi. Probablement dans la solitude d'un groupe. Deux êtres qui ne pouvaient pas s'aimer n'ont jamais pu se trouver dans ces chemins parallèles qui serpentent à l'infini sans se croiser. L'auteur des *Voyageurs transfigurés* et l'auteur de *Feux* ne se sont pas rencontrés dans ces lieux mêmes où pullulent les poètes et les immortels qui ont inspiré leurs émotions, leurs souvenirs et leurs chants.

L'itinéraire de ce Voyage est sans doute inexact, les épisodes imaginaires, mais les dieux qui conduisent les pulsions et les passions des hommes eux sont toujours là. Même si Artémis absente s'éloigne de l'éphèbe, autour de Fraigneau-Hippolyte, de Fraigneau-Apollon, rôde Phèdre, la sœur du Minotaure et la sœur d'Ariane. À défaut de voyager ensemble, on peut jouer ensemble à voyager. Et dans n'importe quel voyage en Grèce, géographique ou mythique, vous guette, proche ou lointaine, la bouche d'ombre du Labyrinthe.

3.

Dans le labyrinthe :
la jeune fille et l'aventurier

« Le mythe était pour moi une approche de l'absolu. Pour tâcher de découvrir l'être humain, ce qu'il y a en lui de plus durable ou, si vous voulez un grand mot, d'éternel [1] », direz-vous à Matthieu Galey en évoquant votre lointaine jeunesse des années 30.

Certes on ne peut prouver que vous ayez fait en Grèce ce voyage inventé avec l'homme qui vous obsède alors. En revanche, il est resté des traces écrites du voyage mythologique auquel vous avez joué à cette époque, lui, vous et Gaston Baissette.

Le Labyrinthe avait déjà prêté son décor au *Jardin des chimères*, votre premier texte publié, dans lequel vous évoquiez l'ascension d'Icare à partir de la prison magique construite par son père Dédale. À la fin de votre vie, vous intitulerez votre trilogie familiale, d'après la traduction que votre père avait faite de Comenius, *Le Labyrinthe du monde*.

Les dictionnaires de mythologie précisent que le Minotaure était un monstre avec le corps d'un homme et la tête d'un taureau. Il était le fils de Pasiphaé, la femme de Minos, et d'un taureau que lui avait envoyé le dieu Poséidon. Minos, effrayé et honteux à la naissance de ce monstre, avait fait élever par l'artiste athénien Dédale un immense palais, le Labyrinthe, composé d'un tel enchevêtrement de salles et de couloirs qu'il était impossible à tout autre qu'à Dédale d'y retrouver son chemin. C'est là qu'il enferma le Minotaure. Et chaque année, il lui offrait en pâture sept jeunes Athéniens et sept jeunes Athéniennes. Thésée voulut

140

faire partie de l'expédition et, avec l'aide d'Ariane, parvint à tuer l'animal et à trouver son chemin pour revenir au jour.

Ariane est l'autre fille de Minos et de Pasiphaé. Lorsque Thésée aborda en Crète pour éliminer le Minotaure, Ariane tomba amoureuse de lui. Elle lui donna un peloton de fil pour sortir du Labyrinthe et elle s'enfuit avec lui à Athènes. Sur le chemin, lors d'une escale dans l'île de Naxos, Thésée l'abandonna endormie sur le rivage. Dionysos, qui passait par là, voulut consoler la belle éplorée et il l'emmena sur l'Olympe avec tout son cortège.

On connaît mieux Phèdre, par les souvenirs d'école : fille de Minos et de Pasiphaé, sœur d'Ariane. Son frère l'avait donnée en mariage à Thésée alors roi d'Athènes. Phèdre tomba éperdument amoureuse du fils que Thésée avait eu de l'Amazone Antiopé. Mais Hippolyte qui détestait les femmes se refusa à sa belle-mère. Phèdre accusa alors Hippolyte d'avoir essayé de la violer et Thésée demanda à Poséidon de faire mourir son fils. De désespoir, Phèdre se pendit.

Voilà l'arsenal de base que les trois lurons de 1932 avaient à leur disposition pour vivre ensuite la Fable avec leurs moyens personnels.

« À ton avis, comment déguerpir de ce Labyrinthe ? demanda Fraigneau à Baissette à brûle-pourpoint.

— Oh, je sais bien, moi, comment Thésée en est sorti », répondit Baissette avec la même simplicité que s'il parlait du métro.

Fraigneau vous rapporta en riant ce propos de votre ami commun. Et vous lui avez dit avec le même naturel :

« Moi, je sais bien ce qu'Ariane en pense ! »

« Il me restait, dit Fraigneau, à me fâcher et à déclarer avec passion que, dans cette affaire, on oubliait trop le point de vue du Minotaure. Nous décidâmes donc de jouer aux " petits papiers " c'est-à-dire d'écrire chacun notre fable séparément sans avoir rien convenu à l'avance des circonstances (en dehors du thème classique) ou des détails, et sans rien nous lire jusqu'à l'achèvement [2]. »

Vous racontez à peu près la même histoire, dans la préface de *Qui n'a pas son Minotaure ?*, composé en 1960 et publié en 1971, à votre manière qui consiste à occulter les noms, à vous désigner à la troisième personne et à vous mettre entre parenthèses. « À Paris en 1932, à moins que ce ne fût en 1933 et même en 1934, deux jeunes hommes et une jeune femme se proposèrent un beau jour le petit jeu littéraire qui consiste à se distribuer réciproquement les rôles de Thésée, d'Ariane et du Minotaure, à charge d'écrire chacun de son côté un sketch ou un conte représentant son point de vue dans cette aventure. La jeune femme (c'était moi) [3]... »

Dans votre *Chronologie* établie plus tard pour la Pléiade, vous mentionnez brièvement le point de départ de *Qui n'a pas son Minotaure ?*, pièce de théâtre composée en 1960 : « un mince sketch, écrit vers 1934 — [*Faux*] — et publié en 1939 sous le titre *Ariane et l'Aventurier* [4] ». Les noms, les existences, et les textes de vos coauteurs disparaissent alors, dans une volonté manifeste d'effacer toute référence précise à ces circonstances que vous avez décidé de rayer de votre histoire.

On comprend pourquoi. Ce « mince sketch » trahissait avec — quoi que vous en disiez — beaucoup de talent les sentiments mélangés que vous éprouviez alors, à l'instar d'Ariane, pour ce Thésée qui vous labourait le cœur et vous abandonnait à Naxos. Quant aux points de vue de vos amis d'autrefois, ils peignent mieux qu'un journal intime ou une correspondance la complexité des pulsions, des fantasmes et des liens obscurs — peut-être pour vous-mêmes — qui nouaient alors votre étrange trio.

C'est le conte de Baissette, « Thésée », qui inaugure le divertissement en trois actes, publié en août 1939, sept ans après sa composition. Dédié à Marguerite Yourcenar et André Fraigneau, il se déroule dans une ambiance érotique nettement hétérosexuelle.

En cette époque contemporaine des surréalistes où le monstrueux est en vogue, contrairement à Fraigneau pour qui le monstre est d'essence mâle, Baissette l'associe à la féminité. Pour vous qui êtes à contre-courant des modes, même le Minotaure n'est pas un monstre.

Dans le contexte un peu égrillard de Baissette, la rencontre d'Ariane prend la forme d'une longue quête voluptueuse. Au premier regard sur cette fille de Poséidon à la fois charnelle et chaste,

Thésée craque, il se jette à genoux et reçoit d'elle, presque immédiatement, le don d'une virginité à laquelle elle ne paraît pas accorder d'excessive importance.

L'Ariane de Baissette possède les qualités qu'il estimait sans doute chez une femme : « l'intelligence divinatoire, la fureur des appétits et l'exquise finesse de ses goûts et de sa bonté que sa beauté liait en un éclat unique. C'était donc un monstre à sa façon charmante [5] ».

Quant au fil, il consiste en une formule secrète qui est un principe simple, « garde ta droite », car le côté gauche d'une porte quand on entre devient le côté droit quand on sort, si bien qu'en gardant sa droite, on finit par sortir par où on est entré. Créature d'un jeune docteur en médecine, le Thésée de Baissette découvre que le fil d'Ariane est un fil de pure raison et il s'engage, ainsi éclairé, dans les allées du Labyrinthe, comme dans un voyage de plaisance avec un bon guide.

Dans la figure du Minotaure, l'animalité douce de la tête le dispute à la cruauté humaine du corps. Ce bourreau romantique au désespoir n'est que la victime d'un sort cruel qui lui a inoculé l'amour des vierges et le besoin irrépressible de les dévorer, alors qu'il se contenterait par goût de lutiner ces appétissantes créatures que lui livre Trézène. Thésée cependant résiste à l'attraction impérieuse qu'exerce le Minotaure. Et il ordonne au monstre, pour briser le cercle de la violence, de la retourner contre lui-même et de boire son propre sang. Le Minotaure s'exécute et devient une pâle constellation de sept étoiles qui se placent entre le Cygne et la Lyre. Exit alors le Minotaure par les airs.

Une fois dehors et tiré d'affaire, le héros aperçoit, dans la foule en délire, une femme aux cheveux sombres : Phèdre. « "Tout à fait la femme qu'il me faut ! " songea-t-il. À la fois maternelle et aimante. Et elle s'occupera bien de mon petit Hippolyte [6]. » Le récit de Baissette s'achève sur ce clin d'œil à ses amis et cette allusion de carabin. Ce Baissette-là pourrait bien avoir été séduit par la jeune Marguerite qui possède, comme Ariane, le regard bleu omniscient, la source des secrets du Labyrinthe. Fait cocasse, le héros de Baissette, qui s'apprête dans la vie à faire des choix politiques inverses de ceux de Fraigneau, découvre à la sortie du Labyrinthe que « ce qui a été dit pour la droite peut aussi se rapporter à la gauche » et que « la gauche peut aussi le guider au salut [7] ».

La biographie ultérieure de Baissette confirme les promesses de sa jeunesse et de ce Thésée amoureux des femmes et du monde. Blessé en juin 1940, il reprendra en 1941 ses fonctions de médecin-inspecteur des Alpes-Maritimes et à la fin de 1942 plongera dans la clandestinité. Ce résistant participera en août 1944 à l'insurrection de Paris. Le reste de sa vie continuera à être consacré à la médecine et à la littérature. Dans l'esprit de celui à qui il avait consacré sa thèse, il travaillera notamment à la prévention de la tuberculose et restera de 1946 jusqu'à sa retraite médecin chef du Service d'hygiène sociale du département de la Seine.

Ponctuées de chroniques médicales et littéraires, ses activités littéraires, après le succès de *L'Étang de l'or* [8], se développeront autour du roman languedocien. Cette gloire locale finira ses jours à Montaud, dans les garrigues montpelliéraines sans doute moins éloignées de l'île des Monts-Déserts que le Paris de Fraigneau. Déjà du temps du Minotaure, vous étiez plus proches l'un de l'autre que vous-mêmes peut-être ne le croyiez.

Vous reverrez Gaston Baissette, au cours d'un voyage à Montpellier, à la fin des années 60. Jacqueline Baissette, son épouse, se souvient qu'il revint rayonnant de cette journée passée avec vous à l'hôtel des Violettes — autre hôtel, ravissant au milieu de son parc, qui n'existe plus — où vous étiez descendue. « Il avait été enchanté par cette journée passée ensemble [...]. Ils ne s'étaient pas vus depuis avant la guerre, depuis 1939, depuis vingt ans. Oui, une bonne vingtaine d'années [9]... » Vous vous croiserez une dernière fois à une vente du CNE où vous signez *L'Œuvre au Noir*, et Baissette ses propres livres. Ce jour-là vous n'aurez pas eu le loisir d'évoquer comme aux Violettes vos années de jeunesse au temps lointain de la partition à trois mains.

Votre « Ariane et l'Aventurier » de 1932, publié entre les deux textes de vos amis, est dédié à Gaston Baissette et à André Fraigneau. Il est précédé d'une mise au point qui exprime vos doutes de 1939. « L'amical appel de Jean Ballard, directeur des *Cahiers du Sud*, me décide à exhumer ce texte léger, vieux de sept ou huit ans. Je ne l'ai pas revu sans quelqu'inquiétude : je n'ai pourtant trouvé que bien peu à élaguer, à raturer. On croit changer, on ne change guère [10]. »

Cet aveu de 1939 semble, avec le recul, plus sincère que vos réticences de 1960, lorsque vous avouerez avoir repris, en plusieurs fois, cette « Ariane » pour en tirer *Qui n'a pas son Minotaure ?*, tout en faisant mine de le condamner aux enfers. Certes, vous avez des raisons — inavouables — de garder au placard ce texte de jeunesse avec ceux de vos coauteurs. Mais la lecture approfondie de ce sketch traversé de réussites poétiques indéniables, que vous avez toutes conservées dans la pièce de 1960, montre à quel point vous êtes prise en flagrant délit de mauvaise foi.

La plupart des passages évoqués de ce conte, jamais réédité, pratiquement inconnu, appartiennent également à *Qui n'a pas son Minotaure?*, version remaniée de « Ariane et l'Aventurier » en 1960 et seul des deux textes à être autorisé par vous. Mais c'est à ce contexte de 1932 qu'ils se rattachent et c'est dans ce contexte que nous les replacerons.

Sur la barque de votre Thésée apparaît maintenant le fils d'Hermès, le gabier immortel dont la fonction est d'être témoin et chroniqueur. Dans la cale, les prisonniers fantasment sur leur monstre et bourreau, avec la diversité de leurs préférences sexuelles. Un jeune homme l'imagine à la ressemblance de sa maîtresse, une jeune fille comme le fiancé de sa voisine, une autre jeune fille à l'image de la belle Attys qu'elle aimait, un autre jeune homme comme son bien-aimé. Leur désir irrépressible du monstre révèle que chez vous le drame s'intériorise. Ce n'est plus contre les Minotaures qu'il s'agit de les défendre, comme chez vos coauteurs, mais contre eux-mêmes.

Thésée est un personnage anachronique qui voudrait sortir de l'anonymat comme Hercule ou Bonaparte, et revendique l'universalité du mythe. « Ne sommes-nous pas sur la Méditerranée de toujours [11] ? » Bisexuel comme vous, comme la plupart de vos personnages, il ne fait pas le détail lorsqu'il s'agit d'aimer comme lorsqu'il s'agit de mourir : « Périr avec cette fille brune et chaude [...]. Périr avec ce jeune garçon couvert d'une pâleur maladive [12]. » C'est lui qui énonce votre fantasme le plus intime, le plus créateur — déjà évoqué —, celui que vous n'avez pas trop de toute votre œuvre pour accomplir : « Il y a quelque chose que je préférerais à tuer le Minotaure... Être le Minotaure [13]. »

Phèdre et Ariane, qui guettent, de leur tour, les voyageurs, sont d'abord deux femmes qui s'aiment et en ont assez de s'aimer :

« — Phèdre : Tu te fatigues déjà de te pencher pour m'embrasser. Tu ne me feras pas croire que tu n'attends pas quelqu'un.

— Ariane : J'attends, je ne m'en cache pas. J'ai l'impression de gravir mon attente comme un escalier de marbre blanc [...]. Si mon ascension ne s'arrête pas, il ne me reste qu'à rejoindre Dieu [14]. »

Face à l'homme qui monte, ces deux femmes sont moins rivales que complémentaires et incarnent des aspirations qui s'affrontent en vous, à cette époque de votre vie :

« — Phèdre : À quoi le reconnaîtras-tu à supposer qu'il te trouve ?

— Ariane : À ce qu'il me confiera ses rêves. Et toi ?

— Phèdre : À ce qu'il oubliera de rêver [...].

— Ariane : Tu es heureuse : tu n'as en toi que les obscurs pressentiments de la chair. Moi, je sais. Je me prévois [...].

— Phèdre : Je me sens vague : informe aggloméra de toutes les femmes possibles, d'où je sortirai à l'appel d'un amant pour me lever et me coucher [...].

— Phèdre : Tu es inamovible, tu verras que tu finiras par rester.

— Ariane : Non, on n'échappe pas à son départ [15]. »

C'est au moment où paraît la voile de l'homme, Thésée, que ces deux parts de vous-même commencent à se détacher l'une de l'autre. Phèdre la chair, Phèdre la séductrice qui « ne s'intéresse pas aux victimes d'autrui » va descendre à la rencontre du héros et s'abaisser pour s'en faire désirer : « Pour tomber j'attends d'être à terre [16]. »

Ariane l'esprit, Ariane la force d'âme demeure fidèle à elle-même. Elle est celle à qui Thésée dira : « Vous êtes la seule femme que je ne parvienne pas à mépriser. Et l'amour me paraît plus doux sur l'oreiller du mépris [17]. » Phèdre restera la plus belle, la plus désirable entre ses toilettes et ses fards, tandis qu'Ariane, que Thésée ne parvient pas à croire femme, qu'il désigne comme

« un ami », un « clair compagnon qu'il adore », se verra contrainte à renoncer à sa féminité au profit de sa sœur.

Dans Thésée, qui porte beau et drague la première venue, sans s'inquiéter jamais des origines de celle qu'il aime, traîne encore le souvenir de Michel :

« — Thésée : Je ne crains pas les femmes.

— Autolycos : Vous les aimez, c'est bien pire...

— Thésée : Je vous attendais.

— Ariane : Vous mentez.

— Thésée : J'attendais celle qui viendrait [18]. »

Cette présence de Michel dans votre texte s'exprime, entre autres, dans une réplique de Thésée, conservée dans la version de 1960 et que vous reprendrez mot pour mot dans votre âge mûr à propos de votre père : « On est toujours injuste envers son père : on ne l'a jamais connu que vieux [19]. »

Mais le traducteur du *Labyrinthe du monde* de Comenius n'est pas le seul de votre famille à cligner de l'œil, à vous-même ou à vos deux compères. Il est clair que vous prenez une salutaire revanche, en passant, sur Michel-Fernand, votre demi-frère, et sur votre grand-mère Noémi. Cette vengeance, vous y renoncerez dans votre pièce de 1960, et ces allusions seront éliminées du texte *Qui n'a pas son Minotaure ?*.

« — Thésée : Mais j'y pense, Ariane, mon ennemi, c'est votre frère.

— Ariane : Mon demi-frère. C'est ce qui me permet de lui octroyer une demi-pitié.

— Thésée : Vous m'en voudrez ?

— Ariane : On ne conquiert une femme qu'en la débarrassant des siens [...].

— Thésée : Comment reconnaître... ?

— Ariane : Prenez ce fil. Sans lui, vous vous perdiez dans les détours du Labyrinthe. Je l'ai arraché au fuseau de la plus vieille des trois Parques. Comme vous savez, c'est ma grand-mère [20]. »

Votre Minotaure, tout comme les monstres de vos coauteurs, est proche de l'être humain, sa voix ressemble à celle d'Ariane par l'intonation mais sa double nature est plus intellectualisée que chez les deux autres. « Toute âme, je serais Dieu, toute chair, je serais brute. Tel que je suis, je suis le Minotaure [21]. » Lui aussi exerce sur Thésée la force de sa séduction quasi mystique.

« — Le Minotaure : Si tu ne m'aimais pas, tu ne m'aurais pas tant cherché [...].

— Thésée : Que tu es beau ! Tu as presque le visage d'Ariane. Et ces yeux bleus...

— Le Minotaure : Ce sont les yeux que je montre aux femmes. Regarde mieux [...].

— Thésée : J'ai trop peur que le combat ne finisse en étreinte [22]. »

Revenu à l'embarcadère sans tracas, grâce au fil, Thésée ne s'embarrasse pas de paroles pour décrire l'expédition. A-t-il tué le Minotaure ? Ariane veut le croire car elle l'aime. Mais il s'agit d'embarquer. Et là, on n'échappe pas au trio. Celui que formait Ariane avec Thésée et le Minotaure. Celui que formera Phèdre avec Thésée et Hippolyte. Partant en compagnie de Thésée, Ariane décide donc d'emmener Phèdre, la sœur ennemie, cette ombre d'elle-même. Comment laisserait-elle sur la rive cette compagne de solitude, son passé ? « S'il faut sombrer, nous sombrerons ensemble [23]. »

Obsessionnel trio dans lequel vous vous enfermerez plusieurs fois. À l'époque d'« Ariane », le Labyrinthe est un huis-clos sartrien où chacun est toujours trahi par l'un au moins des deux autres.

Ariane, comme Phèdre, comme Thésée, sait qu'elle ne choisit pas son destin, tracé par le mythe, prédit par l'oracle : « On ne le choisit pas mais on le possède, et l'on s'en sert comme on se sert de ses yeux [24]. » Accoudée à la proue, elle regarde Phèdre flotter comme une image inversée d'elle-même, Thésée comme le passeur de son désir d'atteindre l'île. Elle sait que l'homme aimé lui préférera la moins sûre des deux sœurs, la femelle un peu méprisable, cette part de vous-même qu'il faudra trancher, qui tient encore viscéralement à vous : « Un amant, c'est dormir ensemble. Un ami, c'est veiller ensemble. Ne croyez-vous pas, Thésée, que de Phèdre et de moi, on aurait pu faire une femme [25] ? »

Les trois membres du trio se préparent pour leur destin. Celui de Thésée est de se résigner à n'être qu'un homme ordinaire qui n'a pas tué le Minotaure. « Vous le retrouverez sur votre route ou celle de votre fils [26] », pronostique Autolycos. Mais ce qui lui importe avant tout est que personne n'en sache rien. Ainsi continuera-t-il à faire semblant d'être ce que les autres croient qu'il est. Quant à Ariane, avant de se résigner, elle comprend qu'elle ne peut faire l'économie de la douleur : « Ce n'est rien, Phèdre, ce ne sont que mes derniers soupirs de femme. J'aimais Thésée : je ne vais pas, au moment du départ, lui refuser quelque chose : le seul plaisir que je puisse encore lui donner, ce sont justement mes larmes [27]. » Cette phrase en dit long sur votre trouble relation au cruel Fraigneau et sur le destin que vous vous prévoyez en faisant ainsi le deuil d'une part de vous-même et en vous préparant à vous retirer dans votre île comme Ariane.

L'île d'Ariane, c'est d'abord la solitude dans un îlot émergé des eaux fluides où il fait très froid malgré le soleil. Dans ce chef-d'œuvre minéral, Ariane s'apprête à se pétrifier : « Gelées, mes larmes se figent au bord des cils [...]. Le flot qui coule dans mes artères doit être maintenant aussi bleu que la plus profonde veine du ciel [28]. » Comme la victime de *Conte bleu*, la femme gelée accède à ce prix à l'immortalité. « Tu es déjà morte, Ariane, lui dira le dieu Bacchus-Dionysos. Seulement tu ne le savais pas [29]. »

Le dialogue entre Ariane et Bacchus, vous allez le garder en le développant et en le retouchant dans la pièce de 1960. Et vous y renverrez ceux qui vous questionnent sur votre attitude religieuse. Ainsi le mysticisme qui se dégage du texte de 1932 révèle l'ancienneté aussi bien que la continuité de cette préoccupation chez vous.

Déjà à cette époque, vous dites ou vous faites dire que l'amour humain, celui d'Ariane pour Thésée ou celui de Marguerite pour André, mène directement à Dieu à moins que ce ne soit la même chose :

« Ariane. — Ne disons pas de mal de Thésée. C'est lui qui m'a conduite dans l'Île. Je n'y serais pas arrivée seule.

Bacchus. — Tu ne me feras pas croire que tu ne l'as pas poussé à partir.

Ariane. — J'ai fait ce que j'ai cru devoir faire. D'ailleurs, il ne serait pas resté.

Bacchus. — Son départ t'a permis de rencontrer Dieu [30]. »

L'ascétisme, la vision d'un Dieu, plus proche des sagesses orientales, tantrisme ou taoïsme, que du catholicisme de votre enfance, est en vous dès 1932, dès l'époque de la passion, au moins à titre de tentation. « Mais où te cachais-tu, demande Ariane à Dieu, avant que Thésée ne fût parti ?

« Bacchus. — J'étais là. Sous un autre aspect. Même l'hymne à la solitude avait besoin d'un auditeur.

Ariane. — Tes caresses sont celles de Thésée, mais ton sourire est celui de Phèdre.

Bacchus. — Tu vois qu'il n'est jamais nécessaire de laisser son passé derrière soi. Tu n'as plus froid ?

Ariane. — Je ne pleure plus. Les anesthésiques de l'ivresse commencent à agir sur moi. Ma propre voix ne me parvient qu'à peine. Je repose, envahie par un bonheur de neige, les yeux ouverts sur une clarté aussi aveuglante que la nuit. Pour la première fois, je m'aperçois que je dors [31]. »

Toute la Marguerite mystique est déjà là. Celle des Yeux ouverts. Celle de Zénon, à la mort de celui-ci, quand il entre enfin dans « un jour aveuglant ».

Mais pour l'instant, vouée au destin de Phèdre, qui est de vous mourir d'Hippolyte, plus tard au destin d'Ariane, qui sera, dans l'île des Monts-Déserts, de vous pétrifier dans la vie immobile, pour mieux accoucher de votre rêve, vous avez accompli la tâche de Cassandre. Celle de prévoir et de vous prévoir. Si vous avez minimisé ultérieurement l'importance de ce texte, c'est parce que vous savez que son reflet tout autant que la réfraction de celui de Fraigneau vous trahissent vous et lui, ensemble et séparément.

Dans « Ariane et l'Aventurier », on peut se demander qui est l'Aventurier. Thésée ou Bacchus ? L'exterminateur du Minotaure ou le ravisseur d'Ariane ? L'homme ou Dieu ? En 1932, c'est encore l'homme qui vous fait marcher et danser. L'homme c'est-à-dire le monstre. Mais en 1960, vous aurez intégré et dépassé le point de vue de Fraigneau, le point de vue du Minotaure.

4.

Dans le labyrinthe :
le point de vue du monstre

Dépourvu de dédicace ou d'allégeance amicale, « Le Point de vue du Minotaure » d'André Fraigneau clôt la trilogie de 1932 et annonce la couleur : l'auteur se situe fermement du côté du monstre. Son identification à Thésée en même temps qu'au Minotaure ne fait pas problème puisque le narcissique auteur de *L'Irrésistible* ne peut concevoir que des hommes à sa ressemblance qui s'entre-séduisent.

Le Thésée de Fraigneau, tout comme lui-même, est avant tout un jeune homme très satisfait de lui-même. « J'imagine que Thésée en quittant sa famille, en séduisant Ariane, et jusqu'à l'entrée du Labyrinthe, devait être assez content de lui [1]. » Debout auprès de lui, Ariane place l'écheveau rouge du fil sur le tourniquet de bois qui sert d'habitude à dérouler le filin des marins. Enfin elle attache l'extrémité du fil à la cheville gauche de Thésée.

Voilà donc notre héros, engagé dans le Labyrinthe, avec un fil à la patte. Que faire ? Il voudrait bien revenir mais sa vanité le lui interdit. « Thésée est un homme du jour. Il avait été plusieurs fois " l'homme du jour ". Cette qualité l'empêche de revenir sur ses pas [2]. » Pourtant le fil qui le tiraille au pied gauche continue de lui être aussi insupportable que le souvenir de cette amoureuse qui le lui noua. « Et voici le génie propre au fils d'Égée : il se baisse, il pince entre deux doigts la ligne de laine, il rompt le fil, il se met à courir, les yeux fermés, les bras grands ouverts devant lui [3]. » Les yeux fermés — tout à l'inverse de vous et de vos personnages — Thésée, enfin débarrassé d'Ariane et de son encombrant écheveau, se prépare, avec un mélange d'espoir et de crainte, à rencontrer le Minotaure.

Et il se trouve face « au dos nu d'un homme, non d'un monstre certes, mais peut-être du plus beau des hommes [4] ». Le lecteur a compris. Le Thésée « gay » de Fraigneau est ébloui par ce jeune homme, hâlé comme un garçon de plage, qui plonge dans les siens des regards brillants, d'autant que ce séduisant jeune homme lui ressemble étonnamment par le visage et par les yeux « aussi clairs que les miens [5] ».

Face à son double, Thésée se prépare au plus érotique des corps à corps dans un labyrinthique « piège à hommes », prison de sexualité et de violence, construit comme un décor de film d'horreur. Le maître des lieux y court d'étranges chasses contre un gibier humain. « À toute orée de couloir, les sacrifiés débouchent dans des clairières de forêts, sur la berge de lacs dormants. L'éclairage favori est celui de cette heure qu'on appelle " entre chien et loup " [6]. » Le Minotaure omniscient surveille son domaine de cauchemar dans sa cabine de direction, grâce à un tableau de manettes, situé au-dessus de sa coiffeuse.

Au héros suprêmement excité par ces spectacles, le Minotaure adresse cette alléchante proposition : « " Nous chasserons ensemble " [...] le jeune homme s'incline enchanté. Que va-t-on chasser ? Ses camarades de collège, les amies de ses sœurs [7] ? » Dans le Labyrinthe, il s'adonne avec le Minotaure à deux activités également voluptueuses, coït à l'infini la nuit, et le jour parties de chasse à l'homme.

Publiées, sinon écrites, en 1939, et contemporaines de la Nuit de cristal et des chasses au faciès outre-Rhin, au moment même où se circonscrit l'univers concentrationnaire du IIIe Reich, ces chasses sanglantes de Thésée et du Minotaure, éphèbes nus au milieu des sous-hommes, prennent dans le contexte des connotations prophétiques, absentes de votre conte comme de celui de Baissette : « Le Minotaure et Thésée s'avancent dans une jungle d'ombres et de rayons. Ils sont deux jeunes hommes nus [...]. Les couloirs, les paysages du Labyrinthe recèlent et nourrissent des victimes plus anciennes que la récente cargaison où Thésée figurait. Fuyards de deux ans, de dix ans, qui n'espéraient que retarder leur heure et qui ont appris à la longue un espoir plus vague et plus terrible, ces sursitaires de la mort s'entrecognent aux carrefours imprévus de leur prison mouvante. Ils se reconnaissent parfois, ils se découvrent, ils se groupent. Ensuite, ils continuent de fuir ou de se terrer par compagnies [8]. »

Le jeu mortel, qui peut-être fascinera Fraigneau, hypnotise son Thésée qui assiste en voyeur aux supplices des condamnés. « La première victime consommée devant Thésée, ce fut sur l'eau [...]. Très vite, ils s'engagèrent sur une forêt de hautes colonnes qui répandaient un terrible parfum de pierre. Ces effluves donnaient la nausée et l'ombre tombait des chapiteaux sur les corps nus en majestueuses draperies de glace [...]. Mais le drame véritable se jouait entre le visage du mourant et le masque du tueur [9]. » Dans cette géhenne où s'expriment les pulsions les moins avouables et où officie le Minotaure grand Maître de la mort, la compassion n'est pas de mise : « On oublie trop vite que dans les circonstances où il les avait placées, les victimes de ce Maître étaient enchantées de mourir [10]. »

Face à ces hordes de victimes expiatoires, les deux élus qui prodiguent la mort sans être eux-mêmes « tuables » expérimentent le regret non de leurs crimes mais de leur déprimante immortalité. « Ne pouvoir mourir compose la tristesse de Thésée [11]. » Alors, les deux irrésistibles immortels concluent un marché : le Minotaure acceptera de passer pour mort sur cette terre où Thésée se prépare à reparaître. Pour que l'homme du jour retourne à Athènes en héros, il faudra camoufler la solution finale, la couvrir d'hypocrisie. Le Minotaure fera semblant de renoncer à ses chasses, il ne publiera plus chaque année ses exigences de chair fraîche en provenance de l'Attique. Il acceptera le tout-venant, n'importe quelle cargaison de viande humaine. « Dévoré par son besoin sombre, le Minotaure ne chicane plus sur la marchandise. Il officiera désormais en aval de la mort [12]. »

Pour le reste, Fraigneau liquide en deux pages les femmes et le mythe. Phèdre est de ces futures tondues aimant à partouser avec les maîtres, une visiteuse qui « les soirs de chasse vient rejoindre le héros et les monstres dans la loge d'acteur, que tous deux partagent. Sa peau laiteuse et confuse l'apparente au Maître du Labyrinthe [13] ».

Quant à Ariane, « le souvenir de la jeune fille appuyée au tourniquet et qui faisait à l'entrée du Labyrinthe un tendre signe d'adieu, gêne le héros bien plus qu'il ne l'attendrit [14] ». « Quelle image garde-t-elle de moi ? » est la seule question qui préoccupe ce jeune homme à l'ego aussi boursouflé et tortueux que les couloirs de son Labyrinthe. Les épithètes que Thésée réserve à la malheureuse Ariane font augurer de ce que le bel André pense alors de Marguerite : « La distance qui le sépare d'Ariane ne saurait plus se mesurer à la longueur naïve du fil rouge avec lequel Ariane et lui-même, orgueilleusement, comptaient faire le tour du mystère. La cheville de Thésée le brûle encore, là où Ariane, amoureuse mais dépourvue d'illusions, suspendait le sort de leur amour ingénu à la ténacité d'un fil. Précaution dangereuse mais qui libère Thésée. Ariane ne voit pas plus loin que le bout de son fil [15]. »

Aujourd'hui, nous savons que Fraigneau se trompait. Marguerite, toute naïve et amoureuse qu'elle fût, était dépourvue d'illusions et voyait plus loin qu'André-Thésée. Vous aurez votre revanche sur ce personnage qui à présent prend congé du Minotaure pour des engagements peu honorables, tandis que « roulent dans son esprit des pensées moins nobles. Les trucs du Labyrinthe, les leçons de chasse vont servir à des entreprises terrestres, à une simple grandeur de roi [16] ».

Contrairement à la proposition qui termine sa fable : « Il ne sera plus jamais question d'Ariane [17] », Fraigneau aurait la vanité de faire savoir au monde qu'il avait été l'inspirateur de *Feux*, l'irrésistible amour d'une grande dame de la littérature. Vous saurez inverser les rôles, infléchir le destin. Pour Yourcenar, il ne sera plus jamais question d'André Fraigneau ni de son sinistre Minotaure. Mais vous tirerez la leçon de cette humiliation-là et répondrez à la littérature par la littérature.

Vous avouerez avoir mis dans *Qui n'a pas son Minotaure ?*, cette refonte en 1960 de l'« Ariane et l'Aventurier » de 1932, plus de vous-même que dans n'importe quel ouvrage. Cette pièce de théâtre va hériter de votre douloureuse passion pour l'auteur du

« Point de vue du Minotaure » comme de la salubre relecture que vous aurez sans aucun doute faite de son texte et de l'éclairage qu'il projette sur ses agissements pendant l'Occupation.

« Ariane et Phèdre sont avant tout deux allégories de l'être et de la chair », écrirez-vous sur ce nouveau *Minotaure* à Gabriel Marcel en 1964, « et Thésée l'être humain s'abandonnant à ce qu'il y a à la fois de plus banal et de plus grossier en soi [18] ». Dans ce nouveau Thésée dont la filiation — consciente ou inconsciente — est si évidente, vous projetterez ce qui vous semble le plus vil dans l'humain. Et vous n'oublierez pas en même temps que la cargaison des victimes expiatoires dans la cale du navire grec mène tout droit aux holocaustes. Sans doute, la plus belle revanche que vous puissiez prendre sur l'homme qui vous a ainsi traitée est la démonstration de la supériorité de votre talent d'écrivain sur le sien. Le reste ne méritait sans doute pas que vous le tiriez de l'ombre et du silence.

Pour l'heure, de ces versions du mythe, aussi éloignées l'une de l'autre que l'étaient leurs inventeurs, Fraigneau tire une interprétation inverse de la nôtre : « Ce qui nous étonna à la communication des textes, ce fut notre *ressemblance*. Trois esprits différents menaient leurs héros par les mêmes détours et somme toute donnaient à divers faits épars et peu contrôlables une affirmation et une force de fait divers [19]. »

Votre esprit critique, et surtout autocritique, s'exerce beaucoup plus sévèrement. Vous reconnaissez avoir un peu triché à ce jeu des points de vue où votre Ariane n'est qu'un des personnages principaux à côté de Thésée, de Phèdre, du Minotaure et même d'Autolycos. Votre aptitude à vous impliquer dans plusieurs personnages vous distingue radicalement du narcissisme de votre coauteur, inhabile à créer des êtres qui ne lui ressemblent pas trait pour trait.

« Cette partie du mythe », ajoutez-vous bien des années après, « [...] alimenta et égaya huit ou dix jours durant, la conversation entre ces trois personnes, leur fournit pour un temps un petit attirail d'allusions et de plaisanteries bien à eux, leur accorda les libertés sans conséquence du masque et du travesti. Puis il en fut de cet amusement comme de tous les autres ; le loup du Minotaure et les étoiles de strass d'Ariane rentrèrent dans leur carton, et avec eux, l'épée de bois de Thésée. Nous n'y pensâmes plus [20]. »

Vous y avez pensé cependant au moins pour en accepter, sept ans plus tard, une publication dont la note liminaire « désinvolte [...] où j'affirmais n'avoir rien trouvé à modifier à ma petite pièce d'autrefois », avec la distance, vous scandalise. « A la vérité, si grande que soit la partialité d'un auteur pour ses produits, j'aurais bien dû m'apercevoir à l'époque que cette bleuette avait pris l'aspect défraîchi et légèrement piteux d'une toilette de bal costumé qu'on a portée une fois il y a quelques saisons [21]. »

On sent percer une exaspération qui s'adresse sans doute moins à l'innocente petite pièce qu'à l'ambiance dans laquelle vous avez accepté de la composer et à la personnalité d'un au moins des protagonistes du divertissement. « Je n'ai jamais rencontré personne qui l'ait lue », poursuivez-vous avec une espèce de jubilation, « et en fait l'automne de 1939 n'était pas un moment particulièrement favorable pour publier sur les méfaits du Minotaure une fantaisie littéraire ; la réalité offrait plus et pis [22]. »

Vous ne prendrez la peine de revoir votre belle endormie jugée « fanée » que cinq ans plus tard en 1944 et la sévérité de vos critiques paraît, par défaut, s'appliquer davantage aux œuvrettes de Baissette et de Fraigneau, dont vous ne soufflez mot, qu'à votre propre pièce recomposée sous le titre *Qui n'a pas son Minotaure ?* entre 1944 et 1960. Mais votre vocabulaire en dit long, à qui veut bien vous entendre, sur vos réactions ultérieures devant le type de complicité perverse dans le travestissement des sentiments, devant la frivolité à vouloir traiter légèrement le grave et gravement le léger, qui était de mise en 1932 dans votre parisien trio : « Immédiatement je fus choquée par des gentillesses et des impertinences qui font partie des agaceries du bal masqué, mais qui irritent presque toujours au théâtre parce qu'on y voit trop visiblement l'envie de plaire ou de déplaire, ou encore le réflexe de l'auteur embarrassé par un sujet trop beau ou trop grand pour lui et qui pirouette et gambade pour se rassurer soi-même et rassurer son auditoire [23]. »

Malgré cette condamnation, vous reconnaissez qu'en 1944 « ce mince badinage touchait à des thèmes qui m'émouvaient encore et sur lesquels j'étais probablement plus renseignée qu'autrefois [24] ». Vous ajoutez que, sous le jet des projecteurs de 1944, le sujet « manqué à demi (et pas seulement à demi) [25] » gardait d'étranges virtualités et méritait d'être corrigé.

Surtout, ce que vous n'avouez qu'à demi, c'est que l'essentiel du sketch de 1932 a été conservé jusque dans la pièce finale de 1960, hors deux scènes ajoutées après la guerre. Celle où les victimes convoyées dans la cale éclairent maintenant une allégorie politique inspirée par les récentes exterminations. Et une scène de ventriloquisme où l'ignominie de Thésée lui est renvoyée par ses voix intérieures.

En revanche, ce que vous ne dites pas du tout, c'est à quel point ce nouveau Thésée et ce nouvel éclairage doivent à Fraigneau — dans ses prises de position récentes comme dans ses agissements anciens avec vous — et à son « Point de vue du Minotaure » des années 30.

Construit autour du noyau intimiste de 1932, *Qui n'a pas son Minotaure ?* de 1944 bruit des rumeurs récentes de la guerre. Les humains, enfermés dans la cale du navire de Thésée et désignés par un numéro, n'y sont plus une émoustillante chair fraîche pour libertin, mais des victimes convoyées vers l'holocauste.

« Où est ta mère ? demande la deuxième victime à la huitième.

— Elle n'est plus. Elle a été désignée pour partir dans l'un des précédents voyages [26]. »

Les fantasmes érotico-morbides de Thésée prennent des connotations d'actualité dans ces deux phrases du texte original ainsi complétées : « Périr avec cette gitane brune et chaude [...] ramassée dans une rafle parmi des victimes sans papiers d'identité sur laquelle la presse ne s'attendrit pas [...]. Périr avec ce jeune Hébreu couvert d'une pâleur maladive [27]. »

Le mielleux discours que tient à Minos Thésée, ambassadeur d'Athènes, sur les otages, rappelle l'hypocrisie de Munich ou des premiers jours de Vichy. « Quatorze malheureux que l'opinion publique athénienne abandonne à regret aux dents d'un monstre

157

étranger. Quatorze victimes dont le sort est entre mes mains et qu'un grand peuple ne consent à livrer que par respect des engagements conclus [28]. » Pendant ce temps, les victimes sont éliminées. Sur le processus d'extermination « quel silence ! Pas un cri, pas le grincement de la porte qui sépare deux mondes [...]. Même leurs agonies sont mortes [...]. Nous arrivons trop tard pour assister au crime et ce massacre est déjà dans l'Histoire [29] ».

Ariane seule se souviendra des victimes pendant que Thésée triomphe à Athènes. « Nous les avons abandonnées en souffrance comme dans le dépôt d'une gare. Je ne veux pas d'un bonheur trop petit pour des millions de morts [30]. »

Votre Thésée de 1944, pas plus que son inspirateur, ne joue le beau rôle dans ce nouveau contexte historique où vous éliminez toute espèce de connivence. Lâcheté, bassesse, veulerie se disputent ce faux héros « pourvoyeur de bouchers [31] ». « Vous êtes aussi fort qu'on peut l'être dans un monde où le Minotaure ne s'attaque qu'aux faibles, où le malheur des vaincus est le pain des princes et des dieux [32] », dit à Thésée sa complice Phèdre présentée sans complaisance comme une « fille à matelots [33] », une de ces petites putains qui emportent « dans le paquet de leurs jupons ramassés à la hâte le maigre pécule du soldat [34] ».

Cette Phèdre-là descend directement de celle de Fraigneau jusque dans son langage, qui montre que vous l'avez relu de près lui aussi, lorsqu'elle soupire : « Que ne suis-je invitée aux parties de chasse du Minotaure [35] » et affirme vivre dans un monde peuplé exclusivement de bêtes et de bouchers.

La violence quasi thérapeutique de la scène, où les voix de sa conscience font défiler les pulsions et les vérités les plus honteuses de Thésée et l'assomment de son indignité, remonte du passé comme la voix refoulée de votre colère, de votre rage contre l'être qui vous a blessée. La voix d'Antiope, la femme repoussée, prolonge celle d'Ariane... celle de Sophie... la vôtre... « Ah ! s'il ne me plaisait pas, serais-je encore au monde ? [...] Je ne connaissais pas, au fond de moi-même, cette bête avide qui veut faire l'amour [...] et je n'ai pas le courage d'aller au-dedans de moi tuer cet ennemi [36]. »

Celle de Thésée jeune homme lui répond à son tour comme

un écho d'Éric von Lhomond ou de Fraigneau, son original :
« Ah ! qu'elle s'en retourne à ses champs de choux, à sa caserne,
à son village sous la neige [...]. Moins belle d'ailleurs en toilette
de ville que dans son vieil uniforme de la garde cosaque [37]. »

Le texte de Fraigneau vous ressort par tous les pores du langage : « Il n'y a pas à dire, ce fil me gêne [38] », dira votre Thésée.
Et vous gênent plus encore que lui des ignominies récentes qui
ne concernent pas que lui ni que vous : « Quatorze victimes
dirigées sur... Pauvres types !... Pas très intéressants comme spécimens de la race humaine [39] ! »

Votre nouveau Minotaure est un être invisible. Ariane
découvre qu'il ne fait qu'un avec Dieu. Thésée qui préférerait
nettement un ennemi de chair et de sang ignore qu'en combattant
cette figure du mal (du mâle ?) c'est à lui-même qu'il porte des
coups. Plus tard sur l'île, Dieu, comme dans le dialogue de 1932,
s'expliquera à la belle Ariane pacifiée : « Thésée a vu Thésée. Ce
n'est pas la première fois que l'homme me construit à son image.
Mais ne désespère pas du salut de ton ancien amant. Un jour, il
me découvrira peut-être [40]. »

Restent Ariane et Phèdre, la chair et l'âme, ces deux moitiés
de vous-même qui, en 1932, étaient si étroitement emmêlées.
« Savez-vous, Thésée, dit encore votre dernière Ariane, si les
plaisirs et les trahisons de Phèdre ne sont pas faits du silence
d'Ariane, de sa pureté qui se détourne, de ses yeux fermés ? Si
Phèdre n'existait pas, Ariane serait sans doute Phèdre [41]. » Mais
entre-temps vous avez grandi, Ariane s'éloigne de Phèdre comme
vous vous éloignez de l'amoureuse qui suppliait dans *Feux*, qui se
livrait sans pudeur dans *Le Coup de grâce*. « J'attends pour m'offrir qu'on me fasse signe [42] », précise-t-elle à présent avec hauteur.

En pratiquant Thésée de près, vous avez compris votre erreur
et l'étendue du malentendu.

« Si vous voulez d'un dieu, pourquoi vous adresser à
l'homme ? demande à Ariane Thésée.

— Parce que c'est sous cette forme que la plupart des
femmes attendent Dieu. Songez que vous êtes ce que j'ai trouvé

de mieux à aimer et que j'ai été un instant ce que vous avez trouvé de mieux comme ami.

— Vous ne cherchez que ce personnage idéal auquel les femmes ont besoin de croire pour faire l'amour à peu près sans honte [43]. »

Il s'avère qu'avec le temps votre vision du monde et des autres s'est singulièrement obscurcie. « Dire qu'on ne choisit pas ses rêves ! dit Ariane à Bacchus. Un père grotesque, une mère immonde, un frère monstrueux, un amant qui ne méritait pas d'être aimé, une sœur condamnée au crime... Ne t'étonne pas que je préfère fermer les yeux [44]. » Quant à la jeune fille Ariane qui vous ressemblait comme une sœur, vous ne voulez plus en entendre parler : « Cette vertu, cette prude, cette orgueilleuse qui croyait que la perfection seule était digne d'elle ?... Ariane m'ennuie elle aussi... Si j'ai choisi d'habiter dans cette solitude, c'est pour ne plus jamais entendre prononcer son nom [45]. »

Contrairement à Fraigneau, qui affirmait naguère que le Labyrinthe mène à tout — y compris sans doute aux éphémères glorioles parisiennes — à condition d'en sortir, vous savez avec Ariane qu'on ne quitte pas le Labyrinthe, même pas, surtout pas, lorsqu'on a enfin compris que la haine est le revers de la passion, la bassesse de l'humilité et la corruption de l'indulgence. Comme Ariane, vous saurez à partir de 1944 qu'on ne triomphe pas de Phèdre en devenant Phèdre, ni du Minotaure en devenant le Minotaure car il est tapi au fond de nous et ne fait qu'un avec notre inconscient.

Le jeu de 1932 a évolué après la guerre vers le « divertissement sacré », sous-titre que vous donnez à *Qui n'a pas son Minotaure ?*. L'aventure humaine, la vôtre et celle de vos contemporains, a pris des dimensions tragiques de non-retour. Pendant ce temps vous aussi vous avez quitté la Grèce des aventuriers et des monstres. Vous êtes arrivée dans l'île des Monts-Déserts pour y découvrir comme Ariane la nature vierge d'avant le premier homme, la nature d'avant le crime, la nature d'avant Thésée : « Que tu es beau, rocher des âges [...]. Ni homme, ni bête, peut-être pas même Dieu... Sorti des noms... Sorti des règnes [46]. »

Et comme votre première Ariane, toujours plus proche de

160

l'immortalité, vous allez vous pétrifier dans les années 40 sur votre rocher américain de Petite Plaisance. La dernière parole de Dieu, qui n'est plus Bacchus qu'entre parenthèses, est moins une prophétie qu'une prise de conscience : « Tu es déjà morte, Ariane. Et c'est précisément ainsi que commence ta vie éternelle [47]. »

Ainsi un jour qui n'est plus si lointain allez-vous demeurer dans l'île de par-delà une mer qui n'est pas la Méditerranée. À l'écart des convulsions et des troubles de la passion sans retour. À l'écart des bûchers où flambent les réprouvées. Déjà prête pour l'éternité.

5.

Du trapèze au filet

Dix neuf cent trente-deux. Dix neuf cent trente-trois. Dix neuf cent trente-cinq. De quelle année s'échappent ces cris ? Une femme est en train de brûler de désir à l'intérieur du Labyrinthe. Au-dehors, rien n'en transparaît. Cette même femme continue, sous le masque, à rencontrer des amis, à publier *Denier du rêve, La Mort conduit l'attelage*, à observer l'Europe qui s'enfonce peu à peu dans la nuit totalitaire, à mener sa vie d'artiste, de vagabonde, de noctambule.

Entrons dans la scène imaginaire de ce Labyrinthe intérieur. Autour de l'édifice : des murs infranchissables et une porte invisible. Au-dedans, il se donne d'étranges fêtes, des massacres qui rappellent les chasses à l'homme du Minotaure. Il paraît que des cœurs s'y brisent et que des corps s'y dessèchent de soif. Le temps dans ce monde s'est pulvérisé. Phèdre prend le métro. Sappho rôde dans les centres de l'Armée du Salut. Marie-Madeleine lit dans les journaux du soir, à la rubrique des faits divers, le récit de la Passion. Dans ce *one woman show*, la même actrice, atteinte d'une folie de dédoublement, d'un vertige ventriloque, joue tous les rôles, chante tous les registres, essaie tour à tour chaque masque. Et sa voix ne convoque qu'un seul absent, toujours le même, dont l'ombre traîne dans les douves de cette intemporelle citadelle : « Ton nom, que j'ai crié dans chaque ciel / Et pleuré dans tous les lits / Ton nom qui me meurtrit la bouche / Ton nom avec qui je couche [1]. »

Ce nom d'André qui lui brûle la bouche et le corps, elle n'ose pas le prononcer, elle n'ose même pas l'écrire. C'est sous celui d'Hermès, le conducteur d'âmes, qu'elle lui dédie *Feux*, livre de cris et de chants, parmi les plus forts qu'ait jamais inspirés le désir féminin, afin que l'interprète de la volonté divine lui porte la parole sur ses sandales ailées.

Mais ces poèmes, ces plaintes, ne sont que des travestis. Dans ce carnaval solitaire où une femme orchestre opère, sur le parvis de cette cathédrale où se donne à voir le mystère d'une passion, ce ne sont pas des êtres réels mais des allégories qui s'exhibent et s'affrontent. La même bateleuse, déguisée en tous et en toutes, fait la parade et joue les rôles. Écoutons de plus près son boniment. À son invite s'avancent en cortège les masques. Dix masques principaux pour dix sketches courts suffiront à convoquer l'enfer, dans cette Comédie du désir à laquelle concourent tous les arts du spectacle.

Achille vient le premier. Il est « gainé de soie, voilé de gazes, empêtré de colliers d'or [2] ». Est-il homme ? est-il femme ? Entre la robe noire de Misandre et la robe rouge de Déidamie, sa robe de fille est blanche. Un trio s'est transformé. Mais dans ce bal où les hommes sont en femmes, où les femmes sont en hommes, qui pourrait le dire ? Transfuge du camp des mâles, il s'est infiltré dans l'appartement des jeunes filles où il risque « la chance unique d'être autre chose que soi [3] ». Pour les seins de Déidamie, qu'il étrangle par jalousie, pour ses flancs nus, pour sa longue chevelure, il n'éprouve que de l'horreur. « Au contraire, Misandre, avec ses cheveux courts et ses grandes mains, n'est peut-être que la cachette d'un mâle [4] ». Entre le féminin Achille et la virile Misandre, le plus perspicace des spectateurs ne distingue guère dans quelle poitrine bat un cœur d'homme.

Et, pourtant, Misandre devra renoncer à être autre chose que la moitié d'elle-même, elle devra se contenter d'être femme : « Prisonnière de ses seins, Misandre écarta les deux battants qui gémirent à sa place, poussa du coude Achille vers tout ce qu'elle ne serait pas [5]. » Le sketch pourrait s'appeler : Marguerite ou le renoncement à être autre chose que soi. Il fut intitulé par son auteur : « Achille ou le Mensonge ».

Patrocle suit son légendaire ami, accompagné de l'Amazone

163

Penthésilée, cette furie minérale aux cheveux et à la voix d'or. Seule de ses compagnes, elle a consenti à se faire couper un sein. Le vrai sujet de la chorégraphie, c'est l'éternel combat d'Achille et de Penthésilée. « Sur le décor kaki, feldgrau, bleu horizon, l'armure de l'Amazone changeait de forme avec les siècles, de teinte selon les projecteurs. Avec cette Slave qui faisait de chaque feinte un pas de danse, le corps à corps devenait tournoi, puis ballet russe [6]. » Enfin, l'Amazone ploie devant son vainqueur, « incapable de résister à ce viol de fer », qu'elle appelle de ses vœux comme Sophie dans *Le Coup de grâce*. Et Achille, tenant la tête de cette adversaire femelle aux yeux aveugles, « digne d'être un ami », constate en sanglotant qu'elle est le seul être au monde qui ressemble à son bien-aimé Patrocle, mort. Le ballet pourrait s'appeler Marguerite ou le vain combat. Il s'intitule « Patrocle ou le Destin ».

Léna, comme tous les masques féminins de cette œuvre, est une femme qui aime et qui souffre. Elle est la servante, la putain, l'amoureuse, la chienne de l'athlète Aristogiton. Celui-ci lui préfère Harmodios, jeune noble athénien, avec lequel il fomente un coup d'État contre le dictateur Hipparque, lui-même amoureux d'Harmodios. Dépossédée de l'homme qu'elle idolâtre, Léna continue à les servir, lui et son amant, dans leur cachette. Ils ne lui font pas confiance. Elle « s'aperçoit avec horreur qu'ils font goûter au chien les ragoûts qu'elle leur prépare comme s'ils lui supposaient de bonnes raisons pour les haïr [7] ». Le jour du meurtre elle « voit les deux amis disparaître dans l'engrenage des colonnes comme au fond d'une machine à broyer le cœur humain [8] ».

Arrêtée comme complice, Léna « monte dans la voiture cellulaire comme les morts montent en barque [9] » ou les déportés dans les wagons à bestiaux. On la pousse dans une salle de torture dans laquelle les bourreaux ressemblent à des vivisecteurs, les torturés à des bêtes à l'agonie. Léna, à qui son amant n'a pas fait l'aumône d'un seul de ses secrets, se tranche la langue pour ne pas révéler les secrets qu'elle n'a pas, pour ne pas avouer que son amant ne l'a même pas compromise. L'histoire de l'avènement de la démocratie athénienne par l'exploit d'Harmodios et d'Aristogiton est racontée à travers la lorgnette étroite d'un sacrifice inutile, d'un sacrifice de femme. Sur l'écran, le mot *Fine* s'étale sur fond musical sirupeux de romance ou de *soap opera*. Ce mélo néoréaliste à l'italienne s'intitule « Léna ou le Secret ». Mais, sous le masque d'une Léna-Magnani, tout échevelée et dégoulinante de son propre sang, on reconnaît Marguerite : Marguerite ou l'humiliation d'aimer.

Changement de décor ou de siècle, mais le masque est presque le même. Marie-Madeleine se glisse derrière Léna. « Je m'appelle Marie. On m'appelle Madeleine. » Jean, son ex-fiancé, qui n'est pas encore saint Jean, l'accompagne. Jésus le séducteur, Jésus le sauveur, complète le trio. Encore un. Et Marie-Madeleine, en sanglotant, raconte son histoire de femme rebutée par l'un et par l'autre. Tout d'abord, « je ne vis pas [...] le blanc vagabond qui communiquait aux jeunes gens, dans un attouchement, dans un baiser, l'horrible espèce de lèpre qui les oblige à se séparer de tout. Je ne devinai pas la présence du séducteur [10] ».

Au soir de sa nuit de noces avec Jean, Marie est vierge, « et d'ailleurs toute femme qui aime n'est qu'une pauvre innocente [11] ». Mais sans un regard, Jean arrache les draps du lit, il les noue pour s'en faire une corde et s'enfuir vers le séducteur : « Je perdis de vue ce transfuge, incapable de préférer une femme à la poitrine de Dieu [12]. » Et la femme repoussée devient une prostituée : « Il m'était doux que la femme dédaignée par Jean tombât sans transition au dernier rang des créatures [13]. » Pour assouvir sa vengeance et ramener son amant, elle décide un jour de séduire le séducteur. « Dès que Jean comprendrait que Dieu n'était qu'un homme, il n'aurait plus de raisons de ne pas lui préférer mes seins [14]. » C'est elle qui succombe à la séduction du séducteur. Oublieuse de Jean, son premier amour, Marie-Madeleine suit Jésus, le sert jusqu'au bout d'elle-même et de lui, va jusqu'à consentir à le voir mourir : « Pour la deuxième fois de ma vie, je me trouvais devant un lit où ne dormait qu'un absent [15]. »

Elle touche le fond. « Je connaissais enfin toute l'atrocité de Dieu [...]. Dieu ne m'avait pas que volé l'amour d'une créature à l'âge où l'on se figure qu'elles sont irremplaçables. Dieu m'avait pris jadis mes nausées de grossesse, mes sommeils d'accouchée, mes siestes de vieille femme sur la place du village, la tombe au fond de l'enclos où mes enfants m'auraient couchée [16]. » Pour la première fois, pour la dernière fois, une femme qui ne connaîtrait pas les fêtes charnelles d'une vie de femme gémit sous l'appel obscur de son ventre. Elle n'enfantera pas. Elle ne vieillira pas contre la peau d'un homme. Elle sacrifiera la moitié charnelle d'elle-même. Elle renoncera à être une femme : « Mes amants d'autrefois se couchaient sur mon corps sans se soucier de mon âme : Mon céleste ami de cœur n'a eu soin de réchauffer que cette âme éternelle de sorte qu'une moitié de moi n'a pas cessé de souffrir [17]. »

Recouverte de sa chevelure de pécheresse et de ses larmes, Marie-Madeleine se penche pour saluer et regarde l'auditoire avec son triste sourire de martyre : « Je ne regrette pas d'avoir été refaite par les mains du Seigneur. Il ne m'a sauvée ni de la mort ni des maux ni du crime, car c'est par eux que l'on se sauve. Il m'a sauvée du bonheur [18]. » L'épisode inspiré de la *Légende dorée* de Jacques de Voragine, que la petite de Crayencour dévorait enfant, n'est qu'une version apocryphe, travestie, de l'Évangile. Il s'intitule « Marie-Madeleine ou le Salut » et s'achève dans une assomption qui est une forme de lévitation de la sainte. Il pourrait s'appeler Marguerite ou le Sacrifice.

Chaussée des cothurnes du théâtre antique, Clytemnestre entre dans le prétoire tout éclaboussée du sang de son époux. Sa violence est celle de l'amoureuse bafouée, abîmée dans son crime comme elle l'était dans sa première passion. Elle fait face à ses juges, toute seule, avec ses mains sanglantes. « J'ai attendu cet homme avant qu'il n'eût un nom, un visage, lorsqu'il n'était encore que mon lointain malheur [19]. » Dans l'attente de l'infidèle, qui guerroyait et couchait ailleurs, cette Clytemnestre a lutté le jour contre l'angoisse, la nuit contre le désir, sans cesse contre le vide. Elle a envié autour d'elle les veuves qui n'ont que la terre pour rivale et savent du moins que leur homme a toujours dormi seul. En proie à son obsession charnelle et à sa jalousie, Clytemnestre s'achemine vers la folie. Faute de le posséder, elle finit par *devenir* son homme. « Je me substituais peu à peu à l'homme qui

166

me hantait et dont j'étais hantée. Je finissais par regarder du même œil que lui le cou blanc des servantes [20]. »

Ses recours ? Ils sont tous minés. Un amant ? : « Messieurs les Juges, il n'y a qu'un seul homme au monde. Le reste n'est pour chaque femme qu'une erreur ou un pis-aller triste et l'adultère n'est souvent qu'une forme désespérée de la fidélité [21]. » Coucher avec l'autre qui s'appelle ici Égisthe, c'est comprendre à quel point l'homme idolâtré est irremplaçable. Elle rêve d'être étranglée par cet homme-là avec ses deux mains nues, si ardemment embrassées. « Je mourrais du moins dans cette espèce d'étreinte [22]. »

Mais l'époux revenu avec Cassandre, sa maîtresse turque, n'a cure de l'amant de sa femme, il n'est même pas jaloux. Ne reste que le meurtre. Elle lève son couteau : « Je voulais du moins l'obliger en mourant à me regarder en face. Je ne le tuais que pour ça, pour le forcer à se rendre compte que je n'étais pas une chose sans importance qu'on peut laisser tomber ou céder au premier venu [23]. » Clytemnestre disparaît dans la salle d'audience. L'actrice change de masque. « Clytemnestre ou le Crime » pourrait s'intituler : Marguerite ou le désir de vengeance.

Antigone et Phèdre entrent en scène ensemble. L'une avec des cheveux de folle, des haillons de mendiante, des ongles de crocheteuse, l'autre somptueuse en velours rouge sang. Pour se soumettre à son destin qui a le masque d'Hippolyte, Phèdre a tout trahi. Elle a quitté son pays, ruiné sa famille, dépossédé sa sœur, renoncé à ses rêves, bradé ses souvenirs. Devant la froideur du jeune homme, elle se grise du goût de l'impossible. En le calomniant, « elle s'invente, joie par joie, le viol dont elle accuse Hippolyte, de sorte que son mensonge est pour elle un assouvissement. Elle dit vrai : elle a subi les pires outrages [24] ». Phèdre disparaît par la bouche du métro où Marguerite et André se séparèrent peut-être un jour, rejoignant les eaux du Styx par la dernière rame. « Phèdre ou le désespoir » le gémit dans une aria : Marguerite a un corps. Le corps existe, il appelle, il est à la lettre, elle est à la lettre brûlée de tous les feux qu'elle n'a pas su, qu'elle n'a pas pu allumer en retour.

« Que dit Midi profond ? La haine est sur Thèbes comme un

affreux soleil [25]. » Antigone vient alors se placer sous le feu des projecteurs, lugubres pinceaux lumineux qui annoncent les camps concentrationnaires. Elle traîne après elle le cadavre de son frère Polynice que Créon et la raison d'État lui interdisent d'ensevelir. En retrait d'elle : l'ombre d'un spectre. Le masque de son père Œdipe. Antigone repousse Ismène, sa sœur de chair, elle écarte dans son fiancé Hémon « l'affreuse chance d'enfanter des vainqueurs [26] ». Elle renonce à la vie pour sauver une idée de la mort et de sa propre liberté.

Avec « Antigone ou le Choix », Marguerite lève la tête et aperçoit dans le ciel un astre plus lumineux que la chair interdite du bien-aimé. La scène s'emplit du tic-tac intime d'un balancier. « Un battement venu de sous la terre se précise, grandit. Le temps reprend son cours au bruit de l'horloge de Dieu. Le pendule du monde est le cœur d'Antigone [27]. » Ce cœur qui marque le temps permet de dépasser le corps et ses misérables contorsions dans la boue. Marguerite retrouve l'esprit d'Icare de sa jeunesse, le goût de l'ascension. Antigone donne un nom à ce détachement, à cette remontée.

Mais la danse des astres sera exécutée par une pantomime, celle de Phédon, le danseur de cabaret, qui paraît à son tour. Le bel Alcibiade l'avait acheté pour l'offrir au repoussant Socrate. Lui aussi, comme une femme, il est dédaigné. « Pour la première fois de ma vie, je me sentis repoussé ; ce refus humiliant me livrait à la sagesse [28]. » Et Marguerite de danser, sous le masque de Phédon, une danse de la douleur humaine qui l'emporte au-delà des pauvres émotions et des illusions de la personne, au-delà de l'être dérisoire qui les inspira. Avec Phédon, elle prend son élan sur la sagesse, elle prend son élan sur le sable du chagrin, et rebondit toujours plus haut. « Déjà ma danse dépasse les remparts des cités [...]. Il n'y a ni vertu, ni pitié, ni amour, ni pudeur, ni leurs puissants contraires, mais rien qu'une coquille vide dansant au haut d'une joie qui est aussi la Douleur [29]. » Cette Marguerite de toutes les douleurs pourrait être un ballet de Diaghilev sur une chorégraphie de Yourcenar. Dans *Feux* elle s'appelle seulement : « Phédon ou le Vertige ».

Après le théâtre, le ballet, et l'opéra, le music-hall. Au fond d'une loge, derrière les miroirs, le dernier travesti est une femme moitié homme qui s'appelle Sappho. « Elle est pâle comme la neige, la mort ou le visage clair des lépreuses [...]. Elle erre de ville en ville avec ses trois grandes malles pleines de perles fausses et de débris d'oiseaux. Elle est acrobate, comme aux temps antiques, elle était poétesse [30]. » À l'instar du film de Wim Wenders *Les Ailes du désir*, de loin, nue et pailletée d'astres, l'acrobate « a l'air d'un athlète qui refuserait d'être ange pour ne pas enlever tout prix à ses sauts périlleux [31] ». De près on lui trouve l'air d'être déguisée en femme. Elle seule sait « que sa gorge contient un cœur trop pesant et trop lourd pour loger ailleurs qu'au fond d'une poitrine élargie par des seins [32] ».

Cette femme, qui a l'air déguisée en ce qu'elle est, souffre viscéralement du manque de douceur et préfère le corps des jeunes filles, assez doux pour se laisser caresser par ce bel archange. Mais l'acrobate se meut en plein ciel ; c'est trop haut pour ces étroites vies féminines, pour ces existences de poupée, toutes rapiécées de chiffons où elle étouffe. Comme plus tard Hadrien. Sappho a renoncé à se trouver une compagne de ciel. Il faudra consentir à redescendre. « Toutes les femmes aiment une femme. Elles s'aiment éperdument elles-mêmes [...]. Sappho demande aux jeunes filles ce qu'attendent des glaces les coquettes [...]. Narcisse aime ce qu'il est. Sappho, dans ses compagnes, adore amèrement ce qu'elle n'a pas été [33]. »

Dans Attys, elle a aimé le malheur. Pour cette fantasque jeune fille, l'amour de Sappho prend des teintes maternelles. Pour Attys, elle dilapide son argent, sa réputation, son travail. Attys la quitte pour Philippe. Et Sappho, hébétée de douleur, n'en finit pas de la chercher dans tous les hôtels du Levant.

Mais le jour où elle rencontre Phaon, le beau voyou qui ressemble à un jeune dieu, elle oublie instantanément Attys. « La blême jeune fille brune semble n'avoir été qu'une simple cire perdue de ce dieu de bronze et d'or [34]. » Ébahie, Sappho « se prend lentement à préférer ces épaules rigides comme la barre du trapèze, ces mains durcies par le contact des rames, tout ce corps où subsiste assez de douceur féminine pour le lui faire aimer [35]. »

169

Elle bascule. Le public tend l'oreille, écarquille les yeux. Qui parle ? Est-ce Marguerite ? Est-ce Sappho ?

Dans la scène suivante, on imagine un décor de film plutôt que la bâche d'un cirque. Sappho et Phaon sont seuls dans le petit appartement qu'elle occupe près du port. Dans la chambre à coucher, la blancheur du lit s'étale comme un espoir ouvert. Enfin ! « Cette femme qui jusqu'alors prenait sur elle le choix, l'offre, la séduction, la protection de ses amies plus frêles, se détend et sombre enfin mollement abandonnée au poids de son propre sexe et de son propre cœur, heureuse de n'avoir plus à faire désormais auprès d'un amant que le geste d'accepter [36]. »

Pendant que Sappho rêve à la volupté nouvelle de faire l'amour avec un homme, Phaon rôde dans sa chambre à coucher, elle l'entend déboucher des flacons de parfum, fouiller des tiroirs, ouvrir les placards où pendent ses robes. Lorsqu'elle se retourne, l'homme aimé est enveloppé du peignoir d'Attys. L'homme aimé n'est qu'une femme : « Ce Phaon à l'aise dans le travesti n'est qu'un substitut de la belle nymphe absente ; c'est une jeune fille encore qui vient à elle avec un rire de source [37]. »

Sappho éperdue fuit cette mascarade, ce Janus à deux masques, moitié homme moitié femme, qui ne la satisfera pas avec ses « tristes baisers ». Elle sait que son destin, où qu'elle aille, et jusque dans ses propres miroirs, est de ne retrouver sous le déguisement ou sous le travesti qu'une seule et même fille.

À présent, elle est de retour au cirque, décidée à en finir. Balancé en plein ciel sur la barre du trapèze, « cet être fatigué de n'être qu'à demi femme [38] » choisit pour plonger dans le vide l'endroit où les mailles du filet ne la retiendront pas. Par hasard, dans sa chute elle se heurte à une grosse lampe bleue qui la rejette vers les filets. Ceux qui manquent leur vie courent aussi le risque de manquer leur mort.

Les figurants manœuvres n'ont plus qu'à hisser sur le sable le corps de Marguerite « ruisselant de sueur, comme une noyée d'eau de mer [39] ». Elle ne se relèvera pas pour saluer avant que le rideau tombe et que la porte du labyrinthe se referme à jamais sur son secret. Sous le masque, le visage est celui d'une hallucinée. Possédée par son obsession, elle vient d'exorciser sa vie sous nos yeux en un rêve éveillé qui se termine en suicide manqué. La littérature, comme un filet, s'est refermée sur son cri, et comme une caisse de résonance, l'a multiplié à l'infini.

« Je ne me tuerai pas. On oublie si vite les morts [40]. » À la dernière page de *Feux*, Marguerite quitte le labyrinthe aux fantasmes...

Est-ce à Michel que vous songez en accusant la légèreté avec laquelle les vivants se débarrassent de leurs morts ? Auriez-vous vécu *Feux*, écrit *Feux* si votre père avait vécu ? À ces éternelles questions qu'on se pose sur les livres indécents, les livres où se dévoilent les aventures les plus intimes de la personne, vous avez répondu, lorsque Matthieu Galey vous a demandé pourquoi vous aviez souhaité, dans la phrase liminaire du texte, qu'il ne fût jamais lu : « Parce que les gens probablement se tromperaient sur son compte ou n'entreraient pas bien dans le cercle intérieur des émotions qui me bouleversent encore quand je relis ces contes [...]. Jusqu'à un certain point, tout écrivain joue avec le désir à la fois d'être lu et de n'être pas lu. C'est valable pour beaucoup de poètes. Sans cela, ils ne mettraient pas dans leurs œuvres tant de traquenards pour décourager la lecture. Dans *Feux*, j'en ai mis quelques-uns, la situation s'y prêtait [41]. »

Fallait-il de l'ardeur pour que le livre vous brûle encore en 1979 ? Ce poème en prose bouillonnant du souvenir d'André avait été écrit vers 1935 sur un bateau affrété par un ami de celui-ci : Andreas Embirikos. La haute voltige de Sappho a été inspirée par un spectacle de variétés à Pera, quartier d'Istanbul, et composée sur le pont d'un cargo amarré sur le Bosphore, tandis que le gramophone d'Embirikos jouait inlassablement la rengaine américaine : « *He goes through the air with the greatest, the daring young man on the Flying Trapeze.* »

La silhouette de Sappho se détache « d'autres silhouettes cosmopolites qui peuplaient en ce temps-là les bars de Constantinople [42] ». Cette Sappho, vous l'avez héritée moins de la poétesse de Lesbos que de la légende populaire selon laquelle Sappho s'était jetée du rocher de Leucade par amour pour Phaon, le bel indifférent.

Surtout, par un de ces traquenards que vous avez avoués,

Sappho vous trahit plus subtilement encore que les notations tirées de vos carnets intimes à la première personne qui encadrent les récits mythiques. « J'ai dit *Je* de temps en temps dans *Feux*, mais c'est plutôt comme lorsqu'on accorde son instrument avant le concert. Je voulais sortir de l'anecdote [43]. »

L'allégorie incarnée par Sappho, cette théâtreuse qui rappelle les petites femmes de *L'Envers du music-hall* de Colette, qui n'est pas loin non plus de sa *Vagabonde*, se rapproche peut-être plus de Marguerite que ce *Je* capable de mettre à distance ses propres sentiments. Est-ce Sappho, est-ce Marguerite qui caresse le corps des jeunes filles en rêvant d'un homme qui, par sa féminité plus encore que par ses refus, ne recèle que mirage et déception ? Est-ce Marguerite, est-ce Sappho qui, malgré son mépris pour l'étroite existence féminine, sera vouée à vivre presque tout le reste de sa vie dans cet univers restreint avec une autre femme et qui n'échappera à ce destin que grâce au filet protecteur de l'écriture ?

Les originaux des autres masques n'ont pas été identifiés. Tel noctambule, telle mendiante, telle artiste de cabaret rencontrés dans un bas-fond du Levant prêtèrent sans doute leurs traits à Phédon, à Marie-Madeleine ou à Antigone. Mais chacun de ces personnages se nourrit de la Marguerite de l'époque, une Marguerite bien différente de la fille de Michel reconstruite au soir de sa vie ou de la femme de lettres des clichés : folle de son corps, hébétée de douleur devant le mépris du mâle, submergée par la violence qui s'échappe de son désir rebuté, voulant tuer l'homme aimé ou mourir de ses mains, mendiant l'humiliation et les coups, recherchant la débauche, la dégradation de soi, la trahison, rejetant tout ce qui n'est pas sa hantise, brûlant sa vie dans le labyrinthe infernal du huis clos. Une Marguerite que Yourcenar ne cessera par la suite de refouler jusqu'à ce qu'elle émerge à nouveau en 1979 et l'entraîne à nouveau auprès de Jerry, dans le troublant masochisme d'autrefois.

6.

Le mystère de la passion

Feux commence par le souhait ambigu de n'être jamais lu. Et pourtant vous avez osé le publier. La dédicace à Hermès l'éclaire d'un autre jour. « Je sais que *Feux* est le résultat de son échec avec moi, a révélé Fraigneau à votre biographe. Que je sois son éditeur rendait la chose impossible, elle a donc dédié le livre à Hermès pour qu'il me porte le message [1]. » Mais le dédicataire est aussi le maître de l'hermétisme. La part reconnue par l'écrivain d'« expérience passionnelle [2] », « d'un amour très concret [3] », le « compte rendu d'une crise intérieure [4] », d'« un amour total s'imposant à sa victime comme une maladie et comme une vocation [5] », devra rester obscure à son lecteur. Cette volonté d'obscurité, c'est le rempart de votre pudeur. Se dire. Oui. Mais se dire en se dissimulant est le droit imprescriptible de l'artiste.

C'est vous l'auteur qui décidez de la manière de lire votre livre et le lecteur n'aura pas le choix parce que vous lui refusez les clés d'une lecture plus accessible. À cet égard, votre première préface de 1936 était la plus claire, sous le détour : de l'autre côté du mur « se donne le plus inquiétant des spectacles, celui de quelqu'un qui se déguise en soi-même. [...] Si (le lecteur)... ne possède pas la clé d'une expérience analogue, on peut tout au plus lui permettre de deviner, de la fête ou du massacre intérieur, quelques lueurs de torches à travers les fissures de pierre, quelques cris, quelques rires sans cause, quelques bouffées de musique peut-être discordante et des fracas de cœurs brisés [6]. »

Pour comprendre cette mise à mort du désir à laquelle nous

sommes conviés, il ne faut qu'avoir été initié par la vie, il ne faut qu'avoir soi-même passé à travers les flammes de la passion. Le mythe fait partie des traquenards ou des alibis qui travestissent l'indécence de la mise à nu. Cette béquille permet de faire de l'art à partir d'une triviale frustration, de donner à la douleur une dimension d'autant plus tragique qu'elle est universelle.

Et l'alchimie littéraire transforme la chute en remontée, les bassesses en grandeurs, l'impuissance et le désespoir en forces vitales. Surtout, elle permet de se réapproprier un corps et une identité dépossédés par la passion.

Un jour, inscrit à même la chair des mots qui clament votre désir fou, vous serez capable d'oublier, ou tout au moins de gommer de votre vie éveillée, André et votre maladie de lui. Un jour, ce nom que vous gémissiez et le jour et la nuit : « Ton nom que rien ne me fera désapprendre / [...] Ton nom dont chaque lettre est un des clous de ma passion / Ton nom le seul dont je me souviendrai au matin de la Résurrection [7] », vous renoncerez à le dire, à l'écrire, sinon à le penser.

En assumant votre passion et votre douleur à la face du monde, vous lui insufflez la grandeur du mythe, vous la préservez tout en dépassant l'accident ou l'être ordinaire qui l'a inspirée. En même temps, vous avez beaucoup appris, beaucoup mûri : « Certains passages de *Feux* me paraissent contenir des vérités entrevues de bonne heure mais qu'ensuite toute la vie n'aura pas été de trop pour essayer de retrouver et d'authentifier [8]. »

Quoi que vous en ayez dit, la part la plus émouvante de *Feux* est celle où pour une fois vous dites « je », où vous livrez ces confessions, notes prises au long de ces années sous la dictée de la fièvre, « théorèmes de la passion » issus directement de votre journal intime, à une époque où ne la contraint aucune censure incarnée par Michel naguère, bientôt par Grace.

Jamais votre correspondance ultérieure — du moins celle que vous aurez consenti à abandonner derrière vous —, contrôlée et expurgée d'aveux, n'atteindra à cette authenticité de la personne, à cette exactitude, pour reprendre un terme que vous préférez à celui de vérité. Comme si vous aviez décidé, une fois et une seule — sans jamais revenir sur ce choix puisque vous avez

174

authentifié *Feux* dans les *Œuvres complètes* de la Pléiade —, de lever le voile sur votre nudité pour le rabaisser à jamais ! Comme si ce texte impudique était le premier et le dernier soupir accordé à la part féminine de vous-même, celle que vous allez refouler encore plus profondément qu'à la mort de Jeanne. La part la plus archaïque, la plus hystérique. De celles que vous appellerez chez Hadrien « les parties de vie obscure ».

Cette moitié de vous-même, pourtant, ne saura être anéantie. Recouverte, elle émergera par endroits dans votre œuvre ou plus tard à la fin de votre vie, lorsque vous rencontrerez Jerry Wilson, comme les derniers gémissements et les dernières gouttes de lait de l'emmurée de Raguse, qui continue, après sa mort, à allaiter son nouveau-né [9].

Feux décrit la passion malheureuse que vous avez éprouvée pour Fraigneau. Et *Feux* révèle une femme bien différente de l'image entretenue dans le public par le futur auteur d'*Hadrien*. Or, comment évoquer une passion ? Seuls les poètes en sont capables et les romanciers. Et vous êtes l'un et l'autre. Une passion, c'est un mystère, comme ceux qui se jouèrent sur les parvis des cathédrales. Une passion avec un début, un milieu et une fin.

Nous en connaissons le premier acte : la rencontre avec Fraigneau aux éditions Grasset à Paris. Le deuxième acte où André et Marguerite jouent à réinventer chacun son labyrinthe dans le bric-à-brac des accessoires, le loup du Minotaure et les strass d'Ariane au milieu des masques. Le troisième acte contient la scène primitive, répétée à l'infini, partout et nulle part, où elle s'offre, où il la repousse, où elle espère un amant, où elle trouve un travesti. Cet épisode s'achève peut-être sur une séparation près d'une bouche de métro, image qui flotte parmi les souvenirs capitaux de la période.

Au quatrième acte, la femme brûle. En même temps, elle se regarde brûler, et livre à la parole son secret. *Feux* écrit à la première personne le quatrième acte de la Passion.

Le décor, nous le reconnaissons. C'est toujours le Proche-Orient, plus précisément l'Attique : « L'Athènes de *Feux* reste celle où mes promenades matinales au cimetière antique de Céramique, avec ses herbes folles et ses tombes à l'abandon, étaient orchestrées par le bruit grinçant d'un dépôt de tramways voisin, où des diseuses de bonne aventure installées dans des bidonvilles vaticinaient sur du marc de café turc ; où un groupe de jeunes hommes et de jeunes femmes, dont certains étaient destinés sous peu à la mort subite ou lente, terminaient la longue nuit oisive, tonifiée çà et là de débats sur la guerre civile en Espagne ou sur les mérites respectifs d'une vedette de cinéma allemande et de sa rivale suédoise, en allant un peu ivres de vin et de musique orientale dans les tavernes, regarder l'aurore se lever sur le Parthénon [10]. »

L'époque est celle des années 30 et aussi le présent éternel où les passions humaines rejouent depuis la nuit des temps leur spectacle de terreur et de douleur. Les personnages sont presque toujours deux quand l'ombre d'un tiers ne vient pas déranger un dialogue, qui est en fait un monologue, entre la femme et l'absent. Et pour la première fois, pour la dernière fois, Marguerite née de Crayencour dit « tu » à l'être qu'elle aime. Le « tu » sacré, réservé à l'amant et à Dieu.

Les épisodes sont répétitifs, orchestrés autour d'une chaîne circulaire qui boucle sa boucle, d'un chemin de croix jalonné de stations obligatoires recommençant indéfiniment là où il se termine.

Mais le sujet du drame, c'est le corps dans l'aventure du désir : « un cœur, c'est peut-être malpropre, c'est de l'ordre de la table d'anatomie et de l'étal du boucher. Je préfère ton corps [11] ». Ce corps d'André, ce corps qui se dérobe est une telle source d'angoisse et de privation qu'il sème la terreur : « Peur de rien, j'ai peur de toi [12]. » La petite Marguerite, naguère aimée de Michel, adulée jeune pour son talent, pour son intelligence, découvre que n'être pas désirée en retour, c'est devenir invisible, c'est être dépossédée de toute identité, c'est n'être plus rien.

Au commencement comme à la fin, il y a la solitude : « je ne crois pas comme ils croient, je ne vis pas comme ils vivent, je n'aime pas comme ils aiment, je mourrai comme ils meurent [13] ». La passion ne guérit pas cette solitude, elle la renforce, puisque tout ce qui n'est pas l'aimé, c'est-à-dire le reste du monde, doit être sacrifié à cette idole. Plus encore, la passion est une punition :

« l'amour est un châtiment ; nous sommes punis de n'avoir pas pu rester seuls [14] ».

L'histoire ne dira pas si c'est le vide créé par la mort de Michel qui comble ou ne réussit pas à combler le vide de cet André qui se refuse. Mais, absent, quand sa figure se dilate au point d'emplir l'espace, ou présent quand elle se condense dans une intolérable lourdeur, il occupe Marguerite jusqu'à l'obsession, jusqu'à l'écrasement : « je meurs de ce poids quand il me tombe sur le cœur [15] ».

Alourdi par son insupportable charge, le cœur de la victime a besoin, pour se loger, d'une vaste poitrine, d'une poitrine de femme comme celle de Misandre « élargie par les seins ». Dans la métaphore baroque, digne des précieuses du grand siècle, faut-il comprendre que les femmes non seulement savent mais peuvent aimer aussi éperdument ?

Certes, la possession est un leurre : « il n'y a pas d'amour malheureux ; on ne possède que ce qu'on ne possède pas. Il n'y a pas d'amour heureux : ce qu'on possède, on ne le possède plus [16] ». Mais la passion aveugle de l'homme, à l'image de la passion divine, justifie tous les sacrifices et n'est rebutée par rien ni personne. Le désir le plus enraciné dans la chair finit par rencontrer les voies et les voix de Dieu : « Il m'a fallu t'aimer pour comprendre que le plus médiocre ou la pire des personnes humaines est digne d'inspirer là-haut le sacrifice de Dieu [17]. »

Prise en étau entre le renoncement qu'entraîne cette frénésie de sacrifice et la violence de la frustration, Marguerite oscille. Vouloir tuer et être tuée ou vouloir s'humilier jusqu'à l'abnégation ? « Ne plus se donner, c'est se donner encore... C'est donner son sacrifice [...]. Rien de plus sale que l'amour-propre [...]. Le crime du fou, c'est qu'il se préfère [...]. Je me refuse à faire de toi un objet même quand ce serait l'objet aimé [...]. La seule horreur c'est de ne pas servir. Fais de moi ce que tu voudras, même un écran, même le métal bon conducteur [18]. »

Désirer sans être désirée, c'est brûler vive. Inaccessible à l'infini, le corps d'André qu'elle ne touchera pas, qui ne la touchera pas, atteint par son absence la densité du manque absolu. Ce corps refusé devient source inaltérable de douleur, une douleur qui retrouve dans la poésie le sens originel de la métaphore du bûcher. À la lettre, la chair fait mal, à la lettre sa victime brûle de ces feux qu'elle n'a pas allumés, à la lettre elle s'éveille chaque nuit dans l'incendie de son propre sang.

Devenu maladie, le désir d'amour de Marguerite se pervertit et se dégrade en appétit de malheur : « Quand je te revois, tout redevient limpide : J'accepte de souffrir [19]. » L'être ainsi aliéné se prend à revendiquer sa misère dans une espèce de rationalité délirante : « Qu'il eût été fade d'être heureux [20] ! » Et dans l'invocation mystique, le corps interdit de l'homme, épure de l'impossible, ne fait plus qu'un avec le divin : « Quand je perds tout, il me reste Dieu. Si j'égare Dieu, je te retrouve [...]. Jacob luttait avec l'ange dans le pays de Galaad. Est Dieu tout ce qui nous passe, tout ce dont nous n'avons pas triomphé [...]. Tu es Dieu, tu pourrais me briser [21]. »

Plût à ce même Dieu qu'André n'ait pas brisé Marguerite, qu'il lui ait seulement inspiré ce chant d'amour proche de la ferveur mystique d'une sainte Thérèse, car, ainsi identifiée à celle de Dieu, l'absence de l'homme aimé devient plus abordable. On peut lui donner un nom : « Je supporte tes défauts. On se résigne au défaut de Dieu [22]. » On peut même, dans la confusion du vocabulaire habituel aux mystiques, par ce biais pervers, s'en remettre à lui : « Mon Dieu, je remets mon corps entre vos mains [23]. »

Éperdument accepter a cependant des limites. Quand l'être a touché le fond de la servitude, qu'il est arrivé au bout de son intoxication, lui reste la haine qui traîne au fond de tout amour. L'agressivité et la violence qu'elle engendre prennent bien des formes. Mourir de la main de l'homme aimé est un fantasme de Marguerite qui trouvera dans *Le Coup de grâce* son expression la plus accomplie. On comprend pourquoi. La pénétration par le fer ou par la balle de revolver, l'ultime attouchement des mains qui étranglent est la façon la plus puissante de faire l'amour à la folie. « As-tu remarqué que les fusillés s'affaissent, tombent à genoux [...] ? Ils font comme moi. Ils adorent leur mort [24]. »

Comme Marie-Madeleine, la femme qui brûle passe du culte de l'idole au dévergondage, par lequel elle lui échappe tout en le retrouvant dans les autres corps. Dans ceux qui ne la divertissent de sa hantise que pour l'y renvoyer plus cruellement. Marguerite a toujours été et sera toujours tentée par les licences et les excès de la chair : « Je n'ai jamais connu que l'adoration ou la débauche [25]. »

Et cette adoration qui codifie son aveuglement va jusqu'à accepter l'indignité de l'être aimé comme le tribut d'un sacrifice sans limites : « Ce n'est pas assez aimer les êtres que de ne pas adorer leur misère, leur avilissement, leur malheur [26]. »

Comme Jeanne, son modèle, guettant au petit matin le retour de son époux et caressant la cicatrice de sa flétrissure, Marguerite n'est pas dépourvue de lucidité. Sur l'aimé : « J'ai connu des jeunes gens sortis du monde des dieux. Comme tous les dieux, ils accusaient d'inquiétantes parentés avec les loups, les chacals, les vipères [...]. J'accepte de voir en toi une domination, une puissance [27]. » Et sur la passion elle-même : « Je ne puis m'empêcher de voir dans mon amour une forme raffinée de la débauche, un stratagème pour passer le temps, pour me passer du temps [...]. Pour qu'une assomption soit possible, il faut un dieu. Tu as juste assez de beauté, d'aveuglement, et d'exigences pour figurer un tout-puissant [28]. » Cinquante ans plus tard, elle allait porter sur un autre jeune dieu le même regard suppliant quoique moins lucide. Mais Jerry Wilson ne viendra au monde que quinze ans après *Feux*.

Peu à peu, l'ironie, la volonté de clairvoyance sur soi, sur l'autre, sur la folie de la passion, grignotent le texte de *Feux* et pénètrent l'esprit de sa protagoniste. Au cinquième acte de la Passion, celle-ci devra ou sortir ou mourir. Entre le choix du suicide et le hasard d'une lampe — ô combien symbolique — qui la rejette dans le filet, le destin de Sappho hésite un instant et la sauve. Marguerite elle aussi a dû considérer la mort. Ne serait-ce que parce que André, qui s'éteindra à l'âge de quatre-vingt-huit ans, ne cesse d'en parler et de la préconiser... pour les autres. « J'ai pour la mort une voracité qui m'épouvante moi-même [29] », avait-il écrit dans son premier livre et dans sa première jeunesse.

À cette tapageuse obsession, l'amoureuse s'est en quelque sorte soumise mais elle n'est pas dupe : « J'ai dû chacun de mes goûts à l'influence d'amis de rencontre comme si je ne pouvais accepter le monde que par l'entremise de mains humaines... Pourquoi pas de toi le goût de la mort [30] ? »

C'est avec Sappho que Marguerite saute dans le vide et, comme Sappho, par Sappho, qu'elle se sauve. Car à tout prendre, Sappho, comme les autres personnages des mythes, n'est qu'une marionnette de papier. Une fantaisie d'auteur. Derrière l'écran de l'écriture, la marionnettiste organise à son gré l'ascension d'une acrobate ou le tracé d'une chute. Mais l'écran invisible la garde comme un filet de protection où comme en écho se tient un discours que nous reconnaissons : « Je ne me tuerai pas. On oublie si vite les morts [31]. »

La dernière page de *Feux* se conclut sur la constatation railleuse que ce grand spectacle de la mise à mort, tout comme les cinq actes du mystère d'une passion, n'était après tout que littérature : « Il ne s'agit pas d'un suicide. Il ne s'agit que de battre un record [32]. » Sappho est seulement la dupe d'elle-même. Marguerite se détache de Sappho, prend de la distance avec cette image mutilée et asservie d'elle-même qui s'exprime encore dans « Le Poème du joug » de 1936 : « Je suis pareille à la servante de la ferme / Le seau du côté gauche est plein de sang / Tu peux en boire et te gorger de ce jus puissant. / Le seau du côté droit est plein de glace / Tu peux te pencher et contempler ta figure [33]. »

Non sans mal, Yourcenar se déliera de la horde de femmes malmenées, battues, torturées, dégradées, et violées qui émergent de sa production de l'époque. Elle ne reviendra plus sur la jeune esclave sourde-muette de *Conte bleu* [34] de 1930, que les marchands font marcher pieds nus sur des tessons de porcelaine et de verre brisé, qu'ils attachent nue à la proue de leur navire, qu'ils veulent livrer à un prince vénitien connu pour aimer les femmes percluses et blessées et qu'ils font pleurer continuellement parce que ses larmes se changent en algues marines. L'esclave, qui à la fin du conte devient une mendiante aveugle, une espèce de fille à matelots dont l'œil bleu se couvre d'une taie sinistre, a une sœur : Algénare. Cette dernière, accusée d'être une sorcière dans *Maléfice* [35], finit par s'identifer à la maudite qu'on l'accuse d'être. Toutes deux rejoignent la lignée des prophétesses, des sibylles, des bohémiennes, des lépreuses et de toutes les victimes d'un ordre tortionnaire qui les persécute à plaisir — le sien et le leur.

Étrange monde, plus proche de l'univers archaïque et trouble d'une Duras que des minutieuses architectures historico-philosophiques de la future académicienne. Étranges êtres à la dérive, pour qui songe à l'humaine grandeur d'un Hadrien, à la dignité d'un Zénon, à leur détermination de vivre jusque dans leur chair l'aventure de l'esprit, que ces torturées de l'Éros que la persécution ne grandit pas.

Derrière ces figures écrans gît une féminité meurtrie qui ne réussira pas à s'épanouir. Une mère que la mise au monde d'une vie a massacrée. Une mère dont le silence et l'absence ont peut-être inspiré de la violence et de l'hostilité. Des rivales que le père a désirées et méprisées. Et un seul modèle : Jeanne, créature aimante et souffrante provisoirement inhumée dans l'inconscient.

Sous l'orgueil de l'artiste consacrée, la majesté de l'académicienne et la création de personnages impériaux, se recroquevillait une femme blessée refusant de se reconnaître dans le miroir de la faiblesse et du sang qui coule, une femme honteuse de ses seins tendus qui quémandaient l'outrage. Cette part obscure et dévaluée d'elle-même, celle de Phèdre sans Ariane, sera éliminée par la Yourcenar des années américaines : après 1939 cette lignée de personnages féminins disparaîtra de l'œuvre. Ce fond obscur explique la paradoxale misogynie d'une femme qui a pourtant vécu l'idéal et les principes revendiqués par les féministes les plus lucides.

« À tout vous dire, écrivez-vous, revenue à vous-même en 1968, un livre comme [celui-là...] — il s'agit d'une œuvre américaine — me révèle à moi-même ma foncière misogynie, laquelle ne tient pas contre quelques exceptions aimables ou admirables. Pourquoi les femmes s'enferment-elles si souvent dans leur petit monde étroit, prétentieux, pauvre ? (je pense à la phrase que je fais employer à Hadrien : " Je retrouvais le cercle étroit des femmes, leur dur sens pratique, et leur ciel gris dès que l'amour n'y joue plus ")... On cherche vainement la femme [36]. »

De cette misogynie de fond, vous n'êtes sans doute pas plus

responsable qu'on ne l'est d'une préférence sexuelle ou d'un goût culinaire. L'orpheline de Fernande a intériorisé la vague condescendance de son père à l'égard d'une espèce dont il l'excluait. Puis est venu Fraigneau qui a renforcé ce mépris en lui donnant des tonalités plus négatives que Michel.

Ce mépris de soi s'est exprimé et dépassé dans la création de tous ces personnages d'impures qui ont par la suite été implicitement désavoués. On ne s'étonnera pas que *Conte bleu*, écrit en 1930, n'ait jamais été publié du vivant de son auteur, que *Maléfice*, paru en 1933 dans *Le Mercure de France*, n'ait été réédité qu'après sa mort en 1993, que des poèmes comme « Ton nom », écrit en 1936, n'aient jamais reçu de commentaire de l'écrivain.

Avez-vous eu honte de cette part cachée de vous-même, de cette femme sous la femme, que vous n'avez laissée s'exprimer directement qu'à cette époque où la frustration du désir charnel prenait le pas sur le contrôle méthodique de soi ? Pourtant, ce noyau archaïque, s'il a été écarté de l'inspiration de l'écrivain, n'a pas disparu de l'inconscient de la femme qui, à quatre-vingts ans, tolérera à nouveau, mendiera, même, l'outrage d'un jeune homme...

Mais revenons au temps où Marguerite se réconcilie avec Yourcenar. Nous touchons à une prochaine étape. Car Marguerite ne s'est pas tuée pour le corps de l'Irrésistible et la dernière page de *Feux* contient un message de vie : « On ne bâtit un bonheur que sur un fondement de désespoir. Je crois que je vais pouvoir me mettre à construire [37]. »

Couvrant la vraie vie de l'instinct qui s'exprime sans voile par les voies indirectes de la littérature, il y avait, ne l'oublions pas, le paravent social et les convenances, plus fortes qu'ailleurs dans le milieu anticonformiste, qui était le vôtre et celui de Fraigneau, où la pudeur du cœur prenait les formes d'un véritable puritanisme et où le désir féminin ne s'exprimait pas. Les rares lettres de Marguerite à André échappées à votre censure en témoignent.

Deux d'entre elles nous sont parvenues, grâce à leur destinataire qui ne les avait pas jetées au feu comme vous avez fait ou auriez fait des siennes.

« Cher Fraigneau, dit la plus longue, dactylographiée et datée de Lausanne, 27 janvier 1933, à l'adresse du 61, rue des Saints-Pères à Paris. Je suis heureuse que vous approuviez ma résolution. Oui, il m'en a un peu coûté, mais j'ai déjà reporté tout mon espoir — et toute mon inquiétude — sur *Denier du rêve*. J'achève en ce moment la partie centrale du livre, et j'espère qu'ensuite tout ira à peu près sans accroc.

« Je voulais depuis longtemps vous demander si Baissette a réussi à nous trouver un éditeur, ou si pour le moment il renonce à chercher. Dans ce cas (et seulement dans ce cas) me permettriez-vous d'essayer de publier provisoirement " Ariane " dans une revue ? Je m'en veux de vous poser cette question, et si vous trouvez le moindre inconvénient à cette publication à part, dites non sans hésiter. Vous pensez bien que je ne meurs pas de voir paraître cette chose, je ne fais qu'obéir à des raisons toutes pratiques, assez plates, et qui ne méritent que de céder à la moindre de vos objections.

Croyez-moi, je vous prie, toute amicalement vôtre,

Marguerite Yourcenar [38]. »

À priori elle est décevante, cette lettre arrachée à votre vigilance, surtout quand on la compare aux fulgurances amoureuses de vos écrits contemporains. À y regarder de près cependant et quand on connaît votre style épistolaire, le texte à tiroirs exprime peut-être autre chose que les banalités d'un jeune écrivain adressées à son éditeur et coauteur. À la lettre, à travers les clichés et expressions toutes faites de la politesse la plus convenue, vous réussissez à faire passer la même soumission amoureuse que dans les textes précédemment évoqués.

Littéralement, puisque l'esprit est ailleurs, vous proposez à Fraigneau de disposer de vous : « Dites non sans hésiter » ; littéralement vous vous rendez à lui : « Vous pensez bien que je ne meurs pas [...] je ne fais qu'obéir à des raisons toutes pratiques, assez plates, et qui ne méritent que de céder à la moindre de vos objections. » Qu'importent les considérations financières, la fierté de l'auteur ou d'autres motivations personnelles face à un seul mot de *lui* ! Ne souhaiteriez-vous pas même en avoir plus encore et de plus importantes pour pouvoir les fouler à *ses* pieds ? Dans aucune des centaines de lettres que j'ai lues de vous à travers les décennies de votre vie, adressées aux destinataires les plus différents, je n'ai lu la formule : « Croyez-moi, je vous prie, toute amicalement vôtre. » Le reste se passe de commentaire.

La deuxième bouteille à la mer est une carte postale écrite à la main, du 3 mai — probablement 1933 aussi, le cachet de la poste, effacé par les ans, ne faisant pas foi, sans suscription. La carte représente un *Buste d'enfant dit de Marcellus*, du Musée lapidaire d'Arles. Le texte, très court, est moins énigmatique qu'il n'y paraît pour ceux qui, comme nous, savons ou croyons savoir. « Quel dommage que ce ne soit pas le fils d'Octavie ! On pourrait le prendre comme emblème des espérances interrompues. M. Yourcenar [39]. » On sait qu'Octavie, sœur d'Auguste, était la mère de Marcellus que son oncle avait promis à l'empire. En vain. Sur les « espérances interrompues », on peut rêver, tout en se gardant des interprétations abusives.

Comme dans les vrais mystères de la Passion, c'est un *Deus ex machina* qui a dans la coulisse déplacé le filet et arrêté la chute au dénouement du cinquième acte. Ce *Deus* est aussi un homme. Il s'appelle Andreas Embirikos. Il est l'ami d'André. Il sera peut-être votre amant. Il est poète. Sans doute vous a-t-il encouragée à écrire *Feux*. Il est psychanalyste. Peut-être vous inspirera-t-il de consigner vos songes ? Vous lui dédierez les *Nouvelles orientales*. Et son nom à lui, vous ne l'oublierez plus jamais.

III.

Andreas, Grâce
et l'amour vagabond

« Mais je m'émerveille de trouver [...] ce que j'ai
appelé ailleurs " cette incertitude qui avant d'être
celle de l'histoire a été celle de la vie même ". Tout
est toujours plus fuyant, plus flou, plus compliqué
qu'on ne pensait. »
Lettre à Jeanne Carayon, 31 août 1973.

1.

Le poète

Oui. Il s'appelait André. Comme Fraigneau. Ou plutôt Andreas dans son grec d'origine. Andreas Embirikos, que vous francisez en André Embiricos. C'est André qui vous avait présenté Andreas. Vous direz un jour que les deux hommes qui vous furent les plus chers portaient ce même prénom, et que c'était aussi le prénom que vous aviez prophétiquement donné à votre baigneur, quand vous étiez une toute petite fille.

À cette époque chaotique, les discernez-vous l'un de l'autre dans ce va-et-vient qui vous mène de la compagnie — et sans doute du lit — d'Andreas à l'obsession du corps d'André ?

L'inconscient est comme le labyrinthe, ou comme la littérature. Il réserve bien des détours, tend bien des traquenards. Pour finir on n'en sort jamais. Vous avez voulu rayer de votre biographie le nom d'André Fraigneau. Vous avez scrupuleusement accompli cette tâche. Si ce dernier ne s'était pas vanté auprès de quelques membres du Paris gay, dont était Matthieu Galey, d'avoir posé pour le destinataire de *Feux*, alors que vous étiez devenue une femme célèbre, le mystère serait resté entier. Mais votre inconscient n'avait pas désarmé. Lorsque vos défenses se sont affaiblies sous l'empire de l'âge et de la maladie, le prénom d'André s'échappait de vos lèvres délirantes et vous appeliez Jerry par ce prénom galvaudé.

Un brouillon de lettre « écrite vers 1933 » a échappé lui aussi à votre rage d'occulter Fraigneau et s'est égaré, comme un pur acte manqué, au milieu d'un carton de Harvard renfermant treize lettres de correspondants non identifiés. À moins que vous ne l'y ayez volontairement placé pour mieux égarer vos futurs biographes. Ce brouillon s'ajoute aux deux missives envoyées, pour marquer le ton de vos missives à « Hermès », qui était aussi à l'époque votre éditeur ; il permet également de dater la rencontre avec Embirikos, dont le nom vous accompagnera jusqu'à la date de sa mort fidèlement consignée dans vos papiers personnels.

Vous écriviez à Fraigneau dans ce brouillon manuscrit dont plusieurs mots sont illisibles : « Bien cher ami, je quitte Athènes chargée de souvenirs, de regrets, du ferme projet [propos ?] d'y retourner l'an prochain et d'une collection de [disques ?] grecs qu'André Embiricos m'a donnée. Il est [illisible], votre ami, il est même davantage, il est humain. Merci de m'avoir fait faire sa connaissance. Tout ce que vous *faites est toujours bien fait.*

« La veille de mon départ à Athènes nous sommes allées [illisible] à la terrasse d'un des petits cafés qui contemplent au coucher du soleil l'Acropole. André Embiricos s'est efforcé de me résumer les impressions d'une soirée agréable qu'il avait passée avec vous. Il m'a priée de vous dire qu'il s'en [illisible] heureux. Donnez-moi des nouvelles de mon livre [1]. Les critiques vous satisfont-elles ? Une espèce de sentiment de devoir m'oblige [illisible] de tout ça.

« Je serai le 12 juin à Lausanne. Puisque vous retournez en Grèce, je vous souhaite un voyage aussi beau que le mien l'a été jusqu'ici. Je vous envie d'y aller. Comme si je n'étais pas en train d'y [illisible] [2]. »

C'est donc vers 1933, trois ans après le premier rendez-vous avec Fraigneau, un an après le divertissement littéraire que vous avez joué avec ce dernier et Gaston Baissette, que vous faites la connaissance, par l'intermédiaire du premier, du deuxième André de votre vie. On sait que cet enchaînement est fréquent dans les trios, surtout lorsque s'y investit, comme dans le cas de Fraigneau, une possible attirance homosexuelle pour un homme comme Embiricos qui, lui, préfère les femmes.

Le premier voyage en Grèce, dans la compagnie ou sans la compagnie d'André, ne pouvait être qu'imaginaire et mythique, pur fruit du désir et du fantasme. En revanche, avec Andreas, vous voyagez en Grèce pour de bon. Près de vingt ans plus tard, vers 1951, tandis que vous rédigez le carnet de bord de *Mémoires d'Hadrien*, vous évoquerez avec nostalgie ces saisons grecques : « Innombrables soirs passés dans les petits cafés qui bordent l'Olympéion ; va-et-vient incessant sur les mers grecques, routes d'Asie Mineure. Pour que je puisse utiliser ces souvenirs qui sont miens, il a fallu qu'ils devinssent aussi éloignés de moi que le IIe siècle [3]. »

Au moment où vous le rencontrez, en 1933, Embirikos incarnait l'idéal intellectuel et humain de cette vieille Europe après laquelle vous soupirerez pendant vos presque cinquante années d'exil américain. Vos routes se croisent au moment où il revient de France après un assez long séjour. Il est poète, philosophe, mythologue, psychanalyste. Vous êtes écrivain, passionnée de mythes et de la Grèce des livres. Vous êtes aussi, dans sa phase aiguë, une malade de l'âme. Vous avez besoin d'un psychiatre autant que d'un amant.

Joua-t-il l'un et/ou l'autre de ces rôles ? En tout cas, il est beau, jeune, né en 1901, deux ans avant vous à Braïla, en Roumanie, dans une riche famille d'armateurs. Son père Leonidas est originaire d'Andros, dans les Cyclades, et appartient à cette grande bourgeoisie d'affaires, cosmopolite et cultivée, que Michel a autrefois fréquentée sur la Côte d'Azur. Sa mère est à moitié russe, et jusqu'en 1914 — il a treize ans — il a passé avec elle ses vacances d'été en Crimée chez ses oncles. Plus tard, Andreas sera attiré par l'idéologie de la Révolution de 1917. Dès 1902 la famille Embirikos s'était installée à Ermoupolis (Syros), puis en 1908 à Athènes où son père avait fondé une société de transports maritimes au Pirée.

Par les études comme par la famille, Andreas est un cosmopolite. En 1919, il s'inscrit en philosophie à l'université d'Athènes. En 1920, il étudie l'économie à Lausanne. À partir de 1921 on le trouve à Londres à la Byron Steamship Co. Ltd, société qui appartient à son père et à son oncle Michel. En même temps, il étudie la philosophie au King's College. En 1925, il fait le voyage à Jérusalem. Puis, à partir de l'année suivante, sans doute troublé par les dissensions entre ses parents — qui se sont séparés en 1917 —, il est à Paris en analyse avec René Laforgue, fondateur de la Société psychanalytique de Paris.

Aux alentours de 1929, il rencontre André Breton, il se lie avec ce dernier et participe aux réunions du groupe surréaliste, place Blanche. Avec Tanguy, Perret, Éluard, il discute à perte de nuits, de la libération de l'homme et du monde, du mouvement surréaliste, de Hegel, de Marx, d'Engels, de Freud.

Surréaliste et marxiste, Embirikos prouvera ses idées par ses actes. Rentré en Grèce en 1931 pour se réconcilier avec son père, il prend la tête du chantier naval familial mais le quittera, pour raison idéologique, quand les ouvriers du chantier se mettront en grève. Après cette démission fracassante, il se consacre exclusivement à la littérature et à la psychanalyse. Malgré ses choix politiques, il sera toujours protégé par sa famille même après la prise de pouvoir de Metaxas en août 1936.

Tel est l'homme avec lequel vous allez naviguer au long cours sur les mers grecques : un anti-Fraigneau. Pourtant ces homonymes sont à l'origine amis. Baissette était bien aussi celui de Fraigneau. Ce dernier a dédié son premier livre *Les Voyageurs transfigurés* à Embirikos, qu'il évoque peut-être dans ce récit sous les traits du jeune Grec qui l'a « enchanté » à Gliphada par ses colères contre les Français et le parisianisme, et son amour de Baudelaire et de Napoléon.

De fait, tout oppose Andreas à André : les intérêts intellectuels et les choix politiques, les goûts artistiques, la sensibilité humaine et jusqu'aux préférences sexuelles. L'un ne jure que par le classicisme antique, Barrès et Gobineau, une droite plutôt musclée qui ne reculera pas devant la collaboration. Ses maîtres, « ceux qui ont permis, par leur adhésion éclatante, leur caution apportée au débutant que j'étais, les résurrections à venir, seront, reconnaîtra-t-il, bien après la guerre : Edmond Jaloux, Ramon Fernandez, André Thérive et Robert Brasillach [4] ».

L'autre, surréaliste et freudien, sympathise avec le parti communiste. L'ami de Cocteau préfère charnellement les hommes et méprise le deuxième sexe. L'ami de Breton est un amoureux du corps et de la compagnie féminins. La dimension érotique de ses œuvres se développera encore à la fin de sa vie et

190

son dernier livre fleuve, en anglais *The Great Eastern* — il n'y a pas eu de version française —, qui évoque un voyage entre Liverpool et New York en 1867, publié après sa mort, est une œuvre à propos de laquelle les critiques ont parlé de pornographie. *Oktana*, écrit entre 1942 et 1965, reconnaît sa dette à l'égard de Jack Kerouac, André Breton, Isidore Ducasse, Henry Miller, Lénine, Mohammed et Jésus-Christ. Les seuls Grecs qui y figurent sont Sikelianos, Athanasis Diakos... et Constantin Cavafy, ce même Cavafy dont vous allez bientôt entamer la traduction.

Les témoins de cette époque — à supposer qu'ils soient rentrés dans l'intimité de deux êtres aussi secrets que Marguerite et Andreas — deviennent rares. L'un d'entre eux, le poète grec Dimitri Analis, a déclaré à votre biographe Josyane Savigneau que, d'après lui, votre relation avec Andreas avait été intime et charnelle mais que ce n'était pas le plus important. Qu'Embirikos était probablement à la recherche d'une « femme exceptionnelle, d'une sorte de muse [5] » et que vous avez pu pendant un temps jouer ce rôle auprès de lui.

Sans doute en a-t-il joué un, tout aussi considérable, auprès de vous. Vos routes devaient se croiser sur fond de vieille Europe en cette année 1933. Celui qui est d'abord pour vous « l'ami d'André » vient de passer dix ans de sa vie entre Londres, Lausanne, Paris et sa villa du Cap-Estel à Èze-sur-Mer, tandis que vous vagabondiez de Provence en Italie, de Suisse en Allemagne, de Belgique en Europe centrale. Vous avez trente ans. Vous êtes sensuelle, intelligente, exceptionnellement douée et cultivée, avide de séduire et d'être séduite. Vous êtes aussi une femme blessée à mort par un échec amoureux qui se solde par une inquiétante névrose obsessionnelle. Si Andreas cherche une muse, vous avez besoin d'un ami ouvert et sensibilisé aux maladies de l'âme, qui vous aide à guérir, à repasser de l'autre côté du miroir. Andreas à la lettre fut ce passeur et avec lui, sur son bateau, vous traverserez à la fois les mers du Levant et les flammes de *Feux*, écrit de votre propre aveu au cours d'un « voyage en mer Noire entrepris avec un ami grec, le poète et psychanalyste André Embiricos [6] ».

Pour qui sait à quel point vos mots sont pesés dans cette

Chronologie que vous avez composée comme la mise en scène officielle de votre existence, la mention du nom et surtout du prénom francisé d'Embiricos et la reconnaissance implicite du rôle qu'il a joué auprès de vous comme poète et comme psychanalyste sont une révélation considérable. En lui, on aimerait à penser que vous avez trouvé le compagnon idéal, écrivain et voyageur comme vous, passionné de mythologie lui aussi mais différemment de Fraigneau — il travaille à cette époque sur une réinterprétation freudienne du mythe —, qui vous initie mieux que personne à cette Grèce bien-aimée dont il est l'enfant. Sans doute Andreas est-il alors plus mûr, plus serein que vous. Il a mené jusqu'à l'analyse didactique l'expérience de la connaissance de soi ; il a plus investi que vous dans la curiosité du monde et des autres ; il n'est pas une conquête impossible comme André. Si vous l'avez aimé, c'est sans doute autrement.

Ne cherchons pas à violer le mystère d'une intimité protégée par l'un et par l'autre, ne sautons pas le mur infranchissable qui entoure le jardin secret d'un amour. Imaginons seulement que le beau poète grec vous aida à sortir de vous-même et de l'autre, de ce désert auquel vous avaient livrée le manque de Michel et le manque d'André, de ce labyrinthe dont peut-être il possédait les quelques clés qui ouvrent le monde et au monde. Imaginons qu'il y parvint en jouant auprès de vous le triple rôle de médecin — peut-être et ne serait-ce qu'en faisant sauter les censures —, d'amant — sans doute —, et de compagnon de voyage — sûrement.

Les preuves de ce que j'avance sont à la fois précaires parce que invisibles et cependant tangibles dans votre travail d'écriture de l'époque, plus libre que jamais, avant ou après. Faut-il rappeler que c'est après avoir rencontré Andreas que vous écrivez d'abord *Feux*, dédié à un Hermès sous lequel se cache probablement Fraigneau, où vous touchez le fond de vous-même, puis *Les Songes et les Sorts*, description minutieuse de vos rêves « d'entre la vingt-huitième et la trente-troisième année », soit les années de la passion, et enfin *Nouvelles orientales*, dédié justement à Embiricos, où la violence se canalise dans une écriture moins personnelle.

C'est aussi pendant ces années de compagnonnage avec

l'écrivain engagé que vous avez porté sur votre propre temps un regard plus politique, et créé — notamment dans *Denier du rêve*, paru en 1934 — des personnages contemporains de militants.

Et, bien qu'en Grèce, avec un homme qui s'intéresse à la mythologie dans ses rapports avec la théorie psychanalytique, vous vous éloignez des mythes classiques et de l'ambiance suffocante des chasses du Minotaure. Même *Feux* doit sa nouveauté à l'injection d'anachronismes, aux ruptures de ton et à une dimension surréaliste absente de *Pindare*, d'*Alexis* ou de vos œuvres antérieures. D'ailleurs vous le savez tellement bien que, si vous avez toujours voulu occulter « Ariane et l'Aventurier », élément du triptyque avec Fraigneau et Baissette, et en avez interdit la publication, vous avez revendiqué le modernisme de *Feux* et lui avez ouvert l'accès à la collection de la Pléiade.

Propriétaire d'un chantier naval, Andreas est le maître des navires de la société familiale, cargos de ligne et caïques qui permettent de découvrir non seulement l'Égée mythique et touristique des Voyageurs de Fraigneau, mais aussi des îles presque désertes, des plages encore vierges. Vingt ans plus tard, vers 1953, vous écrirez à Jean Lambert : « Grace a récemment découvert par hasard la cousine d'un certain capitaine Paleokrasas d'Andreos, avec qui j'ai autrefois navigué [7]. » Et à Lidia Storoni, pour Noël 1962 : « Je vous envie ce voyage en Grèce par voie de mer. Jadis cette route qui passe par Corfou, Leucade et Ithaque m'était très familière [8]. »

La découverte de l'Égée, « cette mer violette, comme le contenu d'une outre de vin répandu jusqu'à l'horizon [9] », se marquera en vous à jamais. Elle nourrira vos œuvres ultérieures, elle vous permettra de souffrir les années noires de la guerre, les années immobiles de l'exil et de l'enfermement : « Une première couche bleue avait été déposée en moi ; enrichie du souvenir d'autres côtes méditerranéennes, elle allait un jour m'aider à retrouver la mer d'Hadrien, la mer de l'Ulysse de Cavafy [10]. » Elle émergera en 1950 dans les descriptions d'un empereur du IIᵉ siècle, fraîches et vivantes comme si elles dataient d'aujourd'hui : « La Grèce s'y entendait mieux : son vin résiné, son pain clouté de sésame, ses poissons retournés sur le gril au bord de la mer, noircis inégalement par le feu et assaisonnés çà et là du craquement d'un grain de sable... J'ai goûté dans tel bouge d'Égine ou de Phalère à des nourritures si fraîches qu'elles devenaient divinement propres, en dépit des doigts sales du garçon de taverne, si modiques mais si suffisantes qu'elles semblaient contenir sous la forme la plus résumée possible quelque essence d'immortalité [11]. »

Avez-vous été la maîtresse d'Andreas Embirikos ? Tout porte à le croire. Un homme et une femme de trente ou trente-cinq ans, avec un désir de la chair qui chez vous, à l'époque, tourne à l'obsession, qui chez Embirikos s'exprime dans des textes fortement érotiques, ne voyagent pas en tête à tête, ou avec quelques amis très libres, pour le seul plaisir d'échanger les paroles d'une conversation littéraire ou les mots d'un simple poème. Un voyage en mer, c'est des jours et des nuits passés dans l'intimité d'une cabine ou d'une plage déserte où vous aimez à nager sans vêtement.

Encore s'il ne s'était agi que d'un voyage. Mais vous ne vous arrêtez pas, et comme Cynthia de Brouages et le sosie d'Embirikos, dénommé Andreas Mavrodacos dans le roman ultérieur de Fraigneau *L'Amour vagabond*, vous cabotez d'île en île avec des itinéraires capricieux, des arrêts multiples, des chargements et des déchargements, de Chio à Mytilène, de Mytilène à Lemnos, tantôt vers Leucade et Corfou, tantôt vers Andros, l'île d'Andreas, et jusqu'à Constantinople. Et pendant ces voyages où vous vous aimez sans doute, quand vous soupirez entre ses bras le prénom d'André, distinguez-vous bien lequel de ces deux corps se coule dans le vôtre ?

Certes, on peut tout supposer puisque ni l'un ni l'autre vous n'avez envoyé de faire-part ni alimenté de ragots sur votre vie privée. Qu'on retrouve le nom d'Embiricos à la fin de votre vie dans votre correspondance, dans la *Chronologie* que vous avez vous-même établie pour la Pléiade, et jusque dans la liste intime des visages qui auront assez marqué pour défiler dans votre mémoire à l'heure de l'agonie, montre assez à quel point il a compté.

Oui. On peut tout supposer, y compris que les cris de la passion blessée de *Feux* doivent aussi quelque chose à cet amour-là et à ses meurtrissures, puisque chaque amour a les siennes. On dira que vous étiez follement amoureuse d'André quand vous avez rencontré Andreas. L'un n'empêche pas l'autre. La Jeanne que vous avez décrite l'était encore de son mari quand elle s'est éprise de Michel. Désirer un homme qui vous refuse n'interdit pas de faire l'amour avec d'autres. Au contraire. Marie-Madeleine ou Clytemnestre rebutées réagissent en se livrant frénétiquement à de nouveaux amants. Et Andreas a pu être aussi l'un de ceux-là.

Enfin, quand bien même ce lien charnel n'aurait pas existé entre Andreas et vous, il demeure que l'influence bénéfique d'Embirikos s'est exercée sur la jeune femme fragilisée de cette époque et que, même s'il n'a pas été un amant, il a été un ami et un interlocuteur privilégié.

Une nouvelle Grèce plus vivante que celle des livres, la Grèce d'Andreas, devient le lieu de votre renaissance intellectuelle et spirituelle. Votre esprit baigne dans sa pensée, dans sa sagesse, dans la beauté de ses temples et de ses statues, mais votre corps se plonge avec délices dans les eaux qui ont porté le navire d'Ulysse, et peut-être dans d'autres voluptés. Peu à peu la Grèce authentique d'Embirikos se substitue à la Grèce de pacotille des *Voyageurs transfigurés*. C'est dans cette Grèce où vous vous perdiez seule à seule avec l'image d'un tourmenteur, c'est dans cette même Grèce qu'avec un homme à vos côtés vous retrouvez ce sentiment de l'universel que Michel vous avait inculqué.

De cette Grèce-là, vous direz que, comme la Chine, elle a su formuler toutes les idées possibles sur la vie, le social, le sacré, et proposer toutes les solutions possibles au problème de la condition humaine entre lesquelles chacun peut choisir. À la sagesse stoïque, l'esprit emprunte le courage, à Platon le sentiment de l'amour, à Zénon d'Élée celui du temps. Avec Andreas, vous découvrez que la mythologie ne sert pas seulement à travestir les violences des pulsions et des passions humaines mais qu'elle est aussi pour l'artiste et le poète une « tentative de langage universel [...]. Une génération assiste au sac de Rome, une autre au siège de Paris, ou à celui de Stalingrad, une autre au pillage du Palais d'Été : La prise de Troie unifie en une seule image cette série d'instantanés tragiques [12] ».

Limitée d'abord aux Icare, aux Thésée ou aux Minotaure grecs, la mythologie, telle que vous la pratiquez à présent, quitte les limites étroites du territoire hellène et nimbe tous les mortels qui se sont élevés au-dessus de l'humanité moyenne, sans distinction de pays ou d'époque, tous mêlés, les Alexandre, les César ou les Bonaparte. Dans cette histoire à transformations qui prend pour visage des figures de l'universel, Orphée et Dionysos ne sont que des masques de Jésus dans les catacombes romaines et le Christ de Vinci prend des airs de rêveur platonicien. Cette rêverie-là peut même déboucher sur l'actualité, qui en ces années 30, avec la montée des fascismes, ne manque pas d'aliment.

En sillonnant, aux côtés du poète grec, les mers du Levant vous vous rouvrez à une curiosité rédemptrice qu'à ses moments de crise vous avait interdite la fermeture de la passion. Mais comment distinguer dans le temps toute cette charge d'émotions et d'idées qui paraissent en contradiction mais ne sont qu'en constante évolution ? Elles ont pu être vécues simultanément, se télescoper dans le mouchoir de poche de ces années qui paraissaient pouvoir durer éternellement, où vous dilapidez votre capital de jeunesse et d'argent. Déjà dans ces allées et venues, ces traversées, ces expéditions, ces explorations, les temps et les espaces imaginaires se chevauchent comme se mêlent au vôtre les corps d'Andreas et d'André, à l'image de leurs prénoms confondus.

... Le soir tombe sur Mycènes, vous rêvez à Cassandre hallucinant dans l'ombre, prophétisant le pire, tandis que « le gardien des ruines dort dans la loge de concierge du palais qui est maintenant celui d'Égisthe. Au bas de la montée, le propriétaire de l'hôtel de La Belle Hélène ferme les volets pour échapper au feu du ciel. Apollon, dieu jaloux, règne seul sur la butte de Mycènes, poignard sensible dans un sein d'or [13] »...

Croisières en Eubée, longues marches en Eubée et dans le Péloponnèse : « J'ai toujours aimé l'Eubée », direz-vous quarante ans plus tard. « J'ai aimé Égine [...]. On a le sentiment d'être sur une frontière entre l'univers et le monde humain [14]. »

Vous ne parlez pas le grec moderne. Andreas est votre interprête pour la conversation courante et la chanson traditionnelle tout comme pour le mythe. Ensemble, vous assistez aux Pâques orthodoxes, comme autrefois avec Michel à celles de l'Église russe de Paris. À Skyros vous vous inclinez sur la tombe de Rupert Brooke. Dans un jardin de banlieue d'Athènes ou dans la province, parmi les enfants qui croquent des pistaches et les amateurs qui dégustent le café turc, vous suivez les exploits burlesques de Karagheuz ou Œil Noir, le polichinelle grec, « porte-parole des gueux », et d'autres marionnettes du théâtre d'ombres, toutes à notre ressemblance, maniées plus ou moins discrètement par les doigts du destin.

De toute cette période, la plus intense sans doute de votre vie, vous ne retiendrez, comme Hadrien de la sienne, qu'un bloc de souvenirs tout éclairé par le soleil sur la mer violette, et l'éclat des yeux bleu ciel d'Andreas Embiricos. « Les dates se mélangent : ma mémoire se compose d'une seule fresque où s'entassent les incidents et les voyages de plusieurs saisons [15]. »

Sur les bateaux d'Andreas, aux escales, vous cueillez des sensations qui vous nourrissent vous et votre œuvre jusqu'à votre mort. Quarante ans plus tard, lorsque vous tenterez à nouveau d'identifier les images qui, selon la croyance populaire, défilent devant les yeux d'un mourant, ce sont ces souvenirs-là qui reviendront en force : « Le cap Sounion au couchant, Olympie à midi, des paysans sur une route de Delphes offrant pour rien à l'étranger les sonnailles de leur mule ; la messe de la Résurrection dans un village d'Eubée, après une traversée nocturne à pied dans la montagne, une arrivée matinale à Ségeste, à cheval par des sentiers alors déserts et pierreux qui sentaient le thym [...]. Des chats ramassés avec André Embiricos dans un village d'Anatolie [16]. »

Vous aurez traversé le siècle, assisté à bien des guerres et des désastres. Vous aurez quitté la France de votre enfance et l'Europe de vos trente ans. Vous aurez vécu votre vie, ordinaire et irremplaçable comme toute vie. Vous serez devenue un grand écrivain. Et, de toutes ces gloires ou de toutes ces débâcles historiques et personnelles, qui forment la toile de fond d'un destin, de toutes ces joies frivoles ou graves qui en tissent la trame, ne subsistera, parmi d'autres aussi fragmentaires, que la vision d'un moment de grâce : la lumière d'un village grec avec des animaux vivants et le deuxième compagnon de votre jeunesse après Michel.

2.

Les songes sans les sorts

Du compagnonnage avec Andreas, de ces voyages qui pour un cœur jeune, direz-vous — mais est-ce seulement pour un cœur jeune ? —, sont le corollaire de l'amour, sont sortis trois livres. Le nom d'André Fraigneau n'y est jamais évoqué directement. Dans *Feux* il était devenu Hermès, messager de la parole plutôt que son destinataire énigmatique. Dans *Les Songes et les Sorts* il est « l'homme que j'ai tant et si chèrement aimé », dans *Nouvelles orientales*, sa trace ne se marque plus que par un reste de cruauté, d'ailleurs aussi empruntée au folklore. Plus tard, *Le Coup de grâce* l'achèvera, mais dans un contexte où la Grèce et Embirikos ne sont plus eux-mêmes que des souvenirs.

Envisagés dans leur ordre chronologique, les trois livres issus de la période Embirikos expriment mieux que n'importe quel témoignage le caractère bénéfique de son influence. Il fallait un thérapeute pour vous accoucher de *Feux*, évocation clinique de l'obsession passionnelle suscitée par André, mais sans doute canalisée et contrôlée par Embirikos, écrit en sa compagnie pendant le voyage à Constantinople. Il fallait un psychanalyste poète, pétri de surréalisme et de mythologie, travaillant précisément lui-même sur le mythe comme traduction universelle des passions humaines, pour vous inspirer de faire la description minutieuse de vos rêves dans des poèmes en prose qui sont intitulés *Les Songes et les Sorts*. Enfin, *Nouvelles orientales*, livre de la guérison, est dédié à l'artisan de la cure : André Embiricos ; ce livre montre que vous êtes désormais capable de sortir de vous-même et de projeter votre violence sur des personnages de contes issus d'une culture distincte de la vôtre.

Fait significatif : *Nouvelles orientales* sera publié en 1938, pour la première fois aux éditions Gallimard. En revanche, *Les Songes et les Sorts*, qui sont de la même année, est le dernier ouvrage de votre plume à sortir chez Grasset. Comme si, avec ce dernier livre, vous disiez adieu, avant de changer de maison, à celui qui vous les avait directement inspirés et qui était en même temps votre éditeur chez Grasset depuis le *Pindare*.

De ces trois œuvres, *Les Songes et les Sorts*, en apparence la plus obscure, est aussi la plus éloquente pour celui qui vous cherche à même la chair des mots que vous laissez échapper en énigmatiques constellations. De votre propre aveu, ils consistent « en une série de rêves authentiquement faits par l'auteur et commentés par lui, sans référence aux théories psychanalytiques en vogue, dans leur rapport avec le mythe et l'activité poétique à l'état de veille [1] ».

Cette dénégation des théories psychologiques en vogue est sans doute une manière de vous démarquer d'Andreas. Et pourtant, noter et consigner ses rêves n'est-il pas le premier exercice conseillé à un patient par un analyste ? On sent dans ces lignes écrites d'après vous vers 1943 à quel point la fréquentation d'Andreas a modernisé vos références littéraires ou intellectuelles héritées de Michel, homme du XIXᵉ siècle : « Les surréalistes qui se construisaient au fond de l'océan du rêve un univers aussi personnel qu'une cloche à plongeurs ont retrouvé la Grèce par le complexe d'Œdipe [...]. Dans chacun de ces mondes, un poète se meut, nageur qui retrouve au fond de soi des divinités submergées [2]. »

Et vous vous laissez aller, dans la préface aux *Songes et les Sorts*, à des sous-entendus que vous pensez n'être compris que de vous-même et de quelques proches si peu nombreux qu'ils en perdent toute importance. Vous savez pourtant que ce texte obscur est celui qui vous trahit le plus clairement. « Comme tout le monde, j'ai souvent pensé à écrire un jour un volume de souvenirs intimes : quelques scrupules trop évidents pour tous les esprits bien faits me détournent d'avance de ce projet que seule l'âme la mieux affermie ou la plus dure peut-être pourrait exécuter sans mensonges. La publication des récits qui vont suivre présente des inconvénients moins grossiers et c'est ce qui m'autorise vis-à-vis de moi-même à mettre au jour ces quelques épisodes des Mémoires de ma vie rêvée [3]. »

Vous vous abritez mieux sous le travestissement du rêve, qui est seulement un masque de plus, que dans des confessions plus directes et vous vous rassurez « en pensant que ces quelques pierres météoriques tombées de mon monde intérieur n'auront naturellement pour autrui que l'intérêt d'échantillons minéralogiques [...] et que leur secrète chaleur de talisman continuera à n'être perceptible que pour moi seule [4] ». À la barbe de vos lecteurs, vous vous réjouissez de pouvoir vous livrer ainsi tout en vous dissimulant sous le travesti du rêve.

Ces rêves sont assez importants pour que vous les ayez retenus et transcrits, puis sans doute remaniés puisque vous remaniez tout. Sans tenter d'en faire une analyse psychologique qui serait forcément artificielle, regardons-les comme une série d'instantanés, qui nous livrent en coupes sombres la photographie de votre vie intérieure. Ces songes concernent, de votre propre aveu, les années de la passion puisque vous reconnaissez que « toute cette série de rêves se place entre les nuits de la vingt-huitième et de la trente-troisième année [5] » de votre vie, soit entre 1930 et 1936, les années où vous avez aimé André puis Andreas. Vous n'avez jamais autant rêvé, dites-vous, que dans vos périodes de désir ou de douleur, « qui n'est qu'un désir blessé [6] », interprétation freudienne, sous l'influence peut-être d'Andreas, des rêves qu'inspirait la passion malheureuse pour André.

Comme si ces « Mémoires de la vie rêvée » n'étaient que le contrepoint dans le sommeil du cri éveillé de la victime de *Feux*. Comme si ces songes n'étaient que les résidus, les cendres des bûchers allumés par les sorts qui continuent de s'acharner jusque dans le repos de la nuit. Dans le labyrinthe de votre inconscient, matrice où se forment les rêves et laboratoire de ces constructions éphémères, rôdent des personnages, qui nous sont devenus, en vous pratiquant, familiers. Toujours les mêmes. Michel et Jeanne, Fernande, André et/ou Andreas, « l'homme que j'ai tant aimé ». Les autres, comme dans la vie, ne sont que des comparses.

« Beaucoup d'entre nous ont parcouru une bonne partie du monde, ont touché bien des mains, ont couché dans plus d'un lit, ont contemplé d'innombrables chefs-d'œuvre [...] mais ces acquisitions superficielles changent peu de chose au régime même de l'âme, [...] à la vie de l'instinct... Et nous persistons à rêver de quelques paysages qui rappellent ceux de notre enfance, de quelques églises pareilles à celles où nos ancêtres auraient pu prier, de quelques êtres que nous avons perdus ou dont nous avons besoin pour cesser de souffrir [7]. » Vous n'avez pas trente-cinq ans lorsque vous écrivez ces lignes. Et vous êtes capable de faire le point sur votre jeune passé, consciente que l'expérience charnelle, la connaissance du monde et des livres et les complexités d'une vie intellectuelle et personnelle tumultueuse ne peuvent entamer nos archaïsmes, qui sont limités par le nombre et par le contenu. Ils se résument à quelques éléments : des paysages de l'enfance, des cathédrales évoquant l'irrésistible passion de l'être humain pour ce qui le dépasse, quelques êtres dont la présence nous est indispensable.

Le décor onirique est ainsi planté. Comme si nous avions passé de l'autre côté de votre vie, nous identifions la coulisse d'un spectacle déjà vu. S'y pressent en négatifs les figures des êtres qui ont jusqu'ici compté dans votre vie. Nous y reconnaissons sous de multiples masques la figure paternelle de Michel. Celle de Jeanne, sorte de paravent à une mère plus primitive qui pourrait bien être Fernande. Celle d'un jeune tourmenteur à la fois redouté et convoité, auquel on ne peut pas ne pas associer André. Peut-être Andreas se cache-t-il sous le masque de ce dernier ou sous le masque de Michel, celui qui guérit et panse les plaies, comme celui qui se couche sur vous et vous couvre de son corps.

Les aventures de cette vie rêvée sont d'une simplicité universelle. Le désir, la terreur, la souffrance, la mort en forment les péripéties essentielles. « Il y a les songes et il y a les sorts : Je m'intéresse surtout au moment où les sorts s'expriment par les songes [8]. » Derrière les remparts du sommeil, le songe libre traque la fatalité du sort au moment où cette liberté et cette fatalité entremêlées produisent un destin.

À l'entrée de ce nouveau labyrinthe se tient le marchand de sable qui enchante la dormeuse et la convie, entre démons et merveilles, à repasser par-dessus le présent ou le passé récent, jusqu'à sa propre enfance. À sa suite, entrons dans le lieu clos où les songes s'affrontent aux sorts par des routes que votre fréquentation nous a rendues plus familières. À travers le flou et le tremblé du rêve, nous croyons indistinctement reconnaître ces personnages réels découpés à même la nuit.

Dans votre manie de tout contrôler, y compris l'irrationnel, vous avez archivé vos rêves avec la même rigueur implacable que plus tard votre correspondance. Vous y distinguez « la région du souvenir où domine la figure de mon père mort [9] », le cycle de l'ambition et de l'orgueil quitté, dites-vous, dès la vingtième année, le cycle de la terreur plus vivace dans la jeunesse, celui de la mort « qui est plein de jardins [10] », celui de la recherche « où il s'agit de retrouver la trace d'une femme disparue et changée en fantôme [11] », et enfin, inextricable, inéluctable, le cycle du désir.

En même temps vous conviez le lecteur à vous accompagner dans cet enchevêtrement, d'habitude réservé au seul dormeur. En nommant vos rêves, en leur donnant un titre, vous les faites accéder au statut littéraire qui les débarrasse de leur valeur de témoignage brut. Traquenard pour vous dissimuler une fois de plus ?

Après vous, régressons donc dans le temps jusqu'aux années où la dormeuse et son jeune compagnon de rêve étaient très petits : « Nous n'avons encore que six ou sept ans [12]. » Ils avancent néanmoins « avec une vitesse quasi miraculeuse à travers un paysage tout ondoyant d'étangs et de bocages [13] ». Ils passent devant un moulin qui fait aussi fonction de mercerie et de confiserie. Alors commence la montée parmi les sapins vers ce qui dans le rêve ne s'appelle pas le Mont-Noir : « Je sais que la maison où je vivais, à l'époque où j'étais enfant ailleurs qu'en songe, est cachée derrière ce bois de sapins et j'explique à mon ami qu'il faudrait avant tout retrouver dans la lingerie un très vieux mannequin d'osier à l'intérieur duquel on peut se glisser quand on ne veut pas que les grandes personnes vous découvrent [14]. »

Lorsque les deux enfants arrivent à ce qui devrait être le porche, il n'y a rien, ni géraniums, ni porche, ni maison. Seuls demeurent de vagues débris sur la prairie encore pelée par endroits par la trace du feu. Dans le rêve, vous avez oublié que ce sont les bombardements de la Grande Guerre qui ont transformé en ruines le Mont-Noir et que ces vestiges d'une demeure ne vous appartiennent plus. Pourtant vous savez qu'il n'en reste que ces arbres et ces remous de nuages dans le ciel gris du rêve.

Tout à côté de la maison de votre enfance, un autre rêve ouvre la porte du labyrinthe à Michel, le premier personnage de votre vie. On s'aperçoit qu'il survit sur la scène de ces Mémoires rêvés : « Il n'est jamais loin lorsque je rêve profondément ma vie [15]. »

Le rêve intitulé par vous « La Venue des décapités » ramène la dormeuse aux anciennes saisons passées avec Michel dans le midi de la France. Elle se promène avec lui dans le massif de l'Estérel. Michel est tel que vous l'avez connu dans les dernières années de sa vie, « vêtu d'un flottant complet de flanelle grise, il tient à la main une mince canne flexible qui ressemble plutôt au balancier d'un équilibriste et ses yeux enfantins d'un bleu délavé regardent le monde à travers le masque ridé d'un vieil homme aux moustaches tombantes [16] ».

C'est dans ces rêves que vous décrivez longuement la main de votre père et fournissez sur l'histoire de cette main des détails que vous n'avez pas donnés ailleurs, même dans *Archives du Nord* : « Cette grande main parsemée de taches brunes, et à laquelle il manque un doigt qu'il s'est jadis coupé lui-même par défi parce qu'une femme qu'il aimait [Maud, la jeune Anglaise de sa jeunesse] avait prétendu qu'il ne serait pas capable pour elle de s'imposer la moindre souffrance ; et comme l'annulaire à son tour à été broyé dans une porte refermée par le vent au cours d'un violent orage [17] », cette main vous apparaît soudain ne manquer que du stigmate des clous pour être la relique d'une main mise en croix. Dans un autre rêve, cette même main de votre père malade caresse « d'un geste lent, distrait et triste, un petit chat pelé... qui tremble de fièvre et va bientôt mourir [18] ».

« Le rêve des chevaux sauvages » trouve la dormeuse en Angleterre, où vous avez séjourné avec Michel en 1914, aux environs de Windsor. Alors qu'elle est au milieu d'une multitude de chevaux révoltés qui galopent sans maître s'approche « un grand cheval blanc, monté par un homme revêtu lui aussi d'un uniforme de poussière grise et dont je ne vois pas plus le visage que s'il portait un masque [19] ». Celui-là réussit à se maintenir sur sa monture tandis que les autres chevaux rompent les digues, se cabrent, bondissent et se répandent en désordre sur la lande, laissant à la dormeuse un sentiment d'horreur majestueuse et sacrée.

Mais Michel interrompt la danse chaotique : « Soudain une grande main osseuse se pose sur mon épaule ; je sens à côté de moi la présence d'un homme de haute taille et dans cet homme âgé, je reconnais mon père mort. Et il me dit d'une voix grave où je devine le rayonnement d'un bon sourire :

« " C'est dangereux ici, n'est-ce pas ? "

« Comme il m'aurait dit :

« " Il fait beau temps " [20]. »

Le rêve de mort des « Caisses à fleurs » amalgame la figure de Michel et celle de l'homme aimé dans un contexte qui commence par être celui de votre chambre de petite fille au Mont-Noir : « Tout est resté en place dans cette chambre d'une maison où je ne suis plus rentrée depuis l'âge de sept ou huit ans et qu'ont depuis longtemps détruite les obus de la guerre. » Cette chambre est « toujours aussi triste, aussi grande, aussi bizarre [21] ». Apparaissent deux caisses à fleurs. La dormeuse comprend qu'une des caisses est préparée pour elle comme un lit mais elle ne songe pas à s'y étendre tout de suite car elle n'a pas envie de dormir. « La caisse de droite est toute pareille à celle de gauche ; mais elle ne contient pas que de la terre : l'homme que j'ai tant aimé y est couché. Il est vêtu de vêtements gris un peu fripés [22]. » La fin du rêve montre « son jeune visage usé [...] détérioré comme celui des statues de marbre exposées trop longtemps aux intempéries [...] et les grosses gouttes de pluie [...] roulent doucement comme des larmes sur ce visage impassible et gris [23] ».

Au cycle du père correspond dans cette série de rêves le cycle de la mère, associée à la quête. La femme y est toujours absente ou en voie de disparition et l'église est son refuge et sa ligne de fuite. Dans « Visions dans la cathédrale », il est question d'une « femme aimée qu'on reconnaîtrait au milieu d'une multi-

205

tude [24] ». Dans « Les Clés de l'église », cette femme est clairement associée au souvenir de Jeanne. C'est « une de mes amies
d'autrefois, morte depuis plusieurs années [25] ». Elle prend les
devants sur son compagnon et réussit à « pénétrer résolument
dans l'église par la porte entrebâillée du grand portail dont le battant se referme derrière elle [26] ».

Dans « La Maison des femmes pâles », la dormeuse prend un
billet au guichet du funiculaire de Sauvabelin à Lausanne. Elle est
assise dans le compartiment avec une jeune femme « dont j'oublie le visage et le nom. La jeune inconnue disparaît et je poursuis
ma route sans compagnon [27] ».

Un autre rêve place la dormeuse à l'intérieur de l'église face
à une grande jeune femme immobile, très belle et « pleine de
majesté calme [28] ». S'agit-il d'une femme ou d'une statue ?
« Quelque chose au fond de moi me conseillait de lui donner le
nom de mère ou plutôt de mères au pluriel [...]. Mais je sais aussi
qu'elle est douce, douce comme le miel de la dernière récolte. Je
sais qu'elle ne diffère de moi qu'en majesté et en puissance,
qu'un sang pareil au mien repose dans ses grandes veines
froides [29]. »

Ces rêves montrent à quel point, malgré vos dénégations,
vous avez eu besoin de Fernande, à quel point vous avez voulu et
aimé votre mère dans les profondeurs du labyrinthe, à quel point,
jusque dans leur commune disparition, Jeanne et Fernande étaient
vos mères interchangeables et complémentaires.

Ce rêve se termine sur la vision d'une grosse femme atteinte
d'un cancer du sein : « Au centre à côté d'une fontaine d'orgeat
est assise une grosse femme qui jadis vendait du beurre et du pou-
let dans une boutique de mon quartier. Elle est énorme et atteinte
d'un cancer du sein ; on l'a récemment amputée du mamelon
gauche [...]. Elle est toujours aussi joviale et me remercie gaiement quand je lui achète une poignée de cierges [30]. »

À l'époque où vous rêviez à cette femme, vous créiez à la
fois dans *Denier du rêve* le personnage de Lina Chiari, la petite
prostituée romaine qui se fait opérer d'un cancer du sein, celui de
la Mère Dida, grosse marchande de fleurs dans les rues de la Ville
éternelle, et celui de Rosalia di Credo qui vend des cierges dans

une église de quartier. Ces trois figures sont amalgamées dans le songe en une seule représentation.

Dans le même temps, *Feux* développait toutes sortes de fantasmes de seins coupés et sa narratrice se plaignait de porter un cœur si lourd qu'il exige pour se loger une poitrine de femme élargie par les seins. Vingt ans plus tard, en 1958, année où vous remaniez profondément *Denier du rêve*, Grace Frick, votre compagne, subira l'ablation d'un sein. De la réalité au fantasme et du fantasme à la vie, ces seins de femme, dont le lait vous avait été retiré à votre venue au monde, vous auront toujours échappé.

Ce que vous appelez a posteriori le « cycle de la terreur » s'apparente au syndrome de la martyre aux yeux bleus qui a nourri vos constructions les plus obscures de cette époque. Dans « Les Clés de l'église », la dormeuse voit une jeune bohémienne « au corps à demi nu sous ses haillons », « frêle et émaciée comme celui d'une martyre [31] », avec les bras balafrés d'égratignures sanglantes, parsemés de meurtrissures bleues. Il s'avère à l'intérieur même du rêve que la dormeuse ne fait qu'un avec ce personnage. « Les traits couleur de terre cuite de cette farouche petite mendiante me ressemblent comme ceux d'une jeune sœur [32]. »

Son double regarde la dormeuse « avec un air de défi anxieux que je ne connais que trop bien quoique je ne l'aie jamais aperçu dans mon propre miroir, et bientôt je ne vois plus de tout près que ses yeux, ses yeux bleus, ses yeux immenses, ses yeux admirables qui appartiennent à quelqu'un d'autre [33] ». Des yeux bleus comme ceux de la mendiante de *Conte bleu*. Ou comme ceux de Marguerite.

Autre double en détresse dans « Le Vent dans les herbes » : une mince jeune femme qui ressemble à la statue d'une fontaine cherche les restes de son enfant mort-né qu'on a déposé quelque part sous les voûtes. « Elle ne le trouve pas car elle est aveugle. Fatiguée à mourir [...] je m'empare des mains inertes de la jeune femme pour les ranimer mais elles sont glacées comme si toute la chaleur de sa vie avait passé dans ses larmes. Entre deux hoquets, elle me confie que son enfant était bien vivant mais qu'on l'a

207

étranglé parce que le pauvre petit ne parvenait pas à apprendre à sourire [34]. »

Votre labyrinthe onirique est organisé en réseaux qui communiquent les uns avec les autres, et c'est aussi pour brouiller les pistes que vous les avez répartis en catégories et rangés dans des tiroirs. Le cycle du désir n'est jamais loin du cycle de la terreur. Les rêves de retour à l'enfance sont liés aux rêves de désir d'enfant.

Dans ces derniers songes, la souffrance naît du renoncement à garder l'enfant. L'enfant mort traduit peut-être aussi le désir d'être morte avec la mère ou à sa place : « Ce n'est pas une pierre. C'est un cadavre d'enfant mort-né, couché sur le ventre, emmailloté dans de la toile à sac brune [...]. Je le prends dans mes bras avec les précautions les plus tendres car il est friable comme du verre [...]. J'ai peur de laisser tomber cet enfant qui pourtant ne risque pas de tomber et ma sollicitude pour ce cadavre est peut-être plus inquiète qu'elle ne le serait pour un vivant [...]. Je vais déposer l'enfant mort au poste de gendarmerie [...]. Sans que je sache comment, on m'a enlevé des bras l'enfant mort, et le jeune garçon qui m'accompagne n'est plus là [35]. »

De vieilles hantises, des terreurs enfantines habitent ces rêves peuplés, comme dans les contes de fées, de femmes à la fois victimes et criminelles « au point d'intersection de la méchanceté et du malheur [36] ». Des femmes semblables aux religieuses qui vous menaçaient de l'orphelinat et du pensionnat. Ces créatures effraient la dormeuse et lui donnent envie de fuir comme dans l'enfance « quand j'avais peur des paliers noirs où luisent vaguement les tringles du tapis et les poignées de cuivre des portes condamnées [37] ».

Le rêve de « La Lépreuse » laisse clairement entrevoir le lien entre votre psyché profonde et les martyres de fiction qui peuplent vos œuvres de l'époque avec leurs sacrifices et leurs troubles machosismes : « C'est un cauchemar blanc. Je rêve que mon bras gauche est couvert de lèpre [...]. Et ce bras monstrueux [...] me laisse enfin pareille à une de ces statues de parcs royaux [...] et je ressemble aussi à ces mendiants terribles des bazars du

Levant, qui sortent tout à coup d'un veston européen une épaule nue d'où pend un bout de chair morte [38]. »

De même que le retour à l'enfance n'est jamais loin du désir d'enfant, de même que la terreur leur est associée, de même le cycle du désir se confond avec celui de la terreur. Or ce sont les rêves de désir qui sont les plus fréquents : « Ils ne varient qu'autour de thèmes pas plus nombreux et pas plus compliqués que nos malheurs. La garde-robe du rêve de désir contient des déguisements innombrables mais un petit nombre de personnages réels se cachent sous ces masques [39]. »

« L'homme que j'ai tant et chèrement aimé » est le maître de cet univers. Dans le rêve que vous avez intitulé « Visions dans la cathédrale », la dormeuse est dans le transept d'une église gothique auprès d'un prie-Dieu sur lequel est appuyé un grand cartable. Dans ce cartable il y a des peintures et elle sait à n'en pas douter que « ces surfaces magiques ont été peintes par l'homme que j'ai tant aimé [40] », que « les mains qui me furent les plus chères du monde ont fixé des images grandes comme la terre et le ciel [41] ». Il y a aussi des enveloppes qui portent toutes un seul et même nom, une seule et même adresse : « Je sais de façon mystérieuse que ce nom est celui de l'homme que j'ai aimé, son vrai nom, celui qu'il ne porte pas dans la vie et que j'ignorais jusqu'à ce jour [...]. "Ah, dis-je, je connais enfin ton vrai nom... " [42] »

Ainsi se résout dans ce rêve l'énigme d'Hermès que vous posiez à la même époque dans un poème déjà cité, adressé au même bien-aimé : « Ton nom où se sont posés comme des mouches tant de racontars infâmes / Ton nom que les gens prononcent comme s'il était celui du premier venu / Ton nom X de l'inconnu / Qu'est toi-même [43]. »

Dans « La Maison des femmes pâles », « un jeune garçon en costume de marin est assis à une table ; il a tout au plus quatorze ans, et pourtant je reconnais sous ce déguisement d'adolescent grandi trop vite l'homme que j'ai tant et chèrement aimé. J'éprouve une tendre joie à le retrouver ainsi, sous cet aspect nouveau pour moi, à cet âge où, ne me connaissant pas encore, il n'avait pas encore à me faire souffrir mais cette joie tout de suite

209

est mêlée d'inquiétude à cause de l'impression farouche et résolue qu'ont ses yeux [...]. Il se lève : il vient mystérieusement vers moi, un doigt sur la bouche comme le jeune dieu du silence dans les bas-reliefs grecs. Il murmure :

« " Il faut s'en aller tout de suite. Sortir d'ici. Les gens sont très méchants. Ils ne se nourrissent que de gibier " [44] ».

Ce dernier mot fait mouche. Par le détour de l'inconscient, votre mémoire pourrait bien reverser dans votre rêve les chasses à l'homme du minotaure Fraigneau et sa terrifiante dévoration du gibier humain.

Avec ce même personnage de jeune garçon, la dormeuse fait route dans un autre rêve, tantôt le matin, tantôt au crépuscule et ces marches interminables vous font penser au purgatoire, car dans la plupart des rêves cet homme aimé est associé à la cruauté. Dans « La jeune fille qui pleure », la dormeuse partage une chambre d'hôtel avec « l'homme que j'ai aimé ». « Nous vivons aussi séparés que si nous habitions deux pays différents ou que si l'un de nous était mort. La nuit mon ami rôde dans des endroits mystérieux où il court des dangers et je reste assise devant la fenêtre, dont mon regard a usé la vitre. Le jour, il dort et moi je vais et viens dans la ville, occupée à des besognes qui me tiennent lieu de sommeil. Nous avons perdu tout espoir et nous sommes très pauvres [45]. »

Dans ce cycle de rêves, votre vieille passion du martyre s'incarne dans une jeune fille de seize ans, qui rappelle l'Attys de Sappho, une jeune Anglaise, comme celles qu'aimait Michel, « si fragile et si blonde qu'elle ressemble à un rayon de lune coiffé de soleil [46] ». Elle complète le trio formé par la dormeuse et le jeune tourmenteur.

Cet obsédant trio dans la vie, ces fantasmes de trio dans votre œuvre reflètent votre bisexualité. Dans « L'Île des dragons », « j'habite avec un jeune homme et une jeune fille dans le plus étroit des logis de Venise [47] ». Dans « Les Vents dans les herbes », « je suis enfermée ici avec le jeune homme et la jeune femme chez qui dans un rêve précédent j'habitais à Venise [48] ». Vous êtes passée du trio que vous formiez avec Michel et l'une de ses femmes au trio avec Fraigneau et Baissette ou Embirikos, en attendant le triangle avec Jerry et Daniel et la triade posthume avec Grace et Jerry, sur le petit tertre du cimetière de Somesville.

La triste jeune fille est comme son double, la dormeuse, amoureuse du jeune homme qu'elle comble de lettres, de fleurs et de pleurs. Ensemble, elles l'attendent dans la chambre : « L'homme que nous aimons entre presque tout de suite [...]. Dès qu'il aperçoit le rosier et la lettre épinglée sur lui, une rage silencieuse l'envahit [...]. Il déchire fiévreusement la petite enveloppe et les boutons de rose morts [...]. Il soulève le récepteur du téléphone et s'apprête à mentir comme un musicien s'apprête à jouer. Il explique à la jeune fille absente qu'il n'est pas rentré, qu'il n'habite plus cette ville, qu'il n'a pas reçu sa lettre, qu'il ne veut pas de ses fleurs. À l'autre bout du fil, la jeune fille pleure si haut qu'on l'entend dans toute la chambre et l'homme qu'elle a si vainement aimé se met à sourire d'un sourire insolent qui est pire que la haine, comme son sourire à elle était pire que la douleur [49]. »

Plus tard dans le rêve, la jeune fille danse sur les bougies allumées de deux lustres de cristal qu'elle a décrochés. Elle danse de douleur comme d'autres dansent de joie. Et peu à peu le feu clair des bougies se communique au volant de sa robe qui s'enflamme. Et elle brûle, comme la protagoniste de *Feux*, tout en continuant à danser comme Phédon, et à pleurer comme la mendiante de *Conte bleu*, « et ses larmes s'éparpillent autour d'elle, avec les gouttes de la cire ardente [50] ».

Sachant que « l'homme que nous aimons » est le seul qui ait le pouvoir d'interrompre cette danse de mort et de feu, la dormeuse part à sa recherche dans les bas-fonds de la ville noire. Et « non loin des quais, sur le seuil d'une maison mal famée, je rencontre enfin celui que je cherche, mais je ne le retrouve que pour m'apercevoir que nous l'avons toutes les deux perdu [51] ». Fatigué comme s'il n'avait pas dormi depuis la première nuit du monde, triste et seul, il s'apprête à disparaître dans le brouillard. « Le sort de la jeune fille qui brûle passe au second plan, comme si son malheur d'homme était le seul qui fût digne de pitié ; je n'ose pourtant m'approcher de lui mais je donnerais le peu que je

211

possède pour poser les mains sur ses tempes et lui enlever ce visage comme on enlève un masque [52]. »

Ainsi le drame onirique retransmet-il avec toute l'exactitude que se permet l'imaginaire, relayé par le travail lucide de l'écriture, le scénario vécu avec André et reconstitué ailleurs dans la fiction. Les rêves comme les mythes ou la littérature sont des masques de désir. Mais par leur portée universelle, ils permettent d'échapper à l'enfermement de la confidence-spectacle qui livre en pâture au public les plus intimes cicatrices de l'âme.

Cette exploration en direct de votre vie nocturne, même si elle n'est pas dépourvue de censure, permet de mesurer à quel niveau de violence mortifère votre passion de souffrir et votre passion d'aimer ont partie liée. Et la dévalorisation de vous-même et de votre féminité est énoncée dans la lettre du rêve où seul un malheur d'homme est digne de pitié.

Enfin la cure, peut-être préconisée par Andreas, se montre ici à l'œuvre. La jeune fille qui se laisse brûler vive se détache de celle qui réagit et cherche des remèdes. En vous s'est opérée la scission d'Ariane et de Phèdre. Vous avez évolué, en quittant le bal chaotique des sens, en vous ouvrant à l'univers. Vous avez enfoui la jeune fille qui brûle sous les cendres, dont elle allait renaître cinquante ans plus tard, pour récidiver et souffrir d'un autre. Mais pour l'instant la jeune fille et la dormeuse, l'amante et l'amie, ces deux parts de vous-même qui s'affrontent à l'intérieur de vous s'apprêtent à renoncer au jeune tourmenteur. Et il s'éloigne dans la brume de l'histoire, puisque, aussi bien, son visage n'était qu'un masque qui ne cachait qu'un autre masque.

Tranchant sur ces sombres rêves, ou plutôt ces cauchemars, le dernier songe, ou plutôt celui que vous avez choisi de placer à la fin du recueil, est imprégné, au contraire, de la joie intense et presque insoutenable du désir enfin comblé : « Je suis dans une chambre, au chevet d'un lit avec l'homme que j'aime. Je suis couchée dans ce lit, gagnée par ce tremblement de bête hypnotisée qui s'empare de la femme en présence de l'amour [...]. Je m'aperçois que mon ami n'est pas au sens précis du mot vêtu mais seulement enveloppé d'innombrables bandelettes [...]. À mesure que mon compagnon se déshabille ou plutôt déroule patiemment les bandes interminables qui s'entrecroisent en tous sens autour de son corps, le plancher mal éclairé se recouvre d'un tas [...]. Il s'allonge sur moi avec l'indifférence d'un homme fatigué qui s'étend sur un lit, je serre entre mes bras, entre mes genoux, ce corps plus aimé que Dieu, plus important que ma propre vie, et l'ineffable excès de mon bonheur me réveille, ce qui est sans doute, en rêve, la seule façon de s'évanouir [53]. »

Et c'est aussi loin qu'on peut aller dans l'intimité de Marguerite.

3.

La dame
du Village-des-fleurs-qui-tombent

Dès les années 40, le nom de Fraigneau aura été éliminé de votre vocabulaire. Le prénom subsiste. Grâce à Andreas, que vous nommez André. Cette confusion des prénoms recouvre peut-être une confusion des corps, une confusion des désirs. L'un ou l'autre André ont pu servir de modèle à l'homme qui dans le dernier rêve des *Songes et les Sorts* fait enfin l'amour à la dormeuse. Mais le territoire de l'imaginaire et du fantasme érotique ne connaît pas de murailles ; n'importe quel amant réel ou inventé permet de jouir en rêve.

Avoir pu écrire *Les Songes et les Sorts*, c'était démontrer comment la littérature prolonge et complète les thérapies de l'inconscient ou de ses symptômes. Désormais votre passion contrariée pour un être, exprimée dans le résidu biographique de textes contemporains, se transformerait pour nourrir votre œuvre. Un jour elle prêterait à l'amour d'Hadrien pour Antinoüs et à sa douleur des accents poignants hérités de votre deuil le plus intime.

Justement, c'est en 1934 que vous reprenez le vieux projet d'« Hadrien » et écrivez les quelques pages sur Antinoüs, que vous conserverez dans la version finale. À la même époque votre violence canalisée, transmuée par l'épreuve, passe dans *Nouvelles orientales*, recueil dédié à André Embiricos, sans doute parce qu'il fut l'agent et l'alchimiste de cette transmutation.

« Dans la passion, il y a le désir de se satisfaire, direz-vous à Matthieu Galey, de s'assouvir, quelquefois de diriger, de dominer un autre être. Dans l'amour au contraire il y a l'abnégation. Au

214

moment où j'écrivais, je mélangeais les deux, je décrivais tantôt l'amour abnégation et tantôt l'amour passion. Mais finalement la passion est plutôt de l'ordre de l'agressivité que de l'abnégation [1]. » Schématisons ces mathématiques passionnelles et posons qu'André ou l'Hermès pour lequel vous avez écrit *Feux* a été l'objet d'une passion destructrice, tandis que l'Andreas dédicataire de *Nouvelles orientales* illustre la capacité de l'amour à dépasser tout égoïsme exclusif ou possessif et à en faire don à la littérature.

En même temps, je n'ignore pas la fragilité de ces hypothèses. À tous ses carrefours, une vie offre des routes multiples. Est-ce vraiment Embirikos qui vous a fait découvrir l'ambivalence de la passion ? Vous inspira-t-il une deuxième forme d'amour plus généreuse — mais l'est-elle ? — et moins dévastatrice ou a-t-il lui aussi alimenté une passion de souffrir qui paraît constitutive de votre tempérament ? Dans ce jeu de miroirs à trois où les masques n'ont pas désemparé, chacun des deux n'a-t-il pas servi de révélateur et de faire-valoir à l'autre ? Voilà des questions auxquelles même vous, qui n'êtes jamais passée par l'expérience décapante de l'analyse, auriez peut-être été bien embarrassée de répondre.

Mais vous aurez vécu cette passion comme plus tard vous la ferez vivre à votre Zénon. Comme l'épreuve purificatrice de l'œuvre au noir, cette nuit de l'âme dont parlait saint Jean de la Croix, phase de dissolution nécessaire à l'initié, prélude à la reconstitution de l'unité perdue dans l'œuvre au blanc. Cette épreuve initiatique consiste à mourir en se désintégrant, à se dissoudre dans le creuset ou le matras, à faire subir à la matière ou à la conscience l'épreuve du feu par la Voie sèche ou humide afin de les préparer à renaître. Même les initiés reconnaissent que la quête amoureuse n'est qu'un des avatars du voyage alchimique. Ils utilisent ses métaphores pour en décrire les étapes essentielles.

L'œuvre au noir représente la phase de séparation de l'homme et de la femme dans le règne humain, du soufre et du mercure dans le monde minéral. L'œuvre au blanc consacre leurs noces dans l'harmonie retrouvée. L'œuvre au rouge, porte d'accès à l'immortalité, réalise l'œuf alchimique et aborde le processus de la création et de la régénération. Sans *Feux*, vous n'auriez pas écrit quarante ans plus tard *L'Œuvre au Noir*, où vous épargnez à votre personnage le brasier final, mais pas l'épreuve spirituelle et charnelle que vous aviez traversée avant lui.

En un sens, *Nouvelles orientales* (publié en 1938) appartient encore au cycle noir, avec *Feux, Les Songes et les Sorts* et les poèmes et les contes de l'époque, mais dans sa phase ultime, tandis que *Denier du rêve* et *La Mort conduit l'attelage* (publiés en 1934 mais écrits bien avant) relèvent d'une autre veine. *Nouvelles orientales* n'est pas seulement dédié à Andreas ; il est clairement inspiré par lui. Il porte son millésime.

Qui d'autre que lui, le mythologue et poète gréco-russe, aurait pu attirer votre attention sur les ballades balkaniques médiévales, les faits divers et les superstitions grecques ou l'histoire de la vieille Russie ? Comment ne pas imaginer que « Notre-Dame des Hirondelles », « fantaisie personnelle de l'auteur, née du désir d'expliquer le nom charmant d'une petite chapelle dans la campagne attique [2] », n'ait été inventé pour le charmer ? L'ambiance délicatement érotique, féminine et païenne reflète bien l'univers mental et géographique d'Andreas tout comme l'antiquité cruelle de *Feux* portait la marque de l'autre André, avec sa hantise de la mort et sa forte composante homosexuelle.

Quant à vous, fidèle au principe d'« Ariane et l'Aventurier » et experte dans l'art de Schéhérazade, vous savez, jusqu'au génie, que la littérature permet de dépasser la mise à mort du Minotaure pour devenir le Minotaure et le charmer en lui parlant de lui-même. Inspirés par un analyste, maître de la folie, qui sait en déjouer les détours les plus pervers, les délires de *Feux* se retrouvent dans *Nouvelles orientales* sous une forme épurée par les flammes et filtrée par la mise à distance de soi.

À l'œuvre s'observe comment l'aventure la plus intime, l'expérience la plus profondément inscrite dans la chair et le destin d'une personne peuvent nourrir une curiosité du monde et des autres et se transposer en s'épurant dans la fiction. Vous écrirez dans *Les Carnets de notes de l'Œuvre au Noir* : « Se désincarner pour se réincarner en autrui. Et utiliser pour le faire ses os, sa

Debout, le père de Marguerite Yourcenar : Michel de Crayencour (1873 ou 1880) avec son père, sa mère et sa sœur Marie.

*Quel était votre visage
avant que votre père et votre
mère se fussent rencontrés ?*
(Zoan Zen).

La mère de Marguerite
Yourcenar : Fernande
de Cartier de Marchienne
en 1899, avant son mariage.

Son père : Michel
de Crayencour – 1910.
Portrait avec médaillon.
« Je ne sais si j'aimais
ce monsieur
de haute taille… »

Michel de Crayencour et Barbe Aerts soutenant Marguerite âgée d'environ 4 ans
(Mont Noir, loge du jardinier, vers 1907).
Le renvoi de Barbe, trois ans plus tard, fut l'un des premiers chagrins de Marguerite.

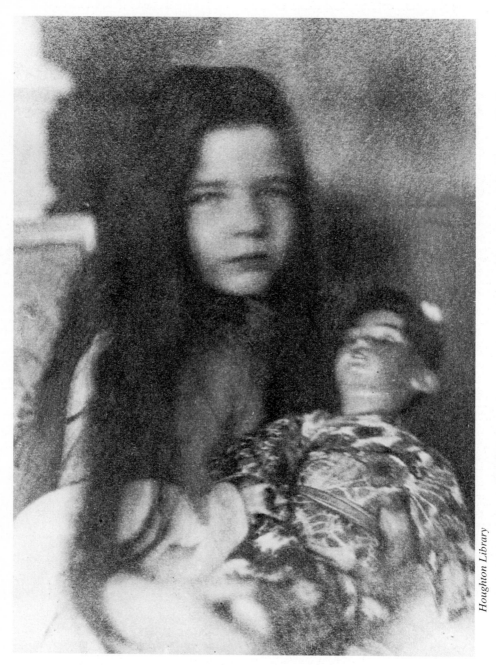

Houghton Library

Marguerite à la poupée japonaise.
« Un camarade de mon frère me rapporta d'un voyage au Japon,
presque plus idole que poupée, une dame de l'époque Meiji [...].
Elle m'ouvrit au monde. »

Marguerite Yourcenar âgée de 13 ans, le 13 juillet 1916.

Camille et Marguerite Yourcenar âgée de 14 ans (Saint-Romans – Alpes-Maritimes).
À Camille (Letot née Debocq), entrée au service des Crayencour vers 1912 : « Il y a
aussi une photographie de moi, assise dans ma chambre, et de toi te penchant à la
fenêtre. Le photographe l'a très bien agrandie : on dirait un petit tableau (c'est mon
père qui l'avait prise en 1917). J'ai pensé que tu aurais plaisir à revoir tout cela. Toutes
mes amitiés à toi et aux tiens. »

Marguerite à 20 ans (midi de la France) (1923). Le bouquet d'anniversaire.
Elle écrivait déjà *Remous,* ébauche des œuvres ultérieures.

Camille L. à la fontaine
(Roquebrune) au Beau Soleil
(Alpes-Maritimes).
Toujours Camille,
la complice de l'enfance.

La femme aimée
du père et de la fille :
Jeanne de Vietinghoff,
née Bricou.
« Une de ces âmes
qui nous font croire
que l'âme existe... »
« J'ai négligé de dire
combien elle était belle [...].
Sa vie aussi bien
que son œuvre
me donne l'impression
du parfait. »

« A ma chère Camille. Souvenirs affectueux. Marguerite. »
Le 8-6-24. L'année où Marguerite découvrait la Villa Adriana...

Georges Dezeuze

Portrait d'André Fraigneau,
1931. Retour de Grèce.
L'homme tant
et si chèrement aimé.
« Ton nom dont chaque lettre
est un des clous de ma passion.

Hch. Schellenberg

Gaston Baissette à la Guilde
du Livre de Lausanne,
à l'occasion de la première
édition de *L'Étang de l'or*
en 1945, plus d'une décennie
après le trio mythique
Baissette, Yourcenar,
Fraigneau.

Andreas Embiricos : le poète avec qui Marguerite navigua
au long cours à l'époque de *Feux*.

Marguerite aux boucles
d'oreilles,
1934. Italie.
L'année du *Denier du rêve.*

Au temps des premières
amours...
Grace Frick à l'université
de Yale.

Grace et Marguerite Yourcenar avaient conservé à Petite Plaisance
quelques objets de Michel :
A Camille : « Vous reconnaîtrez peut-être le pot à eau en argent, à gauche,
et la cafetière en argent, moins visible sous la lampe, à droite.
Ils étaient déjà dans l'appartement de l'avenue d'Antin à Paris. »
(Novembre 1963)

A Camille : « Madame Yourcenar et Monsieur, devant Petite Plaisance ».
Marguerite Yourcenar et son chien.

Jean-Marie Grénier

La passion des dernières années : Jerry Wilson.

Marguerite Yourcenar à l'île des Monts-Déserts en 1987.

Marguerite Yourcenar et Yannick Guillou, son interlocuteur aux éditions
Gallimard, devenu l'un de ses très proches amis et son co-exécuteur littéraire
(avec Marc Brossolet et Claude Gallimard).
Juin 1987, Petite Plaisance.

Archives Yannick Guillou

Jean-Marie Grénier

L'une des dernières photographies de Marguerite Yourcenar
au Maroc en 1987.

La plupart des légendes étaient écrites au dos des photographies
soit en français par Marguerite Yourcenar, soit en anglais par Grace Frick.
Elles ont été traduites ou annotées par Michèle Sarde.

chair et son sang et les milliers d'images enregistrées par une matière grise [3]. »

À cet égard, les *Nouvelles orientales* sont les cendres de *Feux* : vous y faites à la fois le deuil de votre passion et d'un certain vous-même. En même temps, elles en sont l'épure, révélant à vif le travail de l'écriture capable de dépasser le haïssable moi. Nul plus que vous ne revendique ce label universel qui vous sauve de la dégradation et de la chute : « Cette notion de l'amour fou, scandaleux parfois mais imbu néanmoins d'une sorte de vérité mystique, ne peut guère subsister qu'associé à une forme quelconque de foi en la transcendance, ne fût-ce qu'au sein de la personne humaine. Une fois privé de support, l'amour fou cesse vite d'être autre chose qu'un vain jeu de miroirs ou qu'une manie triste [4]. »

Ce stade dépassé, les *Nouvelles orientales*, comme *Feux*, traitent de l'amour non partagé mais toujours sur le mode mineur ou fantastique. Ainsi le prince Genghi, évoquant au cours de son agonie toutes les femmes qu'il a aimées, n'oublie qu'un nom, celui de la Dame-du-village-des-fleurs-qui-tombent, la seule qui soit à son chevet, la seule qui l'ait vraiment aimé et jusqu'au bout. « L'Homme qui a aimé les Néréides » figure aussi le désir qui rend fou sous la forme de présences féminines mystérieuses, « belles, nues, rafraîchissantes et néfastes comme l'eau où l'on boit les germes de la fièvre [5] ». Panégyotis, pour les avoir entrevues et désirées un jour, en a perdu la raison. Quant au héros serbe Marko, feignant d'être mort, il résistera impavide à tous les supplices, sauf à « la plus douce torture », celle d'une jeune fille qui en dansant éveille son désir et son sourire.

Une métaphore nouvelle, celle de l'emmurement, absente de *Feux* et des œuvres précédentes, envahit le texte et le contamine. Emmurée dans une tour la jeune mère du « Lait de la mort ». Emmurées dans une chapelle les nymphes-fées maléfiques aux yeux d'onyx, à qui les villageois ont longtemps pardonné leurs méfaits, « comme on pardonne au soleil qui désagrège la cervelle des fous, à la lune qui suce le lait des mères endormies et à l'amour qui fait tant souffrir [6] ». Emmurés les Bogatirs de la sainte Russie, défenseurs de la foi et justiciers des pauvres dans les cryptes du Kremlin.

Mais l'emmurement, dans sa traversée des siècles, n'étouffe pas les créatures vivantes. Elles seront libérées à un moment ou un autre, les nymphes par la Vierge Marie qui les transforme en hirondelles, la jeune mère par les interstices qui permettent à ses seins de nourrir son nouveau-né jusqu'au sevrage, les Bogatirs, à chaque millénaire, par la révolution et la passion de la justice, qui prêche aux hommes un toujours nouvel Évangile... Emmurées aussi les pulsions inavouables, les faims de volupté et de violence, la passion de vivre de Marguerite qui allaient se réveiller près d'un demi-siècle plus tard.

Comme Wang Fo, le vieil artiste qui ouvre l'avenir, vous allez vous consacrer à donner la vie à vos peintures et à habiter dans l'empire imaginaire où l'on pénètre par le chemin des Mille courbes et des Dix mille couleurs. Vous vous embarquez avec Wang Fo et son disciple Ling sur la mer de jade bleue qu'il vient d'inventer et vous vous perdez avec lui dans votre œuvre comme dans un nouveau labyrinthe dont vous enroulez et déroulez à votre gré le fil, organisez les rencontres et forgez vous-même les issues.

Faut-il voir dans l'itinéraire de Kâli, la déesse décapitée dont la tête divine est par erreur posée sur le corps d'une prostituée, une autre épure du cheminement de Marguerite ? Dans la conclusion de ce conte de 1928, écrite plus tard et rajoutée dans l'édition de 1978, Kâli finit par faire la rencontre du Sage :

« Ma tête très pure a été soudée à l'infamie, dit-elle. Je veux et ne veux pas, souffre et pourtant jouis, ai horreur de vivre et peur de mourir [...]. J'ai été déesse au ciel d'Indra [...].

« Et tu n'étais pas libre de l'enchaînement des choses, et ton corps de diamant pas plus à l'abri du malheur que ton corps de boue et de chair. Peut-être, femme sans bonheur, errant déshonorée sur les routes, es-tu plus près d'accéder à ce qui est sans forme [...]. Le désir t'a appris l'inanité du désir, dit-il ; le regret t'enseigne l'inutilité de regretter [7]. »

Il n'y a rien à dire du corps sinon qu'il existe, allez-vous dire sobrement bien des années plus tard. Vous avez vous aussi été cette déesse à la tête divine que Michel avait en son temps adorée. Au contact du désir, de la souffrance, de l'humiliation, votre corps de diamant s'était chargé de chair et de boue. Heureusement pour la littérature qui profitera de cette humanisation. Vous renoncerez au désir mais le retrouverez sur d'autres routes. Et l'on ne saura pas si le Sage a eu pour un temps les mains et le discours d'Andreas.

Comment vous êtes-vous séparée de ce dernier ? Pourquoi avez-vous cessé de naviguer avec lui au long cours ? Le 24 août 1937, vous écrivez à Emmanuel Boudot-Lamotte : « Je suis depuis longtemps sans nouvelles d'André et mon état de santé ne m'a pas permis cette année de séjourner longtemps à Athènes [8]. » Bien que ce prénom soit généralement associé à Fraigneau, il est possible que, dans le contexte grec, il se réfère à Embiricos, d'autant plus que, familier de Fraigneau, c'est généralement Boudot-Lamotte qui vous parle de ce dernier et non l'inverse.

Le 26 septembre 1975, quarante ans après le temps des expéditions en mer, le nom d'Andreas allait revenir sous votre plume. Vous écriviez à votre vieil ami de jeunesse, l'écrivain grec Nicolas Calas : « Mon cher Nico, j'ai été très touchée qu'à notre retour de Grèce vous ayez pensé à m'apprendre la mort récente d'André Embiricos. Il emporte avec lui une bonne part de notre vie passée dont il était inséparable. Je l'aimais beaucoup en dépit du fait que je ne l'ai pas revu depuis 1939 et qu'il avait, semble-t-il, depuis refusé tout contact, enfoncé qu'il était dans ses écrits et ses songes à lui. J'avais eu longtemps de ses nouvelles par Matsie Hadjelizaro [première femme d'Embirikos], mais j'ai perdu de vue celle-ci depuis près de 10 ans, et elle est le type même de personne qui n'écrit pas [9]. »

Vous ajouterez non sans mélancolie : « Je vous avoue que je ne désire pas beaucoup revoir Athènes. De tous ces endroits qu'on a aimés, on a un peu l'impression, quand on revient, d'aller rendre une dernière visite à un ami frappé d'une maladie incurable [10]... »

Vous reviendrez cependant en Grèce. Avec Jerry Wilson. En 1982, vous aborderez au Pirée comme autrefois, mais refuserez de quitter le bateau. En 1983, vous y tomberez malade. Mais, malgré une crise d'asthme et de dépression, vous reverrez, avec le jeune homme aimé alors, Nauplie... Mycènes... Épidaure... Lieux

de mémoire où vos yeux de vieille femme apercevront une dernière fois l'ombre fugitive du Poète aux côtés d'une Marguerite
de trente ans.

À l'approche de la guerre, la boucle qui liait Marguerite à
André, André à Andreas, et Marguerite à Andreas allait se refermer pour toujours. Peut-être la lecture des correspondances
oubliées nous en apprendra-t-elle un peu plus long sur les rapports complexes de ce trio. En attendant, les résidus romanesques
en racontent plus qu'il ne paraît, non sur l'anecdote ou les faits
qu'ils transforment, mais sur les représentations que chacun de
ces trois êtres a pu se faire des deux autres. À cet égard, *L'Amour
vagabond* d'André Fraigneau contient peut-être quelque enseignement sur les protagonistes.

Dans ce roman, paru en 1949 mais situé en 1939, avec,
comme le déclare l'auteur dans la postface, « le recul nécessaire
d'une décennie et avec la nostalgie d'un univers de grâces et de
grâce à jamais aboli [11] », André Fraigneau met ostensiblement en
scène son ancien ami sous le nom transparent d'Andreas Mavrodacos. Originaire de l'île d'Andros, fils d'armateur et commandant de l'*Argos*, navire de croisière. Comme Embirikos, Mavrodacos se présente à Cynthia pour la première fois dans le roman
tel « un homme de taille moyenne, admirablement vêtu d'un smo-
king blanc sans basques, au visage cuit de hâle [12] », avec des
mains admirables et une voix au timbre grave qui roule les *r*. Les
parents de Mavrodacos, comme ceux d'Embirikos, sont séparés :
« Mon mari habite la Suisse trois quarts de l'année, avec une
petite actrice qui a trente ans de moins que lui [13]. » À l'instar de
leurs homologues, les Mavrodacos sont des cosmopolites ; leurs
fils — Andreas a aussi deux frères — ont été élevés à Oxford, en
Allemagne, en France où ils possèdent une villa à Èze-sur-Mer
comme les Embirikos. Là ils reçoivent les amis de leurs enfants,
notamment Lucy Porphyropoulou, qui pourrait bien rappeler certaine Lucy Kyriakos, naguère aimée de vous.

Dans le roman, Fraigneau prête à Timon, frère d'Andreas
Mavrodacos, les convictions politiques du poète Embirikos. Le
marxiste Timon, qui a voulu se faire inscrire comme ouvrier dans
les mines de son père, est déchiré lorsqu'une grève éclate au puits

d'extraction de Louriou. Ses convictions politiques lui interdisent « de prendre parti contre les ouvriers [14] ».

Alors, faut-il voir en Cynthia de Brouages, cette jeune femme libre qui vagabonde seule à travers l'Europe, une émanation de vous ? En reconnaissant qu'il était le héros du *Coup de grâce*, Fraigneau répondait peut-être implicitement à la question : « Il n'y a rien là que de très normal. C'était extrêmement fréquent dans notre milieu à l'époque. On se disait : " Tiens, tu vas te retrouver dans mon prochain livre. " Il n'y a rien de particulier à chercher là-dessous [15]. »

Comme Marguerite de Crayencour, Cynthia de Brouages, artiste non de la littérature mais de la haute couture, voyage à travers l'Italie et la Grèce, vers Constantinople. Fille de grande famille, « elle a connu la difficulté à vivre des femmes laissées sans ressource par un mari ou par une famille [16] ». À travers les gracieusetés du portrait conventionnel de jeune femme, l'auteur est sans tendresse à l'égard de son héroïne et multiplie les clins d'œil pour qui a lu *Feux* : « Comme toutes les jeunes filles bien élevées, elle raffolait de ce faux-semblant avec une horizontale [17]. »

Ou pour qui a lu *Les Songes et les Sorts* : « Ce qui l'étonnait, malgré sa faiblesse, c'était la frivolité de ses rêves, qu'ils fussent cauchemars ou songes agréables. Jamais un problème grave, une scène au motif sérieux [...]. Ainsi jusqu'à la mort, l'être humain se défendrait-il contre le sérieux de la vie ? Quand on dit que les agonisants revoient toute leur existence, s'agit-il toujours d'un film à grand spectacle avec des ballets, des escaliers de strass, des baisers [18] ! »

Ou pour qui vous connaît à travers *Conte bleu* ou « Le Poème du joug » : « Elle rêvait d'esclavage. Elle n'était pas plus faite que n'importe quelle femme depuis l'origine du monde pour la liberté [19]. »

Prise dans un trio entre le Grec Andreas et le Français Thierry, Cynthia de Brouages, amoureuse de l'un, puis de l'autre, finit par préférer le premier, le Français (*sic*) Thierry, après avoir traîné entre le bar de l'hôtel Grande-Bretagne et la pâtisserie Yanakis à Athènes, et beaucoup bourlingué avec l'un et avec l'autre sur l'*Argos* et le yacht *Kanaris* qui appartiennent tous les deux à Andreas. « En devenant amoureuse, je suis devenue croyante [20] », déclare-t-elle à la fin du roman, peut-être en guise de pied de nez à celle qui écrivit : « Quand je perds tout, il me reste Dieu. Si j'égare Dieu, je te retrouve [21]. »

Fraigneau reconnaît lui-même que le roman lui a été inspiré vers 1937, précisément à l'époque du conflit passionnel avec vous. Or vous n'avez pas hésité non plus à le mettre en scène et à le prendre à partie dans *Feux*, dans *Le Coup de grâce* et la plupart de vos textes contemporains. Dans *Le Coup de grâce* de Yourcenar, paru en 1939, inspiré par des événements récents, c'est Éric le personnage masculin inspiré par Fraigneau qui dit *Je. L'Amour vagabond*, paru en 1949, mais inspiré par les années 30, où Fraigneau tente de s'identifier à une héroïne féminine, pourrait bien représenter une réplique à votre récit. De même *Le Songe de l'Empereur*, publié en 1947, oppose-t-il Julien l'Apostat à votre Hadrien qui ne sortira qu'en 1951.

De livre en livre s'instaure un dialogue — de sourds ? —, avec néanmoins réponses du berger à la bergère ou de la bergère au berger. Car, avec le décalage entre écriture et publication d'un livre, on ne sait jamais avec exactitude quelle est l'antériorité d'un texte sur l'autre ni si c'est Marguerite qui se venge d'André ou l'inverse.

« Je savais depuis 1937 que Cynthia de Brouages nous entraînerait le long d'un parcours odysséen à la recherche du seul amour digne d'elle [...]. Je ne savais rien d'autre sinon que quelque chose en dehors de Francœur m'interdisait l'accès à ce roman labyrinthe [22] », écrit Fraigneau dans sa postface. La référence au labyrinthe — n'oublions pas que le triptyque avec Baissette écrit en 1932 paraît en 1939 — pourrait bien indiquer que l'image de Marguerite n'est pas loin. Mais là s'arrête sans doute l'influence de Mademoiselle de Crayencour sur Mademoiselle de Brouages. Jean Cocteau fit au roman de son ami Fraigneau un accueil enthousiaste : « Avec quelle aisance aptère (sans le secours des ailes) tu circules avec une machine de rêve entre le biais frivole d'une étoffe et les sombres replis du cœur [23]. »

Malgré cet hommage, il faut avouer que Cynthia de Brouages

n'a pas la densité d'Éric von Lhomond, non plus que Julien l'Apostat ou Louis II de Bavière, dans l'ouvrage ultérieur d'André Fraigneau, celle d'Hadrien. Même si le règlement de comptes ou l'envie de jouer un bon tour se mélangent chez l'un et l'autre auteur à des sentiments plus purs, le ressentiment et l'envie ne suffisent pas à créer un personnage fort. Il y manquera toujours un surcroît d'âme ou une pincée de passion.

D'ailleurs Fraigneau dans sa postface prend soin de nous annoncer que Cynthia est avant tout le double féminin, la sœur de lait de son personnage culte Guillaume Francœur. Il écrit dans ces lignes qui pourraient être interprétées comme un message inverti : « J'espérai alors changer de génie, quitter mon héros pour une héroïne, troquer la verticalité insolente contre la sinuosité patiente, le mépris viscéral contre l'accueil émerveillé, Guillaume contre Cynthia [24]. »

À supposer que *L'Amour vagabond* se soit, entre autres, inspiré des relations complexes qui s'étaient tissées entre Andreas, André et vous-même, il nous renseigne plus sur la manière dont le cynisme tranquille de Fraigneau les appréhendait que sur ce qu'elles représentaient pour Andreas et pour vous-même. Et il nous manque cette fois le regard des deux autres qui équilibrerait et compléterait, comme dans le triptyque avec Baissette, la vision sarcastique de l'Irrésistible...

« Quand je pense à ma vie, je revois quelques promenades au bord de la mer, une fillette nue devant un miroir, des bouffées de mauvaise musique dans un couloir d'hôtel, un lit, quelques trains dont la vitesse broyait les paysages, Venise à l'aurore, Amsterdam sous la pluie, Constantinople au soleil couchant, les lilas de la rue de Varenne, un agonisant en pelisse de fourrure rôdant dans les corridors d'une clinique, la loge rouge d'un théâtre, une jeune femme dont le visage devenait tout mauve parce qu'elle se tenait sous une lampe violette, les collines calcinées de la Grèce, un champ de narcisses au pays de Salzbourg, quelques mornes rues des cités du Nord où ma tristesse s'est promenée à heure fixe devant les devantures de grainetiers ou de marchands de cirage, la pièce d'eau de Versailles sous un ciel de novembre, une étable à chameaux pleine de bêtes mâchonnant de sanguinolentes pastèques, une séparation près d'une bouche de métro, une main tenant une anémone, le doux bruit du sang dans les artères aimées, et ces quelques douzaines d'éclairs sont ce que j'appelle mes souvenirs [25]. »

Voilà quel était le bilan que vous pouviez établir de votre vie autour de trente-quatre ou trente-cinq ans. Comparé à celui que vous alliez faire quarante ans plus tard pour Matthieu Galey, il apparaît comme beaucoup plus flou : aucun nom n'y est prononcé et si l'on identifie facilement Michel, « l'agonisant en pelisse de fourrure rôdant dans les corridors d'une clinique », ou Marguerite elle-même, « la fillette nue devant un miroir », on peut mettre plusieurs noms sur la jeune femme — est-ce Jeanne ou Lucy ou Grace déjà, ou encore une autre qui se tient sous une lampe violette ? Est-ce la silhouette d'Andreas que vous apercevez dans les collines calcinées de la Grèce ou devant le soleil couchant sur Constantinople ? Deviez-vous cette tristesse promenée à heure fixe dans les cités du Nord à la disparition de Michel ou aux dédains d'André ? Est-ce de ce dernier, ou d'Andreas, ou d'un autre ou d'une autre que vous vous êtes séparée près d'une bouche de métro ?

L'essai de recomposition d'une vie ou d'une tranche de vie est un exercice qu'on ne peut jamais mener à son terme, un travail de Sisyphe roulant ses cailloux dans un puzzle percé comme le fond du tonneau des Danaïdes. Et quand on en aurait déchiffré chaque détail, il y manquerait encore telle odeur, telle sensation, telle vibration ineffable. Ayant à votre exemple essayé de « rejointoyer » les plus importantes lacunes de votre vie affective, contentons-nous de partir avec vous-même et Wang Fo dans votre biographie imaginaire, et de rêver avec vous votre vie, conscients que nous ne saurons peut-être jamais de quel être cher vous vous êtes séparée près de cette bouche de métro, ni quelle était ce jour-là la couleur du temps. Et qu'au fond cela n'a aucune importance.

Car les jours et les saisons s'envolent. Bientôt Andreas et même André ne seront plus que des souvenirs lointains. De l'autre côté d'une mer qui vous est étrangère, dans un pays où vous n'avez jamais imaginé de mettre le pied, une jeune femme qui a exactement votre âge s'apprête à quitter les États-Unis pour faire avec son oncle un voyage en Europe. Qui aurait pu croire que vos prochaines quarante années allaient se passer avec elle ?

4.

Grâce, une femme obscure

Vous l'avez rencontrée à Paris en février 1937, au bar de votre hôtel ordinaire, le Wagram. Vous étiez en train de bavarder avec Emmanuel Boudot-Lamotte, l'ami de Fraigneau dont ce dernier a affirmé qu'il avait inspiré le Conrad du *Coup de grâce* [1]. La jeune Américaine s'est mêlée à la conversation.

D'après la version de Florence Codman, son amie de collège, confiée à Josyane Savigneau, elle serait intervenue dans une discussion sur Coleridge, où Boudot-Lamotte et vous-même ne disiez à son avis que des bêtises. On peut imaginer qu'en bonne Américaine très vite elle s'est présentée, elle a dit son nom et surtout son prénom : Grace. Grace, comme Grèce qui à l'époque représente la quintessence de tout ce que vous aimez. Mais vous, qui continuez à parler anglais avec cet accent qui irritait Michel lorsque vous étiez enfant, vous préférez franciser son nom comme naguère celui d'Andreas. Grace devient Grâce, par miracle, ce même miracle qui vous l'a fait rencontrer en ce soir d'hiver parisien où votre existence à la dérive soudain bascule, et par la vertu de cette « Grâce » prend un autre tour.

D'après votre version consignée — et peut-être déformée — dans un carnet intime de Jerry Wilson, Grace vous aurait demandé si vous aimeriez faire un voyage aux États-Unis, pays que vous ne connaissez pas du tout. Et le lendemain, elle vous aurait envoyé un message vous invitant à admirer les oiseaux sur le toit de l'hôtel par la fenêtre de sa chambre.

Cette poétique version de votre rencontre, peut-être reconstituée par la suite, prophétise en une seule métaphore la relation que vous alliez pendant cinquante ans entretenir avec Grâce : relation toute en intériorité qui consiste à « regarder ensemble dans la même direction ». L'autoritaire Américaine, même au cœur de Paris, vous convie sur son territoire à contempler de la rue de Rivoli, non les échappées sur les toits et les beautés architecturales de la capitale, mais les envolées d'oiseaux. Prélude à l'existence rustique, au sein du monde animal, que vous mènerez ensemble dans l'île des Monts-Déserts.

Mais d'abord vous commencez à vous connaître. Vous vous apprivoisez. Pendant ces premières rencontres, la vie de Grace n'est guère plus pour vous qu'un abrégé biographique. Vous apprenez que votre nouvelle amie, fille de Henry Jones Frick et d'Alice May Self, appartient à un milieu aisé du sud des États-Unis. Plus tard, vous écrirez à Georges de Crayencour, votre demi-neveu, qui vous avait envoyé le blason de ce qu'il croit être la famille de Grace : « Je regrette de n'avoir pas répondu pour le blason Frick — d'argent au chêne terrassé de sinople — qui conviendrait si bien à Grâce, si admiratrice de la beauté des chênes et si fière de quelques spécimens que nous en avons ici à Petite Plaisance [...]. À en croire le grand-père émigré aux États-Unis en 1864 ou 1865, pendant la guerre de Sécession (un de ses premiers souvenirs aux États-Unis était d'avoir vu passer la procession funèbre de Lincoln), la famille était originaire de Salzwedel en Saxe, où les arrière-grands-parents exerçaient la fonction d'aubergiste au début du XIXe siècle [2]. » Cette famille de Grace n'a rien à voir, précisez-vous, avec celle d'Henry Frick, propriétaire de mines en Pennsylvanie, dont la fille « a fondé l'admirable galerie Frick de New York, où se trouve l'un des plus beaux Rembrandt [*Le Cavalier polonais* que vous évoquerez et décrirez à plusieurs reprises] du monde [3] ».

Grace est née le 12 janvier 1903, six mois avant vous, à Kansas City, dans le Missouri, où elle a été élevée. Elle a fait ses études à Wellesley College, près de Boston, et à Yale, mais elle n'y a pas terminé son doctorat. Entre 1927, année d'obtention du *Bachelor of Arts*, et 1931, où elle reprendra des études de doctorat à Yale, elle a enseigné la littérature anglaise au Stephen College, à Columbia, petite ville du Missouri.

Grace qui a la fibre familiale à peine plus développée que vous est surtout liée avec son oncle George la Rue, avec lequel elle est venue à Paris en 1934 avant qu'il ne se sépare de sa femme. Peut-être héritera-t-elle de lui à sa mort, ce qui expliquerait qu'elle vous permette de quitter votre travail pour vous consacrer à l'écriture. Elle a déjà fait plusieurs voyages en Europe en dehors de celui-là. En 1928 elle a traversé l'Atlantique. En 1936-37 elle est allée enseigner en Angleterre et, à l'occasion d'un bref voyage outre-Manche, vient de faire votre connaissance à Paris, en février.

Grace Frick a été et sera une femme obscure avant de vous rencontrer, comme après. Le 3 novembre 1979, quelques jours avant sa mort, après cinquante ans de vie commune, vous la définirez encore comme « l'amie américaine, ma traductrice et mon assistante dans mes affaires littéraires [4] ». Assistante, traductrice et intendante. Voilà les trois fonctions qu'elle allait remplir excellement dans votre vie.

Quant à la part amoureuse, l'intimité des corps et des âmes, il est difficile d'en parler sauf à dire qu'elle existe. L'ouverture de votre correspondance avec Grace, scellée pour cinquante ans, permettra peut-être à d'autres générations d'imaginer ce que fut, en une époque plutôt hostile aux couples homosexuels affichés, le long compagnonnage de deux êtres qui paraissent avoir répété dans la marginalité les grandes lignes d'un scénario-cliché : une vive attirance tout d'abord, quel que soit le nom qu'on lui donne, la volonté de se rapprocher au moins pour essayer, le développement d'un besoin de l'autre que seul il peut combler.

À ce stade, les circonstances extérieures, les carambolages de hasards ont eu leur part, considérable dans votre cas, puisque c'est la guerre qui a entraîné votre exode outre-Atlantique. Après ce sera le cheminement parallèle d'une fidélité indéfectible, fondement de votre caractère, et de l'usure qui ronge, exaspère les défauts de l'autre, change l'attrait en irritation derrière le masque tranquille, le masque inchangé. Et en guise de dénouement, comme le précise Josyane Savigneau, « une femme malade qui soigne une autre femme malade » et qui accueille sa mort avec des sentiments mélangés de douleur et de délivrance.

Grace avait-elle eu avant de vous connaître des amantes ? En 1928 elle était allée en Europe rejoindre une certaine Phyllis Bartlett pour y voyager avec elle. À New York, entre 1934 et 1936, elle a partagé un appartement avec Ruth Hall qui restera familière du couple que vous formerez avec Grace. De cette amitié il est impossible d'extrapoler quoi que ce soit, les Américaines ayant traditionnellement vécu avec des *room mates*, compagnes d'appartement ou compagnes de voyage mais pas nécessairement compagnes de lit. « Je me demande si Grace avait eu d'autres femmes dans sa vie avant Marguerite. Et même d'autres histoires d'amour [5] », dit Florence Codman à votre biographe. En tout cas, « Grace était folle de Marguerite et je crois qu'elle l'est restée. Pour Marguerite, c'est devenu au fil des ans un bon mariage, je crois. À coup sûr, un mariage [6] ».

En ce qui vous concerne, la réponse est plus simple. On se rappelle la double détermination qui, dès l'adolescence, vous porte à assumer une bisexualité que vous prêtez à la plupart de vos personnages masculins en dehors de Michel. On se rappelle aussi l'encouragement, réel ou reconstitué par vous, de ce dernier. Si, au cours de la traversée de notre vie, il n'y a pas une femme désirable sur le navire, remplaçons-la par un jeune mousse. Et inversement. Le conseil vaut aussi pour l'autre sexe. Puisque André se refuse, puisque apparemment le compagnonnage avec Andreas a fait long feu, pourquoi pas cette jeune femme aux traits de Sibylle, cette Grâce qui survient à point nommé dans votre vie pour vous aimer profondément et cicatriser les blessures fraîches ?

Entre-temps d'ailleurs, les amours féminines ne vous auront pas manqué et continueront au moins jusqu'à votre départ définitif de novembre 1939. On en connaît une, la belle Lucy Kyriakos, brune aux yeux sombres qui sur les photos ressemble à Jeanne de Vietinghoff. Cette femme mariée fait partie de l'entourage d'Embirikos. Elle est mariée à un cousin de Constantin Dimaras, avec lequel vous traduisez les poèmes de Cavafy ; elle est mère d'un enfant. On ne sait pas avec précision quand vous l'avez rencontrée.

Dans *L'Amour vagabond*, c'est peut-être elle qu'a portraiturée Fraigneau sous les traits de Lucy Porphyropoulou, à qui Andreas tirait les nattes quand elle était une toute petite fille. « Elle était née Cantacuzène. Mavrodacos la connaissait depuis l'enfance et avait joué avec elle sous les ombrages du Jardin Royal [7]. » De la France, cette Lucy a des souvenirs d'enfance mêlés à ceux d'Andreas. « À ce moment, les Cantacuzène ayant séjourné à Èze-sur-Mer [où les Embirikos avaient réellement leur propriété], les parents de Lucy avaient laissé leur fille trop petite en compagnie du jeune Andreas, pour courir les villes d'eaux et Paris [8]. »

Dans le roman de Fraigneau, la belle Lucy Porphyropoulou trompe avec le frère d'Andreas son mari Angelos, diplomate grisonnant et monoclé qui est son souffre-douleur depuis l'enfance.

Là s'arrêtent, semble-t-il, dans le mélange de fiction et de réalité, les possibles ressemblances entre la Lucy du roman et la Lucy de votre vie. Celle-là a dû compter. Son nom ou ses initiales reviennent dans vos textes et vos carnets intimes. Vous avez gardé beaucoup de photos qui vous représentent auprès d'elle. Celle de 1934 en Grèce avec Nelly Liambey, Athanase, sœur de Lucy, et cette dernière. Et puis celle de 1939, au Tyrol, où Lucy vous a rejointe à Kitzbühel pour le Jour de l'an et où vous êtes côte à côte dans la neige en pantalon et après-ski.

À Pâques 1939 vous avez retrouvé Lucy en Grèce, exactement deux ans avant sa mort, puis de nouveau, d'après des extraits inédits de votre journal intime, l'été de la même année : « En août 39 à Athènes. Je vais avec L. dans " la zone ", espèce de bidonville où habitent d'anciens réfugiés smyrniotes. Une cabane et deux grosses femmes dont l'une lit dans le marc de café (de café grec). À L., elle dit " Je ne vois rien " (L. devait mourir dix-huit mois plus tard). À moi : " Vous traverserez des douzaines de fois l'océan " C'est tout [9]. »

Cette mention de la Grèce en août 1939 ne concorde pas avec la chronologie rigoureusement établie par votre biographe. Peut-être votre mémoire a-t-elle faibli et était-ce en juillet ! Car le

11 août vous étiez à Sierre dans le Valais et le 3 septembre vous faisiez route pour Paris, à une époque où l'on ne prend pas l'avion comme l'autobus — et de toute façon vous n'avez jamais aimé l'avion. Certes, Lucy importait, alors même que vous aviez entamé avec Grace une liaison importante. La preuve en est dans une des rares correspondances non scellées, échappée à ces années, une carte postale écrite de Charleston en Caroline du Sud vers 1940. La carte postale représente le Marshall Gate, dans la Church Street. Écrite en anglais, langue que vous parlez peut-être avec Lucy, puisque vous ignorez le grec moderne, à moins que ce ne soit pour faire plus couleur locale, elle pourrait se traduire ainsi : « Très chère Lucy, vous souvenez-vous de Saint Georges ? (Mes amitiés à tous) il y a seulement un an. Je suis pour quelques jours dans cette jolie petite ville au milieu des jardins de magnolias [...]. J'ai reçu votre lettre et y répondrai, mais j'ai beaucoup travaillé et n'ai pas encore eu le temps. Quand nous reverrons-nous ? Les [temps] sont [tristes]. Mais la vie a quand même ses bons moments. Tendresses de Marguerite [10]. »

En marge de la carte vous avez écrit en français ceci : « À Lucy (Jamais envoyé. Elle mourut pendant le bombardement de Janina durant la semaine de Pâques 1941.) [11]. »

Bien plus tard, dans vos papiers intimes, parmi les dates de naissance et de mort de vos proches, humains, bêtes et personnages de fiction confondus, vous allez noter brièvement : « Jour des Rameaux : mort de Lucy [12]. »

Il y eut Lucy. Il y eut sans doute d'autres femmes. Comme il y a André, Andreas et d'autres hommes dont nous ignorons tout, à l'exception du poète Jean-Paul de Dadelsen qui vous désire peut-être, qui rêve de vous et osera vous l'écrire pendant les années de guerre où vous avez déjà quitté l'Europe.

À partir de février 1937 il y a surtout « Grâce ». Avec elle, vous partez en avril dans un de vos voyages autour de la Méditerranée, que vous êtes heureuse de lui faire connaître : la Sicile par Gênes, l'Italie du Nord par Rome, Florence et Venise et puis la côte dalmate, Corfou et votre Grèce bien-aimée : Athènes, Delphes, Sounion. Après une incursion à Capri, à la fin de l'été

1937, retour à Naples d'où Grace embarque en août pour New York.

Mais vous n'allez pas vous séparer pour longtemps. Le temps de faire quelques démarches, de régler quelques affaires, et vous la rejoignez à New York pour la première fois, une première fois sur laquelle vous n'avez conservé aucun commentaire. Et vous vous installez auprès de Grace qui a commencé son *Ph.D.* (doctorat) à Yale, dans la petite ville universitaire de New Haven. Et comme partout, comme toujours, même pendant les années les plus folles de la passion pour André ou du compagnonnage intermittent avec Embirikos, vous vous mettez au travail sans cesser de garder un œil sur le monde.

Car le projecteur aveuglant que *Feux* dirige sans pudeur sur votre nudité intérieure ne doit pas masquer l'évidence qu'à l'instant même où vous viviez la danse chaotique et dévoiliez votre passion d'aimer mêlée à votre passion de souffrir vous continuiez à mener de front une activité littéraire et intellectuelle infatigable. À tout moment, même entre 1932 et 1935 à l'apogée probable du désir fou, posé comme un autre masque devant la femme qui brûle, une autre Marguerite a écrit d'autres livres que ceux qu'inspirait André, a bourlingué, échangé des idées et des rêves, et fréquenté de temps en temps un certain milieu littéraire.

Elle a également sinon fait de la politique, du moins posé un regard aigu sur la face sombre de l'Europe d'avant-guerre, de l'Europe en voie de décomposition qui coule à pic vers la guerre et vers la fin d'un monde.

« — À cette époque, juste après le Front populaire, au moment où de nombreux écrivains se sont soudain " engagés ", Gide, Malraux, Bernanos et même Mauriac, quelle a été votre attitude ? vous demandera Matthieu Galey.

— Indifférente. J'étais si peu en France qu'elle me paraissait plus éloignée que l'Espagne, plus éloignée que la Grèce [13]. »

Il est improbable que l'influence d'Embirikos ne se soit pas exercée en son temps sur vous, qui reconnaissez être ouverte à l'ascendant de vos proches. Cet intellectuel marxiste, qui a renoncé à la direction des chantiers familiaux pour ne pas casser une grève, a sans doute provoqué chez vous la réflexion, vous avez ensemble discuté, peut-être âprement, car vous ne voulez le suivre ni dans son freudisme ni dans son communisme ni dans son surréalisme.

Mais vous êtes moins indifférente que vous ne voulez le reconnaître quarante ans après. Et si on y regarde de près, vous n'avez pas attendu Andreas pour publier dans *L'Humanité* de Barbusse deux textes : « L'Homme », que vous aviez intitulé « L'Homme couvert de dieux », le 13 juin 1926, et un poème au titre prometteur, « La Faucille et le Marteau », le 20 novembre de la même année.

Ces deux textes surprennent par une veine « réaliste socialiste » qui s'apparente à l'art robuste et didactique d'un Léger. Il permet d'imaginer dans quelle voie esthétique proche d'un Aragon vous auriez pu engager votre art et votre pensée, en dépit de toutes les allégations ultérieures de ceux qui ont voulu vous situer dans le droit fil de Vichy.

Qu'on en juge par ces dernières lignes de « L'Homme » dans les « bonnes pages » de *L'Humanité* : « Lentement l'homme s'était redressé. La tête maintenant tout à fait droite, il allait d'un pas lent d'abord, puis de plus en plus rythmique et rapide. Autour de lui, sous la simplicité du ciel, la terre qui n'appartenait plus qu'à lui-même s'étendait à perte de vue, avec les instruments pacifiques du travail humain, les animaux dévoués et l'inutilité des autels [14]. »

Qui vous attribuerait aujourd'hui ces derniers vers de « La Faucille et le Marteau » ? « Forgez, fauchez, frappez toujours / Un jour naîtra des jours ! / Sur l'air, le feu, la terre et l'onde. / L'être humain, constructeur du monde, / Tordra vers le haut firmament / Sur l'herbe du labeur champêtre / Sur le sol dur enfin sans maître, / La gerbe du prochain froment, / Le Bronze des cités à naître [15]. »

À l'époque déjà lointaine où Michel vivait encore, dans les années 20, vous aviez fréquenté à Rome des militants antifascistes au moment de l'assassinat de Matteotti ou peu après. La Marcella de *Denier du rêve*, qui tire sur le dictateur, a eu un modèle dans la vie. Carlo Stevo, l'intellectuel assassiné aussi. Tous deux étaient des anarchistes dans la plus pure tradition italienne. « Le fascisme me paraissait grotesque ; j'avais vu la Marche sur Rome : des messieurs de " bonne famille " suant sous leur chemise noire et des gens sur lesquels on tapait parce qu'ils n'étaient pas d'accord. Cela ne m'avait pas paru beau. De plus, je n'étais pas dupe d'une prétendue unanimité. Tout un pays n'emboîte pas le pas à un régime ; ce n'est jamais vrai. Les gens des villages, les ouvriers n'étaient pas gagnés. Ils se taisaient simplement [16]. »

À votre interlocuteur qui vous demande alors si vous n'avez pas eu la tentation de vous engager personnellement, vous précisez :

« Je ne suis pas italienne. Il est difficile de se mêler des affaires des autres à moins d'être lié avec eux très profondément. Mais j'ai connu pas mal de gens qui luttaient, des gens de la Résistance italienne [17]. »

Votre réponse est fuyante comme votre comportement. On pourrait arguer que vous ne vous êtes pas engagée davantage en France qui est votre pays. Mais à cette époque, c'est toujours « ailleurs » que vous vous sentez chez vous. Et vous vous féliciterez avant comme après de n'avoir pas choisi de camp.

D'ailleurs Matthieu Galey ne vous l'enverra pas dire :

« Toute personne qui se dit apolitique est de droite. »

Et vous réagirez à la fois vivement et prophétiquement :

« Cette formule prouve simplement que l'idéologie de gauche l'emporte pour le moment sur la politique de droite [nous sommes à la fin des années 70]. Tout minoritaire semble apolitique au groupe majoritaire qui l'entoure. C'est par là que les gens dits " de gauche " ont trop souvent une naïveté de croyants des premiers âges du christianisme, persuadés que leurs solutions sont nécessairement bonnes. Au fond je suis convaincue qu'il n'y a pas de régime qui ne puisse être parfait si l'homme qui l'applique est parfait, et parfaits les hommes qui l'acceptent. Un communiste idéal serait divin. Mais un monarque éclairé, comme le souhaite Voltaire, serait également divin. Seulement où sont-ils [18] ? » Et vous terminerez la discussion par ces propos prophétiques : « L'âge des étiquettes politiques me semble dépassé ou à dépasser [19]. »

234

Cette avant-gardiste attitude du ni-ni représente votre dernier mot sur une question naguère délicate. On peut la compléter par cette réponse à un questionnaire de Jean Chalon : « Ça a été un des malheurs de la pensée européenne que la droite et la gauche, chacune de son côté, se soient accrochées avec une sorte d'acharnement à des conceptions quasi théologiques de la nature humaine : l'extrême droite agissant et légiférant comme si l'homme n'était à aucun degré perfectible et comme si la répression seule pouvait triompher des mauvais instincts de l'homme (et aussi de quelques bons) ; la gauche s'entêtant dans une image idyllique de l'humanité et croyant sans restrictions aucune aux " lendemains qui chantent ". Rien n'a jamais été gagné ni à droite ni à gauche, par le manque de générosité ou par le manque de lucidité [20]. »

Pourtant, vous ne niez pas avoir été troublée par vos séjours en Allemagne et en Autriche dans l'immédiat avant-guerre. « Les anxieuses journées de Munich », vous les avez passées dans le Valais suisse à Sierre ; après un bref passage à Paris, vous en êtes repartie en décembre 1938 pour l'Autriche ; vous vous êtes arrêtée brièvement en Suisse, puis êtes descendue à Vienne dans une pension de famille de la Spiegelgasse. De vous-même vous dites dans votre chronologie officielle : « Elle fait durant ce séjour l'expérience de l'Autriche sous la domination nazie et de certains aspects de la tragédie juive [21]. »

À Matthieu Galey vous préciserez encore à propos de l'Allemagne et de l'Autriche de l'époque : « Le spectacle du nazisme vu de près y était atroce [22]. » Il vous demande alors si vous sentiez venir la guerre. « Il aurait fallu être sourd et aveugle pour ne pas voir venir la guerre en 1938 [...]. Chaque fois que je rentrais en France, soit de Grèce, soit d'Europe centrale, je voyais des gens assis dans les cafés qui n'avaient pas l'air de se douter [...]. La France me semblait plus protégée. Cela tenait en partie à la douceur de la vie en France certainement plus sensible qu'ailleurs. Personne ne semblait rien prévoir. Il suffisait pourtant de prendre l'Orient-Express de ce temps-là pour savoir que cela tournerait très mal [23]. »

Est-ce à dire que vous vous croisez les bras ? Non.

« Un écrivain peut contribuer à la lutte politique en disant tout simplement ce qu'il a vu [24]. » Vous entendez par vos livres témoigner et mettre en garde, quoique par ailleurs convaincue que « les gens ne s'aperçoivent jamais à temps de ces mises en garde [25] ».

À trente ans, cependant, quand vous écriviez *Denier du rêve*, vous aviez sans doute davantage d'illusions. Ce roman est le plus actuel de votre œuvre puisqu'il se situe dans un contexte presque contemporain de celui auquel il a été écrit.

Il était paru en 1934 chez Grasset, où Fraigneau est toujours éditeur, au moment où votre maladie d'amour est dans sa phase aiguë. Pourtant, il n'en transparaît presque rien. On peut mesurer la force de votre contrôle de vous-même à ce décalage entre les notations intimes de *Feux*, dont vous parsemez au même moment vos carnets, et l'évocation d'un attentat contre Mussolini en l'an XI de la dictature, dans l'ambiance de la Ville éternelle, où s'échange, entre des êtres pris dans les tourmentes du hasard et du destin, une pièce de dix lires : le prix du rêve.

5.

Le prix du rêve

Probablement commencé dans les années 20, à l'époque de vos fréquentations des milieux anarchistes italiens, *Denier du rêve* est paru en même temps que *La Mort conduit l'attelage* (deux ans avant *Feux*). Ces textes ont été tous les deux remaniés et ont servi d'esquisses à des œuvres ultérieures. Vous en avez, dans les deux cas, interdit la réédition.

Denier du rêve a été remanié deux fois après cette première version. Vous le réécrirez en 1959 avec une nouvelle préface qui paraîtra aux éditions Plon. Vous en ferez une adaptation théâtrale, *Rendre à César*, publiée chez Gallimard en 1971. Ces jalons permettent de mesurer l'évolution de votre pensée politique et la manière dont vous reconstruisez à la fois l'histoire contemporaine et votre propre approche de cette histoire.

En 1959, contrairement à votre habitude, vous ne donnez pas dans la modestie quand il s'agit de l'impact du *Denier du rêve* de 1934. C'est « l'un des premiers romans français » — n'hésitez-vous pas à affirmer dans la préface définitive — « à regarder en face la creuse réalité cachée derrière la façade boursouflée du fascisme, au moment où tant d'écrivains en visite dans la péninsule se contentaient encore de s'enchanter une fois de plus du traditionnel pittoresque italien en s'applaudissant de voir les trains partir à l'heure (en théorie du moins) sans songer à se demander vers quel terminus les trains partaient [1]. » Votre présomption un peu intempestive marquerait-elle que, sur ce point, votre position a été plus ambivalente que vous ne voulez vous l'avouer à vous-même a posteriori ?

De votre propre aveu, le *Denier du rêve* de 1934 est encore très proche de l'ambiance de vos autres textes de cette époque : « En fait ce livre ressemble à *Feux* par certains de ses thèmes. Mais chaque livre naît un peu comme un arbre ; chaque pensée qui fait naître un livre emporte avec soi toute une série de circonstances, tout un complexe d'émotions et d'idées qui ne sera jamais pareil dans un autre livre. Et chaque fois la méthode est différente [2]. »

Denier du rêve est dédié à votre grand ami d'alors, l'écrivain et critique Edmond Jaloux. Dans la future version de 1959, vous allez supprimer le nom du dédicataire. Vous vous en expliquerez un jour : « Je dédie moi-même très peu, et les quelques noms que j'avais mis en tête de certains de mes premiers livres — dont celui de la troisième femme de Michel : Christine, en tête du *Pindare* — ont été effacés lors des réimpressions faites dans l'âge mûr. Les raisons de cette abstention sont complexes, et il serait fastidieux de les énumérer. L'une, très importante à mes yeux, mérite pourtant d'être mentionnée : c'est le fait qu'il y a rarement accord complet entre la personnalité de celui à qui on dédicace quelque chose et l'œuvre dont on lui fait hommage. C'est ainsi que j'avais dédié le canevas informe du *Denier du rêve* à Jaloux, ami très cher. Même en laissant de côté l'infériorité de ce premier brouillon, il était absurde d'offrir *Denier du rêve* à un homme se refusant aussi complètement que Jaloux à comprendre et à placer à son rang dans l'ensemble des choses la pensée de gauche [3]. » La dédicace à Edmond Jaloux reparaîtra cependant dans l'édition de la Pléiade. Avec le temps, vous avez fait justice de vos états d'âme de la maturité.

La figure de Marcella Ardeati — notons le nom qui évoque une fois de plus l'ardeur passionnelle —, encore follement amoureuse de son ex-mari Alessandro, est la sœur de vos autres personnages de femme consumés par leur désir. Elle « était née en Romagne, à Cesena, où sa mère exerçait le métier de sage-femme. Son père, militant anarchiste, avait été destitué de son poste d'instituteur par ordre du despote qui avait été jadis son ami d'enfance. Un jeune médecin riche, déjà célèbre, l'avait épousée par amour après quelques mois d'une liaison orageuse [...]. Elle l'avait fui deux ans plus tard, rougissant de ce mariage avantageux comme d'un attachement coupable et c'en était bien un, puisque ces années de passion l'avaient momentanément détournée de sa vocation véritable, c'est-à-dire, de la vocation du malheur [4] ».

Comme la plupart des femmes de vos livres, Marcella est déterminée par cette vocation du malheur. Comme elles aussi, cette femme énergique, capable de tirer sur le dictateur, a son talon d'Achille : la sensualité. Marcella est de celles qui s'affaiblissent sous l'empire du désir.

« " Mais l'amour des sens n'est pas si important qu'on croit...

— N'est-ce pas ? " dit-il avidement. »

« Je mens, pensa-t-elle. Même si près de la mort, je mens [...]. Être caressée par ses doigts, me remonter un peu sur l'oreiller jusqu'à ce que sa tête touche mon sein [5]... »

Alessandro, homme aimé et redouté parce que aimé, sait parfaitement se jouer de ce trouble qu'il cherche à faire naître : « Moins en garde contre lui que contre son propre corps, consentant malgré elle, battant comme un cœur [...].

« " Je t'aime encore, fit-elle. C'est honteux mais je t'aime encore. Et tu le sais bien. Mais tout est fini [...] "

« Penché sur le lit, il passa doucement la main le long de la couverture comme s'il suivait les contours d'un corps. Marcella tremblait sous cette caresse qui effleurait un souvenir [6]. »

Denier du rêve est un récit baroque tout comme *Feux* est un baroque poème en prose. Le baroque sied à l'expression de l'excès, de la contradiction et du désordre. Ce « chant dans le cri », dont vous dites qu'il est spécifiquement italien et s'apparente autant à l'opéra qu'à la tragédie, forme aussi le maillage de vos très grecs chants d'amour. Marcella, plus encore qu'Antigone, transcende son aventure personnelle en s'engageant corps et âme dans le meurtre politique. Il vient un moment où son ancien amant s'aperçoit qu'« il ne connaissait pas cette Marcella qu'il croyait connaître, que ce projet [de meurtre] comptait pour elle davantage que leurs amours et leurs querelles, que cette intrépidité, mettant la vie à si bas prix, provenait d'un désespoir de partisan et non d'une détresse de femme [7] ».

Préfigurant la Sophie du *Coup de grâce*, Marcella met sa passion au service d'une cause qui la dépasse et dans laquelle elle investit cette même fureur de tuer ou d'être tuée. Pour elle, comme pour Fernande, qui mourut de vous mettre au monde, donner ou prendre la mort est l'autre face inséparable de donner ou de prendre la vie. « C'était une de ces nuits où tout semble possible. Il était facile de tuer, facile de mourir, facile de passer de main en main comme une proie ou comme un verre [8]. »

À nouveau : la débauche ou la mort — substitut de l'adoration — qui sont les deux visages du même Janus féminin. Massimo, l'intellectuel dévoyé qui trahit ses amis tout en les aimant, ne s'y trompe pas : « Et tu prends ton couteau Charlotte, et tu montes dans la diligence pour Paris et tu frappes un grand coup, comme un boucher, en plein cœur. Ah ! tuer, mettre au monde, vous vous y entendez, vous, les femmes : toutes les opérations sanglantes... Et ton sacrifice ne sauve personne, au contraire. Tuer, c'est seulement ton moyen de mourir [9]... »

C'est par leur sacrifice au service d'un projet qui les dépasse, que Marcella, puis Sophie échappent à l'humiliation de Léna ou à la tentation du suicide auxquelles les condamnent des sens et un cœur insatisfait. Le corps existe certes mais il se réduit. À la lettre, en se coupant le sein. Dans l'esprit, en se sacrifiant à autre chose. Le fantasme de la poitrine tranchée récidive dans *Denier du rêve* de 1934 où Lina Chiari, la petite prostituée romaine, atteinte d'un cancer, doit se faire amputer le sein : « Une poulpe s'était agrippée à sa chair. Elle avait crié ; elle avait couru, alourdie par ce hideux poids vivant ; on n'avait arraché l'animal qu'en le faisant saigner [10]. »

En 1959, ayant remanié le *Denier du rêve* de 1934, à la lumière de l'expérience réelle de la maladie de Grace, vous chercherez à inscrire l'ancienne obsession dans une réalité médicale. Et vous écrivez au docteur Henri Balmelle : « En 1934, à l'époque où j'écrivais cette histoire, j'étais moins renseignée que je ne le suis devenue depuis, malheureusement, sur ce genre de maladie. Néanmoins, il ne me semble pas que j'aie commis de sérieux impairs. Ma seconde version évite encore plus soigneusement le mot souffrance ou douleur, puisqu'on m'assure que dans aucun cas il n'y a souffrance avant les stages finals de la maladie et que c'est précisément son danger [11]. »

Le désir féminin peut se réduire par d'autres moyens que la mutilation. Par le suicide dans la double tentation de tuer et de mourir. Par l'exploit. Par la littérature. Par l'engagement politique...

Et les aventures de ce misérable corps, jeune, ardent, honteux de ses désirs et de ses seins, devront peu à peu céder la place à l'Histoire qui déferle et emporte avec elle les sentiments les plus délicats : amour, honneur, fierté, courage. Autour de vous, les plus dignes commencent à baisser la tête. Vous n'en êtes pas consciente. Pas plus, pas moins que la plupart. Pas encore. Vous ne voudrez jamais l'être complètement, vous qui alliez écrire en 1978, sur la France du Maréchal : « ce moment de notre histoire incompréhensible ou presque pour ceux qui comme moi l'ont vécu à l'étranger [12] ».

Mais à votre manière vous résistez. Moins que ce que vous avez dit de vous-même en ces années sombres de l'histoire de l'Europe. Plus que ce qu'en ont raconté ceux qui, contrairement à vous, ignorent que l'exactitude est la seule vérité accessible. Vos textes de l'époque et vos seuls textes de l'époque, non remaniés par la suite, parlent pour vous. À condition de les replacer dans leur contexte et de comparer votre discours à celui que tenaient au même moment vos contemporains écrivains et intellectuels. C'est ce que je ferai à propos du *Coup de grâce*.

« Il m'arrive de penser, dit Massimo [le jeune traître de *Denier du rêve*, qui a trahi son ami Carlo Stevo], que c'est nous qui ne sommes pas purs, mais qui avons été humiliés, dépouillés, salis [...]. Nous qui n'avons ni pays ni parti [...] qui pourrions être ceux par lesquels le règne arrive [13]. » Dans cette version de 1934, vous ne faites jamais mention du nom juif de Massimo. Près de quarante ans plus tard, en 1971, vous avez tenu à ajouter à la fin de *Rendre à César*, pièce tirée de *Denier du rêve*, une liste concernant l'état civil et le destin de vos personnages qui, après la mort de Marcella sur le lieu de son meurtre, ont eu le temps comme vous de survivre, ou de mourir. On y apprend que le Père Cicca et Alessandro Sarte, l'homme aimé de Marcella, ont été fusillés à la Fosse Ardéatine le 24 mars 1944, qu'Oreste Marinunzi est mort le 30 octobre 1943 à Stalingrad et que Massimo, soit Maxime Iakovleff, qui était né le 12 juin 1911 à Saint-Pétersbourg, est mort à Auschwitz le 1er mai 1945, Auschwitz où entretemps vous aurez vous-même fait le voyage...

1932-1933 : l'année de la composition de *Denier du rêve* est aussi celle où vous révisez « légèrement certains récits tirés de l'ancien grand roman irréalisable entrepris vers la vingtième année [14] », intitulé « Remous » et qui contenait aussi en germe *Le Labyrinthe du monde*, où vous les divisez en trois nouvelles intitulées « D'après Dürer », « D'après Greco », et « D'après Rembrandt » et les publiez en 1934, l'année même de la publication de *Denier du rêve*, sous le titre *La Mort conduit l'attelage*. Ce titre s'inspire de la dernière scène du recueil où s'éloigne la charrette aux comédiens, conduite par la Mort dont le drap blanc ne craint rien contre les intempéries. En 1981, dans la postface d'*Une belle matinée*, vous en jugerez simpliste le symbolisme : « La mort conduit l'attelage, mais la vie aussi [15]. »

Dans vos carnets, vous noterez, en vous étonnant de sa sagacité, ce propos d'un critique de l'époque soulignant dans les trois nouvelles l'interdépendance de l'« esprit » (Zénon, d'après Dürer), de l'« âme » (Nathanaël, d'après Rembrandt) et du « corps » (Anna, d'après Greco). Notons, sans nous étonner, qu'à l'époque de *Feux* le corps est pour vous femme.

On se rappelle l'histoire torride d'Anna de la Cerna, la belle Espagnole de Naples, et ses amours incestueuses avec son frère Miguel, que vous écriviez aux côtés de Michel, dans l'euphorie de la découverte italienne. Elle devient, dans cette nouvelle mouture, l'austère héroïne de *D'après Greco*. Plus tard, lorsque vous aurez remanié, corrigé ou transformé, *D'après Greco* s'appellera *Anna, soror*. Un autre texte de jeunesse, alors intitulé « Nathanaël », et repris dans *D'après Rembrandt* se fractionnera en *Un homme obscur* et *Une belle matinée*. De *D'après Dürer* sortira *L'Œuvre au noir*.

« *La Mort conduit l'attelage* de 1934, allez-vous écrire à Alain Bosquet, le 1ᵉʳ janvier 1964, [...] ne représente que le texte, assez peu révisé, d'un roman écrit entre 1922 et 1925 ; *La Mort conduit l'attelage* est en effet mon premier roman ; j'avais entre dix-neuf et vingt-deux ans, et c'est ce qui explique les fautes de dessin. Mais le sujet m'a, de façon intermittente, hantée toute ma vie comme l'a fait celui d'*Hadrien* [16]. » Le titre témoigne d'une obsession de la mort, plus commune chez un cœur et une plume jeunes.

L'ombre de Michel rôde dans ce texte que vous avez dédié à sa mémoire. *D'après Dürer* est plein de sa présence, sous les traits de Henri-Maximilien, dont le personnage équilibre dans cette version ancienne celui de Zénon. Zénon qui vous ressemble finira par occuper le champ de *L'Œuvre au Noir*, lorsque, dans les années 60, vous lui donnerez dans cette nouvelle version la priorité. Henri-Maximilien et Zénon. Michel et Marguerite. L'aventurier du pouvoir et l'aventurier du savoir marchent encore côte à côte dans votre paysage mental de 1933. Bien plus tard, vous allez écrire : « Il y a du tempérament de mon père dans le tempérament d'Henri-Maximilien [17]. » Mais vous écrirez aussi : « Tant qu'un être inventé ne nous importe pas autant que nous-même, il n'est rien [18] » tout en reconnaissant : « J'aime Zénon comme un frère [19]. » Et sur ce compagnonnage inventé d'après votre complicité avec votre père, vous conclurez ainsi : « Zénon et Henri-Maximilien [...] finissent tous deux par un refus : Henri-Maximilien refuse les honneurs et s'enlise dans sa vie de capitaine pauvre, Zénon refuse la rétractation qui lui sauverait la vie. Tous deux ont mis longtemps à s'apercevoir que le refus devait être fait [20]. »

Dans ce texte de 1934, le seul avec le premier *Denier du rêve* et « Ariane et l'Aventurier » que vous refuserez farouchement et jusqu'au bout de rééditer, les nouvelles, quoique toutes les trois réutilisées, ne l'ont pas été de la même manière. *Anna, soror* n'est qu'une version remaniée de *D'après Greco*. *D'après Dürer* amorce *L'Œuvre au Noir* dont il est l'esquisse, et figure une étape de jeunesse de votre grand Œuvre. Le plus changé sera *D'après Rembrandt*. Il traînait dans ce texte des années 30, dont un des personnages principaux, Lazare, est le fils d'une prostituée juive de Wilna rescapée d'un pogrom, des relents d'époque, par exemple dans l'évocation dégoûtée de la Judenstraat du ghetto d'Amsterdam où « une odeur de friture et de poussière flottait. On respirait mal, sous un ciel pluvieux [...]. Les branches d'arbres qui avaient servi pour la fête des Tabernacles jaunissaient sous les portails. Un boucher abattait des moutons suivant les préceptes de Moïse ; du sang frais coulait sur les dalles. Les seaux de lait déposés aux portes attiraient les dernières mouches ; la maison du rabbin n'avait pas le sien [21]... »

Ce lugubre et crasseux ghetto, vous avez choisi de l'oublier en recomposant l'histoire de Nathanaël dans *Un homme obscur* et celle de son fils Lazare dans *Une belle matinée*.

Seule, une note de lecture égarée dans le labyrinthe du fonds Harvard permet de reconstituer le mélange d'horreur que le ghetto juif vous inspirait en cette obscure époque, et l'horreur de cette horreur que vous dicta après coup la culpabilité de l'avoir éprouvée : « Dans l'ensemble, ce qui ressort pour moi du moins, c'est l'horreur devant l'absurdité et la brutalité de la destruction des Juifs de Pologne, une pitié horrifiée pour les victimes (qui périrent tandis que nous vivions, guère trop préoccupés d'eux) mais aussi une sorte d'antipathie foncière qu'on regrette d'éprouver et qu'on ne peut pas ne pas mentionner sous peine de mensonge [22]. »

Il traîne aussi dans *D'après Dürer* des relents de votre intimité et de vos obsessions d'alors. Certaines évocations sensuelles annoncent et prolongent celles de *Feux*, écrit et publié plus tard. « Le contact de ce corps était rafraîchissant comme l'eau, dit le Zénon de 1934 à propos d'Aleï, son amant, et il serait bon de se demander pourquoi les corps les plus ardents sont ceux qui rafraîchissent le plus [23] », ou cette description de mains : « Ses mains, blasonnées par le feu, pendaient pensivement entre ses genoux, et l'on voyait qu'il considérait pensivement ces instruments de travail, de luxure, et peut-être de crime [24]. »

« L'universel pouvoir de la chair [25] » s'abat sur Miguel et sur sa sœur autant que sur les victimes de *Feux*. Il était doux à Anna, capable de « s'évanouir sur un souvenir [26] », « que son visage, ses bras, sa gorge amaigrie fussent différents de ceux que des mains devenues poussière avaient seules caressés [27] ». Miguel mort, « elle se demandait pourquoi Dieu veut qu'on le prie encore, lorsqu'on n'a plus pour qui prier [28] ».

Autour de Miguel et de Dona Anna rôde une ambiance maléfique peuplée de sorcières, cousines d'Algénare, de Cassandre et autres réprouvées qui habitent vos textes de cette époque : « Alors seulement, Miguel s'aperçut que le silence était plein de bruissements, de froissements, de coulées. Des scorpions, des couleuvres, des vipères, toutes sortes de bêtes à poison rampaient sur l'herbe. Des fourmis, des araignées couraient sur le rebord des dalles. Et d'innombrables yeux, jaunes comme ceux de la fille, luisaient à terre [29]. »

Quant au père, Don Alvare, partagé, comme vous l'étiez déjà à l'époque, entre la tentation de l'ascétisme et celle de la débauche, il se sent, à la disparition de Miguel, rattaché à ce fils « qu'il avait peu aimé et n'avait pas su comprendre [...] par une parenté plus intime, mystérieuse : celle qu'établissent entre les hommes, à travers la lugubre diversité des fautes, les mêmes angoisses, les mêmes luttes, les mêmes remords, la même poussière [30] ». On n'est pas si loin, peut-être, de Michel de Crayencour et de son fils aîné...

Mais ne quittons pas encore ces années 30, quand vous viviez à cent à l'heure, comme si vous mettiez les bouchées doubles pour conjurer par avance les quarante années de vie immobile qui vous attendent. Vous êtes en 1937 à New Haven auprès de Grâce pour un séjour provisoire. Le bilan que vous pouvez faire de votre production littéraire est somme toute plutôt positif. Depuis votre rencontre avec André Fraigneau en 1930, vous avez écrit et publié *La Mort conduit l'attelage*, *Denier du rêve* et *Feux*. *Les Songes et les Sorts* vont sortir l'année prochaine chez Grasset. La même année, les *Nouvelles orientales*, auxquelles vous avez mis, sur le transatlantique, la dernière main, paraîtront chez Gallimard, sous la direction d'Emmanuel Boudot-Lamotte, ami de Fraigneau.

À l'approche de l'année 1938, le jeune écrivain que vous êtes est à trente-quatre ans en pleine possession de son talent. Huit livres publiés, sans parler des articles et des contes séparés qui ont reçu un bon accueil de la critique. Edmond Jaloux, un de ceux qui comptaient, a le premier remarqué *Alexis*. Depuis, devenu votre ami, il consacre régulièrement à vos productions sa chronique « L'Esprit des livres » dans *Les Nouvelles littéraires* — la seule exception étant le *Pindare*.

On est loin des publications à compte d'auteur du *Jardin des chimères* et même des petites maisons d'édition comme Au Sans Pareil qui accueillait *Alexis*. À présent vos livres ont pignon sur rue. Vous vous permettez même de quitter Grasset pour inaugurer avec *Nouvelles orientales* un bref passage chez Gallimard que vous ne réintégrerez dans les années 60 qu'après bien des bouderies. Mais vous n'avez pas encore commencé à vous disputer avec vos éditeurs. Certes vous n'êtes pas connue du grand public qui fait le succès commercial des livres. Les tirages de *Mémoires d'Hadrien* ou de *L'Œuvre au noir* ne sont encore qu'un lointain mirage. Mais dans les cercles littéraires que vous n'avez fréquentés que de très loin, vous êtes quelqu'un qui commence à compter.

Vous vous êtes mise à correspondre, depuis que vous êtes en Amérique auprès de Grace, notamment avec l'écrivain catholique Charles Du Bos, préfiguration d'une habitude qui deviendra envahissante dans les années 70, quand vous serez clouée dans l'île des Monts-Déserts. Ce voyage de 1937-1938 est comme une répétition générale de ce qui vous attend. Et l'on entend déjà comme un soupir de nostalgie dans cette lettre où vous lui demandez un poste en Amérique pour Constantin Dimaras, le vieil ami grec avec qui vous avez traduit Cavafy : « Je crains que les conditions de vie en Amérique ne paraissent bien rudes à un homme habitué à la douceur que dispense malgré tout à Athènes cet admirable mélange de passé et de ciel et j'ai presque envie de lui déconseiller le départ [31]. »

Au reçu des épreuves de *Nouvelles orientales*, le 16 novembre 1937, vous avez écrit à Boudot-Lamotte, de New Haven, en Européenne qui n'a pas encore quitté Paris dans sa tête : « Ceci n'est qu'une lettre d'affaires et je ne veux pas lui faire manquer le *Queen Mary* qui part demain de New York. J'aurais aimé vous parler de l'Amérique ; ce sera pour une autre fois ou pour Paris à mon retour. Il faut pourtant vous dire que l'été indien est admirable, et que le paysage en automne arbore la livrée du Peau-Rouge, l'épiderme cuivré d'Atala. Et c'est aussi la saison du football qui tient ici du carnaval, du cirque et du 14 juillet. Mais l'Europe est mille fois plus loin que la Perse à laquelle je pense encore. Dites à André que je pense à lui et croyez, cher ami, à mes sentiments très sympathiques et tout reconnaissants [32]. »

« Dites à André que je pense à lui. » Malgré l'éloignement, l'excitation d'une nouvelle relation, vous n'êtes pas guérie. Tout inconscient, malgré qu'on en ait, fait ses comptes. Le vôtre prépare *Le Coup de grâce*.

À Charles Du Bos qui, comme vous, vit en Amérique et enseigne à l'université catholique de Notre-Dame, vous écrivez en cette fin 37 : « Au sens strict du mot, le problème de l'angoisse religieuse n'existe pas pour moi. Le pathétique et l'inquiétude (dont nul de nous n'est heureusement ou malheureusement exclu) se situent ailleurs dans ma vie [33]. »

Après l'élan douloureux vers la vie et la passion, vous êtes dans une phase de renoncement et de dépassement du moi, haïssable quand il ne cesse pas d'être moi. Vous reprenez à Yale vos recherches sur Hadrien, commencées, on s'en souvient, quand vous aviez à peine plus de vingt ans et dont une version, « Antinoos », a été refusée en 1926 par les éditions Fasquelle. D'après ce que vous direz longtemps après, c'est la troisième version d'*Hadrien* à laquelle vous travaillez alors. Et c'est à ce moment précis, dans la retraite de New Haven, que vous écrivez le passage sur le renoncement aux exercices du corps.

À peine venez-vous de rentrer en France, après tous ces mois passés auprès de Grace, que vous écrivez encore à Du Bos : « Oui, il m'a fallu des années pour cesser d'être aveugle aux vertus de l'espérance que je confondais avec les illusions les plus basses [...]. Et il y a peut-être une *seconde* espérance infiniment moins fragile et plus tardive que la première, qui naît sur ses ruines le jour où nous nous apercevons enfin que les événements, doués de tout le pouvoir possible pour faire souffrir, n'ont pourtant pas autant que nous le croyons, celui de nous briser [34]. »

Cette seconde espérance, qui naît sur les ruines de la première, ne serait-elle pas moins abstraite qu'il n'y paraît ? Ne porterait-elle pas un beau nom pour une espérance : Grâce ? À cette question, il est difficile de répondre autrement que par des faits. Vous venez de passer plusieurs mois avec votre amie. Ensemble vous avez fait des voyages à l'intérieur des États-Unis, en Virginie, à Charlottesville et à Richmond, au Canada, d'où vous écrivez de Québec à Charles Du Bos au moment du retour en France : « Comme vous, j'apprécie chaque jour davantage la sérénité de la retraite américaine. Il est curieux et bien contraire à la légende des États-Unis que ce soit précisément ces occasions de recueillement, de détachement et de paix que nous ayons recherchées et trouvées ici [35]. »

Plus que l'Amérique, vous savez bien que l'Américaine qui vous accompagne est responsable de ce détachement et de cette paix retrouvée : c'est elle qui diffuse cette tranquillité dont la danse chaotique à travers l'Europe avec les corps et les masques des deux André vous avait fait, cruellement peut-être, ressentir le manque.

Cependant, à cette époque de vos premières amours comme plus tard, Grace n'est que l'ombre de vous-même. Une ombre qui protège, qui aussi parfois fait ombrage. Mais une ombre. Présente et envahissante dans la quotidienneté mais absente de l'œuvre. Sous le travesti de la fiction, Fraigneau et Embirikos ont marqué vos textes contemporains de vos relations avec eux, ils ont pesé sur votre œuvre ultérieure. De Grâce, nulle trace. Il est difficile de cerner dans votre fiction la moindre virgule inspirée par votre amie, à moins que le titre d'*Un homme obscur* ne soit à rapporter indirectement et par déplacement à celle que jusqu'au bout vous nommerez « mon assistante » ou « ma traductrice en langue anglaise ».

« Pourquoi les femmes s'enferment-elles si souvent dans leur petit monde étroit, prétentieux, pauvre ? (Je pense à la phrase que je fais employer à Hadrien : " Je retrouvais le cercle étroit des femmes, leur dur sens pratique, et leur ciel gris dès que l'amour n'y joue plus ") », allez-vous injustement déclarer après quelque vingt ans de vie commune avec Grace. « Je ne veux pas dire que l'homme ait toutes les vertus, le monde en ruine où nous vivons prouve le contraire. Mais je pense que c'est en partie au misérable petit égoïsme de la dame très bien qui sent la lavande et s'offre une petite vie " harmonieuse " que nous sommes redevables du fait que le chaos continue et grandit [...]. On cherche vainement *La femme* [36]. »

En même temps, et malgré cette « misogynie foncière » que vous revendiquez, comment auriez-vous pu vous passer de ce sens pratique de Grace qui sut vous garder pendant cinquante ans justement parce qu'elle vous déchargeait du poids de la vie pratique et de l'organisation matérielle ? C'est à ce prix que vous avez fait œuvre.

Avec ce bel égoïsme qu'on prête habituellement aux hommes et aux « machos », vous avez hypocritement envié le sort des écrivains hommes qui ont une femme à la cuisine et à l'intendance. Pourtant Grace a joué à vos côtés le rôle de Madeleine auprès de Gide. Et elle a occupé cette même place qui est celle de l'ombre.

Cette stratégie de l'ombre, votre inconscient l'a génialement intitulée en 1938 : Le coup de Grâce. Et la dédicace que vous aviez écrite pour votre amie lui en faisait indirectement l'hommage : « À ma très chère Grâce. La dédicace de chaque exemplaire de ce livre devrait porter son nom. En tout cas, le prénom y est [37]. »

6.

L'art de régler ses comptes

En 1938 paraît chez Gallimard un livre d'André Fraigneau intitulé *La Grâce humaine*. Coïncidence, clin d'œil ou détour de l'inconscient ? En mai 1939 sort chez Gallimard un récit de Marguerite Yourcenar intitulé *Le Coup de grâce*.

La Grâce humaine était dédiée à Emmanuel Boudot-Lamotte, ami de l'auteur, conseiller littéraire chez Gallimard et votre intermédiaire auprès d'André, son homologue chez Grasset. Ce texte bien de son époque propose deux phrases en exergue, l'une de Cosima Wagner à Gobineau, l'autre de Goethe à Schiller. L'auteur y précise l'itinéraire de sa rédaction : « Terminé : Paris-Venise-Paris ».

André Fraigneau commence son avertissement, daté de mai 1938, par une anecdote sur son homonyme auprès de vous, le fameux Hermès de Praxitèle : « Au musée d'Olympie, un été, comme nous sortions quelques amis et moi de la salle où nous venions d'admirer l'Hermès de Praxitèle, un groupe de visiteurs conduit par une dame échevelée, de nationalité confuse et sans doute spécialiste de questions d'art, entre : — " Je vais vous montrer pourquoi il n'est pas beau [...]. " Je continuai à réfléchir : Il est certain, me dis-je, prenant bien entendu le contrepoint de la technicienne, il est certain que l'Hermès n'est pas seulement beau, il a l'air bon [...] [1]. »

Peu importe que la grâce de cet Hermès « à laquelle les enfants sont particulièrement sensibles [2] » serve de point de départ à l'évocation des « moments purs » de la vie d'un enfant

250

de trois à quinze ans, qui n'est autre que Guillaume Francœur, le futur « Irrésistible ». C'est l'allusion à Hermès qui vous intéresse. Naguère, pour ne pas désigner publiquement Fraigneau, c'est à Hermès que vous aviez dédié *Feux*. L'anecdote rapportée par « l'homme que j'ai tant et si chèrement aimé » est révélatrice des correspondances subtiles entre les textes qui nouent ce que les corps et les cœurs ont dénoué ou refusé de nouer.

La Grâce humaine et *Le Coup de grâce* sont pratiquement contemporains puisque écrits tous deux en 1938, tous deux en partie en Italie : le sien à Venise, le vôtre à Capri et à Sorrente. Mais là s'arrêtent les analogies. Dans son livre, Fraigneau continue à s'intéresser à Guillaume Francœur, ce reflet de lui-même. Dans le vôtre, il n'est question que de lui... et de vous. Jamais dans un récit, ni avant ni après, n'avez-vous été aussi proche de la vie palpitante et du drame intime dont vous êtes en train de sortir, dont vous sortez par ce magistral coup de grâce.

Le moment même de sa composition est capital dans votre vie et dans l'histoire du vieux monde auquel vous allez bientôt vous arracher. En 1938, vous rentrez des États-Unis, prête à reprendre votre existence vagabonde à travers l'Europe et surtout autour de votre chère Méditerranée. Vous êtes en rémission mais vous ne le savez pas. Vous n'allez sans doute pas comprendre davantage, à partir de Munich, que tout votre monde est en répit comme vous. Vous aurez eu d'avril 1938 à octobre 1939. À partir de là vous serez aspirée par l'Amérique. Pour toujours.

Obscurément vous avez dû ressentir une espèce d'urgence. Vous écrivez le premier jet du *Coup de grâce* en un mois, le mois de mai, à la Casarella, votre maison de Capri. Après être tombée malade — est-ce si étonnant ? — vous le terminerez en août à Sorrente dans un lieu au nom prophétique, l'hôtel Sirena.

Dans votre histoire, *Le Coup de grâce* ne représente pas qu'un livre de plus mais un acte par lequel vous réglez son compte à votre passé, en faites table rase et permettez à un avenir de s'inscrire dans votre vie. *Le Coup de grâce* achève la thérapie entamée par *Feux, Les Songes et les Sorts* et *Nouvelles orientales*. Vous sortez dans votre alchimie personnelle de l'œuvre au noir tandis que l'Europe se prépare à y entrer.

L'action du *Coup de grâce* se déroule pourtant bien loin de vous, en Courlande, dans le milieu aristocrate balte, pendant le putsch germanique contre le régime bolchevique, vers 1919-1921. Éric von Lhomond, le narrateur, nationaliste balte pro-allemand, est attiré par Conrad de Reval. La sœur de Conrad, Sophie, est amoureuse d'Éric. Il la repousse. Elle passe dans le camp bolchevique en partant avec un jeune commis de librairie juif, Grigori Loew, puis en se donnant à un « jeune géant blond ». Plus tard, Sophie et ses compagnons sont faits prisonniers par les hommes d'Éric von Lhomond, et condamnés à mort. Sophie exige et obtient d'Éric d'être fusillée par lui, de recevoir de l'homme follement aimé « le coup de grâce ».

En apparence, *Le Coup de grâce* est de la même facture qu'*Alexis* : même milieu de l'aristocratie balte, même personnage de bisexuel fortement attiré par les garçons. C'est que vous vous êtes inspirée là aussi de Jeanne de Vietinghoff et de la famille courlandaise de son époux. Sophie de Reval, dans *Le Coup de grâce*, porte le nom que vous inventerez à Jeanne dans *Quoi ? L'Éternité*. Son frère Conrad porte le prénom véritable du mari de Jeanne que vous appellerez Égon dans le même texte. Ce dernier prénom était, on l'a vu, celui du fils de Jeanne et de Conrad, avec qui vous aviez joué enfant et que vous reverrez vieillard dans les années 80.

Le livre, direz-vous dans la prudente préface de 1962, « s'inspire d'une occurrence authentique et les trois personnages qui s'appellent ici et respectivement Éric, Sophie et Conrad, sont restés à peu près tels que me les avait décrits l'un des meilleurs amis du principal intéressé [3] ».

Il est probable que le mari de Jeanne, Conrad de Vietinghoff, vous aura raconté ce lointain épisode placé dans le sillage de la guerre de 1914 et de la révolution russe. Au cours des derniers jours de votre vie, vous allez décrire dans l'ultime chapitre de *Quoi ? L'Éternité* le retour, pendant cette même guerre, d'« Égon » (soit Conrad), mari de Jeanne, dans les lieux de son enfance, à Kratovicé. C'est précisément à Kratovicé que, cinquante ans plus tôt, vous évoquiez le drame de Sophie de Reval et d'Éric von Lhomond dans *Le Coup de grâce*. Dans le récit de

1986-1987, vous réunissez tous les personnages du *Coup de grâce*, même la vieille tante Prascovie, dans les mêmes circonstances exactement : « Égon se trouve en face de son cousin Conrad, plus jeune que lui d'une vingtaine d'années [...] Conrad est là pour Éric, autre cousin germain celui-là, qui est aussi son frère d'armes, son modèle et son dieu, en charge de trois cents hommes [4]. » C'est alors qu'Égon se souvient « que son cousin avait une sœur plus âgée que lui et qu'à l'époque où les familles se rendaient des visites, il a dû l'apercevoir tout enfant. " Elle n'est plus ici ", répond courtement Conrad. Éric qui achevait de manger s'en va. Ce n'est qu'un peu plus tard et d'un subordonné qu'Égon apprendra que la jeune fille a passé à l'ennemi [5] ».

Ce chapitre de *Quoi ? L'Éternité*, écrit en 1987, au bord de l'agonie, est à juste titre intitulé « Les Sentiers enchevêtrés ». Il montre comment, vos défenses s'affaiblissant sous l'empire de l'âge et de la maladie, vous mélangez les êtres que vous présentez comme réels, ayant appartenu à la famille de votre bien-aimée Jeanne ou de son mari, et les personnages d'un récit inspiré d'eux mais écrit par vous, en 1938, près de cinquante années plus tôt. Mais ne les avez-vous pas toujours confondus dans votre monde imaginaire, plus réel pour vous que l'autre ?

« Les Sentiers enchevêtrés » n'ont jamais été achevés et le livre dont il devient par la force des choses le chapitre ultime a été publié post mortem. Par un de ces hasards objectifs que ménagent la vie et la mort, il se terminait par ces lignes : « Le télégramme qu'il avait expédié la veille n'arriva qu'après lui [6]. »

Mais revenons au *Coup de grâce* de 1938. En avez-vous inventé la fin, si conforme à vos propres fantasmes, où von Lhomond fait la mort à Sophie comme il lui ferait l'amour ? L'ombre de Jeanne et de l'époux qui la fit souffrir, comme Fraigneau vous a fait souffrir, tout en anticipant sur votre histoire, plane sur celle d'Éric et de Sophie et lui sert de source et d'alibi, comme naguère sur celle d'Alexis et de Monique.

Le Coup de grâce se distingue néanmoins d'*Alexis* par un ton et un contenu d'extrême cruauté. Entre-temps vous êtes passée par l'épreuve du feu. Ce court et lucide récit en porte la marque. Dans *Le Coup de grâce*, écrit à la première personne par le narrateur qui est aussi l'exécuteur, Éric von Lohmond, le personnage central n'est pourtant pas Éric mais Sophie réfractée par son regard. Vous vous offrez le luxe de vous décrire à travers la vision de l'autre. Perversité que permet le voyeurisme romanesque, vous vous déguisez en l'autre pour mettre en scène une jeune fille qui vous ressemble, qui se gorge de livres et qui n'est pas tendre mais infiniment généreuse de cœur.

« Cet être [...] atteignait d'emblée à la beauté des acrobates, des martyrs [7]. » Comme vous, comme Sappho, elle est déchirée par sa double nature. En elle, Éric se plaît « à reconnaître le contraire d'une femme [8] ». En même temps « Sophie n'était pas plus capable de n'être pas femme que les roses le sont de n'être pas roses. Tout en elle criait un désir auquel l'âme était mille fois plus intéressée que la chair [...]. Seule avec moi, elle cherchait sans le vouloir ces occasions qui sont le viol des femmes [9] ».

Comme vous, ce « garçon manqué suivit la grand-route poussiéreuse des héroïnes de tragédie. Elle s'étourdit pour oublier [10] ». Au milieu de tous les tourments de l'amour qu'il lui inflige, Éric s'irrite « de voir sans cesse monter dans ses yeux une espérance admirable : il y avait en elle cette certitude de leur dû que les femmes gardent jusqu'au martyre [11] ». La fausse question qu'Éric pose à propos de Sophie est de ces interrogations sans réponse que vous avez dû vous formuler à propos de vous-même et de vos conduites de répétition et d'échec : « Pourquoi les femmes s'éprennent-elles justement des hommes qui ne leur sont pas destinés, ne leur laissant ainsi que le choix de se dénaturer ou de les haïr [12] ? »

Il est clair que pour Éric, comme pour Fraigneau ou l'inconnu de 1926 ou plus tard Jerry Wilson, Sophie et les jeunes filles et les femmes, en général, appartiennent à la caste des indésirables donc des intouchables : « J'avais pour Sophie la camaraderie facile qu'un homme a pour les garçons quand il ne les aime pas [13]. »

Si les jambes de Sophie gainées de soie caramel attirent parfois l'œil d'Éric, c'est parce qu'elles sont « moins d'une jeune déesse que d'un jeune dieu [14] ». Et si les yeux, candides jusque dans le trouble, de la jeune fille ne lui déplaisent pas tout à fait, c'est parce qu'ils sont pareils à ceux de son frère Conrad et que c'est Conrad et non Sophie qu'aime Éric.

Il n'est pas jusqu'à votre tentation de suicide, jusqu'à votre fantasme de sein coupé qui ne trouvent leur trace, après Lina, après Sappho, sur le corps tourmenté de Sophie quêtant depuis toujours le coup de grâce : « J'avais remarqué à la hauteur du sein gauche la longue cicatrice d'un coup de couteau qui n'avait guère fait qu'entamer profondément la chair. Elle me fit par la suite l'aveu d'une maladroite tentative de suicide [15]. »

Cette promesse chuchotée indirectement par le texte à l'être adoré : « Par instants, je crois qu'elle m'aima jusqu'à son dernier souffle [16] », vous l'avez tenue fidèlement jusqu'à l'époque — vous aurez plus de quatre-vingts ans — où vous allez confondre Jerry Wilson avec Fraigneau et l'appeler André dans votre délire.

À la fin du récit, c'est l'ancien jardinier des Reval qui devient l'intermédiaire de Sophie implorant Éric de lui donner le coup de grâce : « Elle ordonne... Mademoiselle demande... Elle veut que ce soit vous [17]. » Cet ancien domestique, reconverti à l'armée, aux fonctions de bourreau, porte dans la fiction un prénom éloquent : Michel.

« Je tuai en détournant la tête [...]. Le premier coup ne fit qu'emporter une partie du visage, ce qui m'empêchera toujours de savoir quelle expression Sophie eût adoptée dans la mort. Au second coup, tout fut accompli. J'ai pensé d'abord qu'en me demandant de remplir cet office, elle avait cru me donner une dernière preuve d'amour, et la plus définitive de toutes. J'ai compris depuis qu'elle n'avait voulu que se venger et me léguer des remords. Elle avait calculé juste : j'en ai quelquefois. On est toujours pris au piège avec ces femmes [18]. »

Avez-vous souhaité vous venger de l'homme qui vous avait fait souffrir en lui faisant accomplir dans la fiction ce que vous n'aviez pas obtenu de lui dans la vie ? Auriez-vous désiré qu'André Fraigneau eût des remords ? Être venue à bout de ce récit, lui avoir donné ce coup de grâce prouve que vous avez établi toute la distance possible entre vous et la femme qui flambait dans *Feux*. De ses cendres est née ou renée la Sophie de fiction. « Je n'aime pas parler de moi, allez-vous écrire plus tard, ou plutôt certains principes m'en empêchent. Je ne le fais que dans mes livres, et encore en prenant ces distances que sont les personnages des romans ou le langage impersonnel de l'essai [19]. »

Par la médiation thérapeutique et magique de la littérature, vous avez réalisé votre pulsion archaïque de femme amoureuse : être tuée de la main de son amant, faire la mort pour faire l'amour. Comme vous le prophétisiez quelques années plus tôt, à défaut de tuer le minotaure Fraigneau, vous l'êtes devenu. Toute l'histoire est racontée du point de vue d'Éric et l'identification est si réussie qu'on vous reprochera son engagement au service d'Hitler et son antisémitisme. À ce procès d'intention, vous répondez implicitement dans une lettre à Jean Chalon de 1978 : « Oui, le " je " en littérature est difficile. Mais il devient plus aisé quand on s'est aperçu que le " il " veut parfois dire " je " et que " je " ne signifie pas toujours " soi " [20]. »

La lucidité vibrante du *Coup de grâce*, la capacité retrouvée à vous épanouir dans des destins distincts de vous et même opposés à vous, que vous éclairez de l'intérieur, le style classique qui tranche sur le baroquisme de *Feux* et renoue avec la tradition d'*Alexis* démontrent à quel point l'expérience maîtrisée de la douleur a nourri et humanisé votre œuvre. Ils permettent de goûter d'autant mieux dans ce pur récit votre entreprise — réussie – de refléter et de consigner les intimes désastres de la personne aussi bien que les cataclysmes de l'histoire.

7.

La fin d'un monde

À l'égard du fascisme, la prise de parole d'Éric, plus tard soldat d'Hitler, a soulevé bien des interrogations, nourri bien des soupçons. Certaines de vos amitiés de l'époque — Fraigneau compris — aussi. Avez-vous été, étiez-vous cette antisémite taxée même de révisionnisme, parce que, dans la préface de 1962 de ce même *Coup de grâce*, vous vous êtes dédouanée en précisant que le point de vue d'Éric von Lhomond, narrateur et non auteur du récit et — ce que vous ne dites pas — inspiré par André Fraigneau, est celui « d'un homme de préjugés chez qui le persiflage à l'égard des Juifs fait partie d'un conformisme de classe [1] », et que votre œuvre « n'a pour but d'exalter ou de discréditer aucun groupe ou aucune classe, aucun pays ou aucun parti [2] ».

Pour répondre à ces questions, inspirons-nous de ce jugement que Charlotte Wardi porte sur les rapports entre le roman de l'époque et l'antisémitisme : « Bien plus que sur la réalité juive, le romancier nous renseigne sur l'ambiance dans laquelle baigne son enfance, sa jeunesse, ses fréquentations [3]. » Revenons brièvement sur votre enfance et votre jeunesse à votre manière à vous qui consiste « à placer un héros dans des conditions sentimentales et morales qui sont celles de son temps, à lire tout ce qu'il lisait, tout ce qui a meublé sa bibliothèque intérieure [...] à voir dans quelle atmosphère morale et intellectuelle il vivait [...] afin de repenser sa vie à peu près comme il la pensait [4] ».

Nous savons qu'à l'origine était Michel. Michel — revendiquez-vous fièrement — « par amour pour la justice a été pour

Dreyfus [5] ». Mais ce même Michel un jour, face à la femme du médecin louche qui l'a tenu pour responsable de la mort de Berthe, ne put s'empêcher de faire entendre, devant sa très jeune fille les cris de « " Femme d'assassin ! Voleuse ! Meurtrière ! " et comme si des bulles d'air malsain s'échappaient tout à coup des sous-sols d'une maison en ruine : " Sale juive " ! [6] »

Cette explosion n'avait pas trop dérangé la petite Marguerite qui la replace des années plus tard dans la tradition du conformisme culturel qui était celle de son père : « C'est une insulte conventionnelle si je puis dire d'un homme qui ne se possède plus [7]. »

Conventionnelle l'insulte raciste ! Certes, et bien plus encore pour les écrivains de l'âge qui vit naître vos premiers écrits. Dans ce cortège, ne retenons que quelques noms qui ont émergé sous votre plume. D'abord il y a Barrès qui fut avec Gobineau l'un des maîtres à penser de Fraigneau. Barrès dont vous direz plus tard à Matthieu Galey : « J'ai lu Barrès bien entendu, c'était l'homme de l'époque [...]. Le Barrès de *La Colline inspirée*. C'était bouleversant. Je continue à croire que c'est un grand livre [8]. » Ce même Barrès avait écrit sur l'Affaire : « Que Dreyfus soit capable de trahir, je le sais par sa race [9]. »

Il y a Romain Rolland, l'insoupçonnable dont Michel vous avait fait lire à quatorze ans *Au-dessus de la mêlée*, un livre qui vous a laissé des traces indélébiles, et sur lequel vous reviendrez dans votre correspondance et ailleurs, plus de dix fois. Ce même Romain Rolland avait pourtant écrit : « Il est inadmissible qu'une race étrangère qui ne s'est pas encore fondue avec la nôtre ait la prétention de connaître mieux que nous ce qui nous convient que nous-mêmes. Elle se trouve bien en France, j'en suis fort aise, mais qu'elle n'aspire pas à en faire une Judée [10]. »

Il y a Gide, inspirateur d'*Alexis*, Gide, le briseur de préjugés. Gide le grand homme. Ce même Gide consignait dans son journal : « Il ne suffit pas que les qualités de la race juive ne soient pas des qualités françaises [11] », ou écrivait à Julien Green : « Schiffrin est mort... C'était le seul Juif pour qui j'ai eu de l'affection [12]. »

Il y a Giraudoux l'écrivain, proche de vous par la sensibilité au mythe et le goût du théâtre, Giraudoux le ministre, que vous

258

connaissez suffisamment pour lui demander en 1938 un poste culturel en Grèce. Ce même Giraudoux qui écrivait alors : « Nous sommes pleinement d'accord avec Hitler pour proclamer qu'une politique n'atteint sa forme supérieure que si elle est raciale [13]. »

Les écrivains du milieu littéraire parisien que vous fréquentez, c'est-à-dire, que vous rencontrez de temps en temps lorsque vous passez à Paris ou avec qui vous échangez quelques lettres sont de même sensibilité, qu'il s'agisse de Paul Morand ou d'Edmond Jaloux, que vous appréciez « comme critique et simplement comme être humain [14] ».

Incontestablement, le discours, même littéraire, a changé, est en train de changer, reflétant l'évolution des mentalités. On se permet à l'égard des Juifs des propos qu'on n'aurait pas tenus quinze ans plus tôt, qu'on tiendra encore moins quinze ans plus tard : « Le Juif cesse de jouer un rôle purement exotique pour redevenir ce qu'il avait été au moment de l'affaire Dreyfus, un symbole autour duquel se cristallisent les conflits idéologiques [...]. Dans la fiction romanesque de 1933 à 1948, le Juif ne figure presque jamais comme un individu mais comme le reflet d'une race. À travers un israélite, l'écrivain prétend décrire la judaïcité et le judaïsme [15]. »

Votre fiction de l'époque n'échappe pas entièrement à cette tendance à stéréotyper les Juifs. Tout comme la Vassilissa contemporaine de Paul Morand « qu'on devinait juive [...] au volume de ses chairs plutôt qu'aux traits [16] », la mère juive de Grigori Loew est une grosse femme « noyée de graisse ». Selon le cliché, la prostituée anonyme est juive dans *Le Coup de grâce*, et Grigori lui-même est présenté comme un jeune intellectuel assez conforme au stéréotype du prophète juif, ancien commis de librairie... et fils d'un usurier.

Pourtant le futur soldat d'Hitler, von Lhomond lui-même, a du respect pour son adversaire Grigori Loew, le Juif bolchevique et se livre devant son cadavre à ces réflexions : « Ce Grigori avait été probablement le seul homme dans ce pays et à cette époque avec qui j'aurais pu causer agréablement pendant un quart d'heure. Il faut reconnaître que cette manie juive de s'élever au-dessus de la friperie paternelle avait produit chez Grigori Loew ces beaux fruits psychologiques que sont le dévouement à une cause, le goût de la poésie lyrique, l'amitié envers une jeune fille ardente, et finalement le privilège un peu galvaudé d'une belle mort [17]. »

En définitive, les quelques clichés du *Coup de grâce* ou de *Denier du Rêve* sont peu de chose au regard de ce qui s'écrivait à l'époque, au regard non seulement des déchaînements d'un Céline ou d'un Drieu mais même des relents antijuifs d'un Bernanos, d'un Aragon ou même d'un Jules Romains. Tout au plus pourrait-on y détecter une forme modérée de ce que Wardi appelle l'asémitisme, ou l'attitude « d'une famille d'esprit qui cultive la différence mais qui, si elle dresse entre elle et le Juif les murs hermétiques de la race, ne l'exclut pas pour autant de l'humanité [18] ».

Cette attitude héritée de Michel et d'une longue tradition familiale et culturelle s'exprime par endroits dans vos textes de l'époque. Elle ne concerne pas que les Juifs. En 1929, le futur auteur des *Blues et Gospels*, futur membre d'associations antiracistes aux États-Unis, écrivait dans *Diagnostic de l'Europe*, texte qui n'a pas été réédité de votre vivant, une phrase que vous n'auriez peut-être pas revendiquée ultérieurement ou que vous auriez formulée autrement : « La musique afro-américaine, passion subite, emporte à la rencontre d'un monde barbare, un monde qui redevient barbare [19]. »

Des phrases telles que : « Comme les Juifs, las de ne rencontrer le fils de Dieu que dans leur âme, cherchaient à l'incarner dans n'importe quel agitateur de la Palestine [20] » dans *Denier du rêve* ont paru si innocentes à vos propres yeux qu'elles sont passées inaperçues. Pourtant vous-même, ou Grace Frick, les avez supprimées de la version de 1959. C'est que le temps aura passé. Et l'Histoire. En connaissance de cause, personne ne parlera plus des Juifs de la même façon avant et après. Vous non plus. Mais vous allez faire ce que d'autres n'ont pas fait : le voyage au « bouleversant Auschwitz » en 1964, que vous mentionnerez brièvement à Gabriel Marcel [21] et à un correspondant moins célèbre, à qui vous écrivez, au verso d'une carte représentant le crématorium d'Auschwitz : « C'est ce soir, en revenant d'une visite au camp d'Auschwitz où la chair et l'âme humaine ont passé par tant d'indescriptibles tourments, que j'ai par hasard reçu vos poèmes. Vous comprenez que je n'étais pas pour les lire, dans un cas d'espèce très favorable [22]. »

Paradoxalement cette expérience changera la vision que vous avez de l'humanité beaucoup plus que celle que vous avez des Juifs et du judaïsme ; celle-là ne se débarrassera jamais entièrement de l'influence de Michel et des siens.

Le voyage à Auschwitz nourrira les sombres réflexions de Zénon sur les désastres de son temps. Les vôtres aussi. « Vous ne croyez pas l'homme bon ? » vous demandera une équipe de télévision canadienne. Vous répondrez vertement : « C'est difficile à croire après avoir visité Auschwitz et Belsen [23]. »

Cela se passait en 1974. Mais en 1977 vous écrirez encore à votre amie Jeanne Carayon : « Il est devenu très difficile de s'exprimer avec naturel sur le compte des Juifs : le sacre qu'a été pour eux l'holocauste hitlérien et nos efforts pour lutter contre tout racisme nous empêchent de parler d'eux simplement, essayant de définir qualités et défauts, comme on le ferait par exemple pour des Hollandais ou des Catalans. D'autre part la transformation d'Israël en un État armé jusqu'aux dents fait aussi rêver [24]. »

Le mot « sacre » appliqué à l'holocauste ne fait pas moins rêver. Il montre qu'en dépit de vos amis juifs, et de l'amical respect que vous professiez pour un Élie Wiesel, le Juif restait pour vous cet étranger par nature qu'il avait été pour les romanciers de votre génération et que vous regrettiez l'interdit de parole dont ils sont aujourd'hui l'objet, surtout aux États-Unis. L'antipathie par ailleurs héritée de Michel pour le judaïsme, que vous identifiez à l'intransigeance et au fanatisme, n'a pas complètement désarmé, même si le jugement sur ces « sectaires si obsédés par leur dieu qu'ils ont négligé l'humain [25] » doit être porté au compte d'Hadrien.

Votre engagement politique d'alors est marqué par la même ambivalence. A posteriori vous vous en reconstruisez peut-être un en affirmant à Matthieu Galey que vous vous étiez immédiatement inscrite pour de Gaulle. « J'avais vu l'Allemagne de l'avant-guerre ; j'avais trouvé cela aléatoire et sinistre ; par conséquent je n'avais jamais été victime de cette espèce de mirage que tant de gens... que Céline, par exemple, que Jaloux a vu (pour prendre deux écrivains de types très différents), et qu'un certain nombre de gens que je connaissais en France ont cru voir, Montherlant aussi, autre exemple. Mais je connaissais trop l'Allemagne pour avoir des illusions. Les Français l'ignoraient. Il faut se rappeler la manière naïve dont ils en parlaient ; ils s'imaginaient qu'Hitler apportait l'ordre tandis qu'un grossier désordre régnait au milieu de l'autoritarisme comme cela arrive si souvent. Les dictatures sont en général un grossier désordre [26]. »

Mais on ne peut soupçonner une lettre à Du Bos de 1937 non remaniée par la suite puisque restée aux mains de son seul destinataire. Elle permet de faire le point sur votre position intellectuelle et spirituelle d'alors : « Avec l'hellénisme dont il figure dans ma pensée tout à la fois le complément et le correctif, le catholicisme représente à mes yeux une des rares valeurs que notre temps n'ait pas réussi à ébranler [...] et la disparition ou l'émiettement de ses traditions au profit d'un grossier idéalisme de force, de race ou de foule me paraît un des pires dangers de l'avenir [...]. Dans les troubles de notre temps, s'il s'agissait pour moi de prendre parti, ce que j'ai évité jusqu'ici, et que j'espère continuer à éviter (car prendre parti oblige presque toujours malheureusement à adhérer à un parti), la grande tradition catholique figure à mes yeux une partie de l'arche qu'il s'agit avant tout de sauver [27]. »

Clairement la condamnation du totalitarisme — fasciste ou communiste —, ce « grossier idéalisme de force, de race ou de foule » y est — nous sommes en 1937 — sans appel. La répugnance à prendre parti et surtout à adhérer à un parti également. Vous n'allez guère changer d'avis sur ces deux points, même lorsqu'il sera devenu de rigueur pour les intellectuels de s'engager de préférence à l'extrême gauche. Et cette indépendance d'esprit qui vous fit paraître conservatrice et réactionnaire dans les années 60 ou 70 fait de vous aujourd'hui un esprit libre, à l'avant-garde du mouvement de remise en question du communisme et des idéologies qui s'est développé dans les années 80 et 90.

Vos lettres à Du Bos sont parmi les rares qui, grâce à ce dernier, ont échappé au naufrage généralisé de toutes les traces de votre existence dans les années 30. Elles permettent de reconstituer vos états d'âme en cette fin de décennie, la plus riche sans doute de votre existence, et la plus cachée. Elle confirme ce que vous avez par la suite si souvent affirmé : votre peu d'ancrage dans le milieu parisien où traditionnellement évoluent les jeunes et moins jeunes écrivains de votre stature. « Depuis plusieurs années, écriviez-vous à l'écrivain catholique en décembre 1937, ma vie se partage entre Paris et le Proche-Orient. À Paris j'ai certes souvent désiré vous voir mais les mêmes considérations de respect pour votre travail et le même goût de renoncer à toutes les relations, même les plus précieuses dont la nécessité ne s'impose absolument pas, ont agi sur moi à votre égard [28]. »

Ce renoncement aux relations les plus précieuses dont la nécessité ne s'impose pas, vous allez la réaffirmer à Matthieu Galey quarante ans plus tard : « Je n'ai pas ressenti l'envie d'approcher les écrivains plus que d'autres êtres humains que j'avais des chances de connaître. D'abord j'avais l'impression que je les ennuierais mortellement. Je ne trouve pas aujourd'hui délicieux d'ouvrir ma porte chaque fois qu'un jeune écrivain frappe au heurtoir : tant de gens n'ont rien à dire. Et puis il y a si peu de chose qui passe entre deux êtres dans une conversation d'une demi-heure. Pourquoi ne pas aller relire les livres de l'écrivain qu'on aime [29]. »

Même si, dans la colère contre un de vos critiques qui n'avait pas cherché à vous approcher avant d'écrire sur vous, vous avez ailleurs dit le contraire et prétendu que vous auriez donné un an de votre vie pour rencontrer Thomas Mann ou Piranèse, une journée pour Octave Pirmez et n'auriez, pour rien au monde, renoncé au privilège d'avoir été reçue par Virginia Woolf, le peu qui reste de votre correspondance de jeune écrivain montre que vous passiez plus de temps à lire les livres qu'à rencontrer les auteurs.

C'est ainsi que vous avez croisé sans approfondir quelques écrivains de cette époque dans le Paris des années 30. « Je connaissais un peu Cocteau, c'est-à-dire que j'ai causé longuement avec lui en tout et pour tout deux ou trois fois. Je l'aimais bien et son jugement sur mes propres ouvrages (il était à ses heures très judicieux critique) comptait pour moi [30]. »

À propos d'Edmond Jaloux, votre ami, et votre critique privilégié, vous dites que vous avez beaucoup parlé avec lui, « mais pas plus en un sens qu'avec le charpentier d'à côté. Je ne dis pas cela pour déprécier Jaloux. Au contraire. Je veux dire que c'est le fait de longs rapports humains avec n'importe qui [31] ». Certains de ces écrivains, Martin du Gard, Charles Du Bos, André Gide ou bien Giraudoux, vous avez été contente de les rencontrer « parce que cela permet tout de même un jugement qu'on ne serait pas capable de porter sans les avoir connus [32] ». Mais ce jugement ne porte que sur l'homme, à l'égal du charpentier, et non sur l'œuvre. Et c'est l'œuvre qui vous intéresse.

Sur ces œuvres, vous vous êtes exprimée sans tendresse. Malgré sa grandeur étrange, celle de Cocteau vous semble parfois dérailler « dans la futilité, le désir de faire parisien, la gêne devant ses propres dons [33] ». Chez Giraudoux, « il y a du dénigrement, ses personnages sont des caricatures de mythes plutôt que des mythes [34] ». Le parisianisme narcissique de Gide vous exaspère : « Que le groupe de Gide se soit rassemblé pour lui lire à haute voix ses œuvres ! Imaginez cela, l'embarras, la gêne ! Tout ce que cela pouvait produire d'artificiel ! Quand on pense qu'il s'étonnait que Madame Gide eût rendez-vous avec le dentiste ! Comme elle avait raison [35] ! »

Quant à Malraux : « J'admire beaucoup Malraux à certains points de vue mais il ne m'a jamais donné l'impression d'un homme convaincu. C'était un grand acteur [...]. Ses engagements de gauche puis son engagement aux côtés du Général semblaient un magma de mots qui se formaient et se reformaient comme les nuages au soleil couchant [36]. »

Votre démythification des hommes de lettres et des intellectuels vos pairs s'exprimera plus tard aussi auprès des destinataires de votre correspondance. Entre 1960 et 1980, pendant la période de votre « vie immobile » où vous écrirez et recevrez des centaines de lettres, que vous choisirez de garder et de transmettre, ce n'est pas aux grands noms de votre temps, ou aux plus médiatisés, que vous choisirez de vous confier ; ce n'est pas avec eux que vous choisirez de communiquer, même intellectuellement. C'est à Jeanne Carayon, votre correctrice d'épreuves, ou à Lidia Storoni, elle-même auteur de livres, votre traductrice en langue italienne, par ailleurs femmes remarquables, plus qu'à Jules Romains ou Henry de Montherlant que vous écrirez sur de nombreux sujets, y compris intellectuels.

Cette mise à distance du parisianisme, cette approche ironique du milieu littéraire, vous rapproche d'autres femmes écrivains qui ont exprimé les mêmes réticences. Colette estimait qu'une page bien écrite ne valait ni plus ni moins qu'une paire de sabots bien taillés. À cinquante ans, en pleine gloire littéraire, elle devint esthéticienne et ouvrit un salon de beauté où elle soignait elle-même ses clientes. Enfin elle ennuya Gide à mourir au cours d'un après-midi où il était venu la voir et où les deux écrivains n'avaient rien trouvé à se dire. Vous ne vous comportez pas différemment lorsque vous comparez Edmond Jaloux et le charpentier.

Colette vous paraissait à certains égards méprisable dans sa féminité populaire que vous jugiez étroite et vous l'avez à plusieurs reprises dépréciée. Ainsi dans une lettre à Florence Codman : « Elle a été incroyablement représentative d'une certaine France d'entre 1900 et 1946, avec sa saveur populaire emporte-gueule, ses maniérismes (car il y en a), sa douceur de vivre à elle, et tout son code du convenu et de l'inconvenant aussi compliqué qu'une vieille Chine. Une France qu'au fond je ne suis pas très sûre d'aimer [37]. »

Pourtant entre l'artiste de café-concert d'origine villageoise et l'aristocrate en rupture de ban, que sépare une génération, la différence dans le regard est moins colossale qu'il n'y paraît à les lire. Et l'on peut voir dans ce désintérêt des gloires et des glorioles, chez Colette comme chez Yourcenar, une preuve supplémentaire de grandeur...

Vous avez continué depuis la mort de Michel la vie que lui-même aurait souhaité poursuivre, une vie de nomadisme, d'errances et de pérégrinations. Et ce n'est pas un hasard si à la suite de votre père vous rêvez toujours sur les gens du voyage. Chaque lieu est devenu pour vous comme une autre patrie avec une adresse, des amis et des habitudes. L'hôtel Grande-Bretagne à Athènes du temps d'Andreas, la petite maison de la Casarella à Capri où vous avez écrit *Le Coup de grâce*, à Paris l'hôtel Wagram où vous avez rencontré Grace, à Lausanne l'hôtel Meurice où vous oublierez Hadrien. « Qui consentirait à mourir sans avoir fait au moins le tour de la prison ? » ferez-vous dire à Zénon.

Mais pour vivre ainsi comme Michel, en dilettante à travers l'Europe, il faut de l'argent. Le vôtre s'épuise. La question matérielle a dû commencer à se poser, de façon lancinante, à partir de 1936-1937, quelque sept ans après que vous avez commencé à croquer votre petite fortune. C'est à cette date que vous vous lancez dans la traduction, en partie alimentaire. Pas toujours cependant : en 1936, vous attaquez avec Constantin Dimaras, ami grec que vous avait présenté Andreas, la traduction de la poésie de Cavafy ; en 1937, vous traduisez *Les Vagues* de Virginia Woolf et faites, pour rencontrer l'auteur, le voyage outre-Manche.

Le 6 janvier 1939, vous écrivez à Emmanuel Boudot-Lamotte, l'ami d'André qui s'occupe de vos livres chez Gallimard : « Je vous ai parlé d'un court roman américain qui me paraît intéressant à traduire à cause de ses vertus d'actualité [...]. Voudriez-vous le faire lire ? Et qu'y a-t-il de nouveau au sujet des Asiatiques [38] ? » On voudrait bien en savoir un peu plus long sur ces « Asiatiques » mais on sent percer l'anxiété derrière la suggestion. Les fonds devaient commencer à être très bas. Sans le coup de force que fut la guerre et le coup de poker que fut votre décision, un peu forcée par le destin, de partir en Amérique dans la sécurité matérielle aussi bien que morale que dispense Grace, comment auriez-vous pu subsister ?

Après coup, vous direz à Matthieu Galey : « Je dépensais librement, quelquefois à court d'argent, quelquefois pas et je m'en félicite. Je considère que ce fut une chance d'avoir eu cette liberté absolue pendant quelque temps. Elle aurait pu mal tourner si cela avait duré trop longtemps, parce que cela devient une facilité. Mais la guerre l'ayant interrompue, c'est une expérience qui avait été faite une fois pour toutes [39]. »

Et à votre interlocuteur qui note ironiquement votre position

« bien aristocratique » sur l'argent, vous répondez vertement :
« Alors, bravo pour l'aristocratie [...]. Aristocratique, oui, seulement si l'on est capable de s'en aller avec son vieux manteau et
une valise sous le bras en se disant : " Bon, voilà, on fera autre
chose, on vendra des journaux ! " Mais si c'est l'aristocrate qui
doit de l'argent à son tailleur et tâche par des courbettes d'obtenir
de l'argent à Versailles, cette aristocratie fut aussi avide et
servile [40]. »

Sans que vous y preniez garde, la décennie des années 30 est
sur le point de s'achever. De votre retraite de la Casarella, où vous
composez d'une traite le premier jet du *Coup de grâce*, vous écrivez encore à Du Bos en août 1938 : « Les inquiétudes internatio-
nales ont vidé Capri de la plupart des résidents étrangers. C'est de
nouveau un petit village italien où l'on se sent loin de tout, et qui
rentre chaque soir dans sa tranquillité un peu molle après le
départ des bateaux d'excursionnistes. L'isolement et le petit bruit
de scie des grillons sont favorables à la fois au repos et au travail [41]. »

La porte s'ouvre lentement sur le désastre. La fin de ce même
mois vous êtes dans votre Grèce bien-aimée. Avec Lucy ? Mais le
temps vous rattrape. Les accords de Munich de septembre vous
trouvent en Suisse avant de négocier le contrat du *Coup de grâce*
avec la NRF et Boudot-Lamotte. Depuis votre retraite autri-
chienne dans la compagnie de Lucy, vous écrivez à ce dernier en
janvier 1939 : « J'espère que vous avez passé de bonnes fêtes. La
radio nous a apporté ici, à quelques secondes de distance, le ton-
nerre des cloches et des canons de Munich, et le grand bruit clair
de Notre-Dame. Selon la coutume allemande, nous attendions le
coup de minuit, debout sur un banc, prêts à sauter dans la Nouvelle année comme au fond d'un précipice. Mille amitiés à partager avec André [42]. »

Au bord du précipice qui engloutira Lucy, Fraigneau est toujours là. Dans votre tête sinon dans votre cœur. Comment a-t-il
réagi au *Coup de grâce* qui met un terme à votre grande passion, à
votre maladie d'amour ? En avez-vous causé avec lui ? Avez-vous
discuté politique avec celui qui s'apprête à faire, avec les intellec-

tuels collaborationnistes, avec Drieu, avec Céline, les deux voyages de la collaboration à Weimar ?

Paradoxalement le vieux tryptique Fraigneau Baissette Yourcenar sur le Minotaure paraît en 1939 après *Le Coup de grâce* comme la résurgence d'un passé déjà liquidé et auquel plus personne — pas plus le public que les auteurs — ne prête la moindre attention. L'étau se resserre. Votre réflexe ultime sera de retourner en Grèce où vous nourrissez encore l'espoir de demeurer. Là « je comptais vivre. J'avais l'intention de m'y fixer pour toujours [43] ».

Vous vous fixerez. Mais ailleurs. Déjà le *New Amsterdam* jette l'ancre. Grace attend de l'autre côté de l'océan. La nuit américaine ne fait que commencer.

ÉPILOGUE

LA NUIT AMÉRICAINE

Pour servir de florilège à l'histoire de votre nuit

« L'angoisse en matière sensuelle est presque toujours un phénomène de jeunesse ; ou elle détruit un être ou elle diminue progressivement. »

Présentation critique de Constantin Cavafy [1]

« Il faut passer par la débauche pour sortir de la débauche, il faut passer par l'amour [...] pour juger l'amour, il faut passer par l'histoire pour se dégager des pièges de l'histoire. »

Carnets de notes de L'Œuvre au Noir [2]

« Nous sommes si habitués à voir dans la sagesse un résidu des passions éteintes qu'il est difficile de reconnaître en elle, la forme la plus dure et la plus condensée de l'ardeur, la parcelle d'or née du feu et non de la cendre. »

Présentation critique de Constantin Cavafy [3]

« Il faut presqu'un coup de folie pour faire un destin. »

Les Yeux ouverts [4]

« Un écrivain croit parler de beaucoup de choses, mais ce qu'il laisse, s'il a de la chance, c'est une image de lui. »

Jorge Luis Borges, cité par vous.

« Sources II [5] »

« Trois passions, simples mais extraordinairement fortes, ont gouverné ma vie : le désir d'amour, la quête de la connaissance et l'insoutenable pitié pour les souffrances de l'espèce humaine. »

Bertrand Russell, complété par vous :

« La seule différence : j'aurais dit : pour les souffrances des êtres vivants. »

« Sources II [6] »

« S'interdire les ombres portées ; ne pas permettre que la buée d'une haleine s'étale sur le tain du miroir ; prendre seulement ce qu'il y a de plus durable en nous, dans les émotions des sens ou dans les opérations de l'esprit, comme point de contact avec ces hommes qui, comme nous, croquèrent des olives, burent du vin, s'englurent les doigts de miel, luttèrent contre le vent aigre et la pluie aveuglante et cherchèrent en été l'ombre d'un platane, et jouirent, et pensèrent, et vieillirent et moururent. »

Carnets de notes des Mémoires d'Hadrien [7]

Si vous étiez morte à quarante ans...

« Il voyagea », dit brièvement le dernier chapitre de *L'Éducation sentimentale*, de Frédéric Moreau. L'ellipse couvre une vingtaine d'années. Mais il suffira d'un dernier chapitre pour en finir avec les biographies de Frédéric et de son ami Deslauriers. En finir sur un médiocre souvenir de jeunesse, une expédition adolescente dans une maison close de province, chez la Turque.

« — C'est là ce que nous avons eu de meilleur ! dit Frédéric.

— Oui, peut-être bien ! C'est là ce que nous avons eu de meilleur ! dit Deslauriers [1]. »

Et c'est tout.

De cette promenade à Constantinople, avec Andreas Embiricos, au cours de laquelle vous aviez rencontré un vieux mendiant syphilitique, un des rares souvenirs de votre jeunesse gardé entre les pages de « Sources II », vous auriez pu dire, vous aussi : « C'est peut-être là ce que j'ai eu de meilleur. »

À partir du moment où le *California* vous aura débarquée en cet instant d'octobre 1939 dans le port de New York, l'inéluctable se sera produit dans votre existence. L'inéluctable, c'est-à-dire l'inextricable. Vous avez trente-six ans. Votre jeunesse vous regarde partir dans le port de Bordeaux, dernier miroir de l'Europe qui s'éloigne. Jamais plus elle ne sera la même. Jamais plus vous ne serez la même.

« La distance est énorme entre le sentiment quasi extatique de l'immensité et de la variété de la vie, l'ivresse d'être qui domina dans ma jeunesse et celui de l'universel désarroi auquel je suis peu à peu arrivée [2]. »

En ce sens — et en ce sens seulement —, Marguerite de Crayencour est morte ce 15 octobre 1939. Yourcenar lui survivra longtemps. Mais la vagabonde des années 30, la femme qui flambait, l'amoureuse, l'acrobate de la danse chaotique ne seront plus que des empreintes dans les sables mouvants de la fiction. « Un chemin si long et si ardu me sépare de la jeune femme des *Charités d'Alcippe* [3] »... soupirez-vous en 1972.

De 1939 à 1979, vous vivrez en exil — même si, aujourd'hui, on préfère dire pudiquement « expatriée », dans une langue étrangère, attachée par les liens tout à la fois les plus subtils et les plus distendus, à Grace, une femme qui vous gardera à tout prix, y compris celui de sa santé, sur son territoire, avec seulement quelques intermèdes que vous rêverez toujours plus fréquents et toujours plus longs dans les lieux du voyage, les lieux d'autrefois.

Commençons par exclure ce qui est devenu la trame de votre vie : la construction d'une œuvre, la passion de la connaissance, la recherche spirituelle par les techniques de désappropriation du moi. Vous vous y tiendrez jusqu'au bout.

Mais dans votre histoire, votre vie amoureuse, vos faits et gestes, ce qui vous advient, ce que vous faites vous advenir, il ne se passe plus rien de saillant : un poste d'enseignante, gardé pour tenir financièrement quelques années, ne laissera pas de traces, l'emménagement dans l'île des Monts-Déserts, les maladies, le retour des saisons, un chien, puis deux, puis trois, des visites, la médiatisation progressive, en attendant l'Académie française qui vous émeut moins que le retour des hirondelles, l'attente fiévreuse de voyager à nouveau, la correspondance devenue l'une des occupations essentielles de votre vie, à nouveau la maladie de l'une puis de l'autre, comme une vague qui emporte tout.

Entre 1979, où meurt Grace Frick, et 1986 où meurt Jerry Wilson, vous retrouverez la passion de votre jeunesse, celle d'aimer, celle de souffrir dans votre espace préféré qui est celui du voyage.

Dans un corps alourdi, dans un visage labouré vont subsister les yeux d'un bleu ardent, les yeux de la jeune Marguerite, toujours ouverts sur le monde, prêts à offrir à un jeune être aimé ce monde qu'elle a exploré de tant de manières pendant des décennies. Avec Jerry, vous répéterez la descente au labyrinthe, les bras tendus vers un être qui se dérobe, les jeux de miroir, l'acceptation du rejet, de l'humiliation, de la brutalité, de l'abandon. Mais avec aussi les moments de grâce qui vous font oublier tout le reste.

Quand il mourra prématurément du sida, vous n'aurez plus envie de vivre, vous qui répétez volontiers cette phrase d'Edmond Jaloux : « On ne meurt que de chagrin. »

Les cinquante dernières années qui vous restent sur cette terre seront l'apogée de votre vie d'écrivain, mais la fin de votre vie de femme. Ou plutôt, une espèce d'épilogue où vous répétez ce que vous avez déjà vécu, dans le contexte de l'éloignement et du vieillissement, l'œil constamment fixé sur l'immortalité.

J'ai considéré arbitrairement que votre existence de femme s'arrêtait en 1939, que vous alliez désormais, loin de tout ce à quoi vous étiez attachée, vous résigner longuement et faire passer vos deuils et vos pertes dans votre écriture. Puis, une dernière fois, vivre avec Jerry ce que vous aviez souffert avec André. Enfin, vous dépêcher de le transformer dans les derniers chapitres de *Quoi ? L'Éternité*. À quoi bon gloser sur ce destin ordinaire ? J'ai pris parti, celui du romancier, pas celui du biographe. Ne m'avez-vous pas par avance montré le chemin quand vous affirmiez à Jean Roudaut : « Les techniques du roman sont les seuls moyens d'atteindre une vérité de la biographie, seuls les liens tissés imaginairement entre les faits rendent ceux-ci plausibles et légitimes, notre vie est temporelle mais aussi hypothétique et affective [4]. »

Parti pris, pari pris d'écouter le timbre d'une voix qui se forme plutôt que de la laisser chanter. Votre voix est formée en 1939 quand vous partez en Amérique et vos livres pour la plupart déjà écrits plusieurs fois. Elle va se faire entendre, de plus en plus fort pendant les cinquante dernières années de votre vie et scander la gloire que vous aviez désirée enfant. Derrière les trompettes, je n'ignore pas une autre voix, mystérieuse, tout intérieure, que le public n'entend pas et que reconnaissent seuls les mystiques et ceux qui se sont comme vous engagés dans la voie de l'esprit.

Et je n'ignore pas non plus que vous avez continué à aimer, à rêver, à sortir, à voyager, à connaître la joie et le découragement, et même une certaine forme de bonheur. À vivre enfin. Mais le bal a fermé ses portes sur les derniers masques et vous avez commencé encore jeune à vieillir. À la fille de Michel a succédé la compagne de Grâce, celle des agendas de Grace où il est question de journées passées à ramasser des pommes, de rendez-vous chez le médecin, de balayage, de repassage, des visites des voisins, des livres à rendre à la bibliothèque municipale, avec de loin en loin, et de plus en plus souvent, mention d'un titre publié, d'un honneur reçu, d'une équipe de télévision accueillie.

L'histoire de votre vie se confond alors de plus en plus avec l'histoire de vos livres. À partir de 1949-1951, et du coup de foudre d'Hadrien, l'écrivain prend le pas sur la femme. Vous n'êtes plus une femme qui écrit mais un écrivain à qui il arrive d'être une femme.

Tout ce que vous êtes devenue était en germe avant 1939 et votre départ d'Europe : l'œuvre ébauchée ; les êtres fictifs qui vous hantent ; jusqu'aux intimes blessures de l'âme. Et vous ne ferez que répéter et répéter. En même temps, rétrécir votre être et votre existence quotidienne et grandir vos personnages et vos rêves. « Faire de son mieux. Refaire. Retoucher imperceptiblement encore cette retouche. " C'est moi-même que je corrige, disait Yeats, en retouchant mes œuvres. " [5] »

Si vous étiez morte en 1939, votre vie de femme n'aurait pas beaucoup changé. Grace figurait déjà dans votre biographie. Vous aviez en 1937 soupiré après l'Europe à partir d'un coin d'Amérique où vous reconnaissiez être tranquille pour créer. Jerry n'y figurait pas encore mais il avait au moins un prédécesseur. Votre propension, à partir du début des années 40, à rédiger vos testaments reflète votre certitude d'être proche de la mort et votre préoccupation de l'« après ». Cette urgence durera plus de quarante-cinq ans. Vos multiples codicilles rappellent, dans l'ordre macabre, vos reprises et remaniements des mêmes textes dans l'ordre littéraire ou vos « inventaires », dans l'ordre moral, constamment révisés et améliorés. S'y exprime le même caractère maniaque, jusqu'à la phobie parfois, le même perfectionnisme sourcilleux, la même exigence inaltérable d'absolu.

Si vous étiez morte en 1939, vous n'auriez été qu'un écrivain mineur. Et vous le savez si bien que vous le dites à propos des autres : « Pour un écrivain, c'est très grave de mourir à quarante ans. Ç'aurait été une catastrophe pour Tolstoï ; ç'aurait été une catastrophe pour Ibsen ; ç'aurait même été une catastrophe pour Victor Hugo. On aurait le Victor Hugo des années de Paris sous Louis Philippe ; on n'aurait pas le Victor Hugo de l'exil [6]. »

Même Hadrien le répète, à propos de lui-même : « J'allais avoir quarante ans. Si je succombais à cette époque, il ne resterait de moi qu'un nom dans une série de grands fonctionnaires [...]. Depuis, chaque fois que j'ai vu disparaître un homme arrivé au milieu de la vie, et dont le public croit pouvoir mesurer exactement les réussites et les échecs, je me suis rappelé qu'à cet âge, je n'existais encore qu'à mes propres yeux et à ceux de quelques amis, qui devaient parfois douter de moi comme j'en doutais moi-même [7]. »

On n'aurait pas le Victor Hugo de l'exil. Si vous aviez réussi sans Sappho le grand saut de la mort, ou si vous aviez sombré dans un naufrage du *California*, on n'aurait pas la Yourcenar de l'exil. Celle de *Mémoires d'Hadrien*, celle de *Qui n'a pas son Minotaure ?*, celle du *Denier du rêve*, dans sa version définitive.

Encore vingt ans plus tard, en 1963, vous écrirez à un jeune correspondant : « J'ai 59 ans. En ce qui me concerne, le meilleur temps de ma vie sera peut-être les prochaines vingt années (si j'ai

276

à les vivre), je veux dire l'époque où délestée de beaucoup de choses, ayant appris à en connaître un certain nombre, je pourrais commencer à utiliser l'expérience passée et peut-être dans certains domaines à aller plus loin ou plus profondément qu'autrefois [8]. »

Si vous étiez morte à soixante ans, on n'aurait pas la Yourcenar de *L'Œuvre au Noir*, celle du *Labyrinthe du monde*, et la grande épistolière des années 70. On n'aurait pas la première femme académicienne. Ni la pionnière des causes écologiques. On n'aurait pas la moraliste des essais ou des *Yeux ouverts*, et je pèse à dessein ce mot naguère démodé. On n'aurait pas l'auteur de *Mishima*, l'adepte des sagesses orientales, de la libération de l'esprit « se cherchant soi-même à travers les détours de sa condition charnelle [9] ». On n'aurait pas la Yourcenar qui dans la retraite des Monts-Déserts accomplit peut-être son œuvre au blanc... entrevoit dans une promesse inachevée d'éternité son œuvre au rouge.

Et cependant, c'est la première, c'est l'œuvre au noir, que vous avez choisi d'écrire et quand vous chercherez à faire votre autobiographie, ou ce qui s'en rapproche le plus, vous ne réussirez pas, sur trois volumes, à dépasser la date de votre onzième ou douzième année. Vous l'avez su, avant moi, qu'on n'a pas besoin de tout raconter, que tout dans une existence humaine n'a pas la même valeur. Souffrez donc, vous qui nous avez surtout entretenus de votre préhistoire, celle de vos ancêtres et père et mère, que j'aie donné la part la plus belle à la préhistoire de vos livres et de vos gloires, c'est-à-dire à votre jeunesse. Sur ce terreau, l'exil a plus tard moissonné et engrangé.

À propos de l'assertion de Sainte-Beuve : « On ne mûrit pas, on durcit ou on pourrit », vous avez ce commentaire éloquent : « Ce n'est que trop vrai, hélas, de l'écorce et de la pulpe mais j'aime à croire que le noyau reste intact [10]. » J'aime à croire que votre noyau s'est maintenu intact au cours des cinquante années qui séparent votre mort de votre ardente, de votre flamboyante jeunesse. Même votre orageuse liaison, au seuil de vos quatre-vingts ans, avec un marginal de trente ans en témoigne.

En 1939, regardez-les : tous et toutes sont là autour de vous, prêts à renaître dans les avatars successifs des versions du même livre. Et comme dans les Écritures, les premiers, Michel, Jeanne, et les personnages de votre enfance seront les derniers à occuper le labyrinthe du monde, avant que vous ne leur tiriez votre révérence, sans en être vraiment sortie. « Le fait est que j'ai rencontré très jeune la plupart des personnages réels ou imaginaires qui allaient m'occuper toute ma vie... de certains d'entre eux (Alexis, Éric, Sophie), j'ai pu dire immédiatement ce que j'avais à dire [...]. Pour d'autres (Hadrien), j'ai eu la chance d'être obligée d'attendre. Pour d'autres encore (certains personnages de *Denier du rêve* ou de *La Mort conduit l'attelage*), je m'y suis prise trop tôt [...]. C'est au fond pourquoi je ne tiens pas à changer de fantôme [11]. »

Non. Vous n'avez pas changé de fantôme, le fond de votre caractère étant une fidélité de roc, une fidélité dont vous n'êtes pas loin de rougir, que vous trahissez dans un brouillon inédit de *Quoi ? L'Éternité*, derrière une écriture exceptionnellement illisible.

Dans ce passage que vous avez supprimé de la dernière version de *Quoi ? L'Éternité*, vous évoquiez une photo de vous-même enfant tenant agrippée à la main votre poupée préférée : « un clown de porcelaine qui a dû subir, par malheur, une sorte de trépanation, car une partie de son crâne manque visiblement : on le dirait assommé et scalpé [12] ». Cette détermination vous fait rêver. « Quand je pense au nombre [...] de reproches et de promesses que la petite a dû laisser passer sans lâcher la poupée scandaleuse, et s'emparer de la belle poupée qu'on lui offre en échange avant de quitter la maison ou de celle que le photographe tient toute prête parmi ses accessoires de poses enfantines, j'admire la fidélité de la petite femme — vous aviez d'abord écrit " fille " — à son clown — vous aviez commencé par dire " ami clown " — au crâne béant [13]. » Ce document photographique porte témoignage du caractère de la future adulte qui est vous : « Elle aimera ainsi toute sa vie [14] », prophétiserez-vous des décennies après la photo enfantine, raturant un passage plus explicite où vous aviez écrit : « Elle voudra ce qu'elle veut et aimera ce qu'elle aime de la même façon toute sa vie [15]. »

Avec Grace, qui est dans votre vie depuis deux années lorsque vous la rejoignez dans l'exil, vous demeurerez jusqu'à la mort de cette dernière, acceptant pour elle de renoncer au Voyage, qui dans l'ordre de la vie est avec « son corollaire » l'Amour ce qui pour vous compte le plus, souffrant année après année cette « vie immobile » pendant laquelle Zénon lui aussi se préparera à la mort.

Et pourtant, vous vous étiez vous-même prévenue... « Ne t'attache pas. Ne t'attache jamais. Tu rencontreras dans la vie trop de servitudes pour t'en forger librement et au hasard et sans savoir où te mènera l'engagement pris. Le malheur est qu'il faut avoir été souvent et beaucoup attaché pour savoir le prix de ne pas l'être [16]. » Cette injonction inédite n'a pas été écrite avant les années 70 et les leçons de la liaison avec Grace. Mais dès 1927, à l'âge de vingt-cinq ans, vous connaissiez déjà votre plus intime faiblesse, « mon péché d'attachement aux créatures [17] », celui que vous n'osiez coquettement avouer qu'à votre pékinois. Mais vous savez aussi que celui « qui ne s'attache pas ne connaît jamais que le plus superficiel des êtres [18] ».

Le seul de ces êtres qui fracassera votre vie dans les cinquante dernières années, Jerry, devra attendre la mort de Grace pour se mettre à exister. Mais à tout prendre, il n'est qu'un fantôme lui aussi, celui d'André. André Fraigneau ? André Embiricos ? L'homme du désir, l'homme du voyage continuent à se confondre en une seule épure.

Non. Votre noyau n'a pas été entamé en Amérique. À part votre présentation critique d'Hortense Flexner, poétesse américaine, et votre étude sur les *Negro Spirituals*, et les *Blues et Gospels*, textes mineurs, même votre inspiration directe doit peu à la nouvelle terre. Si ce n'est que cette fois vous êtes entrée en littérature, comme Fernande avait souhaité que vous entriiez en religion. Au prix d'un exil qui n'est pas seulement géographique, qui est dépossession de soi-même, renoncement au monde, difficile ascèse, pour parvenir à la retrouver — Quoi ! — cette éternité, dont vous soulignez aussi, en fin de course, la dérision.

Alors votre vie de femme en Amérique, aux côtés de votre compagne, quand vous la comparez à d'autres vies, celle de votre amie Natalie Barney par exemple, vous paraît, recouverte qu'elle est par votre existence d'écrivain, comme fortuite, et évanescente : « Je ne puis m'empêcher de comparer votre existence avec la mienne qui n'aura pas été une œuvre d'art mais tellement plus soumise aux hasards de l'événement, rapide ou lente, compliquée ou simple ou tout du moins simplifiée, changeante et informe [19]. »

Ce que vous dites ailleurs est qu'à l'inverse de vous il n'y a pas d'œuvre d'art dans les écrits de la talentueuse Natalie. À donner un sens ou une cohérence à la vie d'Hadrien ou de Zénon, vous avez manqué de temps pour la vôtre. S'il y avait à choisir entre — ne craignons pas de simplifier — vivre et faire œuvre, vous avez choisi. D'autres et non des moindres, même parmi les femmes, ne choisirent pas et vécurent tout à la fois. Mais c'est là une question qu'aucun journaliste, si effronté soit-il, n'osa jamais vous poser.

Avec vous, dans votre maigre bagage, vous avez apporté sur le nouveau sol cette magie qui permet de transfigurer un gris après-midi de Northeast Harbor dans la petite maison battue des vents en un matin ensoleillé à Tibur au IIe siècle de notre ère. Ou en une cour de ferme à Oudebrugge au XVIe siècle.

Ce don vous accompagne partout et pas seulement à Petite Plaisance. Dans le temps comme dans l'espace : « Durant l'hiver 1954-1955, à Fayence, veillé souvent en compagnie de Zénon au bord de la grande cheminée de la cuisine de cette maison du début du XVIe siècle, où le feu semblait jaillir librement entre les deux pilastres de pierre avançant dans la pièce [20]. »... « En 1971, j'ai refait dans les rues de Bruges, chacune des allées et venues de Zénon. Comment par exemple, il variait son itinéraire pour se rendre à la forge pour y soigner Han. À quel point se trouvait l'auberge où il prenait ses repas. À quel angle de rue il a vu Idelette prisonnière [21]. »

« Je suis quelque part entre Innsbruck et Ratisbonne en 1551 [22] », écrivez-vous encore de Petite Plaisance le 10 mars 1956. Comme dans « la nuit américaine » des cinéastes, avec la nuit vous ferez le jour. Un destin d'empereur s'élaborera dans un train du Nouveau Monde, dans un hôtel vieillot de Santa Fe ; un alchimiste de la Renaissance renaîtra de ses cendres entre les murs modestes d'une maisonnette de Nouvelle-Angleterre, sous l'égide de deux vieilles demoiselles, Grace et Marguerite, dont la dernière se souvient, après avoir applaudi à mai 68, d'un vieux château des Flandres anéanti par la Grande Guerre. Et ces destins seront contés, au milieu du brouhaha de la langue anglaise que vous n'entendez pas, dans un français si pur que les Français, de l'autre côté de la mer, n'en reviendront pas.

Une page de Kundera figure l'itinéraire qui est le vôtre, qui n'est pas que le vôtre : « Jusqu'à un certain moment de la vie, la mort reste quelque chose de trop éloigné pour que nous nous occupions d'elle. Elle est non vue, elle est non visible. C'est la première phase de la vie, la plus heureuse.

« Puis, tout à coup, nous voyons notre propre mort devant nous et il est impossible de l'écarter de notre champ visuel. Elle est avec nous. Et l'immortalité est collée à la mort comme Hardy à Laurel, on peut dire que l'immortalité est avec nous aussi. À peine avons-nous découvert sa présence que nous commençons fiévreusement à prendre soin d'elle [...].

« Après cette deuxième phase de la vie, où l'homme ne peut quitter la mort des yeux, en vient une troisième, la plus courte et la plus secrète, dont on sait très peu de chose et dont on ne parle pas. Ses forces déclinent et une désarmante fatigue s'empare de l'homme [...]. La mort est si proche qu'on s'ennuie à la regarder. Comme autrefois, elle est non vue et non visible [...]. L'immortalité est une illusion dérisoire [...], si on la compare à la beauté du peuplier que le vieil homme fatigué regarde par la fenêtre [23]. »

Au temps de l'Irrésistible et de *Feux*, vous flirtiez avec l'idée abstraite et littéraire de la mort non visible. À partir de la quarantaine, dans la nuit américaine, vous vous mettez à contempler ce Janus à deux faces dont l'une est le profil de votre mort, l'autre celui de votre immortalité. Et vous œuvrez fiévreusement. Le jour où un jeune homme, ange et démon, est rentré dans votre vie, vous n'avez plus voulu que le peuplier, et comme vous êtes par nature vorace, vous avez désiré d'autres peupliers, tous les peupliers de la planète. Quant à l'immortalité ou son autre visage : « Quoi ?... L'Éternité... » Vous ne nourrissez plus à son égard qu'ironie secrète.

Je place donc en épilogue cette nuit américaine. Je choisis de me tenir au seuil des œuvres qui constituent les grands événements de votre désir d'immortalité, les seuls vrais événements de votre vie entre 1939, année de votre arrivée en Amérique, et 1979, année de la mort de Grace. C'est là que vous avez vécu, loin des contraintes quotidiennes et de la possessivité de Grace dont vous aviez besoin. Tout ce qui vous est arrivé pendant cette longue période — amis, admirateurs, gloires et combats — vous est arrivé par vos œuvres, au lieu qu'avant 1939 la vie avait le pas sur la littérature et le corps gardait ses préférences secrètes. Sans André, vous n'auriez écrit ni *Feux*, ni *Le Coup de grâce*, sans Grace, vous auriez écrit sans doute *Mémoires d'Hadrien*, et *L'Œuvre au Noir*. À moins que — et je n'ignore pas la cruauté de cette hypothèse — à moins que l'intendance ne vous ai manqué !

À nouveau, je me retrouve avec vous dans l'inextricable et ne parviens à coups de *si* qu'à tracer de vous un profil perdu. Laissons donc là les *si*. Bouclons la boucle qui m'a conduite à justifier la nuit américaine. Posons, avec vous et dans le même doute, l'équation qui vous absout du crime de n'avoir point vécu : pour que vous ayez assouvi votre soif d'immortalité, pour que vous ayez fait œuvre et cette œuvre-là, il fallait Grace et il fallait l'exil inséparable de Grace.

Éviter de tout dire...

« Quelle est la part de l'autobiographie dans votre œuvre ? » vous demande platement un questionnaire.

Et vous répondez avec une certaine exaspération : « Nulle, et très grande ; partout diffuse et nulle part directe [1]. »

Pour vous trouver, il s'agit de jouer à cache-cache avec vous.

Votre jeunesse, votre vie intime pèche par pénurie d'information. Vous êtes avare dans le récit de votre vie de femme et de jeune femme et ne nous avez livré que les textes de fiction où les détails mentent, où l'ensemble est soumis à l'interprétation. En revanche, vous ne nous avez pas privé de détails sur vos années de maturité et surtout de vieillesse.

Cette abondance de documentation est-elle un piège que vous auriez tendu à vos futurs biographes, en accumulant dans les archives de Harvard et ailleurs les papiers d'identité, testaments, tirages de livres, faire-part et souvenirs pieux, correspondances avec les éditeurs, lettres et journaux, innombrables documents triés sur le volet, afin de submerger de trivial vos exégètes et les détourner de l'essentiel ? Un essentiel que vous avez jalousement occulté en détruisant et en brûlant peut-être autant de lettres que celles que vous avez préservées. « En matière de vie personnelle, il faut ou tout dire fermement et sans équivoque possible ou au contraire ne rien dire du tout [2]. »

Malgré cette ferme déclaration, vous n'avez pas levé les équivoques que vous reprochiez à Proust d'entretenir en travestissant ses garçons en filles pour éviter l'opprobre. En sélectionnant la documentation que vous livrez à la curiosité et à l'érudition, vous avez sans doute désiré construire votre statue, en tout cas infléchir votre image. Mais vous n'empêcherez ni la transgression ni le sacrilège.

Pour cette entreprise, vous n'étiez pas seule. Dans l'ombre, Grace trie, commente, critique, copie, archive. C'est elle qui vous a inspiré le carbone et la machine à écrire, elle qui résume chacune de vos lettres sur le double précieusement catalogué, elle aussi qui recopie les cartes postales et les mots rédigés à la main, avec des barres pour indiquer la fin de chaque ligne. C'est elle encore qui établit d'interminables chronologies et consigne, année après année, chaque fait sur ses agendas. Chroniqueuse, hagiographe et censeur tout à la fois.

Avant Grace, les rares lettres échappées au hasard ou conservées par de pieux correspondants sont manuscrites, avec des mots, des passages illisibles. Après Grace, vous aurez apparemment cassé votre machine à écrire ou décidé de ne plus vous en servir. Et bien entendu, vous ne gardez plus de copies. Les missives des années 80 sont rédigées à la main, comme à la hâte, d'une petite écriture pressée d'abord et de plus en plus tremblée, qui n'est pas loin d'être pathétique lorsque vous évoquez les derniers mois de Jerry, ses tentatives pour conjurer le sort, ses trois tentatives de suicide, son agonie loin de vous. À ce stade, peu vous importe votre légende ; vous n'êtes plus qu'une vieille femme qui lutte contre la solitude et contre la mort.

À celui qui évoque dans une fiction une vie réelle, vous avez tracé la voie. La documentation est indispensable à condition de savoir l'oublier. Quand on écrit *Mémoires d'Hadrien*, « il faut savoir infiniment plus qu'on en dit... il faut être capable de tout dire, mais ne pas le dire parce que ce n'est pas important... Alors j'ai tâché de reconstituer tout ça à partir de documents mais en m'efforçant de les revivifier ; tant qu'on ne fait pas entrer toute sa propre intensité dans un document, il est mort, quel qu'il soit [3] ».

Ces documents où « beaucoup de faux se mêle à un peu de vrai [4] », il s'agit de les décrypter pour les rendre à l'exactitude de la vérité qu'il ne faut pas confondre avec une réalité exsangue. Vous avez insisté sur « l'énorme différence entre les textes officiels concernant quelqu'un (Épitaphe d'Hadrien. Acte d'accusation de Zénon. Rapports secrets ou au contraire très publiques nécrologies et oraisons funèbres) et la vérité intime [...]. Le romancier seul se débrouille parfois dans le foisonnement de la vie intime [5] ».

Le romancier — nous y revoilà — est seul capable de nous rendre cette existence interrompue il y a dix-huit siècles ou il y a seulement cinquante ans. Cette re-création n'est cependant pas très différente d'une création, ni la re-naissance d'Hadrien ou de Michel, personnages réels, de la naissance de Zénon, personnage fictif : « Quand il s'agit de création pure, on est libre, mais c'est au contraire une tâche souvent désespérante de devoir mettre ainsi à la fois toute son imagination et aussi tout son jugement critique au service d'un autre et la peur de se tromper du tout au tout en est centuplée à chaque ligne [6]. »

Quel soulagement que cette absolution accordée par avance à

284

mes doutes, à mes angoisses de lèse-biographie ou pire de lèse-vérité. Et cette confirmation que le meilleur de vous est sinon dans vos personnages, au moins dans votre fiction : « Un romancier digne de ce nom met sa substance, son tempérament et ses souvenirs au service de personnages qui ne sont pas lui [7]. » Mais en même temps : « Un écrivain vaut par ses livres. C'est là qu'il faut le chercher [8]. » Ainsi donnez-vous votre aval à une méthode que vous avez par ailleurs exploitée avec tant de bonheur quand il s'agissait de l'empereur ou de votre père.

Et bien qu'en matière d'Histoire il faille « tâcher de tout dire et se refuser à rien fausser [...] car l'Histoire n'est rien que la mémoire humaine [9] », il faut, lorsqu'elle est appréhendée à travers le préjugé d'un personnage, respecter sa déformation. La vérité de la personne l'emporte pour vous sur la vérité de l'histoire quand il s'agit d'évoquer l'être humain. « Antinoüs lui-même ne peut être aperçu qu'à travers l'homme qui l'aime. C'est-à-dire à la fois avec une exactitude passionnée, et quelques flottements [10]. »

Cette affirmation inédite du premier jet, vous la nuancerez dans les *Carnets de notes de Mémoires d'Hadrien* : « Antinoüs lui-même ne peut être aperçu que par réfraction avec l'empereur, c'est-à-dire avec une minutie passionnée et quelques erreurs [11]. » Vous préciserez qu'il en va de la vérité historique comme de toutes les autres : « on se trompe *plus* ou *moins* [12] ».

Même quand vous êtes loin — comme c'est le cas pour l'Éric du *Coup de grâce* — de partager les préjugés de votre narrateur, vous lui donnez, à charge de réciprocité, la parole : « j'ai toujours cru qu'il y avait avantage à donner telle quelle la version, même biaisée, qu'un individu donne de son temps dans sa perspective à lui [12] ».

La vôtre s'articule sur les trois lignes qui composent selon vous le graphique d'une vie : ce que vous avez cru être, ce que vous avez voulu être, ce que vous fûtes. Vos choix d'existence reflètent ce que vous avez cru être, vos livres ce que vous avez voulu être. Les millions d'êtres qui vous connaissent par les uns et les autres diront ce que vous avez été. Il reste que, quoi qu'on fasse, chacun reconstruit le monument à sa manière.

Et vous-même, lorsque vous avez reconstruit le destin d'Hadrien, vous lui avez prêté votre propre incertitude : « Quand je considère ma vie, je suis épouvanté de la trouver informe. L'existence des héros telle qu'on nous la raconte est simple ; elle va droit au but comme une flèche [...]. Ma vie a des contours moins fermes [14] ».

En reprenant à votre compte ces paroles de l'empereur, dont vous avez répété à quel point lui-même et Zénon vous étaient proches, vous choisissez de vous en tenir aux fameux « carambolages du hasard et du choix ». Maintenant que votre existence s'est refermée sur elle-même et prend avec le recul des contours plus fermes, les interrogations se multiplient qui ne se limitent pas, comme vous l'auriez souhaité dans votre volonté d'universaliser le particulier, à votre vie à vous.

Qu'a bien pu signifier pour une Européenne comme vous, enfant du XIXe siècle, modelée par cette Histoire que vous appelez « la mémoire humaine » et dont vous avez déchiffré les traces dans la Grèce de *Pindare*, et l'Italie de *Denier du rêve*, que de vivre et d'écrire dans l'exil du Nouveau Monde ? C'est à cette question que j'ai choisi de répondre dans ce long épilogue à l'histoire de vos premières années. Cet exil, retraçons-en les étapes, afin de vérifier si les promesses de votre jeunesse ont été tenues et comment.

L'exil volontaire ou la sirène de Hartford (1939-1946)

Vous voici à peine débarquée dans le port de New York où Grace sans doute vous attend. Inconsciente que dans les prochaines quarante années vous ne vous quitterez plus. Ahurie d'être là.

L'appartement de Riverside Drive a une belle vue sur l'Hudson ; Grace travaille à Barnard College tout près. Votre impératif ? gagner votre vie. Traductions, piges, conférences dont il n'est pas resté grand-chose, tout est bon. Vous êtes en pleine lune de miel avec Grace. Mais vous confessez avoir pleuré, ce soir de juin 1940, dans l'appartement de Bronislaw Malinowski, à la nouvelle que Paris est tombé.

En octobre 1940, un an environ après votre arrivée dans le Nouveau Monde, vous avez quitté New York pour Hartford, une petite ville du Connecticut où Grace a trouvé un poste de doyen, dans un petit collège. Bien que vous prétendiez ne pas regretter New York, c'est un pas de plus vers l'exil que vous accomplissez en vous installant dans cette maison du 549 Prospect Street que vous louerez jusqu'à l'installation définitive à Petite Plaisance en avril 1951. Vous occupez votre temps en intégrant la notion très américaine de volontariat : vous donnez des cours bénévoles dans le collège de Grace tandis que la France s'enfonce dans l'Occupation et que celui que vous considérez encore comme un ami, André Fraigneau, publie à la NRF *La Fleur de l'âge*, et fait en compagnie de Jouhandeau, Drieu, Brasillach, Chardonne et Fernandez un premier voyage à Weimar en septembre-octobre 1941.

À la même époque, vous laissez transparaître dans votre correspondance avec votre ami Jacques Kayaloff, qui vit à New York, vos angoisses financières. « De mon côté aussi, les affaires vont mal, et même fort mal ; les leçons particulières de français et d'histoire de l'art n'ayant jamais que fort peu enrichi les écrivains français vivant à l'étranger. C'est là aussi la seule, mais suffisante raison de mon absence prolongée de New York. Quoi qu'il en soit, un de mes voisins, chapelier de profession, va de temps en temps à New York acheter du feutre, et j'espère qu'un de ces jours vous me verrez arriver dans son camion [1]. »

On possède un document qui malgré sa sècheresse reflète votre état d'âme de l'année 1943. Il s'agit d'un de vos premiers testaments — vous y apporterez ensuite beaucoup de codicilles — daté de Hartford le 10 mai. Vous y faites, en anglais, la liste de vos possessions en ce monde. Elles se composent d'une hypothèque de 350 000 francs belges, dont la moitié vous a été remboursée en 1939 sur une propriété à Knokke-le-Zoute héritée de votre mère, et des droits d'auteur afférant à vos neuf ouvrages déjà publiés en France. Vous y mentionnez aussi une espérance, celle de l'héritage de votre belle-mère qui a fait un testament en votre faveur en 1938. À cela s'ajoute tout un chargement de paniers et de caisses d'argenterie, de papiers, d'objets et de six ou sept malles de livres, laissé à la consigne de l'hôtel Meurice à Lausanne. Dans les caves de l'hôtel Wagram, à Paris, rue de Rivoli, vous avez également laissé au portier de nuit, dans la précipitation du départ de 39, quatre malles contenant des livres rares, des dentelles et des papiers de famille, et une dizaine de meubles.

En Amérique du Nord, il vous reste quelques obligations déposées à la banque de Montréal, des actions et un compte d'épargne de 450 dollars. Ce n'est pas avec ces avoirs que vous pourrez vivre. L'héritage de Christine est encore loin — elle mourra en 1950 et ses parts dans une teinturerie en Angleterre se révéleront plus que décevantes. Vos droits d'auteur, en pleine guerre, sur des livres qui ne se sont guère vendus ne valent pratiquement rien. Et pourtant, dans ce brouillon de testament, vous exprimez votre détermination de ne pas laisser votre belle-mère dans le besoin si vous veniez à mourir avant elle — vous lui envoyez à la même époque, et malgré votre dénuement, des subsides par l'intermédiaire de Jacques Kayaloff — et de léguer la totalité de ce que vous possédez à Grace Frick.

Ce document administratif renseigne aussi sur l'état de vos sentiments. Dans la clause concernant vos droits d'auteur, vous déclarez que vos deux meilleurs amis dans vos maisons d'édition sont Monsieur André Fraigneau, chez Grasset, et Monsieur Emmanuel Boudot-Lamotte chez Gallimard. Vous les proposez donc comme « conseillers littéraires ». En revanche les noms que vous suggérez comme exécuteurs littéraires sont ceux d'Edmond Jaloux, Jacques de Saussure et Constantin Dimaras [2].

En 1946, dans un autre codicille à votre testament, rédigé en français cette fois, vous indiquez que vous souhaitez — déjà ! — « être enterrée dans le petit cimetière de Somesville (Île de Mount-Desert, Maine), si je meurs aux États-Unis et au cimetière de Chamblandes, Mont-Pèlerin, canton de Vaud (Suisse), si je meurs en Europe. Je ne m'oppose pas à l'incinération de mes restes [3] ».

C'est l'été 42 que vous avez fait connaissance avec l'île des Monts-Déserts, en réalité une presqu'île, au nord de l'État du Maine. Grace et vous y passez les vacances, à Seal Harbor d'abord, puis à Somesville, dans la maisonnette de bois, au pied de laquelle court un ruisseau, à quelques mètres du cimetière, où un jour vont reposer vos cendres et celles de votre compagne.

À la rentrée 1942, vous obtenez un contrat avec Sarah Lawrence College, à Bronxville, dans l'État de New York, à cent cinquante kilomètres de Hartford. Un poste d'enseignement à mi-temps, probablement mal payé, exténuant parce que vous devez faire la navette entre Hartford et Bronxville où vous avez bloqué votre service sur quelques jours, exténuant parce que vous n'avez pas l'habitude, parce que vous êtes loin de tout, de tout ce que vous aimez. « Aux pires heures de découragement et d'atonie, j'allais revoir, dans le beau musée d'Harford, une toile romaine de Canaletto, le Panthéon brun et doré se profilant sur le ciel bleu d'une fin d'après-midi d'été [4]. »

Jane Bond, une des rares étudiantes noires de ce collège libéral, et chic, aujourd'hui brillante universitaire au Baruch College de New York, se souvient que vous étiez le professeur le moins suspect d'un quelconque racisme. Vos corsages de satin sur vos seins un peu tombants, parce que vous refusez de porter des soutiens-gorge, vos capes grises assorties à vos souliers de feutre gris, vos bijoux et votre chapeau napoléonien à tricorne n'ont pas quitté la mémoire de l'adolescente qu'elle était. Vos cours de littérature et vos échanges d'après cours, dans votre bureau, « qui était comme un salon avec des livres et des objets d'art [5] », l'ont, dit-elle « inspirée » pour des années. Et pourtant vous n'étiez pas toujours d'accord : « Elle ne croyait pas au progrès. Moi, j'y croyais [6]. »

Sans doute vos étudiantes d'alors ne soupçonnaient-elles pas votre mélancolie. Mais vous êtes trop fière pour vous plaindre. Et vous sentez qu'il y aurait de la honte à se lamenter quand là-bas en Europe s'est installée une autre nuit. Mais vous tombez malade. Les agendas de Grace sont remplis de vos embarras de santé auxquels vous faites de discrètes allusions : « Et je passe sous silence les expériences de la maladie, et d'autres, plus secrètes, qu'elles entraînent avec elles [7]... » En 1945, « à la veille d'une maladie grave », « l'image d'Antinoüs noyé, porté en quelque sorte sur ce courant d'oubli [8] » vous traverse à nouveau. Vous utiliserez — direz-vous — « un commencement de maladie de cœur » pour mieux décrire plus tard celle d'Hadrien.

Mais vous grossissez, signe de déprime. Mais vous n'écrivez plus, signe de détresse. « Enfoncement dans le désespoir d'un écrivain qui n'écrit pas [9]. » Le vieux projet concernant Hadrien qui vous accompagne depuis votre vingtième année est abandonné de 1939 à 1948. « J'y pensais parfois mais avec découragement, presqu'avec indifférence, comme à l'impossible. Et quelle honte d'avoir jamais tenté pareille chose [10]. » L'absence d'éditeur, l'absence de public vous découragent autant que la fatigue physique. En 1947, vous brûlez les vieilles notes prises à la bibliothèque de Yale, lors de votre premier séjour américain de 1937 et emportées dans le naufrage des années noires.

Non, vous n'oubliez pas Hadrien, vous le refoulez, vous le mettez en incubation. Vers 1941, vous achetez à New York, chez un marchand de couleurs, une gravure de Piranèse représentant la villa d'Hadrien. Sur cette vue, nouvelle pour vous, figure la chapelle de Canope, d'où fut tiré au XVIᵉ siècle l'Antinoüs de style égyptien : « Pendant plusieurs années, j'ai regardé cette image presque tous les jours, sans donner une pensée à mon entreprise d'autrefois, à laquelle je croyais avoir renoncé. Tels sont les curieux détours de ce qu'on nomme l'oubli [11]. »

Ou plutôt si, vous écrivez quand même. Pas comme autrefois, dans cette espèce d'urgence intérieure qui à vingt ans vous faisait couvrir des centaines de pages. Pas comme vous allez écrire à partir de la prochaine décennie, en écrivain professionnel. Vous complétez des essais dont des fragments ont paru « avant-guerre ». Vous jetez des notes sur le papier comme on jette des sanglots. Et pour exprimer vos états d'âme, pour faire le bilan de votre passé européen qui s'éloigne dans l'espace et dans le temps, vous choisissez un genre littéraire que vous n'aviez guère pratiqué jusque-là : le théâtre. Et vous écrivez en 1942 *Le Mystère d'Alceste*, en 1943 *La Petite Sirène*, en 1944 *Électre ou la Chute des masques*, en 1947 *Qui n'a pas son Minotaure ?*, votre ancien point de vue d'Ariane, revu et corrigé par la distance et par l'Histoire.

L'exil est un terme qu'on ne trouve pas sous votre plume et qui ne recouvre pas entièrement votre situation d'éloignement imposé par la guerre, la nécessité de gagner votre vie, la dépendance à l'égard de votre amie. Mais le sentiment de l'exil vous taraude malgré votre retenue. « Je n'étais pas une réfugiée française aux États-Unis, au sens propre du terme, écrivez-vous dans les années 50 à un correspondant polonais probablement émigré lui aussi, car j'y suis allée de mon plein gré pour des raisons d'amitiés et de projets littéraires [...]. Et si les événements politiques, la santé et d'autres relations plus personnelles encore m'y ont retenue plus longtemps que je n'avais pensé, je n'ai été en aucun cas *forcée* d'y rester parce que mon pays était pour moi fermé. J'indique cela pour montrer que nos situations ne sont pas parallèles. Néanmoins, je sais ce que c'est de se trouver dans un pays étranger où un élément de méfiance ou d'incertitude subsiste toujours à notre propos, quoi qu'on fasse, et de s'y trouver parfois démuni de moyens [12]. »

La vie de bohème dissipée, la « luxueuse liberté » dont le goût vous avait été inoculé par Michel sont bel et bien révolues. Vous avez fini d'errer d'un hôtel à l'autre aux quatre coins du monde, ou dans des locations de Capri, de Sorrente, d'Autriche ou de Grèce. Fini de vivre liaisons et passions avec homme et femme. Vous vous déshabituez du souvenir même des splendides banqueroutes paternelles au jeu ; vous vous déshabituez de ne pas compter.

Vous, la fille de ce père prodigue, vous l'aristocrate devez travailler, vous, qui n'avez pas connu l'école, devez enseigner aux autres, vous, l'artiste parisienne qui ne connaissez que les livres que l'on fait et que l'on lit, devez prendre sur le temps des livres, gagner un maigre salaire, dépendre des autres, dépendre d'une autre. « Vous comprenez bien, écrivez-vous à votre ami Josef Breitbach, quand le plus dur sera déjà derrière vous, que ce n'est pas sans regret que je suis restée si longtemps éloignée d'Europe, mais mes arrangements personnels et financiers ne me permettaient pas autre chose. J'ai souvent souffert ici d'une grande solitude intellectuelle, excusez le terme, toujours un peu pompeux [13]. »

Certes, par pudeur, vous ne dites pas à quel point l'environnement dut vous paraître rude, dans les années 40, et pendant la guerre froide, en plein maccarthysme, dans ce Hartford, « réactionnaire, chauvin et protestant avec une nuance de bienséance sociale et mondaine [14] ». Où « une opulente vieille demoiselle me demandait d'un air soupçonneux si les Français étaient toujours catholiques », tandis qu'une autre, « également active dans toutes les sociétés de bienfaisance et les institutions culturelles locales s'étonnait qu'on pût regarder des estampes japonaises, le Japonais étant l'ennemi [15] ».

Quelques années plus tard, vous ferez pour votre ami grec, Constantin Dimaras, un sobre bilan de la rudesse des conditions de vie en Amérique pour un homme ou une femme habitués à la douceur européenne : « L'ajustement aux conditions de travail aux États-Unis n'a pas été, comme vous le pensez bien, toujours facile mais je suis fière de l'avoir fait et d'avoir cependant continué mon travail d'écrivain [16]. »

Au début pourtant, le travail littéraire traîne un peu. L'Amérique, pour cette enfant de l'Europe et du XIXe siècle que vous êtes, c'est une autre planète, bien que vous essayiez de vous persuader du contraire. Ou une Europe plus pauvre et plus dure, « privée de toutes les grâces qui pour nous constituent l'Europe [17] ».

Et vous avez beau comparer votre chance avec la détresse de beaucoup de ceux qui sont restés, vous soupirez après les douceurs de là-bas : « C'est partout que les pierres sont dures ; et comme me le disait une petite fille américaine à laquelle je citais ce proverbe, c'est partout que le sable est tiède et doux au bord de la mer, et l'air du matin délicieux. Durant la dernière catastrophe, le pays a joui de certaines immunités ; ce sont là de grands bienfaits. D'autre part certaines facilités de la vie méditerranéenne, si familières que nous les remarquions à peine, le loisir, les flâneries, la conversation amicale n'existent pas, et si on parvient à les obtenir (et j'y parviens) c'est en se plaçant à contre-courant de la vie américaine proprement dite. Et cependant j'ai fini par aimer beaucoup ce pays, ou du moins certains endroits et certains êtres [18]. » C'est dans *La Petite Sirène*, piécette dont vous datez la rédaction à 1942, que votre angoisse et votre confusion d'alors s'expriment avec le plus d'exactitude. Ce « divertissement dramatique » inspiré du conte d'Andersen vous a été commandé par Everett Austin Junior, Chick pour ses amis — dont vous êtes —, directeur du musée de Hartford, et animateur de son théâtre. Destinée à célébrer l'Eau, dans un spectacle consacré aux quatre éléments, la pièce écrite par vous est — pour la première fois — traduite par Grace et jouée directement en anglais. Le brûlant passé y tient une place que nous reconnaissons : la petite sirène y est toujours sensible à la voix des sorcières chantant les tentations du corps ; « C'est pourtant bon, la chair d'un homme qu'on aime [19] ! » Aussi aspire-t-elle au début à commettre le crime suprême, le crime qui consiste à « changer d'élément, à changer d'espèce ». Exaucée, elle est à la cour du Prince, comme Sappho, en maillot d'acrobate et amuse le bien-aimé par « une figure de danse où elle se tient la tête en bas, [...] avec une grâce un peu comique [20] ». Égon surgi de l'histoire de Jeanne n'est ici qu'un figurant page, il attend d'autres textes pour les rôles de composition.

Méprisée par son Prince, la petite sirène au désespoir prête l'oreille à ses sœurs les sirènes et aux oiseaux-anges qui lui conseillent de s'en aller, qui l'adjurent de renoncer : « Viens ! Tu retrouveras ton chant qui séduit, ta chanson qui tue !... Tu as goûté l'amour des hommes [...]. Tu as renoncé à la substance des abîmes, au corps visqueux des profondeurs !... Renonce aussi à ta substance terrestre, à ce corps de femme prisonnier du pont d'un navire, captif de toutes les pesanteurs !... Viens ! Viens ! Viens !... Jette aux vagues ta forme de femme !... [21] »

À l'image de votre double, vous vous êtes débarrassée de votre peau de femme. Vous l'avez jetée par-dessus le bord du *California* qui vous entraînait naguère vers les rives américaines ; vous l'apercevrez encore cette peau que dédaigne le Prince aux mains et aux yeux d'André ; elle flotte, en cette fin des années 40, dans les vagues qui battent les côtes du Maine, sur la presqu'île des Monts-Déserts où vous vous apprêtez à consommer, à consumer votre exil, dans ces « paysages bleu-blanc-gris [22] », familiers des phoques et des oiseaux-anges. Ce que vous ignorez, c'est qu'elle ne coulera pas mais refera surface, par surprise, sur votre corps vieilli des années 80.

En attendant *Électre*, que vous allez sous-titrer *La Chute des masques*, la petite sirène se résout à abandonner « ses jeux d'acrobate et le poignard de ses rancunes pour rentrer dans le monde primordial dont elle est sortie [23] ». Fini le bal, rentrés les masques, déjoués les pervers jeux de miroir. Même les règlements de comptes ne vous amuseront plus. Vous êtes définitivement installée dans le nouveau monde, un monde dont l'innocence vous rappelle obscurément celui, inoubliable, de votre enfance.

« En la relisant, écrirez-vous de *La Petite Sirène* quelque vingt ans plus tard en 1970, je m'aperçois que j'avais mis dans cette piécette plus que je n'y pensais mettre. Nos moindres œuvres sont comme des objets où nous ne pouvons pas ne pas laisser, invisible, la trace de nos doigts. Je me rends compte avec quelque retard de ce qu'a pu obscurément signifier pour moi à l'époque cette créature brusquement transportée dans un autre monde, et s'y trouvant sans identité et sans voix [24]. »

Sans identité et sans voix. Voilà comment s'est ressentie dans la province américaine des années 50 celle qui allait incarner une certaine pureté, une certaine intégrité de la langue française. Or, pour perdre une voix et une identité, il faut en posséder une que l'on n'a plus. Il faut avoir des références, des repères. Qui êtes-vous, vous qui avez changé votre nom et même, pendant un temps, votre prénom ? Vous qui avez rompu les amarres avec votre demi-frère et avec vos familles maternelle et paternelle, vous qui, en vous affichant avec une femme, narguez les conventions de votre milieu ?

Votre nationalité, ou plutôt vos nationalités, vous en résumerez ainsi l'itinéraire en 1977 : « Je n'appartiens pas à la belge, ayant été française avant d'être américaine, et c'est à titre étranger que l'Académie Royale belge a bien voulu m'accueillir. Mais le pays de ma mère et de ma naissance à Bruxelles... m'est cher [25]. »

Ce n'est qu'avant votre élection à l'Académie française que vous allez retrouver votre citoyenneté d'origine.

Mais une nationalité ne se résume pas à un passeport. Autant et même plus que dans les Flandres belge ou française, vous vous êtes sentie chez vous à Capri, à Sorrente, à Monaco, en Suisse où votre père est mort, où Jeanne est enterrée, où Hadrien vous attendit longuement, à Vienne, à Salzbourg, à Rome, la ville de Marcella, dans cette Europe que, comme tout Européen, vous ne distinguez que de loin.

Et, de ces pays européens, c'est la Grèce que vous avez le plus ardemment aimée. C'est en Grèce que vous vous êtes ouverte à la beauté, à l'intelligence dans ce qu'elle a de plus raffiné et de plus humain ; c'est sur cette Grèce et dans cette Grèce que vous avez écrit vos premiers poèmes, que vous avez brûlé de tous ces feux dont vous aviez réussi à faire un brûlot littéraire. En ces heures noires où l'Europe tout entière paraît sombrer « comme un monde disparu, submergé, désormais sans terre ferme », depuis « cette espèce d'arche que furent les États-Unis » où vous avez « le sentiment affreux de flotter seule [26] », c'est de cette Grèce-là que vous vous sentez fille, et par cette Grèce-là, consolée.

« Qu'est-ce qui t'aide à vivre, vous demandez-vous à vous-même, dans vos carnets des années 40 dont vous avez conservé quelques fragments, qu'est-ce qui t'aide à vivre dans les moments de désarroi ou d'horreur ? La nécessité du pain à gagner ou à pétrir — car vous pétrissez vous-même votre pain —, le sommeil, l'amour du linge propre endossé, un vieux livre relu, le sourire de la négresse ou du tailleur polonais du coin, l'odeur des airelles mûres ou le souvenir du Parthénon ? Tout ce qui était bon aux heures de délices reste exquis aux heures de détresse [27]. » Et vous ne dites pas, mais faites dire à votre petite sirène que ce qui était mauvais devient insupportable.

Demeure en premier lieu, dans le souvenir des heures de délices, le souvenir du Parthénon sur la terre de Pindare et d'André Embiricos. Avec le temps, le Parthénon se mélangera avec telle ou telle évocation de Bruges ou de Saint-Rémy-de-Provence, d'Innsbruck ou de l'Andalousie, des brumes de Courlande ou de la « mer grise et argentée » et des dunes du Plat Pays. Avec l'effet d'optique que crée la distance, pour vous les nations du vieux monde se rétrécissent jusqu'à devenir les provinces d'une Europe, de votre Europe itinérante de voyageuse, semblable à l'Europe Renaissance de Zénon.

Et vous vous languissez de cette Europe plus que vous n'osez l'avouer à Grace et à vos nouveaux amis de ce pays sans mémoire où la trace de l'homme s'efface au fur et à mesure que déferlent les vagues des immigrants. Et vous rêvez, vous rêverez toute votre vie de l'Europe du XIXᵉ siècle que vous avez arpentée avec Michel, avec Andreas et vos amis cosmopolites des années 30, aussi éloignée que possible d'un quelconque esprit de clocher, encore moins du concept barbare d'État-nation. D'une Europe révolue...

Pendant ces années noires, l'Europe ne vous parvient plus que par les journaux américains et les lettres d'amis demeurés « là-bas ».

Le poète Jean-Paul de Dadelsen est de ceux-là. Il vous écrit du château d'Azay-le-Ferron dans l'Indre où, entre sa démobilisation et sa prochaine nomination à une « chaire de lycée », il « figure une manière de secrétaire pour des travaux personnels, au service d'un vieux monsieur fort distingué [28] ».

Le futur auteur de *Jonas*, et autres recueils de poésie n'est pas insensible à votre charme et sa première lettre du 27 octobre 1940 vous le dit clairement : « Je vous situe mal sur la planète, chère Perle parmi les muses ; je ne pense pas aux inspiratrices, mais aux sœurs qui chantent et écrivent l'histoire et savent le grec ; comme il est normal qu'elles le sachent, me direz-vous. Mettons donc que vous soyez à New York. Il faudra par exemple me répondre tout de suite, que du moins j'aie votre lettre avant l'année prochaine, sache ce que vous faites, ce que vous écrivez, dans quelle chambre, avec quel paysage dans vos fenêtres, et la robe que vous portez en me lisant. Si vous êtes au lit un toast à la main, ne craignez pas de me le dire. Tenez, je vous embrasse sans même vous en demander la permission ; vous pouvez toujours choisir que ce soit sur les joues ou dans le décolleté de votre vêtement de rêve. Je suis aussi loin dans l'espace que l'aurige dans le passé ; intervertissez les termes et mettez que ce soit un baiser qui vous rejoigne du fond des âges, à moins qu'il ne vienne à votre rencontre depuis le bord du futur. Aimerais-je être aimé [29] ?... »

Jean-Paul de Dadelsen est assez proche de vous pour ne pas ignorer qui occupe encore vos pensées : « Je suppose qu'André est rentré à Paris, écrit-il dans un premier post-scriptum. Je suis sans nouvelles de lui [30]. »

Est-ce par association avec ce dernier, identifié dans vos derniers livres, qu'il hasarde cette supplique ambiguë ? « Puis-je être tout à fait insupportable ? J'attends avec curiosité vos prochains livres, parce que cela m'amuserait tellement (comme un médecin de se faire soigner pour un rhume, comme un acteur d'aller au spectacle, mais peut-être que cela ne les amuse pas ; moi si) de retrouver un reflet de moi dans un personnage. Monstre ! Vous me voyez tout à fait repentant maintenant que je l'ai dit. Si par aventure vous me mettez un jour dans une page de vos livres, vous ne pourriez pas, chère Marguerite, m'appeler Mauve [31]. »

Vous avez répondu à cette lettre tendre. Quoi ? Nous ne le savons pas. Dans les années 40, vous ne gardez que les lettres de vos correspondants. Grace ne copie pas encore les vôtres, ni ne vous pousse à y glisser un carbone. D'ailleurs avez-vous montré à Grace la missive de Dadelsen ?

Mais vous avez répondu. Et votre soupirant isolé dans son château de l'Indre de s'exciter plus encore sur votre souvenir. Et de vous proposer ce qu'il n'ignore pas être pour vous la tentation suprême : un voyage en Grèce « ensemble » : « Il se peut que j'aille avec vous en Grèce, et que ç'aura été pour y trouver je ne sais quoi d'inattendu et de nécessaire que je n'avais pas eu la souplesse, *l'abandon d'imagination* qu'il aurait fallu pour le reconnaître à l'avance. Et cela aura pourtant un je ne sais quoi de connu (pas de " déjà vu " ; c'est autre chose)... Je baise vos mains [32]... »

Cette « tendre curiosité » que Dadelsen dit éprouver pour vous, mêlée à ce « plaisir à vous faire penser à moi », il l'analyse avec acuité et nous donne par là les clés de la fascination que vous avez dû exercer, jeune, et même moins jeune, sur les hommes de votre génération : « Peut-être ce qui me tente en dessous, ce serait d'être flatté par l'attention d'une femme qui a si bien parlé des garçons de mon âge et même des plus insensibles (dont je ne suis pas), qu'ils fussent Hippolyte ou Phédon [33]. »

Traduisons ce langage courtois en termes plus clairs. Jean-Paul de Dadelsen vous fait savoir qu'il n'est pas André Fraigneau et suggère que vous preniez désormais vos modèles romanesques chez des amoureux plus accessibles — dont il est.

Ce qu'il attend de vous, c'est sans doute ce qu'attendait Embirikos : une égérie. Égérie qu'il évoque avec toute l'innocence d'un machisme qui s'ignore : « Peut-être, vous seriez près de moi, votre génie féminin de l'immédiat et du prochain, votre cécité possible à des perspectives qui humilient le détail, votre habileté à faire un livre comme d'autres un chapeau, votre intelligence active et dirigée, votre douce et sage croyance de femme à la réalité [...] me donneraient-elles l'impulsion continue que demande un travail d'imagination et de témoignage [...]. Il faut qu'un jour, peut-être un été, nous partagions je ne sais encore quel gîte [34]. »

Ces lignes sont à porter à l'instruction du dossier qui vous accuse de ne pas être une femme, dans la chair sinon dans l'esprit. Si vous aviez manqué de féminité, si vous aviez été un homme déguisé, cet homme qui aime les femmes aurait-il pu ainsi rêver de vous et vous imaginer dans l'absence ? « Dites-moi les couleurs de votre journée, vos désirs, vos lectures, vos promenades, vos robes [...] 21 h 30. Dans votre ville du Connecticut vous avez fini de déjeuner (au restaurant ? chez vous ?), vous changez de robe peut-être, vous regardez à la fenêtre, vous buvez quelque chose, ou de si bonne heure, goûtez-vous quelque plaisir amoureux [35]. »

Mais son désir de vous n'ignore ni votre ambivalence ni la multiplicité de vos plaisirs de naguère : « À New Hartford bavardez-vous beaucoup ? Avez-vous assez d'amies et d'amis pour ne pas dépendre d'un seul jeu de visages [36] ? » interroge-t-il un lundi soir, 24 février 1941. Se doute-t-il de l'austérité de votre vie, du long tête-à-tête avec Grace qui ne parle qu'à moitié votre langue, des trop rares occasions de converser comme autrefois ? Non. Vous lui avez répondu avec retard tout en lui donnant les détails qu'il exigeait et qui nous renseignent sur vos accessoires du temps de Hartford.

En ce jeudi soir, 15 mai 1941, quatre jours après le premier bombardement « qui a couché sur la place du village, sous les arbres, trois enfants qui sortaient de l'école, peut-être d'une leçon sur Saint Louis [37] », il les commente ces précieux détails avec bonne humeur : « Votre lettre du 4 avril est arrivée il y a trois jours. Je suis content d'avoir de vos nouvelles après ce silence de quelques mois. Quelle violence de couleurs, chère princesse aztèque ! Je regarde les murs de ma chambre [...], et je me demande comment vous faites pour vivre sur un divan noir en chandail rouge et pyjama noir, dans une chambre peinte de quatre couleurs [38]. »

Le badinage toutefois ne saurait occulter les bombardements d'enfants. Les fantasmes érotico-littéraires du poète ne l'éloignent pas d'une actualité dont il conte, pour l'amie lointaine, les circonstances : « Et la guerre ? direz-vous peut-être. Chère Marguerite, vous écrit-il dans sa première lettre du 27 octobre 1940, j'ai obtenu enfin, au début de mai, deux jours avant la guerre véritable, d'être versé dans une division de chars de combat [...]. J'ai été avec ma division en Belgique, où elle a été engagée assez tard contre des forces très supérieures. Fortement diminués après deux jours de combat, certains éléments après trois jours, nous sommes revenus en France avant l'encerclement de Dunkerque. Nous sommes remontés au combat pour parer de notre mieux à l'attaque décisive sur la Somme, qui a commencé le 5 juin. Les premières journées, là, ont été les plus dures ; de ce moment à l'armistice nous avons reculé, toujours en arrière-garde pour couvrir le repli des fantassins, toujours les derniers à quitter un village [39]. »

Futur officier de parachutisme dans les Forces françaises libres, l'évolution politique de Dadelsen vous renseigne sur l'itinéraire de bien des hommes de votre génération et de la sienne, demeurés dans l'Hexagone. En ce 27 octobre 1940, il est toujours un inconditionnel de Pétain, retour de Montoire, où ce dernier vient de serrer la main d'Hitler. Il vous écrit dans cette même lettre : « Avant-hier il s'est trouvé que le Maréchal, en revenant de son entrevue avec le Chancelier, s'est arrêté chez mes hôtes qu'il connaît. Je l'ai vu au café. Il est magnifique de calme et de possession de soi. Il avait un uniforme kaki tout à fait ordinaire sur lequel on ne voyait que ses sept étoiles de métal et la médaille militaire (comme vous savez, pour un officier la plus haute décoration possible). Il a eu la bonté de me poser quelques questions. Il est naturel comme on imagine un souverain ; on voit tout de suite que tout en lui est véritable [40]. »

Plaisamment, votre correspondant commente par un astérisque la mention « Je l'ai vu au café » : « * Grands Dieux ! pas au café-restaurant ! Vous pourriez penser qu'il y a d'étranges changements en France [41] ! »

Jean-Paul de Dadelsen évoluera ; il quittera la France, passera à Londres, deviendra un grand résistant. André Fraigneau, non. Pendant cette période de 1941-1942 où Dadelsen vous mande ses délires et ses désirs depuis son château d'Azay-le-Ferron, Fraigneau fait par deux fois le voyage en Allemagne. « André Fraigneau s'était, lui, laissé entraîner plus loin dans la " Collaboration " : il fit avec moi, rapporte Gerhard Heller, les deux voyages à Weimar, organisés pour les écrivains en automne 1941 et 1942 [...] ; il collabora à la NRF de Drieu et, surtout, à partir de novembre 1943, à la *Chronique de Paris* qui rassemblera à cette heure difficile les écrivains français osant encore afficher leurs sympathies allemandes [42]. »

Lucy Kyriakos est tuée, dans le bombardement de Janina. La carte postale que vous lui aviez écrite de Charleston ne sera jamais envoyée.

La Terre tourne ; l'Europe se retourne et vous tourne le dos. Un temps, vous perdez pied... et jusqu'à la parole. « Il est trop tôt pour parler, pour écrire, pour penser peut-être, et pendant quelque temps, notre langage ressemblera au bégaiement d'un grand blessé qu'on rééduque. Profitons de ce silence comme d'un apprentissage mystique [43]. » Vous continuez cependant à tenir vos cahiers. Vous écrivez à la mémoire de Lucy deux poèmes : « Drapeau grec » et « Épitaphe, Temps de guerre ». Vous accouchez du drame, collectif et personnel, d'Alceste, d'Électre, de la Petite Sirène. Vous envoyez à Roger Caillois qui dirige depuis Buenos

Aires *Les Lettres françaises* vos « Mythologies », rédigées en 1943, où figure, où préfigure encore le nom d'Hadrien. Et vous souffrez. Autrement que du temps d'André, plus seulement pour vous.

Il n'y a pas de tracé direct sur la route qui mène du départ involontaire à l'intériorisation du fait accompli. Pendant les années 40, vous avez vécu dans le fantasme du retour en Europe ou tout au moins du retour au nomadisme qui était votre mode de vie en Europe. En août 1944, la Libération de Paris aurait pu donner le signal de votre rapatriement avec les autres exilés. Elle est notée sur l'agenda, généralement rempli par Grace, mais que vous tenez volontiers quand elle est en voyage, et que vous commenterez rétrospectivement. Quels états d'âme, quelles hésitations, quelles discussions avec Grace, quelles tergiversations autour de cette simple mention : « Août 44 : Libération de Paris » ? Une fois de plus vous voilà confrontée au dilemme : partir, c'est-à-dire rentrer, ou rester. Cette fois, vous restez.

Cette période d'exil est aussi le temps du silence. Comme la Petite Sirène, votre voix s'est tue. Ou presque puisque vous en avez trouvé assez pour la chanter. Mais, en même temps qu'*Électre* et le reste du théâtre, vous avez secrètement retravaillé jusqu'en 1945 le point de vue d'Ariane du fameux triptyque. Ce point de vue qui est maintenant le vôtre, qui s'appelait en 1939 « Ariane ou l'Aventurier », deviendra en 1960 *Qui n'a pas son Minotaure ?*. À cette époque, et depuis longtemps, vous voyez André avec d'autres yeux, vous le ressuscitez avec cette « froide connaissance qu'on a des êtres quand ne les désire plus ». Une « note de lecture » à partir du 1er mars 1947 traite sans ménagement sa dernière production sur Louis II de Bavière : *Le Livre de raison d'un roi fou* : « Image gonflée et grimaçante de soi [44] ».

Vous n'êtes pas plus tendre avec *Réflexions sur la question juive* de Sartre : « Remarquable surtout par l'ignorance ou le refus d'examiner les données historiques du problème », ni avec *Le Jeu* de Roger Vailland : « Maigre, mesquin, " bien écrit ", terriblement littéraire [...]. Le " jeu " de course à la mort entre les deux voitures est d'une bêtise révoltante [45] »...

Décidément vous cessez d'appartenir à ce monde-là.

L'expatriation consentie (1946-1958)

Et vous prenez toutes les dispositions pour vous fixer en Amérique. En 1947, vous vous faites naturaliser américaine. À la satisfaction de Grace, vous exercez votre privilège de citoyenne en votant pour la première fois le 2 novembre 1948. Dès 1948, Grace et vous commencez à visiter des maisons en vente dans cette île des Monts-Déserts « qu'illumine assez souvent l'aurore boréale », où vous avez passé vos étés depuis 1942. En 1950, vous achetez avec votre compagne la maison de Northeast Harbor que vous nommerez Petite Plaisance en souvenir de Samuel Champlain. « J'ai longtemps aimé les îles... j'ai aimé l'Eubée, j'ai aimé Capri [...] chaque île est un petit monde à soi, un monde en miniature [...]. On a le sentiment d'être sur une frontière entre l'univers et le monde humain [1]. »

Qu'arrive-t-il à la fille de l'homme aux semelles de vent ?

La réponse à cette question, vous ne vous l'êtes jamais donnée clairement à vous-même. Vous étiez indécise. Grace qui ne l'était pas a pris la décision. « Je n'ai rien décidé, je me suis laissé faire [2]. » L'Europe certes est un mot magique mais la réalité est que vous n'avez plus les moyens d'y vivre. Grace a peut-être hérité de son oncle Georges la Rue, mort en 1943, puis de son père, mort en 1949, vingt ans après le vôtre. Elle assume en tout cas financièrement l'achat d'une maison et une existence débarrassée des contraintes professionnelles. Elle prend donc sa retraite. À quarante-sept ans. Sa retraite pour se consacrer à vous.

Disons le mot : elle peut vous entretenir. Au moment où vous en avez assez de l'enseignement de la littérature française et italienne aux jeunes filles de la bonne société libérale américaine. « Depuis un an, écrivez-vous en juillet 1951, l'infinie sollicitude de l'amie avec laquelle je vis et qui j'espère viendra avec moi en Europe, m'a permis de renoncer temporairement à mon travail de professeur, travail point complètement dépourvu d'intérêt intellectuel ou humain, mais qui s'accorde du moins pour moi assez mal avec le métier d'écrivain et qui me fatiguerait beaucoup [3]. »

30 octobre 1948 : « Evening Grete *** ». L'infinie sollicitude de Grace marque une étape faste de vos relations avec elle. Comme tous les rapports de couple, elles connaîtront dans les trois prochaines décennies des avatars divers. Entre 1947 et 1950, elles sont à leur zénith. Cette entente amoureuse se marque dans les agendas de l'année 1948. Grace vous y nomme Grete, diminutif tendre qu'elle n'utilisera plus après 1950. Apparaissent également des petites étoiles pour indiquer les moments de grâce, plaisir, bonheur ou harmonie exceptionnels. Vous y recourrez à nouveau lorsque Jerry Wilson aura redonné du piment à votre vie. À la même époque, vous faites allusion à « la perpétuelle présence et recherche de l'amour [4] ».

« Je ne me suis jamais à aucun degré enracinée dans le milieu universitaire américain, écrivez-vous encore en 1956 ; les rares amis que j'y possède me sont venus soit par Grace, soit par Hadrien. L'expérience pourtant a été intéressante. Je suis reconnaissante à Sarah Lawrence de m'avoir fourni les moyens de rester aux États-Unis mais je ne recommanderais à personne ce genre de vie, à moins d'avoir un goût bien déterminé pour la vie américaine et le dépaysement particulier qu'elle implique [5]. » Clairement, ce qui vous retient, ceux qui vous retiennent en Amérique sont Grace et Hadrien, votre compagne et un empereur romain.

Étrange mixture qui l'est pourtant moins qu'il n'y paraît. Car, en 1949, l'arrivée de deux ou trois malles d'avant-guerre a fait basculer à nouveau votre existence : exhumé d'un ancien brouillon, Hadrien s'est imposé à vous. Vous avez en quelques mois composé ses Mémoires. Un chef-d'œuvre. Qui fait de vous un des grands écrivains du siècle. Qui vous convainc de renoncer à tout, d'accepter tous les sacrifices pour vous consacrer à ce que vous appellerez désormais sans honte votre œuvre. Et le don de Grace, une Grace amoureuse, pleine de vitalité, en mesure de vous assurer l'environnement indispensable pour produire, est-ce si dur à consentir ? Vous consentez...

« Île de Mont Désert, 26 décembre 1950,

« Aujourd'hui, le 26 décembre, j'ai écrit la dernière ligne de Mémoires d'Hadrien. Ouvrage terminé, sauf pour quelques corrections çà et là, de deux à trois lignes, et la copie d'une trentaine de pages. Et terminée aussi ce qui fut somme toute la plus grande aventure de ma vie [6]. »

L'aventure, commencée entre 1924 et 1929, recommencée en 1934, reprise et abandonnée entre 1934 et 1937, délaissée (sauf pour quelques jours à Paris entre 1937 et 1939), puis entièrement lâchée pendant dix ans, s'achève enfin. Elle avait pris un autre départ quelque trois ans plus tôt, au tout début de l'année 1949, par une formule invocatoire, remontée d'un passé plus ancien que vous : « Mon cher Marc... »

Le 24 janvier 1949, les deux ou trois malles, laissées derrière vous à Lausanne en 1939, étaient parvenues à l'île des Monts-déserts. Vous étiez seule à la maison, en vacances universitaires entre les deux semestres. Grace qui venait de perdre son père, le 12 janvier, était partie à Kansas City.

« Je m'assis auprès du feu pour venir à bout de cette espèce d'horrible inventaire après décès ; je passai seule ainsi plusieurs soirs. Je défaisais des liasses de lettres ; je parcourais avant de les détruire, cet amas de correspondance avec des gens oubliés et qui m'avaient oubliée, les uns vivants, d'autres morts [...]. Je dépliai quatre ou cinq feuilles dactylographiées ; le papier en avait jauni. Je lus la suscription : " Mon cher Marc... " Marc... De quel ami, de quel amant, de quel parent éloigné s'agissait-il ? Je ne me rappelais pas ce nom-là. Il fallut quelques instants pour que je me souvinsse que Marc était mis là pour Marc Aurèle et que j'avais sous les yeux un fragment du manuscrit perdu. Depuis ce moment, il ne fut plus question que de réécrire ce livre coûte que coûte [7]. »

L'empereur seul avait réchappé des flammes. Est-ce aussi dans ce feu de joie que vous avez réduit en cendres les traces de l'homme qui naguère vous brûlait ? Fruit du hasard ou du destin, l'absence de Grâce, ce jour-là, fait rêver. Présente, elle eût immanquablement récupéré, préservé ces papiers, ces lettres, ce « fatras », bons à occuper des générations d'exégètes friands de dépouilles. En même temps, ce sacrifice par le feu des moindres objets qui vous rattachent à votre vie d'avant 1939 fait la part belle à Hadrien, puis aux autres personnages inventés ou ressuscités qui vont désormais habiter votre espace, investir votre temps et y bousculer les êtres de chair à qui vous les préférez.

Dans la malle, sur les brouillons, il y avait ce début. Il y avait une phrase, la seule, dites-vous, qui subsistera de la version de 1934 : « Je commence à apercevoir le profil de ma mort [8]. » Il y avait les passages sur la visite au médecin et celui sur le renoncement aux exercices du corps, écrits à Yale en 1937. Il y avait le Dion Cassius, dans l'édition d'Henri Estienne et une édition moderne de l'*Histoire d'Auguste*. Vous ne précisez pas si se trouvait aussi certain volume de la correspondance de Flaubert, avec cette phrase soulignée par vous à l'âge de vingt-quatre ans : « Les dieux n'étant plus, et le Christ n'étant pas encore, il y a eu, de Cicéron à Marc Aurèle, un moment unique où l'homme seul a été [9]. » Ce mélange détonant a suffi pour mettre le feu aux poudres.

Il faut dire que les poudres s'étaient accumulées avec le temps. Avant cela, « j'étais trop jeune. Il est des livres qu'on ne doit pas oser avant d'avoir dépassé les quarante ans [10] ». Avant cela, l'époque était trop jeune : « Il fallait peut-être cette solution de continuité, cette nuit de l'âme que tant de nous ont éprouvée à cette époque [...] pour m'obliger à essayer de combler, non seulement la distance me séparant d'Hadrien, mais surtout celle qui me séparait de moi-même [...]. Avoir vécu dans un monde qui se défait m'enseignait l'importance du prince [11]. » Les années de guerre et de déchirement, les années de silence et de recueillement vous ont permis, à travers Hadrien, de vous juger vous-même, et par là vous entendez non pas vous « rapporter à un système de références, porter un jugement *moral*, mais subdiviser, établir les rapports, les repères, voir dans l'ensemble et d'en haut sa vie [12] ».

En même temps, pour vous comme pour vos contemporains, la fin de la guerre entraîne un immense soulagement, suivi d'une grande euphorie. Un temps d'illusions, soupape de sûreté nécessaire pour repartir, où l'on se figure que les Nations unies, ou un grand prince sont capables de pacifier le monde. L'horreur est derrière soi. Mais aussi demeurée en soi. Elle reviendra plus tard, quand on aura la force de l'affronter.

Disons-le, de brouillon en brouillon, Hadrien ne vous a jamais quittée : « Ce livre est la condensation d'un énorme ouvrage élaboré pour moi seule. J'avais pris l'habitude, chaque nuit, d'écrire de façon presqu'automatique le résultat de ces longues visions provoquées où je m'installais dans l'intimité d'un autre temps [...]. Mais je brûlais chaque matin ce travail de la nuit [13]. »

La plus grande aventure de votre vie débute par un voyage. À Taos, au Nouveau-Mexique où vous devez rejoindre Grace, par ce bel hiver 49. Cette fois, toutes les composantes sont réunies pour vous tenir dans un état d'exaltation propice à la lente gésine d'Hadrien : le voyage, l'amour, un être plus grand que vous qui vous habite. Dans un journal inédit, écrit à la diable pour vous, d'une écriture souvent illisible, et que complètent les *Carnets de notes de Mémoires d'Hadrien*, vous avez consigné au jour le jour votre histoire d'amour avec l'empereur.

10 février 1949 : départ pour le Nouveau-Mexique : « J'emportais avec moi les feuilles blanches sur quoi recommencer ce livre [...]. Tard dans la nuit, j'y travaillai entre New York et Chicago, enfermée dans mon wagon-lit comme dans un hypogée. Puis tout le jour suivant, dans le restaurant d'une gare de Chicago, où j'attendais un train bloqué par une tempête de neige [14]. » Le 12 février à l'aube, seule dans le wagon d'observation de l'express du Santa Fe, « entourée par les croupes noires des montagnes du Colorado et par l'éternel dessin des astres [15] », vous avez écrit le plan entier du livre [16]. Cette même nuit, vous aviez rédigé d'un seul jet d'autres passages sur la nourriture, l'amour, le sommeil et la connaissance de l'homme. « Je ne me souviens guère d'un jour plus ardent, ni de nuits plus lucides [17]. »

« Travaillé sans arrêt pendant le bref et admirable séjour à Santa Fe. Au retour vers le 26 février [18], j'en étais aux années d'école d'Hadrien [19]. » Vous êtes dans un état d'exaltation qui confine au délire.

Durant votre séjour dans cette ancienne colonie espagnole, vous avez regardé et serré bien des mains d'enfants et de jeunes garçons mexico-américains, ces *chicanos* que vous décrivez comme « de race espagnole [20] ». « Je cherchais une jeune paume de 11 ans qui rappelle celle de l'enfant d'Italica, je tâchais d'en imaginer les lignes [21]. »

Pendant ce voyage aussi — était-ce à l'aller ou au retour ? —, vous avez longé au crépuscule un fleuve qui vous a fait penser au Danube oriental. « Étrange soleil rouge sur ce chaos d'eau gelée [22]. » Dans ces paysages, ce que vous appelez la *magie sympathique*, cette méthode presque mystique qui consiste, un pied dans l'érudition, l'autre dans la magie, « à se transporter en pensée à l'intérieur de quelqu'un [23] », opère comme jamais.

Vous connaissez l'exaltation du magicien « qui a réussi à établir les contacts à travers le temps [24] ». Avant Zénon, vous vous laissez dévorer par la fièvre de la Quête. Les coïncidences se multiplient. Vous écrivez le passage du lézard au cours d'un arrêt au musée indien de Santa Fe et « le même jour, quelques heures plus tard, un jeune garçon me montre un lézard caché sous les broussailles [25] ». Vous faites, pour la première fois de votre vie, connaissance d'une jeune femme prénommée Sabine, comme l'impératrice. « Futilités certes mais qui font parler de *l'état de grâce* [26]. »

L'étendue de l'érudition, la minutie dans la recherche du détail surprennent même le lecteur averti. Qui imaginerait que la caractérisation érotique des personnages s'inspire des coefficients du rapport Kinsey sur la sexualité des Américains ? Ces coefficients, « légèrement modifiés », accordent, selon votre liste, 4/5 d'éléments érotiques homosexuels à Hadrien, 4/5 à Trajan, 1/2 à Marc, et 0 à Attianus [27] ».

Au retour de Santa Fe, vous vous arrêtez à Bronxville. Vous y écrivez le passage de méditation : « Je ne méprise pas les hommes [28]... »

En avril 1949, en plein *trip* impérial, vous repartez en voyage. Pour le Tennessee. Mais vous souffrez de fatigue pendant la traversée des montagnes. Dans la salle d'attente de la gare d'Asheville, vous avez cru mourir. Votre cœur, affaibli par ces tumultes, vous mènera à l'hôpital, trois mois plus tard. C'est l'échéance de l'œuvre à finir — dites-vous — qui vous retient de disparaître là. Dans le jardin du petit hôtel de Chimney Rock en Caroline du Nord, près d'Asheville, vous voyez sortir les premières violettes, les premiers crocus de l'année : « J'écris le passage des maîtresses. Souvenir de Lucy [29]. »

Pendant le même voyage, devant une cascade, vous composez — d'avance — la description physique d'Antinoüs. Puis, pour vous toute seule, « quelques lignes non insérées dans l'ouvrage sur les grands aspects naturels de la beauté ; l'enfant-eau, l'enfant-lac, l'enfant-torrent, l'enfant-vague [30] ».

Mars 1950 : vous composez la tragédie du premier d'Athys. « Pleuré, plusieurs nuits de suite, dans cette cave où j'habitais à Bronxville [...]. Pleuré, non véritablement sur l'ami d'Hadrien mais sur l'incommunicable douleur humaine. Un homme a souffert ceci, s'est débattu seul contre cette souffrance, et puis l'a oublié, est mort [31]. »

24 avril 1950 : vous travaillez au séjour à Athènes chez Arrien : « Il a obéi à l'ordre du ciel... »

Juin 1950, malade — vous allez être hospitalisée en juillet —, vous commencez « Disciplina Augusta ». Georges Poupet, des éditions Plon, qui vient de lire les premières pages de votre manuscrit, vous propose une option pour sa maison.

Le 15 novembre (ou le 16) « dans le tintamarre des plombiers et du charpentier qui travaillent à rendre habitable Petite Plaisance, terminé DISCIPLINA AUGUSTA [32] ».

Le 26 décembre 1950, c'est la fin : « Par un soir glacé, au bord de l'Atlantique, dans le silence presque polaire de l'île des Monts-Déserts, aux États-Unis, j'ai essayé de revivre la chaleur, la suffocation d'un jour de juillet 1938 à Baïes, le poids du drap sur les jambes lourdes et lasses, le bruit presqu'imperceptible de cette mer sans marée arrivant çà et là à un homme occupé des rumeurs de sa propre agonie. J'ai essayé d'aller jusqu'à la dernière gorgée d'eau, le dernier malaise, la dernière image. L'empereur n'a plus qu'à mourir [33]. »

Et, à nouveau, vous pleurez « sur la condition humaine, sur Hadrien, sur moi, sur tous [34] ». Et peut-être aussi sur votre grande aventure, votre liaison d'amour avec l'empereur, qui est en train de s'achever.

Pendant ce temps, à Paris, le comité de lecture examine le manuscrit. Saviez-vous que l'un des lecteurs est... André Fraigneau ? Est-ce la raison, consciente ou pas, qui vous fait soudainement préférer aux autres maisons, dont surtout Gallimard, les éditions Plon ? Coïncidence troublante, Fraigneau a entamé une trilogie de personnages historiques reconstitués de l'intérieur comme Hadrien ! *Louis II de Bavière. Le Livre de raison d'un roi fou*, sur lequel vous avez eu le désobligeant commentaire qu'on sait, et le *Journal profane d'un solitaire* viennent de paraître en 1947 ; le troisième et dernier, *Le Songe de l'Empereur* sur saint Julien l'Apostat, sera publié en 1952, peu après *Mémoires d'Hadrien*. À des années-lumière, sur deux continents, dans des univers intellectuels, spirituels et politiques désormais divergents, Fraigneau et vous, presque au même moment, avez entamé la même démarche romanesque. À moins que la lecture de Fraigneau ne vous ait inconsciemment engagée à remettre Hadrien sur le métier. Sans doute restera-t-il toujours un lien plus fort que la haine et la mort entre Éric et Sophie.

Ces correspondances, plus étranges qu'à l'époque du *Coup de grâce* et de *La Grâce humaine*, font rêver et s'interroger sur le mystère des affinités électives et de la communication entre les êtres. Fraigneau ne s'y trompe pas. Dans son rapport de lecture, il avertit que vous étiez « devenue son amie jusqu'à votre départ en Amérique », et il suggère, sans aller jusqu'à vous accuser de plagiat, le parallèle entre les œuvres.

Le reste du rapport, compte tenu de la qualité de l'œuvre, et de l'intérêt personnel de Fraigneau pour ce genre d'ouvrage, ne pèche, pas plus que votre note sur « Louis II », ni par excès d'indulgence, ni par enthousiasme exagéré. Il en juge « la composition : harmonieuse, le style : parfait, la valeur littéraire : certaine, l'intérêt de l'ouvrage : moyen, le public : élite cultivée. Ne peut être mis entre toutes les mains, la valeur commerciale : faible ». À la question : ce manuscrit mérite-t-il d'être publié ? il répond : « oui, remanié [35] ».

Sans doute n'avez-vous pas eu connaissance de ce compte rendu peu amène à l'égard d'un écrivain que Fraigneau a été un des premiers à publier et d'une femme dont le lecteur se dit l'ami — ou plutôt l'ancien ami. Il est vrai que vous non plus ne l'aviez pas épargné à cette époque avancée de vos rapports où vous n'êtes plus du tout amis. Où vous l'avez quitté pour Antinoüs et Hadrien.

2 janvier 1951. Vous terminez la copie des *Mémoires*. C'est fini, à l'exception de quelques lignes que vous retoucherez dans les épreuves. Et vous vous comparez au coureur de Marathon après son exploit ou à Lorenzaccio après son crime.

6 janvier 1951, « après la plus minutieuse révision [36] », vous envoyez la dernière partie de votre livre à Plon.

Quelques mois plus tard, vous reculez : « J'avais tort en janvier de cette année de croire l'œuvre terminée. *Tout reste à faire.* Depuis avril, travail continuel de révision, de mise au point, auquel Grace collabore. Chaque approbation, chaque éloge ne me fait que souhaiter faire mieux [37]. »

Mai 1951 : manuscrit accepté, vous signez le contrat avec Plon.

Août 1951 : vous jetez sur le papier quelques notes, le brouillon d'un journal de bord qui deviendra *Carnets de notes de Mémoires d'Hadrien*. Ce journal inédit ne sera pas brûlé ou mis sous scellés avec les autres papiers compromettants. Vous avez choisi de le garder. C'est lui qui vient en partie de faire revivre la brûlante mise au monde d'*Hadrien*.

5 décembre 1951 : après un litige de plusieurs mois avec les éditions Gallimard qui veulent à tout prix le sortir, *Mémoires d'Hadrien*, publié par Plon, est mis en vente. Vous n'avez pas pardonné à Gallimard d'avoir refusé « Dramatis Personae », cette version de votre théâtre que vous aviez en vain proposée à Albert Camus dès 1946.

Vous faites à Grace l'hommage de votre livre mais ne le lui dédicacez pas pour des raisons déjà mentionnées et aussi parce que « la plus longue dédicace est encore une manière trop incomplète et trop banale d'honorer une amitié si peu commune [38] ». Plus que les autres personnages ou les autres livres, Hadrien est l'enfant de votre couple. Jamais Grace ne sera aussi présente, aussi vivante, aussi passionnée que dans ce voyage ou cette aventure. Plus tard, votre notoriété lui inspirera des sentiments ambivalents. Pour l'heure, elle vit une sorte de lune de miel avec l'écrivain, suite à la lune de miel avec la femme que vous êtes tout à la fois. Et vous avec elle.

Est-ce parce que vous venez de devenir américaine que Grace est si bien disposée envers vous et envers Hadrien, avant même qu'il connaisse le succès et les droits d'auteur qu'on sait ? Qu'elle vous propose de quitter Sarah Lawrence ? Est-ce par gratitude pour cette coopération de tous les instants que vous acceptez de garder votre base en Amérique ? Est-ce pour vous assujettir qu'elle veut vous entretenir ? Est-ce pour échapper à cette sujétion que vous repartez en Europe ? Tout se tient et se retient. Dans votre couple, dans n'importe quel couple, comment décider lequel est l'otage de l'autre et de son amour ?

Jamais plus cependant vous ne lui rendrez un tel hommage : « Il doit y avoir [...], dans l'aventure d'un livre mené à bien, ou dans une vie d'écrivain heureuse, quelqu'un qui ne laisse pas passer la phrase inexacte ou faible que nous voulions garder par fatigue ; [...] quelqu'un qui nous soutient, nous approuve, parfois nous combat ; quelqu'un qui partage avec nous à ferveur égale, les joies de l'art et celles de la vie, leurs travaux jamais ennuyeux et jamais faciles ; quelqu'un qui n'est ni notre ombre ni notre reflet, ni même notre complément, mais soi-même ; quelqu'un qui nous laisse divinement libres, et pourtant nous oblige à être pleinement ce que nous sommes [39]. »

Qu'il soit votre enfant, votre ami, votre frère, votre amant, Hadrien vous touche de si près qu'il est impossible de déterminer la nature de votre lien. Dans *Carnets de notes de Mémoires d'Hadrien*, publié dès 1952, vous direz : « Grossièreté de ceux qui vous disent "Hadrien, c'est vous." Grossièreté peut-être aussi grande de ceux qui s'étonnent qu'on ait choisi un sujet si lointain et si étranger. Le sorcier qui se taillade le pouce au moment d'évoquer les ombres sait qu'elles n'obéiront à son appel que parce qu'elles lapent son propre sang. [40] » Mais, à votre journal, vous confesserez dans l'élan passionné du moment : « Tous les soucis de l'amour et toutes ses joies sans amour. Cet homme m'est essentiel et indifférent *comme moi-même*. Je n'*aime* pas Hadrien comme on aime " un autre " [41]. »

Contrairement à toutes vos prévisions et à celles de Fraigneau,

Mémoires d'Hadrien eut un succès foudroyant. Il en sera de même de *L'Œuvre au Noir* ou d'*Archives du Nord*. Votre don de Cassandre se trouve, à plusieurs reprises, mis en défaut. « Plus j'essaie de faire un portrait ressemblant, plus je m'éloigne du livre et de l'homme qui pourrait plaire. Seuls quelques amateurs de destinée humaine comprendront [42]. »

Il faut croire, comme vous finirez par le reconnaître vous-même, que le public est toujours conquis par la vérité ou que les amateurs de destinée humaine sont plus nombreux que vous ne le croyez. La critique fut dithyrambique, le grand public suivit. Il suit encore. Le prix Femina Vacaresco vint légitimer cette surprenante idylle.

La gloire que vous aviez, enfant, appelée à vous ne vous grise pas. Même si vous ne la dédaignez pas non plus. Son premier effet est de vous éloigner d'Hadrien qui, livré au public, vous échappe. Vous cessez de sentir sa présence immédiate. Il reste proche de vous mais appartient désormais à un temps révolu, comme Embirikos ou comme Lucy. « Notre commerce avec autrui n'a qu'un temps ; il cesse une fois la satisfaction obtenue, la leçon sue — est-ce à Fraigneau que vous songez ici ? —, le service rendu, l'œuvre accomplie. Ce que j'étais capable de dire a été dit ; ce que je pouvais apprendre a été appris. Occupons-nous pour un temps d'autres travaux [43]. »

Un autre effet de la gloire, moins visible, est de vous éloigner de Grace. Désormais, la dépendance s'inverse. Grace ne saurait plus être dans le couple l'élément dominant et dominateur, dont le travail universitaire est respecté sur son propre territoire. Elle devient l'assistante, au mieux la compagne et précieuse traductrice, souvent l'accompagnatrice redoutée des amis européens de « là-bas ». Il lui faut à son tour connaître les affres du dépaysement culturel et linguistique, la frustration d'être l'étrangère dans un pays où elle fut, avant vous et avec vous autrefois, une touriste heureuse.

Car le triomphe d'*Hadrien* vous rend provisoirement au voyage, à la France et à l'Europe, après douze ans d'absence. L'Europe ? Est-ce bien elle qui vous attend en ce mois de mai 1951, après une traversée sur le *Mauritania* ?... Après la joie brève de fouler enfin son sol, vous ne tarderez pas à comprendre que l'Europe abandonnée derrière vous en 1939, votre Europe, s'est perdue aussi inéluctablement que votre belle jeunesse...

Le rejet de l'ancien monde (1957-1971)

Le 24 avril 1950, votre belle-mère Christine s'était éteinte à Pau. Son décès, sa succession vous rappellent en Europe. Même si vous ne communiquiez pas bien avec elle, elle vous rattachait au souvenir de votre père. Le 25 mai 1950, vous mettiez la clé sous la porte de Sarah Lawrence et de Hartford. Avec une jubilation exprimée dans les agendas. Même vos morts vous invitent au retour. Grace vous assurera la base dans la maison de l'île tandis que vous revenez avec elle à l'état que vous préférez entre tous : le voyage.

Entre 1951, date de votre premier retour en France, et 1971, date du dernier voyage en Europe avec Grace, vous aurez traversé l'Atlantique douze fois. Vos premiers séjours, de 1951 à 1955, sont plus longs et plus concentrés sur Paris. À partir de 1955, à la suite d'une période de presque deux ans, passée en France, avec l'hiver 55 à Fayence dans le Midi, vous continuerez à venir en Europe, mais éviterez le pays de votre père pendant douze ans, jusqu'en avril 1968, date à laquelle la publication et la gloire de *L'Œuvre au Noir* vous attirent à nouveau dans la capitale. Après cette date, vous ne retournerez qu'une fois à Paris, avec Grace, du 16 au 30 mai 1971.

Entre-temps, vous revisiterez les lieux que vous arpentiez autrefois avec Michel ou seule. En 1951, vous voudrez revoir d'abord la Suisse où vous avez vécu les derniers moments de Michel, où Jeanne est enterrée, et puis le midi de la France, lui aussi imprégné du souvenir de Michel, Rome, Naples et l'Espagne. Vous varierez ensuite vos séjours, de l'Allemagne, en 1953, à la Belgique, où vous allez en 1956 à Suarlée sur la tombe de Fernande, ou à la Hollande, patrie de Jeanne. En 1957, tandis que vous remaniez *Denier du rêve*, vous retournez à l'Italie de Marcella. En 1959-1960, c'est le Portugal et l'Espagne. En 1962, l'Europe du Nord et l'Union soviétique, d'où vous écrivez de Leningrad une lettre prophétique à votre traductrice italienne.

Insensiblement vous passez de l'Europe de Michel à l'Europe de Zénon. Vous en faites le tour pour mieux l'évoquer. En 1964, vous allez en Europe centrale, en Tchécoslovaquie et en Pologne à Cracovie ; vous faites tout exprès le voyage d'Auschwitz qui nourrira *L'Œuvre au Noir* et vos méditations sur l'état du monde. En 1969, dans la mouvance du succès récent de *L'Œuvre au noir*, on vous trouve encore avec Grace à Montségur évoquant le roman de Zoé Oldenbourg.

À y regarder de près, l'Europe que vous choisissez de retrouver en compagnie de Grace ne recoupe pas entièrement celle de votre jeunesse. C'est celle de Michel, de Fernande, de Jeanne ; ce n'est pas celle d'Andreas ou de Lucy. La Grèce, porte d'accès au Moyen-Orient, en est absente. Vous n'y retournerez qu'avec Jerry.

Le Paris de Fraigneau s'en éloigne aussi. Justement, vous avez aperçu à la réception organisée par votre éditeur en l'honneur d'*Hadrien* l'homme naguère idolâtré, qui vient saluer l'auteur à la mode. Quelle revanche pour la victime de *Feux* ! Vous l'avez, dites-vous, « ignoré [1] ». On se rappelle votre note de lecture sur « Louis II ». Maintenant qu'il a mal choisi son camp, vous avez des raisons avouables de le mépriser.

Vous vous sentez loin de ce monde parisien qui est le sien, qui n'est pas le vôtre. Et c'est quasiment en heures qu'on pourrait comptabiliser à partir de 1955 votre présence dans une ville que vous avez aimée mais que vous ne fréquentiez guère, même autrefois. Pour un écrivain célèbre, le cas est assez peu commun pour être relevé.

Même dans le reste de l'Europe, vos séjours, si on excepte au début la période 1951-1955, sont brefs, rarement plus de quatre mois, souvent moins. En même temps qu'ils se raréfient, ils s'abrègent. Celui de 1956 par exemple en est la preuve. Vous aviez fait des projets pour l'hiver, envisagé une maison à Beau-

314

lieu. Vous embarquez à New York le 3 octobre... et rentrez inexplicablement le 27 novembre à Petite Plaisance. La raison ? « L'état du monde », dites-vous. Vous ne supportez pas d'assister en chaîne à l'enlèvement de Ben Bella, à l'occupation de Suez par les puissances coloniales, à l'entrée dans Budapest des chars soviétiques. Et votre réflexion sur le monde comme il va rejoint les pressions de votre vie personnelle pour vous détourner d'un continent qui était autrefois le vôtre et que vous ne pouvez plus aujourd'hui contempler du même regard.

L'histoire de votre désaffection de l'Europe est complexe. Grace en apparaît comme le maître ou plutôt la maîtresse d'œuvre. En Europe, votre territoire d'origine, là où vous êtes connue et reconnue, vous lui échappez. Plus vous êtes reconnue, plus vous lui échappez. À Paris plus qu'en province, en France plus qu'en Europe, en Europe plus qu'aux États-Unis, et dans l'île des Monts-Déserts moins que partout ailleurs. Grace vous préfère donc dans l'île des Monts-Déserts. Et elle le manifeste, sans doute par la parole, et aussi par son corps, jusque dans la maladie, jusqu'à la mort.

Les preuves ? Elles sont là, tangibles, dans les agendas de votre compagne. Tout d'abord, les étoiles des moments de grâce, le diminutif affectueux de Grete disparaissent avec le premier séjour en France de 1951-1952. À la date du 7 juillet 1952, Grace consigne « *My firmly declares hatred of Grace* ». Traduisons : MY, pronom possessif *mon* ou *ma* en anglais — l'abréviation éloquente indique la possession ; Grace vous nomme toujours ainsi dans ses carnets — affirme catégoriquement qu'elle déteste Grace.

La guerre dut se poursuivre jusqu'à la mort de Grace en 1979. En 1953, après une année scolaire, à Sarah Lawrence, pour purger les anciens engagements, vous lui arrachez presque deux ans d'Europe et surtout de France, de 1953 à 1955. Mais, par la suite, vous avez dû négocier un armistice qui vous permît de faire l'Europe sans la France où vous ne mettez plus les pieds pendant douze ans.

Au moment où peut-être les scènes, les pressions diverses perdent de leur mordant, ou de leur pouvoir, la santé de Grace

315

s'altère gravement. En 1958, elle subit l'ablation d'un sein. Mais le cancer se développe, malgré les traitements et les séances de radiothérapie. En 1961, on l'opère à nouveau. En 1964, elle rechute gravement. À partir de 1972, Grace va de rechute en rémission. Vous ne la quitterez pas une minute, même pas en décembre 1972 pour recevoir, dans la ville où vous aviez vécu avec Michel, le prix Prince Pierre de Monaco. Celle que vous continuez à nommer Grâce mettra encore sept ans à mourir. Et vous à attendre de repartir.

Mais Grace, à tout prendre, n'est peut-être qu'un alibi. D'autre chose, vous prenez conscience au cours de ces allées et venues de part et d'autre de l'Atlantique. L'Europe de votre jeunesse a été fracturée par la guerre aussi brutalement que votre existence. Avec le temps, lorsque vous reviendrez sur les années noires, vous comprendrez que ce n'est pas seulement votre drame personnel de petite sirène, immigrée dans un monde étranger, sans voix et sans identité qui a entraîné dans votre vie la cassure des années 40.

Un autre drame, collectif, celui-là, s'est joué entre les frontières de votre vieille Europe, que vous avez regrettée et que vous ne retrouverez pas intacte. Ce drame va miner en profondeur toutes les valeurs et même les préjugés auxquels vous vous associiez avant guerre. C'est lui, tout autant que Grace, qui a motivé à long terme votre décision de rester en Amérique. Au début, la guerre vous avait isolée en transformant votre voyage de plaisance en exil forcé. Puis le bruit de la guerre, étouffé par l'éloignement, avait réduit au silence votre voix d'écrivain, confiné dans un rôle de petite sirène. Enfin la guerre ou plutôt la réflexion sur les crimes de l'homme et les horreurs d'un continent qui passait pour civilisé vont transformer votre vision du monde.

Cette prise de conscience aura besoin de temps. Parce qu'elle est en retard sur l'événement, vous créerez, dans le soulagement illusoire d'après 1945, un Hadrien sûr non de lui mais du monde qu'il croit apaiser. Au début, de l'Europe agonisante s'échappent des rumeurs énigmatiques comme les fumées des camps d'extermination. Elles crachent ces rumeurs des nouvelles ambiguës, comme dans les lettres de Dadelsen, le futur résistant d'abord séduit comme tant d'autres, et non des moindres, par le maréchal : le bombardement des lieux que vous aimiez, la mort de Lucy et des autres, l'agenouillement de ceux que vous respectiez, la disparition des autres. Si la situation vue de l'intérieur était confuse, que dire de l'autre côté de l'Atlantique lorsque CNN n'existait pas.

Votre premier réflexe, dans cette confusion, est le sentiment qu'on doit accepter ce qu'on ne peut pas comprendre : « Accepter, confiez-vous à vos carnets des années 40, que tel ou tel être que nous aimions soit mort. Accepter que tel ou tel être vivant aient eu leurs faiblesses, leurs bassesses, leurs erreurs que nous essayons en vain de recouvrir de pieux mensonges, un peu par respect et par pitié pour eux, beaucoup par pitié pour nous-mêmes et pour la vaine gloire d'avoir aimé seulement la perfection, l'intelligence, la beauté [2]. » Cette allusion — entre autres — à Fraigneau pour qui vous gardiez encore votre indulgence se confirme dans le document de la même époque où vous citez le nom de Fraigneau parmi le petit nombre de vos amis fiables à Paris.

Ultérieurement, vous déciderez de faire un tri dans vos déceptions, entre ceux qui furent dignes de l'image que vous aviez et qu'ils avaient d'eux-mêmes et ceux qui ne le furent pas. Alors vos chagrins intimes se mêleront aux horreurs de tous les désastres du siècle, du lancement de la bombe atomique à la découverte de l'Holocauste, en comptant « les millions de morts des camps de concentration, les fosses communes de l'Ukraine et de Stalingrad, les centaines de milliers de brûlés de Dresde et d'Hiroshima, les victimes des raids sur l'Angleterre et ceux des longues marches dans la jungle birmanienne ou des combats en Cyrénaïque ou dans les forêts de Finlande, les résistants perdus de la Norvège à la Yougoslavie [3] ».

Dix ans plus tard, vous y ajouterez « une surpopulation qui fait du monde une termitière et de l'homme la matière première des guerres de l'avenir ; l'aparthéisme, le génocide et les régimes concentrationnaires fleurissant paisiblement çà et là dans toutes les régions du monde ; des milliards annuellement dépensés à maintenir le hideux équilibre atomique et à stocker en vue de guerres futures des armes chimiques dont une dixième partie suffirait à détruire la race humaine ; les *mass media* parfois au service de la vérité, mais le plus souvent à celui du mensonge ; la violence offerte comme un spectacle et érigée en dogme [4]... » Croyez-vous vous-même si bien dire ?

Avant la guerre, Sartre n'aurait peut-être pas écrit *La Nausée*, ni Camus *La Peste*. Vous n'auriez pas écrit *L'Œuvre au Noir*, sans la guerre et l'exil qui en fut pour vous la conséquence immédiate. Vous-même vous situez, pour une fois, dans la mouvance générale, lorsque vous écrivez à propos de Roger Caillois : « Les années de la Seconde Guerre mondiale et celles qui l'ont immédiatement précédée et suivie ont opéré pour certains d'entre nous une espèce de reconversion [...]. Sans me comparer le moins du monde à ce grand esprit [Roger Caillois], j'ai connu vers la même époque quelque chose de la même scission [5]. »

L'assimilation des effets de tous les crimes du siècle se sera donc opérée lentement, aboutissant à ce partage des eaux que votre biographie trace, a posteriori, entre vos années européennes et vos années américaines. Si vous avez hésité à discerner dans ce virage définitif de votre existence la part du hasard, la part du choix, c'est parce que vous découvriez, comme tant de vos contemporains, quoique beaucoup moins que d'autres, que vous aviez vous aussi, malgré vous, été emportée dans le tourbillon de l'Histoire.

L'accumulation des désastres, ce que vous appelez « l'état du monde » déforme le regard, même rétrospectif, que vous allez porter sur les lieux d'autrefois. Elle transforme aussi celui que vous fixez maintenant non pas sur les États-Unis, qui participent, du maccarthysme à la guerre du Viêt-nam, à cet « état du monde », mais le continent américain. Le vieux monde ayant à vos yeux failli, reste la retraite dans l'île des Monts-Déserts que vous représenterez toujours comme un no man's land, lieu de nulle part auquel sa position insulaire épargne le bruit et la fureur humaine : « Je vous avoue que l'état du monde m'a jetée dans une crise de désespoir dont je ne suis pas encore sortie, et qui est insensée, écrivez-vous en février 1957 à Julie Tissameno, peu après votre retour prématuré d'Europe. Car nous attendions-nous à mieux ? De ces chagrins, on n'est pas à coup sûr indemne dans

318

l'île des Monts-Déserts plus qu'ailleurs, mais au moins j'y trouve une occasion de retraite dans le travail dont je me sentais pour le moment incapable en France [6]. »

Face à ce préoccupant « état du monde », Camus prônait l'engagement fraternel, Sartre l'engagement idéologique ; certains entraient au Parti communiste ou en sortaient avec fracas ; d'autres encore professaient l'absurdité de tout. Vous, vous choisissez une retraite à l'écart du monde et vous vous résolvez à l'irréversible. Vous la vagabonde, la cosmopolite qui autrefois jouiez à saute-mouton sur les nationalités en attendant le retour à la case départ, trouvez le moyen d'habiter à l'île des Monts-Déserts sans vivre en Amérique et défiez la clôture des frontières en vous installant à la lisière marine de l'homme et du cosmos.

Dans cette Europe de 1951 qui a perdu son âme, aucune famille, aucune demeure ne vous attendait. Vos maisons ont été détruites, les hôtels que vous aimiez retrouver avant guerre ont brûlé ou ont disparu. Restaient les morts dont vous avez fait la tournée, tombe de Michel à Laeken, tombe de Fernande à Suarlée, tombe de Jeanne à Lausanne et les vieux châteaux de famille promptement revisités. Restait la mémoire qui ne connaît pas de frontières. « Hélas, à notre époque surtout, il vient toujours un moment où l'on peut dire, comme le héros de Corneille, sans orgueil mais en y mettant pas mal de tristesse : Rome n'est plus dans Rome, elle est toute où je suis [7]. »

À partir du jour où vous avez compris que vous pouviez à votre convenance convoquer votre Europe, celle d'Hadrien comme celle de Zénon ou celle de Michel, dans l'île des Monts-Déserts, quelque chose a changé dans votre perception de l'espace et du temps. À l'empereur, vous prêtiez déjà ces paroles si personnelles : « J'ai ma chronologie à moi, impossible à accorder avec celle qui se base sur la fondation de Rome ou avec l'ère des Olympiades — quinze ans aux armées ont duré moins qu'un matin d'Athènes ; il y a des gens que j'ai fréquentés toute ma vie et que je ne reconnaîtrais pas aux Enfers. Les plans de l'espace se chevauchent aussi. L'Égypte et la vallée du Tempé sont toutes proches et je ne suis pas toujours à Tibur quand j'y suis [8]. »

Vous aurez votre chronologie à vous qui ne correspond pas à

celle que vous avez établie pour la Pléiade. Quarante ans d'Amérique ont duré moins qu'un matin d'Athènes. Vos collègues de Hartford ou de Sarah Lawrence, vous ne les reconnaîtrez pas aux Enfers. L'entrée de la première femme à l'Académie française a moins compté que les mains brûlantes d'un Antinoüs qui eut pour vous vingt-cinq ans et les yeux d'André en 1930 ; qui aura à nouveau trente-six ans en 1980 et les yeux de Jerry. Et vous n'êtes pas toujours à Petite Plaisance quand vous y êtes.

« Comme toutes les imaginations nourries et façonnées par l'histoire, il m'est arrivé souvent de tenter de m'établir dans d'autres siècles, d'essayer de franchir plus ou moins la barrière du temps [...]. Mais le déplacement dans le temps n'est jamais mieux obtenu que par le déplacement dans l'espace, tel lieu nouveau pour nous, mais très ancien, nous dépayse assez pour nous engager à la fois dans une double aventure [9]. »

Franchir la distance qui vous sépare de l'époque Renaissance de Zénon ou de la Belle Époque de votre père dont vous allez dans *Le Labyrinthe du monde* faire un personnage est aussi à ce prix : la distance géographique permet le déplacement historique. Vue de Mont-Désert, l'Europe de Zénon n'est pas plus étrange ou plus lointaine que celle de Pompidou. La recherche du temps révolu se double d'une recherche de l'espace perdu.

Vous voilà à nouveau en proie à la fiction. Là où s'enchevêtrent les fils du temps et de l'espace, où se résolvent les conflits d'exil et de séparation, où vous échappez à tout, même à Grace, même à la maladie de Grace. L'éloignement de la réalité européenne dans l'île des Monts-Déserts entretient le flou, la confusion entre les êtres lointains et les êtres du passé, les personnages des romans et ceux de la vie. C'est le moment où vous dressez des inventaires de leurs dates de naissance et de mort. Dans ces inventaires inédits, on trouve pêle-mêle celles de Michel, de Jeanne, de votre chienne Valentine, de votre éditeur et ami Charles Orengo, d'Hadrien et de Zénon.

Quant à l'Amérique, trop proche, elle tient bien peu de place dans votre œuvre. Nul hasard. On ne parle bien, on n'écrit bien que de ce qui vous a une fois au moins échappé. Pour vous désormais, et jusqu'à la mort de Grace, la planète a deux visages, l'Amérique où vous habitez et les mondes lointains où vous vivez par procuration, de même que l'histoire a deux faces, l'époque contemporaine qui est la vôtre, peu représentée dans vos livres, et celle, diversement ancienne, où vos personnages et vous vous installez en itinérante, passant sans frontière de l'un à l'autre comme au temps des deux André, dans une ronde acrobatique, un bal masqué, un déplacement perpétuel de soi dans l'autre, dans l'ailleurs et dans l'autrefois.

À tort ou à raison, vous vous persuadez qu'en partant en Amérique vous êtes restée plus fidèle à vous-même qu'en demeurant dans un monde sali. Et vous entendez cette fidélité-là comme le contraire de l'habitude qui ronge le noyau de l'être et le pourrit ou le durcit. « Loin de voir dans la volonté de l'individu d'être ou de rester ce qu'il est une forme de l'habitude, j'y verrais plutôt le contraire de celle-ci. C'est-à-dire que l'habitude pour moi serait plutôt d'ordre extérieur, croûte de routines machinales, d'ordre social surtout, dont l'être se laisse entourer et, s'il est faible, à l'intérieur de laquelle il étouffe ou s'éteint [10]. »

Par-delà le sacrifice des vieilles habitudes de plaisir dans les lieux de votre jeunesse, vous avez le sentiment d'avoir échappé à un piège et d'avoir sauvegardé le plus pur de cette jeunesse, votre intégrité spirituelle et intellectuelle. Car le piège est d'abord l'engluement dans un ordre conventionnel, qu'il s'appelle famille, caste, nom, moralité ou allégeance aux modes, aux complaisances et au sectarisme d'un milieu intellectuel. Ce sont les êtres capables de rupture qui vous paraissent le mieux remplir leurs engagements envers eux-mêmes : Jeanne d'Arc partant pour Chinon, Byron s'embarquant pour Missolonghi font acte de fidélité à eux-mêmes, contrairement à un Proust qui s'enlise dans le réseau artificiel du salon parsisien.

Auriez-vous été la même, auriez-vous écrit de même si vous étiez restée en Europe, si vous étiez retournée en Grèce en 1939, comme vous le préfériez alors ? Matthieu Galey vous a posé la question en 1979 : « Je me serais attachée de plus en plus aux aspects formels de la littérature parce que le milieu où je vivais était extrêmement littéraire et je serais demeurée plus liée au passé parce que les sites eux aussi étaient tous liés à la légende antique. Venue ici et mise en présence d'une réalité tout à fait différente, massive et amorphe en quelque sorte, le changement me fut je crois très profitable [11]. »

Avez-vous souhaité légitimer votre installation en Amérique dans la solitude de l'île des Monts-Déserts, et, au prix de cette ascèse, la retrouver, cette éternité difficile que vous faites entrevoir à Zénon et que vous vous accorderez, avec un point d'interrogation, dans un volume posthume ? Entre ce que vous avez cru être, ce que vous avez voulu être et ce que vous avez été, la continuité passe par cette rupture avec votre ancien monde. En restant aux États-Unis, vous maintenez plus serré le lien avec votre Europe, celle que vous avez cru être, celle qui n'a pas démérité. Vous échapperez à l'idéologie, vous échapperez au cynisme, vous vous maintiendrez si jeune que vous apparaissez aujourd'hui, dans la pensée sinon dans l'écriture, comme la contemporaine des générations 90 écologistes et engagées dans les luttes pour les droits des êtres vivants.

Peut-on vous croire lorsque vous affirmez que vivre dans l'île des Monts-Déserts, c'est à peine vivre en Amérique, c'est nomadiser sur place, camper dans un no man's land, être de nulle part ? Comme Michel, vous avez souhaité non pas vous adapter aux États-Unis, mais vous choisir un lieu de passage où vous ne vous sentiez jamais vraiment adoptée. « On demeure longtemps des étrangers, des nouveaux venus dans les paysages américains ; en somme, c'est un paysage qui n'accepte pas très bien l'homme [12]. »

À cet égard, en digne fille de votre père, et malgré votre célébrité à Paris et votre notoriété grandissante à New York et ailleurs, réaliserez-vous le tour de force de rester dans l'île des Monts-Déserts une quasi-étrangère pendant quarante ans.

Pendant cette période où vous reprenez contact avec l'Europe quittée en 1939, sans la retrouver, vous avez recommencé et mené à bien l'aventure d'Hadrien qui durait depuis 1924, depuis pratiquement votre vingtième année ; vous avez repris et réécrit le *Denier du rêve* de 1934 paru sous le même titre en 1959 ; vous avez produit en 1963 une nouvelle édition, profondément remaniée, de *Nouvelles orientales* de 1938. Comme si vous avanciez à reculons.

Retour au monde primordial (1958-1971)

La possessivité de Grace est un alibi qui ne tient qu'à moitié si l'on considère qu'elle pouvait elle aussi se déplacer sur l'ancien continent. Votre rejet de l'Europe, après la cassure de la guerre, va plus loin. La prise de conscience des horreurs et des crimes perpétrés sur son sol, avec la caution de ceux qui incarnent son esprit, vous a détournée de l'homme et de la civilisation — même si le mot est galvaudé — qu'il a faite à sa mesure et dont il s'est servi. Elle vous a amenée à chérir un univers dont l'homme finit par n'être qu'un élément parmi d'autres.

Dès 1940, quand vous vous croyiez en transit aux États-Unis, vous écriviez dans vos carnets intimes : « L'aire des voyages se rétrécit à l'époque des convois et des frontières fermées. Profitons des hasards qui nous retiennent momentanément loin du présent de l'Europe et de son histoire, dans des lieux presque dénués de toute référence au passé humain. Allons plus loin dans le dépaysement et le départ... Entrons dans une solitude neuve et plus complète encore [1]. »

La tendance se précise par la suite dans les années d'après-guerre qui sont aussi les années de gestation d'*Hadrien* : En vous insensiblement la passion des êtres vivants se substitue à celle des êtres humains, l'attachement à la planète remplace celui à un territoire. Vous cessez d'appartenir à un seul monde, à une seule espèce. « Ces années furent celles où [...] je commençais à fréquenter, avec une passion qui n'a fait que grandir, le monde non humain ou pré-humain des bêtes non encore jetées bas ou déflorées par nous. En d'autres termes que je prêtais à l'empereur Hadrien lui-même, mon allégeance commençait à passer " du nageur à la vague " [2]. »

Ainsi les années désastreuses vous ont-elles permis de passer du nageur à la vague. Tandis que les fantômes de ceux que vous avez passionnément ou tendrement aimés, André, Andreas, Lucy se fondaient dans les brumes de l'avant-guerre, vous avez ramé sur l'Atlantique vers un monde plus ancien et plus intègre que même votre Grèce bien-aimée. Un monde libre des traces et des vestiges du passé humain.

Tournant le dos à cette mémoire vivante et par là nocive de la vieille Europe, vous entendez, dans la solitude et la primitivité du Nouveau Monde, remonter plus loin encore dans le temps, « jusqu'à une époque où la lumière, la couleur et le son se prodiguaient paisiblement, dans un univers qui n'avait pas encore inventé les oreilles et les yeux », arrêter votre contemplation « sur ces grands objets toujours semblables à eux-mêmes, la mer pareille à ce que qu'elle fut avant la première pirogue, avant la première barque, le sable, calcul infini qui date d'avant les nombres ; et ce nuage plus ancien que les profils de la terre, et ce plissement silencieux de la neige sur la neige qui fut avant que la forêt, la bête ou l'homme ait été, et qui continuera sans changement quand toute vie se sera dissipée ou tuée [3]... »

Dans ce continent encore vierge que n'encombre aucune histoire, ou peu de traces d'histoire, vous renouez avec la planète d'avant l'homme, d'avant les forfaits de l'homme. Comble du paradoxe, vous parvenez à faire du Nouveau Monde, généralement associé à l'avenir, l'archétype du passé idéal, de l'extrême du passé. Et rebondissant sur cette préhistoire de l'homme, vous allez faire l'impasse sur le futur pour déboucher sur... quoi ? le présent de l'éternel : « Dans les forêts américaines où l'on peut marcher des jours durant sans rencontrer âme qui vive, il suffit du sentier tracé par un bûcheron pour nous relier à toute l'histoire [4]. »

Ainsi réussissez-vous à vivre dans l'île des Monts-Déserts, dans cet espace du passé d'avant le passé, parce que vous en avez évacué les constructions de l'homme, avant de le réintégrer dans l'histoire éternelle du monde primordial. Et les fils dispersés de l'espace et du temps, vous les rejointoyez — expression qui vous est chère — dans un effort pour rejoindre, au bord de l'éternel, l'homme d'avant le crime.

Ainsi avez-vous opté pour le monde primordial, pour l'île, pour la maison de bois blanc de Petite Plaisance qui n'est qu'un abri de fortune, un point géométrique à la surface du monde parce que « c'est là qu'on est [5] ». L'installation s'est faite sous le signe du provisoire. Dans les années 50, vous évoquez Petite Plaisance comme une « maisonnette » que vous vous trouvez posséder par hasard et où vous comptez retourner de temps en temps travailler [6]. Rien à voir avec la possession : ces maisons-là se passent de nous comme nous nous passons d'elles et meurent comme nous mourons nous-mêmes. Si une catastrophe se produisait dans l'île des Monts-Déserts, il ne resterait pratiquement aucune trace humaine au bout de quelque temps [7]. L'illusion que la maison passagère se situe dans un environnement lui-même transitoire vous rassure sur la liberté de repartir, du moins au début.

Lieu de nulle part, Petite Plaisance est en même temps lieu de partout, échoué par hasard dans le Maine mais qui serait semblablement battu des vents au nord-est de Göteborg en Suède, en Bretagne, ou même à l'extrême sud du Portugal où vous avez émis le souhait de vivre. « Je ne vois ici aucune différence *essentielle* avec ce que j'ai le mieux aimé en Grèce et ailleurs. Les forêts, qui furent pleines pour les Indiens d'un mystère et d'une terreur sacrée pas si différents de ceux de Dodone ou de l'Épire ; le dur travail du marin sur la mer stérile, les vieilles gens, assis sur le pas des portes, parlant longuement du passé ; les petits temples protestants dans les villages construits de bois, comme le furent d'ailleurs les plus vieux temples grecs [...] tout, même cette bibliothèque, cette école de village, ce mot démocratie sur une muraille [8]... » « Mon choix de vie n'est pas celui de l'Amérique contre la France. Il traduit un goût du monde dépouillé de toutes les frontières [9]. »

Petite Plaisance est un cottage de bois blanc, style Nouvelle-Angleterre, avec des volets gris-bleu et des voilages aux fenêtres, donnant sur la rue sans clôture, mais protégée par une rangée d'érables centenaires. Ces érables du bord de la rue, vous les avez farouchement défendus contre le jardinier qui voulait en sacrifier certains pour revivifier les autres. Le petit escalier de bois orné de jardinières mène à une porte avec heurtoir. Le jardin de derrière, fruit des soins de Grace, est profond, soigneusement préservé dans son état naturel, avec des sentiers tracés par les troncs d'arbres qu'on a roulés. Vous avez toutes deux souhaité y réunir une grande variété d'essences, arbres ou plantes. Y dominent le sapin, le hêtre, la fougère, le lilas au printemps.

La maison se compose d'une dizaine de pièces très petites, groupées de « bric et de broc » avec une petite entrée où se trouve le téléphone, un tapis de façon locale, un châle indien récent, tendu le long du mur de l'escalier. Au rez-de-chaussée, le salon est rempli de livres avec une table basse, ornée aujourd'hui d'une photo de Grace et des chiens bien-aimés qui se sont succédé dans la maison : Monsieur, Valentine et Zoé, qu'au dire de Jeannie, votre secrétaire, personne n'aimait, excepté la femme de ménage.

C'est devant la cheminée, emmitouflée dans vos châles, que vous préférez travailler, généralement le matin, jamais plus de quatre ou cinq heures par jour, précise Jeannie qui vous a connue surtout à la fin. Dans cette pièce à vivre, il y a aussi des gravures de Piranèse, et des reproductions de Michel-Ange, sculptures de la chapelle Sixtine et du mausolée des Médicis. La salle à manger, pour les invités surtout, carrelée de Delft, comme le poêle de votre chambre d'enfant, donne sur le porche.

Dans le bureau, deux tables accolées où Grace et vous travaillez face à face. La fenêtre a vue sur le jardin ; votre vieille machine à écrire ne chôme guère sur votre bureau, dont l'autre partie est occupée par votre compagne ; une curieuse salle de bains avec une baignoire à l'ancienne est attenante.

La cuisine est rustique et confortable avec une table où vous prenez vos repas avec Grace, une grande cuisinière à gaz où vous avez failli mettre le feu tant de fois qu'on a fini par poser un signal d'alarme, des cuivres, des pots de confiture, des bocaux d'épices, et autres ingrédients de base étiquetés en français. De même que vous écrivez dans votre langue, vous ne cuisinez qu'en français. Là, vous préparez le pain, le dîner du soir avec Grace d'où la viande est exclue, les gaufres pour les invités que vous aimez — Jean-Pierre Corteggiani se souvient encore de celles que vous lui aviez faites un matin pour son petit déjeuner.

En haut les chambres, la vôtre, spacieuse, celle de Grace et les deux chambres d'amis. Dans cette agreste maison du Nouveau Monde, entre 1950 et 1987, point de télévision mais une chaîne avec électrophone, point de lave-vaisselle mais un réfrigérateur dissimulé dans un placard de la cuisine. Il ne s'agit pas d'un cloître, mais plutôt d'un asile, d'une « cellule de la connaissance de soi. J'imagine qu'un sage — mais parvenez-vous à l'être complètement ? —, tels les vieux taoïstes, pourrait faire plusieurs fois le tour du monde à l'intérieur de sa maison [10] ». Certains étés gorgés d'eau, la vigne vierge anarchique transforme la cuisine en une grotte verte, les clématites sur le seuil font « comme une grande fusée mauve. » Grace, « prêtresse du verger », règne sur les arbres fruitiers, fait la cueillette, avec votre aide plus indolente, entre deux correspondances, entre deux pages d'écriture. L'été 75, les cerisiers ont beaucoup donné. Malgré la maladie et les épuisants traitements, Grace ramasse les cerises avec son habituelle énergie.

Le printemps souvent trempé, lui aussi, est merveilleusement vert sous l'averse et le brouillard perpétuel [11]. « Nous avons eu un singulier printemps, écrivez-vous le 21 juin 1974 à votre amie Jeanne Carayon, mélange de journées admirables, claires comme le cristal, et de jours où l'on est pris dans une base de brumes, avec quelquefois des " grains " violents ; on se rappelle alors qu'on est toujours un peu dans une île comme sur un navire en pleine mer. Mais, ces jours-là, les difficultés respiratoires recommencent discrètement [12]. »

L'hiver peut être arctique dans ces contrées nordiques, si proches du Canada ; en janvier 1976, il fait certains matins jusqu'à 20 degrés au-dessous de zéro. Quand la neige recouvre pour de longs mois le sol de l'île des Monts-Déserts, votre premier acte de la journée est de faire une flambée de vieux papiers dans le poêle auxiliaire de la cuisine juste pour le plaisir de voir quelques instants jaillir le feu, symbole de vie. Le reste du temps, il s'agit — crise d'énergie oblige dans les années 70 — de ne pas gaspiller le mazout. Vous n'aimez pas non plus acheter du bois vendu commercialement parce que vous entendez « économiser la forêt [13] ». Alors vous préférez ramasser du bois déjà mort et vous faire chaque jour deux flambées dans la cheminée du petit salon, le soir et à l'heure du thé, « dans le tout petit poêle ouvert (un Franklin) du parloir, qui a l'air d'un petit théâtre où danse la flamme [14] ».

Le flamboiement de l'été indien, rouges érables, chênes presque violets, bouleaux d'un jaune plus clair, serait la saison idéale si la chasse ne vous empoisonnait pas l'automne. En toutes saisons se répète « le tambour de la pluie sur le toit de la véranda et les écharpes de brumes au haut des montagnes ou autour des îles [15] ».

Mais chaque saison a ses rituels et ses fêtes que vous célébrez religieusement, Grace et vous-même : sorcières et fantômes de Halloween au 31 octobre, *egg nog* et boules de verre colorées, dorées ou argentées que Grace suspend aux branches des pommiers et des cerisiers pour qu'elles étincellent au soleil de la fin de l'année, envoi aux vieux amis d'aiguilles de pin des forêts du Maine et de sirop d'érable parce que c'est ce qu'il y a de plus américain, dans des bouteilles de métal qui voyagent bien.

« Du début de décembre à la mi-janvier, ma vie chaque année est pleine d'occupations de toute sorte : [...] visites du " village " et échange de petits cadeaux généralement alimentaires (biscuits, petits pains, et confitures faites à la maison). C'est aussi l'époque où j'exerce mes médiocres talents de boulangère à la fabrique de pains aux raisins ou aux graines de cardamome, ou de galettes des Rois. Je sais d'avance que cette période est à peu près vide de travail littéraire, mais c'est quelque chose d'observer de son mieux les rites de la saison. Je pense souvent à l'admonition angélique : " Paix sur la terre aux hommes de bonne volonté ". Il n'y a pas de paix sur la terre mais il dépend de nous qu'il y ait un minimum de bonne volonté [16]. »

Joies simples qui auraient intrigué Michel autant qu'André, quoique pour des raisons différentes, au milieu de gens simples dont vous appréciez la compagnie. Souvent, vous bavardez avec Eliott McGarr, votre voisin et jardinier. À une époque où votre présence serait convoitée dans les dîners parisiens les plus fermés, vous passez un réveillon chez des amis de l'île avec l'éboueur du village qui a perdu sa femme le matin même ; vous aimez aussi converser avec l'Arménien, réparateur de tapis, qui vous enseigne un jour que le meilleur remède, quand on souffre des yeux, est " de s'asseoir au bord d'une eau courante et de la regarder s'écouler pendant une heure [17] ».

Vos activités du monde fondamental ont laissé des traces dans les archives de Harvard sous forme d'inventaires, à partir des années 70. Ces listes écrites à la main ne diffèrent pas sans doute des fonds de tiroirs de cuisine ou de placards que les femmes se sont immémorialement transmis depuis qu'elles ont eu mission de garder le foyer. Ce qui est plus inattendu, c'est que l'orpheline de Fernande, l'auteur de *Mémoires d'Hadrien*, participe de cette culture féminine, moins étrange chez des auteurs comme Colette ou George Sand, parce qu'elles l'ont, elles, investie aussi dans leur œuvre.

Vos inventaires sont multiples. Écrits à la main ou dactylographiés, en anglais ou en français, souvent bilingues, ils comprennent des recettes de cuisine et notamment de sauces, de plats au fromage comme la fondue ou le soufflé, de boissons — café brûlot, grog à l'américaine, mint julep —, de cookies divers d'inspiration anglo-saxonne et nordique. Certaines précisions, de la main qui décrivit les tourments spirituels de Zénon, émeuvent : « Sauces tournées : verser dans une autre casserole, ajouter de l'eau froide, battre [18]. » Qu'aurait pensé Michel de la science des pâtes brisées de sa fille ou de sa préoccupation de rattraper une mayonnaise manquée, lui qui ne dut connaître de la cuisine que la voix plus ou moins fraîche d'une cuisinière annonçant que Monsieur est servi ?

L'inventaire de la flore n'est pas moins impressionnant. Vous y faites en français des listes de noms de fleurs et d'arbres de Grande Plaisance : ancolies, asphodèles, perce-neige, pins, sapins, ormes. Vous y énumérez en anglais les fleurs du jardin de Petite Plaisance avec leur mois de floraison : les roses de Noël en février, fin avril : les crocus, en mai : les jacinthes, les jonquilles, les narcisses, les tulipes, les myosotis, les bleuets, les violettes, le muguet, le lilas, en juin : les iris et d'autres encore. Vous y ajoutez des listes de simples, d'essences et d'huiles, d'épices et d'herbes qui sont utilisées dans la cuisine, basilic, cannelle, cerfeuil, cumin et fenouil, gingembre, girofle, marjolaine et safran, romarin et sarriette, sans oublier les légumes du potager que vous appelez plantes, de l'aubergine au cresson de fontaine.

« Première violette : 11 mai 1970. Penser aux milliards de violettes qu'a jusqu'ici portées la terre... Si j'étais morte hier (j'ai failli mourir étouffée par quelque feuille de thé flottant dans le liquide et qui avait bloqué l'ouverture du larynx), je n'aurais pas eu cette joie : cette manne annonce d'un printemps de plus [19]. » On constate que le peuplier de Kundera se profile derrière la fenêtre.

Mais c'est aux bêtes que vous avez réservé le plus pur de votre amour pour les êtres vivants. « Hier, 6 juin. La sauvage femelle du pivert, et la *Sitta Canadensis* plus timide encore, sont venues prendre un morceau de beignet que je leur tendais. La mésange, très apprivoisée, attendait son tour sur mon épaule rassurée sans doute par la grosse laine de ma jaquette. Rien de miraculeux : il avait plu toute la journée, je n'avais pas rempli les mangeoires et ils avaient faim. Mais aucune visitation angélique ne donnerait plus de joie [20]. »

4 juillet 1990 : Eliott McGarr, votre voisin et jardinier, découvre un nid dans le grand jardin voisin : « Il y a moins d'une semaine, il arrivait chez nous tout ravi. " Je suis parrain de trois jolis oiseaux ". Il y a quatre jours : " ils ont ouvert les yeux. " Ce matin, j'apprends que le nid est vide et des poils de chat sont éparpillés autour. La mère s'est défendue, et a défendu les siens. La petite héroïne est morte aussi... Je souffrirais moins de ma propre mort [21]. »

Innombrables évocations d'animaux dans vos journaux intimes de cette époque, de Lili, la plus grande des quatre juments, qu'une maladie des jambes a fait vendre à l'abattoir, au couple de hiboux, en passant par les colombes, les écureuils, gris, rouges ou rayés comme Joseph, ainsi surnommé parce qu'il ressemble à un majordome d'autrefois, avec son gilet à raies.

Daté d'un 17 décembre : « À la table du déjeuner, vu ce matin une bande d'oiseaux d'un jaune éclatant (*evening grosbeak*), qui se pressait sur le petit plateau où l'on dispose sur le bord extérieur de la fenêtre, des graines et des miettes de pain [22]. » Daté du 24 novembre 1957 : « Odeur du faon tué par des braconniers, étendu sur le sable rude de la petite baie au bas de notre allée. Leçon de choses sur la mort... Mais j'ai pleuré devant cette beauté et cette innocence sottement détruite [23]... »

Mais, entre toutes les espèces, vos préférés sont les chiens. Une liste des « chiens que j'aimais » en dresse l'inventaire non exhaustif. Il y a là Trier, le chien de Fernande qui consola votre enfance, et Stop « le meilleur, que j'ai trahi en le laissant mourir seul », et Kou-Kou-Haï, pour qui vous avez écrit une suite d'estampes en 1927 [24] ; de Nellie, Pater, Inny, Loki, Kalopedi, Teddy, Karl von, vous dites : « Ceux-là n'étaient pas à moi mais je les ai aimés comme mieux [25]. » Myrrha, qui égaya votre hiver 55 à Fayence, ne vous appartenait pas non plus, Myrrha « que je m'en voudrais toujours de ne pas avoir arrachée à un mauvais maître et qui le jour de mon départ de Fayence a suivi la voiture jusqu'à épuisement, pardon Myrrha [26] ».

Des textes inédits, poèmes, récits, épitaphes narrent avec effusion les vies et morts des derniers de vos bien-aimés, Monsieur et Valentine. Monsieur, épagneul noir né le 24 juillet 1955, acheté le 15 décembre, mort dans son sommeil le 6 décembre au matin est enterré dans le jardin de Petite Plaisance, le soir même, par une pleine lune semblable à celle sous laquelle il aimait courir dans les bois. « Sur sa petite tombe, nous avons fait graver une ligne du poète élizabéthain John Marston “ *And still my spaniel sleeps...* ” [27] » (« Et toujours dort mon épagneul »...) La geste de Monsieur, comme celle de Zénon, comprend de nombreux voyages en Europe, aux États-Unis et au Canada. Elle se termine par cet éloge de la chroniqueuse : « Il m'a beaucoup appris [17]. »

La geste de Valentine, « épagneule brune et crème », née le 25 décembre 1965, achetée le 14 février 1966 et morte le 2 octobre 1971, couvre aussi des équipées sur d'étranges continents, dont une traversée sur un paquebot russe, avec un petit garçon lituanien « si beau lui aussi » qui lui tient compagnie dans sa niche. Un long fragment de journal inédit évoque, à Pâques 1970, son opération d'une tumeur dans l'Animal Hospital d'Ellsworth. Valentine mourra prématurément, écrasée presque sous vos yeux par une voiture, quelques mois plus tard.

« L'insupportable chagrin » vous inspire un « Tombeau de Valentine » et des accents que vous n'avez pas eus depuis Jeanne, ou que vous n'avez peut-être pas osé avoir, ou dont vous avez effacé les traces quand il s'agissait d'êtres humains. À moins que les années ne vous attendrissent. « Je ne me consolerai jamais de cette petite et immense mort [29]. »

Grace et vous coucherez Valentine sur la fougère et l'ensevelirez, dans l'enclos, juste au-dessus de Monsieur, avec ce vers de Ronsard en guise d'épitaphe : « Portant un gentil cœur dedans un petit corps ». « Comme plusieurs fois dans ma vie à ces heures-là, je sentais tout le temps obscurément la présence de deux très chères ombres dont je garde pour moi le nom [30]. »

Ces ombres chères vous accompagneront-elles encore lorsque vous enfouirez dans la terre du cimetière de Somesville les cendres de votre compagne ? Sur votre deuil de Grace, on ne possède pas de traces écrites comparables à ces lamentos, ou alors elles sont sous scellés pour cinquante ans.

Zoé, autre épagneule blonde, fut moins aimée que Valentine et remplacée par Fou-Kou, le nom du bonheur en japonais [31]. Ce bonheur-là vous a survécu et galope, à l'heure où j'écris ces lignes, dans le jardin de Jeannie Lunt à Northeast Harbor.

Une « matinée de grâce » que vous avez consignée dans des notes intimes résume ce que vous avez reçu de meilleur de cette existence simple dans un monde primordial si opposé à celui que vous aviez connu dans votre jeunesse. C'était le 25 juillet 1973, par une belle journée qui avait commencé comme toutes les autres. Vous aviez décidé de vous rendre aux Rockefeller Gardens, beau jardin, orné d'admirables statues extrême-orientales. Il semble que Grace vous accompagnait dans cette promenade mais vous n'y faites aucune allusion dans votre évocation.

Après avoir marché le long des allées, et sur la pelouse où vous vous êtes arrêtée « pour voir vibrer les tiges à travers l'eau claire [32] », et avoir rendu vos respects à la stèle chinoise représentant la mort de Bouddha, vous êtes allée vous asseoir près du bassin naturel au milieu des pins et des érables. De là, à la manière des sages orientaux bouddhistes ou taoïstes avec lesquels vous méditez chaque jour, vous avez essayé de *tout* voir : « Les plissements du granit, pareils aux plis de la peau d'un éléphant [...] le tronc écailleux des pins ; l'eau à la fois claire et sombre. Attention... Attention... C'est l'une des plus grandes vertus que les méthodes hindoues exhortent à pratiquer, et avec raison [33]. »

Une jeune fille de dix-sept ans, « jolie, de type plutôt espagnol », voudrait jeter un sou dans le bassin. « Je sortis de mon sac le petit disque de cuivre. La jeune fille se lève, prend la pièce et spontanément m'embrasse. Je lui rends son baiser. Jeune joue fraîche : de ma part, sensualité sans le moindre érotisme (état exquis qu'aucun des obsédés de nos jours ne connaît plus) [34]. »

Vous vous êtes ensuite éloignée de l'inconnue, avez monté jusqu'à l'éminence d'où l'on aperçoit le lac. Là-bas vous vous baigniez autrefois durant vos deux ou trois premiers et « brûlants étés » dans l'île des Monts-Déserts, avant le cancer de Grace et l'installation à Petite Plaisance. Là-bas vous montiez à cheval, et un jour fîtes la rencontre d'un renard. « Une partie de ma vie la plus profondément vécue est là. De ma vie, ou, mettons, d'une vie [35]. »

Vous avez plus tard repassé la petite porte proche du portail de la Lune, tout rond comme elle, et salué le Bouddha de bronze. Et puisqu'il faut tout dire, « pourquoi ne pas mentionner aussi, m'étant enfoncée dans les grands bois, la satisfaction d'uriner ? Mon sage corps me délivre de ce liquide superflu ; il coule tiède sur les aiguilles de pin, espèce d'offrande à la terre à qui j'appartiendrai un jour [36] ».

Ainsi s'achève cette matinée sans ombres. « Nirvana est Samsara. » Samsara ou l'écoulement universel, l'incessante transformation des êtres dans la réincarnation. La solitude, la beauté d'un jardin, la présence vivante du passé, les sensations les plus élémentaires, la présence de l'esprit sous la forme du Bouddha vous inspirent ces pratiques de recueillement et d'attention au monde.

Une telle sensibilité au règne animal comme au règne végétal vous prédisposait à vous engager personnellement et financièrement dans la lutte pour leur défense. Les sommes que vous y avez engagées sont énormes et suffisent à confondre ceux de vos détracteurs qui vous accusent d'avarice. Des paiements entiers de droits d'auteur, si âprement négociés avec vos éditeurs, y sont ainsi versés, parfois directement sur votre demande. Pour la seule année 1978, et pour la seule France, des virements Gallimard ont été adressés en janvier-février à l'Œuvre d'assistance aux bêtes d'abattoir (1 800 francs), à la Conférence nationale des sociétés protectrices des animaux (500 francs), à la Ligue contre la vivisection (300 francs), à l'Œuvre du domaine de Petit Pech (800 francs), à l'Association des journalistes et écrivains pour la protection de la nature (250 francs), à la Ligue française pour la protection de l'oiseau (500 francs), au Roc, ligue contre la chasse (100 francs), aux Amis de la Terre (250 francs).

Vos contributions pour l'année 1979 et pour les seuls États-Unis comprennent entre autres le Fund for Animals (15 dollars), le Downeast Animal Welfare (125 dollars), The Nature Conservancy (4 000 dollars), le Council for Livestock Protection (100 dollars), Mount-Desert Public Health Nursing Service (200 dollars), et le Stanwood Wildlife Foundation (5 000 dollars). D'innombrables passages de votre correspondance attestent votre incessante préoccupation à l'égard de ces problèmes et vos efforts pour y remédier. Une longue lettre du 24 février 1968 à Brigitte Bardot témoigne de leur diversité. Vous y attirez l'attention de la célèbre actrice qui s'est déjà illustrée au service des animaux sur « l'horrible massacre annuel des phoques dans les eaux canadiennes, et surtout la mise à mort atrocement cruelle des jeunes phoques [37] ».

On pourrait arguer que votre sollicitude ne concerne que les espèces extérieures à la vôtre et que l'être humain y tient assez peu de place. Il est vrai que votre attention s'est déplacée du nageur à la vague et au monde d'avant l'homme. En même temps, vous ne pouvez pas éviter que le monde primordial passe aussi par les hommes, leurs groupes, leur argent, leurs combats. Vous soutenez Ralph Nader dans sa lutte au service des consommateurs. Dans la liste des « charités » de 1978 figurent également 25 dollars pour le National Indian Youth Council qui milite pour les Indiens et 15 modestes dollars pour une association américaine en faveur de l'IVG : National Abortion Rights. Preuve que les droits des hommes et même des femmes ne vous laissent pas indifférente non plus. Quoi qu'on fasse, on finit toujours par rencontrer ses semblables.

Ce militantisme à l'américaine, si éloigné des pratiques et des engagements de votre jeunesse, montre que l'influence de Grace et de votre nouvel environnement ne s'était pas exercée en vain. Vos anciens amis européens ne se privent pas de dire que vous vous êtes « américanisée ». Et il est vrai que votre attachement à un pays dont vous êtes depuis 1947 la citoyenne et où vous avez voté en 1960 pour le démocrate Kennedy a pris de la profondeur.

« Qu'il y ait autre chose, c'est certain, écrivez-vous en 1956 à votre ami Jean Lambert : des îlots de civisme qui chez nous sont submergés ; une volonté de progrès qui est grotesque quand elle s'exprime en termes de publicité, mais qui est restée sincère et efficace chez certains êtres ; en dépit du scandaleux gâchage des ressources, une nature extraordinairement belle, quand on réussit à découvrir ses secrets qui ne sont pas les nôtres ; et infiniment plus de passé qu'on ne dit [38]... »

Certains jours brumeux et mornes de l'île des Monts-Déserts, cet « autre chose » cependant ne vous suffit plus.

C'est dans la paix et la sédentarité du monde primordial que vous vous êtes rappelé les errances et les persécutions d'un certain Zénon, personnage de *D'après Dürer*, ce fragment de *La Mort conduit l'attelage*, que vous aviez publié en 1934. « *L'Œuvre au Noir*, commencée (sous un autre titre) à l'époque où j'avais l'âge du jeune Zénon, du jeune Henri-Maximilien du début du livre. Terminée quand j'ai un peu plus de l'âge qu'ont Zénon et Henri-Maximilien quand ils butent sur leur mort [39]. » « Plus je vais, plus cette folie qui consiste à refaire des livres anciens me paraît une grande sagesse [...]. " Je n'ai jamais compris qu'on se rassasiât d'un être ", fais-je dire à Hadrien parlant de ses amours. Je n'ai jamais cru non plus que je puisse me rassasier d'un personnage que j'avais créé. Je n'ai pas fini de les regarder vivre. Ils me réserveront des surprises jusqu'à la fin de mes jours [40]. »

Achevée vers 1965, l'histoire mouvementée de Zénon, médecin alchimiste et philosophe de la Renaissance, qui fait table rase
des idées et des préjugés de son siècle et qui échappe au bûcher
en s'ouvrant les veines dans sa cellule, ne parut qu'en mai 1968, à
la suite d'un long litige avec les éditions Plon, que vous quitterez
définitivement pour Gallimard.

Zénon le contestataire est bien en harmonie avec l'époque à
laquelle il paraît : « Parce que Zénon s'oppose à tout : aux univer-
sités quand il est jeune ; à la famille, où il est bâtard, et dont il
dédaigne la grossière richesse ; au couvent espagnol de Don Blas
de Vela, au point même d'abandonner le vieux marrane chassé
par ses moines, ce qu'il regrettera plus tard ; aux professeurs de
Montpellier quand il y étudie l'anatomie et la médecine ; aux
autorités des princes, etc. Il récuse l'idéologie et l'intellectua-
lisme de son temps avec leur magma de mots ; il a bien entendu
pratiqué diverses formes de plaisir charnel, mais finit par récuser
la sensualité jusqu'à un certain point [41]. »

C'est aussi avec vous qu'il est en harmonie, autant et sans
doute plus qu'Hadrien, bien que vous récusiez l'idée d'une identification mécanique, manie de la psychologie contemporaine que
vous trouvez « répugnante ».

Vous reconnaissez néanmoins, pour provoquer votre lecteur,
que « Greete est un peu W ; Martha est un peu X... [Votre demi-
frère ?] ; Catherine est un peu Y... [Y comme Yourcenar, comme
vous-même peut-être avec ce qui vous reste d'obscénité dans
l'ascétisme des Monts-Déserts ?] ; Bartholomé Campanus est un
peu Z... Il y a dans Campanus certains éléments d'un prêtre que
j'ai fréquenté dans mon enfance : le chanoine Carli. Il y a du
tempérament de mon père dans le tempérament d'Henri-Maximilien [42] ».

Quant à vos rapports avec votre personnage, ils sont d'une
intensité et d'une acuité qui donnent à penser que sans lui, sans
eux, vous n'auriez pu survivre. Vous fabriquez à Zénon, outre son
identité, une généalogie minutieuse, dont il n'est pas question
dans le roman, mais que vous avez archivée dans vos papiers,
soulignant le cousinage de Zénon au deuxième degré avec Lorenzaccio et Cosme, au cinquième degré avec Catherine de Médicis.

Dans les mêmes papiers se trouve la carte dessinée à la main de l'itinéraire de Zénon, qui se présente à la façon d'un arbre intitulé « Fatum inextricabile (optiones) », avec les différents embranchements, êtres aimés ou lieux visités, qui le ramèneront à Bruges, sa ville natale et son point de départ.

Les sagesses orientales que vous pratiquez beaucoup à l'époque de la vie sédentaire où vous « portez » Zénon vous ont appris les vertus des mantras ou répétitions : « Au temps où j'écrivais la seconde et la troisième partie de ce livre, il m'est souvent arrivé de me répéter silencieusement ou à mi-voix à moi-même : " Zénon, Zénon, Zénon, Zénon, Zénon, Zénon... " Vingt fois, cent fois, davantage. Et sentir qu'à force de dire ce nom un peu plus de réalité se coagulait. Je ne m'étonne pas des pratiques mystiques et par lesquelles les fidèles, à force de répéter des milliers de fois son nom, appellent Dieu, ou dans la magie populaire, des amants qui " appellent " l'objet qu'ils ont perdu [43]. »

La nuit, dans vos insomnies, vous *tendez la main* à Zénon ; la sienne est « d'un brun gris, très forte, longue, aux doigts en spatules, peu charnus, aux ongles assez pâles et grands, coupés ras. Le poignet osseux, la paume assez creuse et sillonnée de nombreuses lignes. J'en connais la pression de cette main, son degré exact de chaleur. (Je n'ai jamais pris la main d'Hadrien) [44] ». On se rappelle pourtant que vous aviez étudié de près le dessin de la paume d'Hadrien, à partir des adolescents mexicains de Santa Fe.

Hadrien. Zénon. Frères inséparables que vous comparez comme des fils. « Deux êtres profondément différents l'un de l'autre : l'un reconstruit sur des fragments de réel, l'autre imaginaire, mais nourri d'une bouillie de réalité [45]. » Dans l'amour, « tous deux sensuellement attirés, presqu'exclusivement par le corps et le tempérament masculins. Tous deux capables de liaisons et d'amitiés féminines [46] ».

Dans la mort, ils ne sont pas loin non plus l'un de l'autre : « Zénon se suicide non par principe ou du fait d'une particulière attirance [qu'on est loin du temps de l'Irrésistible et de *Feux* !] mais coincé entre un compromis inacceptable et une mort atroce et inutilement telle, il fait ce que nous ferions tous à sa place, ce que fit, par exemple, la mère de K. Löwith menacée d'être envoyée à

Dachau. (Et de la même manière en s'ouvrant les veines.) Hadrien, qui se fait marquer sur la poitrine la place du cœur pour le cas où il tomberait entre les mains de ses ennemis, eût fait de même, et mêmement " les yeux ouverts " [47]. »

Au milieu de vos interminables énumérations des sources de *L'Œuvre au Noir*, qui couvrent entre autres les textes alchimiques, les personnages secondaires, les personnages historiques, les thèmes inventés, les illustrations pour des couvertures éventuelles, ou les détails empruntés à Campanella, se glisse par la bande une confession : « Je laisse de côté tout ce qui est tiré de ma vie et qui ne concerne que moi. Mais la liste serait très longue et encore sans doute les trois quarts m'échapperaient [48]. »

L'Œuvre au noir reçut dès sa sortie, en pleine révolution de mai, le « plus large accueil », dites-vous sobrement dans votre *Chronologie*, et à la rentrée, le prix Femina. Comme les précédents, le livre désormais vous échappe mais ses protagonistes ne vous quitteront plus jamais : « Où, quand, et comment ? Où que ce soit, à quelle date et peu importe quels moyens, je suis sûre d'avoir à mon chevet un médecin et un prêtre — Zénon et le prieur des Cordeliers [49]. » ... Jusqu'à la « vie immobile » que Zénon vécut à son retour à Bruges, avant la grande persécution, qui contamine votre propre existence !

La prison (1971-1979)

« Ma vie immobile date de près de dix ans. À certains aspects, " prison " plutôt que " vie immobile " puisqu'il ne dépend plus de moi de franchir la porte ouverte [1]. » Cette note découragée n'a pas été publiée de votre vivant. Vous l'aviez soigneusement datée sur un fragment de journal : 1978. Chronologie cette fois exacte. Votre dernier départ pour l'Europe date de mars 1971. À l'occasion d'un nouvel honneur, votre réception à l'Académie royale de Belgique, vous aviez débarqué à Algésiras, traversé l'Espagne, et passé le reste de votre séjour en Belgique, Hollande et France. Retour le 13 juin sur un bateau soviétique qui embarquait au Havre. Mauvais présage : Grace avait fait une chute à l'arrivée sur le bateau. Le mois suivant, elle était à nouveau à l'hôpital de Bar Harbor. Le cancer du sein, diagnostiqué et opéré en 1958, avait gagné l'abdomen ; il se généraliserait lentement. C'est le début de la fin. Une fin qui durera sept années au cours desquelles vous ne quitterez pas Grace une minute. Obstacle que vous ne prévoyiez pas, la longue maladie aura eu raison de votre vital besoin de voyager. Et Petite Plaisance, rétrécie par le cancer, se referme sur vous, comme les portes de Bruges sur Zénon immobilisé par la persécution.

« Ici les choses ne vont pas du tout bien, écrivez-vous à Josef Breitbach, le 30 septembre 1977 [...]. Quand irons-nous en Europe revoir quelques amis comme vous ? Je voudrais bien le savoir. Je vous embrasse [2]. » Vos lettres de 1970 à 1979 donnent de plus en plus l'impression que vous êtes installée dans le train-train des jours et que vous vivez plus avec vos personnages dans un monde mythique, historique ou autobiographique recréé par vous, que dans la routine de Petite Plaisance. Comme si, reprise à nouveau dans la glace des habitudes que vous aviez fuies dès votre adolescence, avec votre père, puis seule pendant les années d'errance, vous vous donniez habilement comme seule échappatoire la vie rêvée des livres et l'échange de lettres avec les amis lointains.

Car le temps vous rattrapait et s'employait à tendre des pièges à la vie que vous vous étiez fabriquée. Fuyant les conventions, vous vous étiez emprisonnée dans d'autres habitudes, fuyant les pressions sociales, les compromis mondains, les stratégies arrivistes, les vanités et les illusions des préjugés, vous vous êtes immobilisée dans d'autres routines qui vous pèsent de plus en plus. Pour rester vous-même, vous aviez accepté de ne plus vivre en Europe, vous vous étiez tenue éloignée de cet univers potentiellement clos, représenté aux deux extrêmes par l'étroite Noémi et le nombrilisme parisien. Vous aviez imposé à Grace un pacte : Petite Plaisance contre le Voyage. Le cancer de Grace a rompu ce pacte. Vous suffoquez. Mais vous n'osez pas bouger avant que tout ne soit fini.

Vous avez soixante-neuf ans en 1972. Le même âge que Grace. Vous ne savez pas combien d'années vous demeurerez avec elle et après elle. À ce stade de votre vie, votre sentiment d'éloignement et de séparation du temps de New York et de Hartford, qui s'était mué en choix dynamique de retraite où vivre et écrire, devient entrave. Vous avez compris que moitié par souhait, moitié par force, vous resterez toujours extérieure à ce pays où vous habitez depuis quarante ans. Vous savez aussi que vous ne regrettez ni les dissipations parisiennes ni les cercles intellectuels que vous fréquentiez avant-guerre. D'ailleurs, l'échange de lettres vous permet de communiquer avec certains d'entre eux. Vous savez surtout qu'à ce prix vous avez fait œuvre, une œuvre qui n'aurait pu être la même dans la proximité aveuglante de l'Europe. Vous atteignez pourtant le temps où l'on se retourne sur soi-même.

Et tel le peintre Wang Fo, qui, menacé des foudres de l'empereur, s'éloigne dans une barque, sur la mer qu'il a lui-même peinte, à nouveau vous échappez à Grace, à Petite Plaisance, à l'Amérique des années 70, vous ramez à rebours de l'autre côté de l'Atlantique, de l'autre côté du temps, vers Michel, vers Fernande, vers Jeanne, vers une toute petite fille qui s'éveille au Mont-Noir dans son berceau vers 1903. Pour rattraper une identité qui vous échappe, vous redescendez dans le Labyrinthe des ancêtres, auxquels l'être qui est vous doit d'être au monde.

Vous reprenez encore une fois le projet ancien de l'immense roman familial, matrice dont est aussi issu Zénon. Dès votre dix-neuvième année, on se rappelle que vous aviez commencé à lire des documents généalogiques et que vous aviez envisagé un grand roman, étalé sur quatre siècles et contenant l'histoire de plusieurs familles liées entre elles. Trois fragments de ce texte échappés à votre destruction avaient constitué *La Mort conduit l'attelage* puis avaient connu la fortune que l'on sait. Quant au reste de ce rêve « irréalisable et irréalisé », que vous aviez l'intention d'intituler « Remous », il « a été en quelque sorte inconsciemment continué dans les deux premiers volumes du *Laby-*

rinthe du monde, construits autour de l'histoire de plusieurs familles du nord de la France et de la Belgique au XIXe siècle et remontant parfois vers des ascendants beaucoup plus lointains [3] ».

Et vous écrivez *Souvenirs pieux*, centré autour de la figure de Fernande — paru en 1974, puis *Archives du Nord*, chroniques de la famille Crayencour que domine Michel, volume sorti en 1977. « Ce second volume, écrivez-vous à votre éditeur, se termine donc comme le premier en 1903, rejoignant à la fin *Souvenirs pieux*, comme se rejoignent les deux valves d'une coquille [4]. »

Vous projetez un troisième volume à cette trilogie que vous intitulez *Le Labyrinthe du monde*. Il devait s'appeler « Suite et fin ». Il se nommera *Quoi ? L'Éternité*, d'après le vers de Rimbaud : « Elle est retrouvée. Quoi ? L'éternité ? » Mais vous ne vous mettrez à l'écrire que beaucoup plus tard quand la mort de Jerry vous aura à nouveau laissée seule à Petite Plaisance. Entretemps vous aurez aussi repris en 1978 le Nathanaël d'*Après Rembrandt*, dans *La Mort conduit l'attelage*. Il en sortira *Un homme obscur*, dont une partie de la vie s'écoule immobilisé dans une île, paru en 1982. Vous faites ce que vous aimez le mieux : refaire. Revenir en arrière. Trier ce qui reste.

Ce qui reste quand tout s'est écroulé, demeures, pays, modes de vie, se cristallise à présent sur la Flandre natale, « ce grand paysage plat avec çà et là des collines témoins, qui est celui de Rembrandt mais aussi celui de la Flandre française d'*Archives du Nord* [5] ». Dans vos écrits de l'époque se découvre la conscience, sinon nouvelle, au moins régénérée d'un lien génétique avec des compatriotes flamands qui passe par les ancêtres, ces ancêtres que vous ressuscitez patiemment dans *Le Labyrinthe du monde*, et que vous rêvez nomades, à votre image. « Oui, écrivez-vous à une correspondante flamande, nos ancêtres entre Niewport et Dunkerque ont pu se rencontrer dans le passé, qui sait même s'unir, à l'époque après tout récente des états civils et des archives. Nous avons dans le sang la même mer grise et argentée, les mêmes dunes, et les mêmes plats pays [...]. Mais que notre race est aventureuse [...]. Quand on pense qu'il y avait aussi des Flamands à la cour de Gengis Khan [6] ! »

La Flandre française, c'est aussi le Mont-Noir, et le Mont-Noir, c'est votre enfance. Sur la scène retrouvée de l'enfance, aux antipodes de Grace et du Petite Plaisance des années 70, se regroupent les protagonistes du *Labyrinthe du monde* : et d'abord Fernande, la mère étouffée dont vous exhumez la vie et la mort dans *Souvenirs pieux*, avec autant de minutie sinon autant de passion que pour Hadrien ou Zénon. Et avant elle Flore Drion et Joseph-Ghislain Cartier de Marchienne, Zoé Drion et Louis Troye ses grands-parents, Mathilde et Arthur, ses parents, et ses antécédents et collatéraux. Puis Michel, le premier personnage de votre vie, ses propres père et mère, ses femmes, ses amours, et parmi elles, Jeanne, la mère idéale, la mère élue ; Jeanne, victime comme vous, selon vous, de son amour pour un homosexuel et dont le drame passionnel, si pareil au vôtre, avait inspiré *Alexis* et clôture, réalimenté par votre amour pour Jerry, l'aventure inachevée de *Quoi ? L'Éternité*. « Vient un moment [...] où l'on se met à faire certains comptes, confierez-vous en 1979 à Matthieu Galey, à passer par certains sentiers pour mieux situer le point où nous sommes [7]. » Les trois volumes du *Labyrinthe du monde* dressent ce bilan en faisant l'économie du premier rôle : vous.

Dans le dernier volume posthume de la trilogie familiale, vous irez aussi loin qu'il vous est possible dans la reconstitution de celle qui fut vous, en évoquant les « miettes de l'enfance ». En revanche, sur la jeune fille, la jeune femme, l'adulte que vous avez été, que vous venez d'être : rien. Le seul moi que vous avez envisagé est celui de Marguerite enfant, peut-être parce que la distance sublimée par l'écriture vous le rendent aussi étranger, partant aussi familier qu'Hadrien et que Zénon. Peut-être aussi parce que, peignant les autres, adultes, c'est vous-même que vous portraiturez.

Sur les protagonistes de l'épopée familiale, vous avez choisi de dire la vérité, votre vérité. Les survivants, votre neveu Georges par exemple qui vous a aidée dans cette entreprise, ne seront pas toujours satisfaits de vos prises de position, de vos révélations, de vos omissions, de ce qu'ils considèrent comme des déformations de la réalité. Votre amour pour votre père, votre vieille hostilité à votre demi-frère ne vous rendent pas toujours objective. Certes vous avez eu des scrupules. Vous vous êtes efforcée, confiez-vous à plusieurs intimes, de ne pas affliger les ombres, de ne pas faire de peine aux vivants. Mais vous finissez par vous rassurer en affirmant que les morts aiment mieux qu'on dise du mal d'eux que de n'en pas parler du tout. Ah ! l'immortalité !

Vos lettres de l'époque, surtout de l'année 1977, expriment un intérêt très vif pour ceux de vos correspondants qui vous rappellent des souvenirs de la petite Marguerite : « Monsieur le maire de Saint Jean Cappel, qui m'a écrit ces jours-ci a bien voulu me dire que vous vous souveniez de ma grand-mère et de moi nous rendant à l'église conduites par Achille qui lui n'était déjà plus jeune en ce temps-là. Ma grand-mère ne me permettait pas de garder mon chien dans la grande maison et c'est Achille qui le gardait pour moi dans l'écurie où j'allais jouer tous les matins [8]. »

Les contours du Mont-Noir, flous dans les lointains rêves de jeunesse, se précisent tout en se rapprochant : « Oui. Je me souviens comme si c'était hier de la procession de Saint Jean Cappel, et même de certains enfants qui défilaient avec moi, et du petit Saint Jean avec son mouton. Je devais avoir cinq ans tout au moins, et neuf ans tout au plus car j'ai quitté le Mont-Noir en 1912. Je me souviens aussi des petites bottines blanches pour lesquelles il fallait se battre chaque matin avec un crochet à boutons [9]. »

Vous qui souffrez d'être de plus en plus entourée d'anglophones, puisque vous ne voyagez plus, puisque vous parlez de moins en moins avec Grace — qui elle sait le français, même si elle l'écorche parfois —, découvrez le lien qui articule l'enfance à son lieu d'origine c'est-à-dire sa langue. Sans nul doute, si vous appartenez à un pays que vous n'avez jamais quitté, c'est bien celui de votre langue, jalousement préservée de toute atteinte de l'anglais — malgré les inévitables anglicismes qu'on découvre dans votre correspondance où vous vous surveillez moins — l'anglais que vous mettez à distance par l'accent qui faisait frémir Michel quand vous aviez dix ans.

Votre résistance à la langue anglaise comme à l'américanisation s'exprime de diverses façons, dont vos réticences à répondre à vos correspondants anglophones autrement que dans votre langue quand ils peuvent la lire : « *Excuse my rather wooden English*, écrivez-vous par force en 1979 à l'un d'entre eux, *I am French and compose my books in French, and writing in English is difficult for me* [10]. » (« Pardonnez la maladresse de mon anglais, je suis française et compose mes livres en français. Écrire en anglais est pénible pour moi. »)

Car la langue recouvre le territoire du sacré qui est celui de l'écriture, et c'est pour vous le premier et peut-être seul devoir de l'écrivain que de « défendre et prolonger les vertus d'une langue, de veiller à ce que l'eau du Grand Canal coule limpide jusqu'à nous [11] ».

Elle a coulé cette eau jusqu'à nous, tandis que le temps qui coule avec elle s'est arrêté pour vous vers 1972. Autour de vous, comme autour de Zénon, votre frère en fiction, votre vie immobile s'est lentement refermée. Mais Zénon découvrait la vie immobile après être rentré chez lui à Bruges et c'est loin de Bruges et du Mont-Noir, ressuscités par le verbe, que, vieillissante, vous voilà prise dans le lacet mortifère de la vie immobile.

Pendant ces huit années d'enfermement, vous réagirez en détenue. Vous écrirez d'innombrables lettres. Pour ne pas étouffer. Votre correspondance d'alors, que Grace continuera presque jusqu'au bout à archiver, est impressionnante. Et, contrairement à d'autres époques de votre vie, vous en avez gardé une grande partie. C'est le temps de votre amitié épistolaire avec Lidia Storoni, votre traductrice italienne, elle-même écrivain. Avec Jeanne Carayon surtout, votre correctrice d'épreuves chez Gallimard, vous échangez des confidences, depuis que vous ne communiquez plus avec Grace isolée dans sa lutte pour survivre.

Dans votre propre chronologie, vous résumez sobrement cette période : « Immobilisée la plupart du temps à Petite Plaisance, Marguerite Yourcenar s'intéresse de plus en plus à la botanique, s'efforçant de transplanter dans le jardin de cette petite propriété de nombreuses variétés de plantes locales d'une espèce rare ou menacée. Elle s'applique aussi de plus en plus sérieusement à l'étude de la langue japonaise [12]. »

1971 : le long hiver par moins 12 et par moins 18 la nuit. Vous écrivez : « Grace Frick brave les intempéries, mais je ne sors pas par ces températures qui me donnent des crises d'asthme, si je m'expose à l'air extérieur. Nos seuls et excellents voisins d'hiver sont un jardinier et sa femme [13]. »

Et malgré vous, quelques mois plus tard, malgré les « si » et les « mais », la nostalgie de la ville vous reprend : « Je comprends que l'existence à Paris vous soit un tourment [...], écrivez-vous à Denys Magne. Et cependant il y a parmi ces tourbillons d'atomes agglomérés les uns aux autres des êtres qu'on aimerait si on les connaissait, des retraites de réflexion et de savoir, des gens qui, comme nous, cherchent quelque chose [14]. »

1973 : Autre préoccupation, la traduction de *L'Œuvre au Noir* qui n'avance pas : « Ici le travail de traductrice de G.F. et son endurance sont mis à l'épreuve par mes récentes périodes de maladie, et par les tâches indispensables qu'elle doit s'imposer [15]. » C'est encore votre propre santé qui retient votre attention et le sentiment fréquent chez les vieillards que « tout s'en va ». Tout vous paraît compliqué ; la moindre réparation de la maison est un problème ; les communications postales et télégraphiques se détériorent. Vous oubliez que naguère ces petites contrariétés ne vous touchaient pas parce que Grace s'occupait de tout.

Quant à l'état du monde : « L'inflation... a révélé... l'infériorité et l'adultération de la plupart des aliments cachées au public sous une prétendue abondance... La politique est le cloaque que vous savez [16]. » Vous oubliez que ce n'est pas nouveau ; le sens de l'humour et de la relativité de problèmes qui ne font que perdurer sous d'autres formes vous a quittée. L'immobilité ne vous réussit pas. Votre frustration, votre exaspération s'expriment à l'égard de jeunes écrivains qui vous demandent des conseils et à qui vous répondez par des missives sentencieuses de maîtresse d'école, surprenantes de la part de la mère de Zénon ou de la fille de Michel. Elles s'expriment aussi à l'égard des journalistes qui commencent à envahir Petite Plaisance et dont bien peu, hors Jacques Chancel, Bernard Pivot, et une équipe plus obscure, com-

345

posée d'un certain Maurice Dumay et d'un certain Jerry Wilson, jouissent de vos bonnes grâces.

Curieusement, jusqu'en 1974 au moins, le souci de votre propre santé qui n'est pas bonne mais qui est loin d'être aussi désastreuse que celle de votre compagne semble recouvrir et même occulter celui de la grande malade. Grace elle-même, qui note jusqu'à sa mort à elle les moindres variations de votre température à vous, participe de cette mise en scène, destinée peut-être à la rassurer et à vous maintenir dans une position de protégée où vous trouvez toutes les deux votre compte.

En octobre 1972, à la fin de la première année d'enfermement, vous avez des poussées de température inexplicables, inexpliquées en tout cas par les médecins du corps. Ceux de l'âme comprendraient mieux sans doute quel désir de rupture exprime cette fièvre ; mais ce n'est pas à eux que vous avez demandé un diagnostic.

Le 11 décembre 1974, un télégramme téléphoné vous apprenait, à huit heures du matin, la mort survenue la veille de votre ami l'éditeur Charles Orengo. Vous lui rendez longuement hommage dans un texte inédit : « Amitié de vingt-trois ans, commencée avec la publication de *Mémoires d'Hadrien,* — alors qu'il était directeur chez Plon, et terminée sur l'original de *Souvenirs pieux* qu'il sortit déjà mourant sur ses presses privées [...]. Quelque chose pour moi finit avec lui. Paris ne sera plus le même, pas plus — mais amitié beaucoup plus brève — que Montpellier sans Bouvier. De plus, la mauvaise nouvelle m'arrive à un moment où je tremble pour Grâce. Tout s'en va [17]. »

« Ne t'attache pas... » Le compte à rebours est entamé. Après Orengo, Bouvier, Camille, morte en 1970, Natalie Barney et d'autres, avant Grâce, mourra Andreas Embirikos, le 28 août 1975. Tous s'en vont. Et vous-même... « Il est vrai que certains signes physiques m'indiquent que le temps n'est sûrement pas très éloigné où je m'en irai moi-même [18]. »

En 1927 rappelez-vous, à l'âge de vingt-quatre ans, vous écriviez déjà pour le pékinois Kou-Kou-Haï : « Quand je mourrai, je sais que mon ombre de vieille femme (si je meurs avancée en âge) ira simplement rejoindre mon ombre d'enfant, mon ombre de jeune fille, bientôt mon ombre de jeune femme qui déjà m'attendent de l'autre côté du temps. Mais je ne m'en irai pas seule. Nous emmenons avec nous toute une suite de fantômes : tous ceux qui nous furent chers, et peut-être à qui nous fûmes chers [...]. Tous ceux qui ont perdu quelqu'un sont, si peu que ce soit, engagés dans la mort. Mais nous n'avons rien perdu. Ils sont là, ils nous attendent, là où il n'y a plus d'attente [19]. »

Ces quelques êtres chers que vous souhaiteriez retrouver dans l'éternité, vous dressez la liste de leurs dates astrologiques d'arrivée et de départ de ce monde : « 12 janvier : mort de mon père ; 6 décembre : mort de Monsieur ; 3 octobre : mort de Valentine ; Jour des Rameaux : mort de Lucy ; 10 juillet : mort d'Hadrien ; 1er novembre : mort d'Antinoüs ; 17 février : mort de Zénon ; 18 juin : mort de ma mère ; 20 février : mort de Camille ; 1er décembre : mort d'Erica Vollger — la couturière des Monts-Déserts ; 8 décembre : mort d'Orengo ; 18 juin : mort de Pixie — nièce de Christine de Crayencour. Et sur l'autre versant : 12 janvier : naissance de Grâce ; 8 juin : ma naissance ; 25 juillet : naissance de Monsieur ; 25 décembre : naissance de Valentine ; 1er septembre : naissance de Zoé ; 10 août : naissance de mon père [20]. »

À chacune de ces listes, vous avez fait un ajout ultérieur, avec une encre différente. Vous avez complété la première par la date du « 28 août : mort d'André E. » et la deuxième par « 22 mars : naissance de J. [21]. » Comme si, en vertu de secrètes correspondances, la naissance de Jerry, passion de votre vieillesse, répondait à la mort d'Andreas, l'homme de votre jeunesse. Il va de soi que cette note célébrant la naissance du nouvel aimé aura été ajoutée après la mort de Grace quand vous aurez quitté « la prison ».

Est arrivé le temps où vous jetez dans des cahiers des notes intimes, fragments de journaux sur lesquels vous revenez des mois ou des années plus tard pour noter une évolution ou un changement, reflet de votre adhésion à une vision du monde orientale privilégiant le passage, la transmigration, l'incessante transformation des choses, des êtres et des vies.

347

Le 30 mars 1974, le docteur Coffin — le bien nommé [22] ! — ancien médecin de Grace, alors à la retraite, vous a déclaré qu'elle était perdue. Le docteur Cooper confirme le 10 juillet 1974. Le 7 février 1975, le même médecin vous dit : « " Je suis très inquiet. Si ce médicament ne parvient pas à diminuer ces nodules, elle sera dévorée (*She will be eaten up*)." Horreur quasi mythologique de ce mot. J'ai dit : "Pouvez-vous même vaguement fixer des limites ? " " Je ne sais pas : quinze jours ou douze ans. " [23] »

Le 3 octobre 1976, le docteur s'aperçoit de certains courts-circuits que la femme de ménage Ramona et vous-même remarquez depuis plusieurs mois. « Tantôt la mémoire qui flanche et surtout qui *brouille* tout, tantôt l'imagination qui galope dangereusement loin des faits. " C'est classique ", me dit-il avec sa sagesse pragmatique de médecin [24]. » Début septembre, vous aviez réussi à faire un petit voyage de deux jours à Montebello avec la malade. Le 30 septembre, alors que vous vous rendiez à Southeast Harbor, Grace vous demande de la laisser au cimetière de Somesville, où vous avez une concession, pour y sarcler l'herbe. « Ce symbolisme " Nous la laissons au cimetière " me fait mal. Mais on a toujours tort de se laisser prendre au symbolisme traditionnel. Quand nous revenons la chercher, deux heures plus tard, elle est couchée au bon soleil sur ce qui sera sa tombe, arrachant les mauvaises herbes, et le gardien du cimetière, Mr Preston, galope le long des allées avec notre chien dont la toison or et acajou brille gaiement. L'atmosphère est *divinement* allègre. Mais à quoi a-t-elle pensé pendant ces deux heures ? Dans cet ordre, elle ne me dit rien. Je devine seulement [25]. »

L'année 1977 est dure. Grace subit une crise grave ; elle est hospitalisée pour troubles du cœur, consécutifs au traitement de choc de la chimiothérapie. Vous faites dans vos journaux intimes le calcul exact de jours d'hôpital : 26 jours contrebalancés par le voyage en Alaska du 18 mai au 19 juin. De ce voyage, vous dites dans votre *Chronologie* : « Grace Frick, après un éprouvant séjour dans une clinique, décide d'entreprendre un voyage d'un mois en Alaska, précédé et suivi par la traversée en chemin de fer du Canada de l'est à l'ouest et vice versa. Marguerite Yourcenar l'accompagne dans cette randonnée et visite avec elle deux grands parcs nationaux du Canada, celui de Banff et celui de Jasper, ainsi que les côtes de la mer Intérieure, et le Klondyke Trail. Plusieurs arrêts en Colombie britannique [26]. »

Mais dans *Le Tour de la prison*, vous êtes plus explicite sur le dernier voyage avec Grace : « Dans ce pays de brumes qui parfois tournent au brouillard, nous eûmes un mois parfaitement bleu. [...] On ne quittait le pont que passé minuit, en plein crépuscule. Étendue auprès de cette femme couchée sous ses couvertures sur une chaise longue parallèle à la mienne, je regardais avec elle le ciel longtemps rouge, avec la sensation d'être à la proue de la planète que donne toute remontée sur mer vers le Nord. Rien ne m'aura semblé plus doux que ces stations immobiles ou étendues, auprès d'êtres diversement aimés — ou mêmement aimés — au cours desquels on ne se voit pas l'un l'autre, mais contemple les mêmes choses, le corps restant toujours pour des raisons variées, suprêmement présent (je n'avais rien oublié, dans le cas dont il s'agit, de longues semaines d'hôpital), mais avec l'illusion de n'être pour un moment que deux regards accordés [27]. »

« Ici, les choses ne vont qu'à moitié, écrivez-vous dans le même temps à votre ami Breitbach. Depuis plusieurs années la santé de Grâce donne des inquiétudes ; elle est soumise maintenant à des examens du sang hebdomadaires, et les médicaments dangereux qu'on lui fait prendre depuis déjà près de deux ans la minent peu à peu. Depuis quelques mois surtout, sa fatigue a été croissante à vue d'œil, ce qui ne l'empêche pas de continuer courageusement à m'aider [28]. »

L'année 1978, vous ne mentionnez dans votre *Chronologie* de la Pléiade que cette sortie infime mais qui en dit long sur l'énergie combative de votre compagne : « *Juillet.* Marguerite Yourcenar accompagne Grace Frick à Boston à l'occasion d'une exposition consacrée à Pompéi au musée des Beaux-Arts, Grace Frick désirant revoir certains objets admirés sur place ou au musée de Naples des années plus tôt [29]. »

1979 est l'année terrible. Vos lettres ne peuvent plus dissimuler la vérité. L'agonie de Grace dure. Vous vous mettez à écrire à votre neveu Georges, comme jamais. 28 mai : « Les choses ici ne tournent pas trop rond [30]. » 17 septembre : « Oui, c'est une redoutable épreuve... que de voir un être humain détruit lentement par une terrible maladie. Depuis 1972 (mon dernier séjour en Europe) Petite Plaisance n'a pas connu une seule journée sans maux et soucis de toute sorte, et depuis le mois de janvier dernier, la maladie, naguère seulement très pénible, est devenue une véritable torture, car un cancer généralisé du système lymphatique attaque le corps tout entier. Depuis deux mois, les médecins ont abandonné la chimiothérapie, inutile désormais, et en elle-même malfaisante, et se contentent de donner des calmants très puissants (méthadone, un succédané de l'héroïne) qui procurent à la malade d'assez longues heures de sommeil par jour. La difficulté est bien entendu de la nourrir, ce à quoi je m'évertue, pas toujours avec succès [31]. »

En marge de cette lettre, vous avez ajouté : « C'est à la suite de cette crise, et comme par défi qu'elle a tenu à faire un séjour d'un mois en Alaska — voyage admirable, mais angoissant [32]. » À l'intention de votre neveu, pour le rassurer et pour vous rassurer, vous évoquez l'environnement domestique pour lequel vous êtes « Madame » : L'infirmière Dee Dee qui habite à 500 mètres et vient trois fois par jour, Jeannie la « chauffeuse », qui, après la mort de Grace, gérera votre correspondance et vos papiers, une « bonne femme de ménage », Ramona, de petits jardiniers occasionnels, le pêcheur Dick, les jardiniers Harry et Elliott, sans compter les dames du village, prodigues de leurs bons soins, reconstituent à des décennies et des kilomètres de distance le milieu de votre enfance au Mont-Noir.

« Grâce est trop anglo-saxonne pour me confier ses pensées, poursuivez-vous, soit sur son état, soit sur son avenir en ce monde et par-delà. Elle ne me paraît soutenue que par son courage, qui, bien entendu, défaille parfois dans les crises trop fortes. Elle se lève d'ailleurs une partie de la journée, et tient " à porter beau " en présence des invités ou des émissaires de la Radio et de la Télévision, comme Jacques Chancel en mai, ou Bernard Pivot tout récemment [33]. »

« À la fin de janvier 1979, Grace conduit seule, à travers les tempêtes de neige jusqu'à Buffalo, afin d'y suivre dans une clinique un traitement expérimental dont elle sort dans un état plus désespéré que jamais [34]. » Sa détermination et son autoritarisme ne l'ont pas quittée. Elle veut continuer à s'occuper de tout, à s'occuper de vous comme auparavant. Mais elle perd la mémoire et commence à tout confondre. Vous retrouvez des mois plus tard une pile de lettres qu'elle avait prétendu envoyer elle-même. Elle ne paie plus vos impôts pour lesquels elle a une procuration. Vous n'osez pas le lui faire remarquer ; vous priez un de vos correspondants Wilhelm Gans de n'y pas faire allusion dans sa réponse. Vous commencez à écrire des lettres qui ne passent plus par elle.

Il y a pourtant encore des rémissions brèves. On se rappelle votre matinée de grâce aux Rockefeller Gardens entre les statues de Bouddha et le bassin auprès duquel une jolie jeune fille, en vous tendant sa joue fraîche, vous avait donné du rêve pour un denier. C'était le 25 juillet 1973.

À la suite de ce récit, vous rapportez une autre visite, datée du 1er août 1979, dans les mêmes jardins avec Grace et Mary Savage, votre vieille chauffeuse, presque septuagénaire. Grace, après une pénible visite au médecin chez qui elle avait été prise de vomissements, avait insisté pour faire lentement le tour des jardins, aidée d'une canne et de Mary, « en qui elle a plus de confiance qu'en moi, maintenant que la maladie fait — et ce n'est pas d'hier — qu'une sorte d'irritation s'est établie chez elle à mon égard. Les médecins et les infirmières m'assurent que c'est dans l'ordre [35] ».

De votre côté, vous avez parcouru le jardin et posé devant le « Parfait assis jambes croisées » une fleur de laurier-rose, trouvée par terre car vous ne cueillez pas les fleurs ni ne les arrachez aux arbres. Dans votre promenade, vous avez rencontré un colibri, de nouveaux pavots orange, blancs ou rouges et une source. Vous avez eu une pensée pour la jeune fille d'il y a six ans « sans doute employée de bureau, ou mariée, peut-être mère [36] ». Vous avez désiré que vos cendres reposent en haut de la colline dont vous avez effectué la montée, sous les pins où médite un Bouddha doré, plutôt qu'au cimetière de Somesville à côté de Grace.

Rentrée épuisée, Grace se couche. Elle est toujours alitée à présent. « Mais elle s'habille encore pour les visiteurs qui viennent, cesse de gémir en leur présence, et une grande écharpe couvre le cou où s'allonge le crabe, et le sternum ouvert d'où s'écoule constamment du sang [...]. Se souvenir toujours du courage qu'il lui a fallu pour faire cette promenade ; se demander — ce que je ne saurai jamais — quelles étaient ses pensées en la faisant [37]. »

Deux jours plus tard, le 3 août 1979, dans l'après-midi, Grace est couchée tremblante de fièvre sur une chaise longue dans la véranda où vous êtes vous-même assise. « Je l'ai entendue murmurer distinctement le mot " Épilogue ".

— Pourquoi épilogue ? ai-je demandé du ton le plus uni possible.

— Je ne sais pas. Il y a le mot prologue. Il y a le mot épilogue.

Et ce fut tout. Elle est retombée dans son demi-sommeil [38]. »

Ainsi Grace se met-elle au dénouement à confondre sa vie avec un roman, et elle-même avec un personnage — qu'elle ne fut jamais dans les vôtres. Comme vous, on souhaiterait à l'approche du grand départ connaître les pensées de Grace. Savoir comment elle considérait sa compagne de quarante années, qui est vous, cette étrangère arrachée à ses racines, qui est en train de monter au firmament de la célébrité, tandis qu'elle s'enfonce dans l'ombre.

Mais Grace a partiellement répondu à cette question dans un poème écrit dans sa langue, l'anglais, autour de 1978, « *around 1978* ». Ce poème manuscrit a été conservé dans les archives de Harvard. Il s'intitule : « *Portrait of a Non-Jamesian Lady* » (*Portrait d'une dame* est un roman d'Henry James) : « Qui a l'air épuisé / et s'abandonne au désespoir / quand " *tout reste à faire* " ? (en français dans le texte) / Ce n'est *pas* Gertrude [39] », dit la première strophe. Suivent cinq strophes destinées à décrire celle qui n'est pas Gertrude et qui ressemble trait pour trait à Grace Frick elle-même. Les strophes suivantes dessinent en contrepoint celle qui *est* Gertrude, cette « dame hautaine et bien coiffée, qui ne tousse ni n'éternue », « pas même aux îles Hébrides », ce parangon de vertus, qui ne peut être que vous, Marguerite.

S'il s'agit vraiment de vous, et si cette Gertrude est inspirée de Gertrude Stein et de sa relation avec sa compagne, Alice Toklas, qu'elle écrasait, la vision que Grace donne, un an avant sa mort, de votre relation, est dictée par l'aigreur et l'exaspération. Un post-scriptum au poème en marque le caractère insondable. « (On pourrait très bien poursuivre l'inventaire mais on ne trouverait pas assez de papier, pas même avec tout le papier que fabrique l'État du Maine [40].) »

Dans ce texte de colère et de désespoir, Grace exprime la frustration d'années de vie commune avec un être infatigable, dont la perfection la renvoie à son indignité et aussi à son humanité. « Qui est-ce qui a dit, / " Le livre est trop *long* à lire / Ce poème me dépasse " / Ce n'est pas Gertrude ! / Qui craint le confinement de l'avion, / les grinchements des touristes / le manque de nourriture ou de vins / *Jamais* Gertrude / Qui se trouve mal au Portugal, / Ou dans un Montréal noir de monde, / à cause d'un régime d'œufs — et rien d'*autre* ! / Nenni, ce n'est pas Gertrude [41] ! »

La suite de votre vie sans elle est conforme à sa description. À soixante-dix-sept ans, vous mènerez avec Jerry la vie épuisante de son âge à lui qui n'a que trente ans. Vous prendrez pour la première et non la dernière fois cet avion, détesté de Grace, vous courrez d'un bout du monde à l'autre, vous passerez des nuits blanches... et vous continuerez à écrire. On comprend l'hostilité de Grace malade, de Grace à l'agonie devant votre intolérable vitalité, devant vos interminables succès, vous qui êtes née la même année qu'elle. Sans doute l'avez-vous vous-même comprise... mais qu'y pouviez-vous ?

Le 13 octobre 1979, on approche de la fin. Vous écrivez à Matthieu Galey : « Tout va très mal en ce moment à Petite Plaisance : Grâce, atrocement malade, en est au stade des ballons d'oxygène. Tous les oiseaux originaires du sud sont partis... Je vous écris un peu du milieu d'un tunnel tout noir [42]... »

C'est dans une lettre du 8 décembre 1979 que vous annoncez l'« épilogue » à votre neveu : « Et maintenant, la nouvelle si triste et si prévue. Prévue par tout le monde, sauf par Grâce, qui a lutté jusqu'à l'avant-dernier jour. Depuis près de huit ans, elle souffrait d'une façon atroce, avec des semaines, et parfois un ou deux mois de rémission, naturellement, mais depuis le début de l'année cela a été un tourment presque continu pour elle. De sorte que quand elle a cessé de vivre, de façon si imperceptible que l'infirmière et moi n'en étions pas même tout de suite sûres, au cours d'un sommeil provoqué par une puissante injection (un dérivé de la morphine), on ne pouvait vraiment pas le regretter pour elle. Mais cette chute dans le vide après ce travail et cette existence en commun de tant d'années [43]... »

Grace était morte le 18 novembre à 9 heures du soir.

Juste avant, dans l'après-midi, vous lui aviez joué une ariette de Haydn « dans l'humble petite boîte à musique suisse qui joue pianissimo [44] ». Quand l'infirmière vous a confirmé qu'elle avait cessé de vivre, vous avez ouvert la fenêtre pour laisser s'échapper l'esprit, comme le refera Dee Dee, huit ans plus tard, après vous avoir fermé les yeux. Le service religieux a eu lieu le 26 novembre en l'église de l'Union de Northeast Harbor et on y lira les textes que vous avez choisis pour elle et pour vous.

Sur le petit tertre du cimetière de Somesville, à quelques mètres de la maisonnette brune, où vous aviez passé vos premiers « brûlants » étés avec Grace, vous avez enseveli sous les feuillages les cendres de Grace, dans une belle écharpe de laine qu'elle aimait. « À chaque moment de la vie, on peut réinventer un rite [45]. » Une stèle commémore pour l'éternité « Grace Frick 1903-1979 Hospes Comesque », « Hôtesse et amie » en attendant que celle de Jerry Wilson et la vôtre viennent la rejoindre...

Vous garderez rancune aux journalistes qui avaient tenu sur Grace des propos désobligeants. À Jean Chalon avec qui vous entretenez de bonnes relations malgré une brouille passagère, dont vous avez beaucoup aimé le livre sur Natalie Barney, vous écrirez : « Voici l'article nécrologique de Grace Frick dans notre petit journal local. Il met un point à près de 40 années de dévouement, dont les dix dernières ont été un perpétuel tourment dissimulé le mieux possible, surtout aux visiteurs venus me rencontrer, mais qui dès qu'elle était seule lui arrachait des cris [46]. »

Pendant ces années d'enfermement, vous êtes restée très prolifique et vous avez continué à reprendre, à remanier, à réécrire, à puiser dans ce qui avait déjà été élaboré la matière de nouveaux livres. *Souvenirs pieux, Archives du Nord*, les grands textes de cette décennie développent l'ancien projet de *Remous* qui remonte à cinquante ans. *Un homme obscur*, rédigé en 1979, n'est autre que l'ancien « Nathanaël », héros de *D'après Rembrandt* dans le recueil de 1934. Seule, l'entreprise de *Mishima* est vraiment nouvelle dans votre œuvre.

Dans les années chaotiques qui vont suivre, vous n'aurez pas le temps de beaucoup travailler. Vous ne cesserez cependant, à vos moments perdus ou retrouvés, de reprendre, de raccommoder, de rejointoyer les vieux textes, les anciens projets. *Anna, soror* et le Lazare d'*Une belle matinée* ne sont pas nés d'hier ; ce sont, comme en témoigne le prénom du jeune héros, des ressuscités de 1934, de *La Mort conduit l'attelage*, qui reprenait déjà des textes plus archaïques encore. *La Voix des choses*, publiée en 1987, est un recueil de poèmes et de citations qui vous ont accompagnée toute votre vie. Quant aux essais qui paraîtront régulièrement aux éditions Gallimard, depuis *Le Temps, ce grand sculpteur* en 1983 jusqu'à *En pèlerin et en étranger*, en 1989, ils ne feront, comme *Sous bénéfice d'inventaire*, sorti en 1962, que rafraîchir des écrits plus anciens.

De Grace, que vous continuerez jusqu'au bout à nommer Grâce, vous direz à plusieurs reprises qu'elle était « le visage de la fidélité ». Vous lui avez gardé la vôtre jusqu'au bout. Maintenant, vous êtes déliée. À soixante-seize ans, vous avez envie de vivre. De vivre, c'est-à-dire d'aimer et de voyager. Justement, comme dans les contes, un jeune homme attend au carrefour. Il se nomme Jerry Wilson.

L'ange de la mort (1979-1987)

Jean-Marie Grénier, musicologue et créateur audiovisuel, dont Jerry fut l'ami et le collaborateur avant de vous connaître, n'est pas prêt d'oublier cet « ex-cow-boy attiré par tout ce qui brille [1] ». Votre rapport avec Jean-Marie Grénier, de son propre aveu, passe par Jerry. C'est à lui que fin 1979, début 80, Jerry demanda : « " Madame " me propose de l'accompagner dans ses voyages. Qu'en penses-tu ? » C'est à lui que vous direz au début de votre bonheur : « Avec Jerry, c'est le soleil qui est entré dans ma maison. » C'est avec lui que sur les traces de Jerry, vous ferez au Maroc votre dernier voyage-pèlerinage.

Le bouleversement qu'un beau jeune homme parlant votre langue a pu apporter dans votre vie se lit dans les « inventaires » intimes que dans les années de vie immobile vous dressez sur les tracas de votre vie.

Un premier recensement est daté de juillet 1972. Par un morne après-midi, un jour pluvieux de l'île des Monts-Déserts, vous avez ruminé vos frustrations, vos chagrins, vos découragements. Et vous en avez fait la liste, comme s'il s'agissait d'une autre : mauvaise santé avec alourdissement physique et pression artérielle parfois trop haute, détérioration de Grace, situation financière et fiscale chaotique, rapports froids avec Gallimard qui avait fini par publier *L'Œuvre au Noir*, litigieux avec Plon qui y avait renoncé, maladie de votre ami Charles Orengo.

L'énumération se termine par ces lignes découragées : « Besoin irrationnel peut-être, mais désespéré, de changement. Trop souffrante pour voyager seule — peut-être bientôt pour voyager — et Grace trop épuisée pour voir dans le voyage autre chose qu'une corvée [2]. »

En décembre 1975, vous avez ajouté à votre propre intention ces lignes résignées : « Mais tiens-tu encore tellement au voyage dans ce monde sans cesse en proie à la dévastation et, presque partout, à la haine ? Quelque chose pourtant dit oui, mais il n'est pas certain que ton futur voyage, quand il se produira (C'est-à-dire...) ne soit pas ressenti comme une lourde corvée. Tu as fait tienne la sagesse taoïste sur un coin de terre [3]. »

L'inventaire suivant est de septembre 1980. Grace est morte depuis moins d'un an. Jerry règne sur votre cœur et règle vos voyages. Vos états d'âme sont au beau fixe et dessinent en bleu le passé comme l'avenir en écho d'un radieux présent. La santé est meilleure : « Renouveau physique dû à plus d'activité et plus de minceur. » Entre-temps — est-ce la mort de Grace ou la présence de Jerry ? — vous avez perdu dix kilos. La situation financière s'assainit, après règlement des arriérés d'impôts que Grace avait oublié de payer. Rapports avec Gallimard bons depuis que vous traitez avec Yannick Guillou que vous aimez ; chez Plon, le litige est terminé. Certes Grace est morte, mais il reste « quelques victoires temporaires sur la maladie, et quelques beaux moments, par exemple la Géorgie britannique et l'Alaska. Satisfaction d'avoir été jusqu'au bout [4] ».

Publications nombreuses : depuis 1972 : celle d'*Archives du Nord*, 1974 — en réalité 1977 —, de *Nouvelles orientales* avec l'ajout du conte sur Marko — en réalité de 1963 —, de l'essai sur Yvan Morris, de *La Couronne et la lyre*, en 1979, des entretiens avec Matthieu Galey, en 1980. Achèvement de *Mishima ou la vision du vide*. « Mise en ordre des manuscrits inédits destinés à ne paraître que dans cinquante ans [5]. »

Mais surtout, surtout « l'admirable voyage du printemps 1980 » avec Jerry, et « les séjours de J., les fleurs et les plantes au jardin, les sorties à l'aurore [6] ». Car Jerry, au début tout au moins, ne s'est pas contenté d'être votre compagnon de voyage ; dans vos inventaires consacrés à la flore de votre jardin, vous avez établi des listes entières, minutieusement, religieusement datées, d'arbres et de fleurs plantés par Jerry à Petite Plaisance au printemps 1982, et aussi de plantes reçues en juillet 1980 avant le départ de Jerry pour la Nouvelle-Calédonie ou après son retour en août. « Je lui dois deux ans de bonheur et même de vie », direz-vous des radieuses années 80 et 81, oubliant qu'au temps de *Feux*, vous n'aviez que mépris pour le mot et la chose, que vous jugiez — déjà — galvaudés.

Aurait-il pénétré plus encore votre intimité ? Pour Jean-Marie Grénier, la question se pose. Ce beau garçon doré de l'Arkansas, issu d'une famille de planteurs de coton, sportif — il sera moniteur de tennis au Club Méditerranée — est certainement intelligent et sensible, de culture inégale, plutôt autodidacte. Dès le collège, il établit des bilans quotidiens du nombre de ses conquêtes féminines. Puis il tombe amoureux d'un camarade et devient — lui aussi — un homme qui aime les hommes. Il ne discrimine pas davantage sur l'âge. C'est pourquoi sans doute il s'intéresse à vous.

Plus tard, cependant, il vous fera souffrir en s'éprenant, aussi follement que vous de lui, d'un jeune homme. Daniel, américain, comme lui, sera surnommé par vos amis communs « l'ange de la mort ».

La clé de vos rapports avec Jerry se trouve peut-être dans une note de lecture à propos de Bernard Berenson où vous écrivez en 1979 : « Rien certes n'est plus odieux, à mes yeux, qu'un vieillard (ou une vieillarde) amoureux ou libidineux, ou même excessivement préoccupé de ces sujets, sans désormais passer aux actes. Mais il est clair que la sensualité dure autant que la vie, plus ou moins forte selon les individus, et qu'on est sans cesse forcé d'en tenir compte. [...] Montaigne aussi éprouvait la même répulsion, et je l'ai passée à Henri-Maximilien, en tant qu'il s'agit du déplaisant mélange d'une chair vieillie et d'une chair jeune. Et il n'est pas ragoûtant non plus de penser au mélange de deux vieilles chairs [7]. »

Cette remarque sur l'érotisme [8], vous l'avez datée de 1979, l'année de la mort de Grace. Mais en 1981, vous avez changé d'avis... ou changé de peau : « Rien à rectifier ou à ajouter, sinon que j'ai appris à connaître que l'érotisme demeure un rite sacré jusqu'à la fin des jours. Ce dont j'avais cru m'évader pendant quelques années est miraculeusement revenu, à peu près à l'époque où j'écrivais la note qui précède [9]. »

Entre-temps, Jerry est entré avec effraction dans vote vie et il y a tout bouleversé. Votre cœur et ce que vous et votre époque nommez les « sens » sans qu'on puisse établir s'il s'agit de sexualité avec passage à l'acte ou de simple sensualité. Mais qu'importe, la soif d'un corps est là comme autrefois. Vous revivez. Avec l'apparition de ce jeune Américain d'une trentaine d'années à Petite Plaisance en 1979, l'ère, révolue depuis 1939, du bal masqué, avec ses intrigues, ses délices et ses tourments allait se rouvrir pour vous. Un dernier tour sur ses pistes avant le départ définitif. Et le masque de Sophie qu'on croyait foudroyée par le coup de feu d'Éric se relève et reprend sa place dans la danse ininterrompue du désir et de la mort.

L'émergence de ce jeune photographe dans votre vie laisse des traces dans les agendas de Grace dès 1978. Sous l'adresse et le numéro de téléphone de Maurice Dumay et Jerry Wilson, 6 rue Pavée à Paris dans le IVe arrondissement, l'arrivée d'une équipe de télévision de six membres conduite par un certain Maurice Dumay et comprenant un certain Jerry Wilson est annoncée par elle en anglais pour le mercredi 3, avec séance de travail le 4 et excursions le 5 au Mont Cadillac, Ocean Drive et Bubble Pond. Le samedi 6, elle note que, les quatre autres membres de l'équipe partis, Maurice et Jerry passent la journée dans l'île des Monts-Déserts avec elle-même et vous. De trois heures à cinq heures de l'après-midi, l'agenda de Grace indique que vous avez fait tous les quatre un tour à Northeast Harbor, à la bibliothèque, puis à Somesville au cimetière et dans la maison de bois d'autrefois, sur la route du cimetière. De votre main, sur la même page du calendrier à la date du 1er mai, probablement rajoutés, les deux noms de Maurice et Jerry sont vigoureusement soulignés deux fois. L'évocation de la promenade du samedi est accompagnée, sans doute aussi de votre plume, des trois signes de ravissement qui sont devenus si rares depuis la fin des années 50.

On peut rêver sur votre visite au cimetière de Somesville. Dans moins de dix ans, aucun des promeneurs de ce 6 mai ne sera plus de ce monde. L'un d'eux, Maurice Dumay, mourra en 1982. Les trois autres, Grace, Jerry et vous-même auront leur stèle dans ce même cimetière de Somesville où vous vous promenez aujourd'hui, dans l'euphorie d'une nouvelle rencontre en ce jour de printemps, avant que Maurice et Jerry ne reprennent à 6 h 20 exactement la route de New York.

Entre-temps, vous aurez vécu avec Jerry, nouvel Irrésistible, jeune, beau, parlant bien le français, aimant les hommes comme l'« autre », une passion aussi folle, aussi aveugle, aussi démesurée qu'au temps de *Feux*, et vos « sens » se seront à soixante-dix-sept ans miraculeusement réveillés. Vous aurez avec lui repris la clé des champs et des frontières dans une frénésie de voyages à la mesure de votre frustration.

Votre gloire n'ayant cessé de croître, vous aurez franchi le seuil historique de l'Académie française, aurez accédé aux plus hauts grades de la Légion d'honneur, aurez déjeuné avec le président de la République. Le nouvel aimé vous aura fait repasser par les tourments que vous avait autrefois infligés André. La lune de miel achevée, vous avez enduré ses accès de violence, ses délires, sa folie de détruire et de se détruire. Enfin vous aurez eu la douleur de voir votre Antinoüs mourir du sida, avant de redécouvrir pour votre propre compte cette phrase d'Edmond Jaloux que vous aimiez à citer : « On ne meurt que de chagrin. »

Sur les honneurs qui vous échoient à la fin de votre vie, je passerai, parce qu'on en a déjà beaucoup parlé, et aussi parce que, même si vous ne les avez pas refusés et si vous n'avez pas caché qu'ils vous faisaient plaisir, ils n'ont pas eu pour vous beaucoup plus d'importance que pour la grande Colette. Reprenant le mot de Françoise Giroud sur les groupes masculins qui n'aiment pas accueillir les femmes parce que cela les empêche de se mettre en bras de chemise, vous n'avez pas cherché à forcer les portes de l'Académie française, loin s'en faut.

Dès le 8 mars 1976, vous déclarez : « Franchement, dans le monde accablé de problèmes où nous vivons, la question de savoir si une femme (en l'occurrence moi) entre ou non à l'Académie est relativement de peu d'importance [10]. » En 1978, vous écrivez à votre chère Loulou, qui vous a envoyé la citation d'une entrevue avec Maurice Schumann : « C'est en effet très flatteur. Mais je ne crois pas que je serai élue à l'un des quarante fauteuils, parce que j'ai déjà indiqué à ceux de ces messieurs qui m'ont posé la question, d'abord que je ne ferai pas acte de candidature — n'aimant pas beaucoup être « candidate à quoi que ce soit [...] ensuite que je ne songe pas à passer six mois, ou même trois, ou même deux, à Paris chaque année [...]. "Liberté, liberté. chérie..." Je crois que "Michel" m'aurait comprise [11]. » Et à Marthe Lamy qui fut le médecin de Colette et à qui vous vous confiez volontiers : « Non, je ne me présenterai pas (comme on dit qu'une bonne " se présente "). Je ne ferai pas de visites, et je ne promettrai jamais d'assister aux séances. Si on me nomme, j'accepterai (il serait grossier de refuser) mais on ne me nommera pas dans ces conditions [12]. »

Mais vous êtes reconnaissante à votre ami Jean d'Ormesson d'avoir intercédé pour vous, et de vous avoir épargné les démarches pénibles auprès de ces messieurs dont un certain nombre ne veulent pas de vous. Et vous lui écrivez le 22 octobre 1979, alors que Grace est au plus mal : « Vous savez mes sentiments sur le sujet dont vous voulez bien vous occuper avec tant d'élan et de patience à la fois. Du moment que je ne suis pas obligée de faire acte de candidature, ce à quoi je répugne instinctivement, et d'autant plus que ma qualité de femme rend en quelque sorte cette démarche plus voyante encore, et du moment que je ne suis pas non plus obligée à une résidence fixe à Paris même pour une partie de l'année, rien, certes ne me ferait refuser l'honneur que vous souhaitez si généreusement pour moi. Le faire me paraîtrait insulter à plus de trois siècles d'histoire littéraire française [13]. »

Ainsi la première femme à être élue à l'Académie française, la première « Immortelle » y est-elle entrée la tête haute, et sans compromissions. Malgré votre misogynie, vous aurez, par cette conquête, contribué à l'histoire des femmes plus qu'à la vôtre propre. Paradoxalement, cet honneur auquel vous ne teniez qu'à moitié est aujourd'hui l'une des causes de votre réputation médiatique internationale. Vous faites partie de toutes les anthologies des records et des « premières ». Là où vous êtes, vous devez bien en rire. À l'Immortalité naguère vous ne disiez pas non mais vous vous sentez peut-être à l'étroit dans celle de la Coupole. Surtout, est arrivé pour vous le temps de courir les « peupliers ». Passé le 22 janvier 1981, date de votre réception et de votre discours sur Roger Caillois, vous ne pensiez déjà plus qu'à repartir sur les routes.

Vers 1984, revenant sur le beau et angoissant voyage avec Grace en Alaska, vous évoquerez votre malaise dans le bourg de Skagway, à la suite d'un cahot du « tortillard ». « Si, par hasard une défaillance cardiaque m'avait abattue là, j'aurais manqué six ans de grands bonheurs et de lourds chagrins. C'eût été dommage [14]. » Mais ne précipitons pas les quelques mois, le peu d'années heureuses qu'il vous reste. En novembre de la même année, Jerry et son compagnon Maurice sont revenus avec leur équipe pour filmer.

Grace a continué à noter les détails de leur séjour, avec la même minutie, des détails qui en disent long ; vous avez continué à rajouter en marge les prénoms soulignés de Maurice et Jerry. Le vendredi 3 novembre a été une journée chargée : « Travail toute la journée avec la Télé. Lecture par MY d'extraits d'*Archives du Nord*. Cidre épicé, bière et sandwiches pour cinq, plus pain d'avoine au gingembre et crème. MY au Mont Cadillac avec quatre membres de l'équipe pour photographier le crépuscule. Apparition de la nouvelle lune au moment où ils atteignent le sommet [...]. L'air humide fait perdre sa voix à MY [15]. »

Grace est-elle totalement inconsciente de l'histoire qui est en train de s'écrire sous sa plume ? Elle, dont les mois à présent sont comptés, et qui n'a pu cette fois se joindre au groupe, a-t-elle imaginé ce que signifiait pour vous cette ascension de l'un des plus beaux sites de l'île, à l'émergence du crépuscule, avec l'homme dont vous êtes en train de tomber amoureuse au point que, à l'instar de votre Petite Sirène de 43, vous en perdez la voix !

À la date du lendemain, samedi 4 novembre, Grace a noté : « Départ de l'équipe de télé, du directeur et de son ami photographe Jerry Wilson. Santé MY. Fièvre légère et mal à l'oreille. Au lit avec de l'aspirine [16]. » Rongée par son cancer, Grace a enregistré les symptômes, bénins mais non moins irréfutables pour nous, de votre maladie d'amour.

S'est-elle doutée que ce jeune ami photographe la remplacerait auprès de vous, moins de deux ans plus tard, et avec une telle intensité que vous direz — cruellement pour elle — du voyage que vous refaites avec lui au Canada : « Le souvenir du même trajet fait sept ans plus tôt avec une amie malade réapparaît par moments en filigrane derrière celui-ci. Mais il est de la nature du filigrane de n'être visible que quand on place la feuille à contre-jour et en pleine lumière. Le reste du temps, on ne s'aperçoit pas qu'il est là [17] » ?

Est-ce à cause de ces agendas ou parce que Grace avait

trouvé le jeune photographe américain plus sympahique que les journalistes parisiens ? Vous voudrez à tout prix légitimer votre nouvel attachement par la caution de l'ancien et écrivez dans votre *Chronologie* : « Février-mars 1979. Dans un sursaut d'énergie, Grace Frick écrit à ses amis parisiens une série de brefs messages, parfois inachevés, leur recommandant un spectacle *Gospel Caravan*, conçu et organisé par un jeune Américain, Jerry Wilson. Ce projet qui la ramène à l'époque où elle collationnait pour Marguerite Yourcenar des *Negro Spirituals*, est le dernier auquel elle aura la force de s'intéresser [18]. »

L'ambivalence de Grace à votre égard, et cela même avant les heurts et les rancœurs des dernières années, s'exprime dans son « dernier » testament, daté du 5 novembre 1968. Il vous assure pour votre vie entière la jouissance de son revenu et vous lègue ses biens personnels, bijoux, vêtements, meubles et livres, mais il ne fait pas de vous sa légataire universelle, comme vous le faisiez dans vos testaments à vous des années 40 et 50. Une clause particulière indique qu'en cas de nécessité liée à la santé ou à un tout autre problème les exécuteurs devront prélever sur le capital les sommes dont vous pourriez avoir besoin, au détriment de tout autre intérêt que le vôtre. Autrement dit, Grace entend que vous jouissiez d'un revenu confortable à l'abri du besoin mais qui ne vous permettra pas de revenir aux habitudes somptuaires de Michel de Crayencour.

Se doute-t-elle à quel point sa prudence est justifiée ? Car si vous avez pris pour vous-même et sous son influence des habitudes d'économie, vous serez incapable de résister aux demandes d'argent de Jerry et de ses amants. Bien qu'à présent vos droits d'auteur vous assurent une rente régulière de plus en plus élevée qui s'ajoute au legs de Grace, si Jerry avait continué à vivre et à mener l'existence marginale et aventureuse qui était la sienne, on peut se demander si la fille de Michel n'aurait pas suivi à nouveau les traces de son père.

Avec Jerry, vous allez vous offrir des voyages d'abord, des souffrances ensuite mais vous ne regretterez jamais dans la douleur la grâce lumineuse des premières sorties de l'île des Monts-Déserts que vous vivez comme une délivrance. Comme toujours,

vous choisirez de revoir les lieux déjà visités et de les faire
connaître au jeune être passionnément aimé : « On ne voit pas
deux fois le même cerisier, ni la même lune découpant un pin.
Tout moment est dernier parce qu'il est unique [19]. » Mais vous
voudrez aussi avec lui innover. Vous avez beaucoup voyagé mais
surtout en Europe et en Amérique du Nord. Vous irez avec Jerry
au Japon, en Inde, en Afrique, en Amérique centrale. Vous retournerez en Grèce, taboue depuis le choix américain, qui se désacra-
lise soudain. Vous mènerez une existence de millionnaire dilettante avec vos dix-sept valises et votre bougeotte qui va
s'accélérer au fur et à mesure que Jerry et vous-même vous rap-
prochez des avenues de la mort. Et vous qui n'avez jamais voyagé
qu'en bateau et en train, vous prenez l'avion.

Cette transformation en « vieille dame indigne » n'échappe
pas aux médias qui se déchaîneront dans les années 80. Ainsi dans
Jours de France de mai 1987, vous serez présentée comme une
diva qui ne vient à Paris que quelques semaines par an « mais
garde sa suite à l'année au Ritz, déserte Petite Plaisance pour des
hivers au soleil et des séjours dans des palais princiers, ne voyage
plus qu'en limousine ou en avion privé, à peine sensible aux honneurs dus à sa notoriété [20] ». Il y est aussi question de votre entourage, composé « de personnages étonnants et divers, amateurs
d'art et de musique, toujours jeunes, et généralement homosexuels [21] ».

Cette représentation vous irrite d'abord. Vous êtes sévère à
l'égard du « raz de marée de lettres sottes démentes ou insigni-
fiantes qui s'est abattu sur moi [22] », vous jugez « combien décevante cette transformation par les médias d'une femme — la
femme qui a essayé d'exprimer la vie, telle qu'elle la voyait dans
ses livres — en une ennuyeuse et conventionnelle vedette [23] »,
vous renoncez à votre abonnement à l'*Argus de la presse* dont les
« vains commentaires » finiraient par « m'excéder de moi-
même [24] ».

Mais elle vous amuse aussi : « Je vois que mon " appartement " à l'année au Ritz vous a impressionné comme moi, écrivez-vous plaisamment à propos de l'article de 1987 à Marc Brossollet. Encore ne parlez-vous pas de ma voiture Rolls ou

364

Mercedes Benz (je ne sais plus laquelle) ni de mon avion particulier [...] je ne me vois pas usant du droit de réponse pour [...] assurer que tous mes amis " sont laids, nuls et vertueux... ". Je suis si souvent confrontée à ce genre de folies que j'en prends presque l'habitude. À Londres, il y a un mois, une " interviuveuse " pour le *Times* de Londres et l'*American Review* de Paris [...] s'est précipitée dans le salon de mon petit hôtel avec une liste de questions (qui étaient d'ailleurs des affirmations) telles qu'un psychienalyste [*sic*] ou un confesseur se fût abstenu d'en faire. Un ami, que, pour gagner du temps, n'étant que pour deux jours à Londres, j'avais invité vers la même heure, se trouvait là. Elle s'est retournée vers lui, furieuse : " Monsieur, votre présence me gêne beaucoup. " Qu'eût-elle dit de plus si j'avais été seule [25] ? »

Il est vrai, néanmoins, que votre premier voyage avec Jerry, votre lune de miel dans les Caraïbes, commence le 23 février 1980, soit trois mois et quatre jours après la mort de Grace, deuil de rigueur non observé mais vous n'en avez cure. Avant de prendre le bateau à Miami, vous apprenez votre élection à l'Académie française. Ce n'est qu'un détail piquant de plus dans un voyage qui n'en manque pas.

La même année, vous partez en Europe avec Jerry à l'automne, pour l'Angleterre, la Hollande, la Belgique, la France où vous êtes reçue à l'Académie française, invitée partout, puis au Maroc, en Espagne et au Portugal et revenez en mai 81 pour repartir en Europe au mois d'octobre. L'année 82 est l'année de l'Égypte et du retour en Grèce où vous ne descendez pas du bateau. Retour en avril à l'île des Monts-Déserts et nouveau départ en septembre pour le Canada, la Californie, Hawaii, le Japon, la Thaïlande, l'Inde et l'Europe à nouveau. C'est au cours de ce voyage que vous revisitez, malade, la Grèce avec Jerry. À peine arrivée à Petite Plaisance, en mai 1983, vous repartez avec votre compagnon pour l'Europe puis le Kenya où un accident — vous êtes renversée par une voiture — vous hospitalise à Nairobi pour cinq semaines. Vous ne revenez à Petite Plaisance cette année 1984 qu'en mai.

Pendant toute cette période de voyages avec Jerry et au-delà, lorsque les tourments de la maladie et de la désagrégation mentale qui s'ensuit auront arrêté les départs et transformé le jeune homme sensible en irascible despote, puis après sa mort, les signes de votre irrépressible passion amoureuse foisonnent. À la maison, symboliquement, vous lui avez donné la chambre de Grace. Dans les lettres, maintenant plus rares — vous n'avez plus le temps —, écrites à la main — vous avez abandonné la machine à la mort de Grace —, et non archivées, puisque l'archiviste a disparu, les allusions constantes à Jerry montrent à quel point il est au centre de votre univers.

À l'égard de son travail, films, photos ou émissions de télé, vous êtes d'une indulgence confinant à l'aveuglement. Vous si sévère à l'égard des jeunes créateurs, et qui n'avez eu que des critiques à adresser à l'excellent film de Schlöndorff tiré du *Coup de grâce*, vous acceptez de figurer dans son documentaire télévisé *Saturday Blues* en 1983, puis dans *L'Île heureuse*, consacré aux Monts-Déserts, en 1984, et consignez dans votre sélective *Chronologie* qu'il obtint le premier prix du documentaire télévisé en 1984.

Vous qui avez déclaré dans une lettre ne plus vouloir dédier de livre et n'avez pas même fait à Grace l'hommage de *Mémoires d'Hadrien*, vous lui dédiez *Un homme obscur*, paru en 1982 dans *Comme l'eau qui coule*. Avec lui et pour lui, vous traduisez et publiez *Blues and Gospels*, paru en 1984 avec des images réunies par lui, comme vous aviez du temps de Grace traduit et publié des *Negro Spirituals*.

Surtout, vous vous éloignez pour lui de ce qui depuis trente ans était pour vous une priorité absolue : l'œuvre à finir, l'urgence de l'écriture. L'œil détaché de l'immortalité, c'est le jeune homme que vous fixez à présent derrière le peuplier et vous écrivez à votre vieil ami l'abbé André Desjardins, le 23 mai 1981 : « Peut-être avez-vous raison de dire que je m'éloigne de la littérature. En un certain sens seulement : j'achève " Comme l'eau qui coule " [...]. J'ai de plus d'autres projets. Mais il est vrai que les paysans du Maroc cet hiver, de la Hollande, et de l'Angleterre l'automne dernier, et, de nouveau, ce printemps ont compté pour moi plus que les problèmes de l'écriture, et qu'ici même une bonne partie de mon temps se passe à pétrir du pain avec Jerry Wilson ou à planter avec lui le jardin [26]. »

Maître Marc Brossollet, votre avocat, devenu avec Claude Gallimard et Yannick Guillou votre exécuteur littéraire, mentionne que votre testament léguait Petite Plaisance à Jerry. Vous l'avez modifié après sa disparition, ne souhaitant pas que votre maison et celle de Grace revienne à la mère de Jerry. Cette autre femme dans la vie de Jerry est votre rivale. C'est à elle, non à vous, qu'est allée l'urne contenant les cendres du jeune homme foudroyé.

En 1987, après sa mort, vous faites paraître *La Voix des choses*, recueil de citations et de poèmes, certains traduits par vous, qui vous ont accompagnée toute votre vie. Vous inaugurez ainsi ce petit livre orné de photographies de Jerry Wilson, dont la dernière vous montre de profil, la tête enveloppée d'une étole grise face à la mer d'Oman : « Le 3 octobre ou le 4, me trouvant à l'hôpital de Bangor dans le Maine, où j'étais hospitalisée depuis deux jours, et ayant subi ce matin-là un angiogramme, Jerry Wilson, arrivé de Paris deux ou trois jours plus tôt pour me soigner, et lui-même malade, me mit entre les mains l'admirable plaque de malachite que j'avais marchandée à plusieurs reprises, en 1983 et 1985 à New Delhi, pour la lui offrir, et finalement donnée le 22 mars précédent pour son anniversaire, quand il était lui-même hospitalisé dans le Maine. Elle ne l'avait pas quitté depuis. Mais sans doute mes mains étaient faibles, ou moi-même un peu assoupie, car j'ai senti glisser quelque chose, un bruit léger, fatal, irréparable, me réveilla de mon sommeil. J'étais bouleversée d'avoir ainsi détruit à jamais cet objet qui avait tant compté pour nous, cette plaque de minéral au dessin parfait à peu près aussi antique que la terre [...]. Mais le son même de sa fin avait été beau... " Oui, me dit-il, la voix des choses. " J'aurais voulu retourner en Inde pour lui retrouver une autre plaque aussi belle que celle-là. Mais j'ai décidé d'appeler *La Voix des choses* ce petit livre [...] qui m'a servi de livre de chevet et de livre de voyage pendant tant d'années et parfois de provision de courage [27]. »

Ainsi, à l'instar d'Hadrien, élevez-vous à votre bien-aimé des hymnes et des chants qui garderont sa trace sur cette planète. Ce n'est pas la première fois qu'un écrivain vit ce qu'il avait anticipé dans une œuvre de fiction. Jerry est partout présent dans le récit de voyages *Le Tour de la prison* paru après votre mort en 1991 avec des photographies de lui. Et c'est encore lui qui sous les traits d'« Égon » chemine seul dans les sentiers enchevêtrés de votre dernier livre, très loin de l'Amérique, du côté de Riga, avec l'ombre du modèle d'Éric qu'il croise brièvement vers la fin de ce roman inachevé. Avec le retour des maladies et le renoncement forcé aux voyages, les êtres de fiction se réinstallent auprès de vous.

Car à partir de 1985, au retour du Kenya, le cycle des douleurs s'est substitué lentement au cycle des extases et des voyages avec Jerry. Jerry fait la connaissance de Daniel en novembre 1984. « Jean-Marie, dit-il à son ami Grénier, j'ai rencontré l'homme de ma vie. » Ils appartiennent tous deux à cette génération des années 70 qui épuisent tous « ces plaisirs » : le « joint » à partir de deux heures du matin, l'alcool, les rencontres de sauna. Étrange trio que celui que vous formez avec Jerry et Daniel, qui n'est pas sans en rappeler d'autres. Jusqu'où les suivez-vous dans leurs activités, leurs vices ? Vous buvez du vin au dîner, ne dédaignez pas le petit cognac digestif. Vous acceptez de Jean-Marie Grénier une photo de Jerry nu. Vous supportez ses caprices, ses tromperies, ses mensonges, sa violence, ses violences.

Désormais, Jerry qui au début de sa relation avec vous se considérait comme le « gardien du Temple [28] », ne vous appelle plus « Madame » mais « la vieille ». À Rome, il rentre à l'aube, l'œil au beurre noir et prétend avoir été attaqué par une bande de garçons dans les jardins du Pincio. À Paris, il interrompt une soirée au moment le plus inopportun et vous ordonne : « Il faut rentrer. » Trois quarts d'heure plus tard, vous téléphonez à Jean-Marie Grénier, désemparée : « Je ne sais pas ce qu'il a. On a failli se tuer ! »

Noël 85 est triste. Le voyage en Inde qui suit l'est encore plus, dans la rivalité qui ne fait que croître entre Daniel et vous. À New Delhi, Jerry est saisi d'une forte fièvre, premier symptôme du mal qui va l'emporter. Le médecin diagnostique un accès de paludisme et recommande un repos à Goa. Le climat humide et chaud de la ville dans un hôtel, sans la climatisation que vous détestez, empire l'état du malade. Pendant ce temps, Daniel se promène à minuit nu sur la plage, le bras couvert de piqûres. La police vous demande en pleine nuit de venir l'identifier, comme Jeanne, dans le récit de *Quoi ? L'Éternité* devra intervenir pour Frantz, l'escroc qui est l'amant de son mari.

Vous fuyez alors avec votre Jerry. Vous le rapatriez aux États-Unis, en un anxieux voyage de vingt-deux heures en avion avec arrêt à Bahreïn et Londres. « Je n'étais pas sûre, écrivez-vous de Petite Plaisance à votre neveu, que le malade tremblant de fièvre pourrait résister à cette fatigue. Mais l'hôpital de Bangor (où il restera 6 semaines) à quatre-vingts kilomètres d'ici s'est révélé aussi excellent que je le croyais. Grace malheureusement y avait été une patiente. Nous croyions — et avons pensé à ne pas croire — que ces violents accès de fièvre sont dus au paludisme, mais des examens très complets ont prouvé surabondamment qu'il s'agissait d'une tuberculose avancée. Heureusement la tuberculose de nos jours se guérit [29]. »

Hélas ! Vous apprendrez assez vite que le sida lui ne se guérit pas. À l'époque où vous écrivez cette lettre, vous croyez encore pouvoir garder votre malade à vos côtés ; vous faites des projets. Jerry a dû exiger d'être tranquille avec son amant : « Ma très chère voisine Madame Deirdre Wilson (sans rapport de famille avec Jerry) et son mari, qui est médecin, lui offrent pendant quelques semaines un petit appartement où il pourra être très bien soigné, et avoir à son côté un ami américain qui se chargera de le veiller durant des fièvres nocturnes. Petite Plaisance avec son escalier redoutable, un peu nautique, serait pour le malade une prison. Chez mes voisins, il pourra traverser le jardin et venir dîner chez moi dès qu'il en aura la force et sera soigné nuit et jour, ce que nous ne parviendrions pas à nous trois à faire ici [30]. » « Petite Plaisance serait pour le malade une prison » sont des mots que vous n'inventez pas, que vous recueillez certainement sur les lèvres de votre cruel bien-aimé.

Le diagnostic du sida a dû suivre de près cette lettre encore optimiste du 25 avril 1985. Un mois plus tard, le 26 mai, vos projets sont à l'eau. Vous écrivez tristement à Georges de Crayencour : « Comme il arrive souvent aux malades atteints de la sorte, il a plus ou moins rompu avec tous ses amis, et je n'ai de nouvelles que par personnes interposées. Il est pour le moment à l'hôpital à New York et va sans doute rentrer bientôt dans les États du Sud chez sa mère [31]. »

La fête est finie. Il ne vous reste qu'à refermer le livre de voyages [32] et à transposer l'expérience que vous venez de vivre dans *Quoi ? L'Éternité* en la prêtant à Jeanne et à son mari que vous nommez Égon. Ce ne sera pas la première fois que vous parlerez de vous en parlant de Jeanne.

Paniqué par la découverte de la terrible maladie, Jerry tantôt refuse de vous voir, tantôt se réfugie dans vos bras ; il court les hôpitaux et les traitements, de New York en Arkansas où vit sa famille, et de l'Arkansas à Paris ; il vous affole de ses coups de téléphone ordonnant des séances de conjuration auxquelles vous vous prêtez en tremblant. Quand il est à Petite Plaisance, il vous fait des scènes de jalousie violente, il ne supporte rien ni personne, ni Joan Howard, la traductrice pressentie pour remplacer Grace, ni Jean-Pierre Corteggiani, le conservateur de la bibliothèque du Caire qui vous avait si bien accueillie en Égypte et qui est devenu votre ami. Vous avez si peur de lui que vous demandez à Jean-Pierre Corteggiani de se tenir prêt, dans le motel de Northeast Harbor, à venir vous défendre de ses crises de rage. Parfois, vos proches murmurent qu'il vous maltraite physiquement.

L'évocation de vos dernières années avec Jerry soulève bien des questions auxquelles vous avez choisi de ne pas répondre. Comment avez-vous pu, après des années de réflexion, de difficile poursuite de la sagesse sous l'influence des religions orientales ainsi retomber sous le joug de votre jeunesse, magnifiquement symbolisé par ce collier que Jerry vous offrit, dont vous ne vous séparez pas et qu'après l'avoir enlevé au cours d'une scène pénible avec lui, vous remettez [33] ? Le vieux masochisme des années 30 se réveille donc avec la joie de désirer à nouveau et l'acceptation d'en souffrir. « Ne t'attache pas »... Était-ce hier, il y a un siècle, que vous écriviez pour vous seule cette sage recommandation ?

En septembre 1985, vous réagissez à toute cette misère par

une crise cardiaque. Comme au temps de Grace, la maladie de l'aimé vous contamine. On vous fait cinq pontages coronariens à l'hôpital de Boston. Jerry accourt à votre chevet. C'est là que, dans votre délire, vous l'appelez André. André Fraigneau, André Embiricos. Ces trois jeunes gens, ceux de votre jeunesse, celui d'aujourd'hui portent le même masque et leurs personnes ne sont que des cristaux traversés par votre désir.

« On m'assure que l'opération a réussi — ces énormes hôpitaux expérimentaux comme le Massachusetts General à Boston sont des cauchemars — et que j'ai rajeuni de dix ans ! On verra bien. Mais le régime des salles d'hôpital surpeuplées était si terrible (bruit, odeurs, injures des infirmières se disputant toute la nuit, ou au contraire disparaissant — j'ai passé toute une nuit avec une vieille dame juive devenue folle et qui essayait sans cesse de fumer). [...] Jerry, dont la santé s'était beaucoup améliorée cet été (rémission dite complète) était à Paris quand il a appris mon accident cardiaque et est immédiatement revenu pour être auprès de moi. Je crois que je n'aurais pas tenu le coup sans cette présence amicale. Il est maintenant de nouveau à Paris et sur le point d'essayer un nouveau " protocole " comme on dit, ce qui ne va pas évidemment sans grandes anxiétés [34]. »

Dans cette lettre si « convenable », vous tentez de soutenir l'insoutenable. Que vous n'auriez pas survécu sans Jerry, que vous croyez encore à sa guérison, « rémission complète », que le pire est à venir, « grandes anxiétés », enfin que vous êtes aussi une vieille femme perdue dans une salle commune d'hôpital où personne ne parle votre langue. Il reste que Jerry, au seuil de sa propre mort, était encore capable de se dévouer pour vous.

Le 18 novembre de cette interminable année 1985, vous écrivez à Yannick Guillou : « Je ne sais pas si quelque information vous a permis de suivre les derniers développements de la situation de Jerry. Ils sont incroyables : trois tentatives de suicide, dont deux dans un salon du Ritz (j'y crois à peine moi-même !) ont chaque fois abouti à la clinique Sainte-Anne où il est encore en ce moment. Vous pouvez imaginer combien tout cela me navre, et aussi combien je suis impuissante à faire quoi que ce soit, d'autant plus que tout en me remettant peu à peu, je demeure faible [35]. » Si Jerry avait tenté par son suicide d'être un Antinoüs jusqu'au bout, il l'aura manqué.

En revanche, il ne manquera pas sa mort, le 8 février 1986 à l'hôpital Laennec à Paris. Vous êtes demeurée à Petite Plaisance. Vous l'apprenez par un coup de téléphone de Sabine Mignot, amie commune. Vous n'avez qu'un réflexe : « " C'est fini ", l'horreur des labyrinthes tortueux et des fumées remplacée seulement par un écran noir [36]. »

Vous écrivez à Fance Franck, autre amie accourue à l'hôpital : « Je vous dois une image, et une image que personne d'autre ne m'a donnée : le soleil étincelant et froid, la chambre vide au lit déjà impersonnellement défait, les trois tulipes (c'est moi qui les avais fait apporter deux ou trois jours plus tôt) encore présentes ; et le vase rouge que je suppose d'argile, un de ces vases paysans de l'Inde qu'il aimait tant. Une définitive et parfaite absence. Je savais que les vêtements ne consistaient plus qu'en chemises élimées et en jeans ; les quelques objets personnels, petites sculptures, pierres semi-précieuses, ont disparu ; les manuscrits souvent chargés de mon écriture avaient été prudemment mis en sûreté pour me revenir. Il est parti complètement dépouillé comme ces saddhus qui nous émouvaient tellement sur les routes de l'Inde, comme ces " hommes vêtus d'espace ", c'est-à-dire nus, qui sont des saints jaïns, et qu'on rencontre parfois au Rajasthan. Je ne sais pourquoi cette idée me soutient [37]... »

Vous écrivez à Isis Zaki, égyptologue qui vous a fait visiter le Caire quelques années plus tôt avec Jerry : « J'aimerais revoir avec vous Saint-Serge [église copte comme l'est aussi Isis, votre guide, devenue amie] et y prier pour Jerry, mort, hélas [...] [38]. »

Vous écrivez à Yannick Guillou : « Délivré comme vous le dites. Délivré de la maladie, si déplorable, mais aggravée encore par le labyrinthe de fumées, de malentendus, de jeux de miroirs dans lequel il s'est finalement trouvé pris. Délivré de cela aussi, je l'espère [39]. »

Ne croirait-on pas entendre la Marguerite de *Feux* : spontanément vous retrouvez le même vocabulaire. Jerry a quitté le labyrinthe avec ses jeux de miroirs, il a quitté le bal masqué. Vous aussi. Pour toujours. La preuve ? Vous redevenez lucide en parlant de lui comme si sa mort vous avait soudain dégrisée.

« Je ne me consolerai jamais de n'avoir pas été là jusqu'au bout, du fait de mon état de santé encore trop incertain, mais je ne crois pas que ma présence eût amélioré grand-chose. (Lui du moins a été fidèle en interrompant son traitement à Paris pour venir me rejoindre durant mon opération) [...]. Tout ce que j'ai vu ou entendu de lui, de vive voix ou par téléphone, quand la force de téléphoner lui restait, a été d'un très grand courage et d'une très grande sérénité. Il avait toujours imaginé qu'il mourrait jeune. Des propos de lui sont encore mon meilleur soutien : " Ne dites pas que c'est un très grand malheur ; dites que c'est une grande expérience. " Ou encore en janvier : " Je n'ai plus que quelques expériences à faire. " Mais il y aura toujours un immense domaine de tristesse où nous n'entrerons pas [40]. »

Dans le petit cimetière de Somesville, sur le promontoire où reposent les cendres de Grace, où votre place vous attend, vous avez fait édifier cette simple stèle « à la mémoire de Jerry Wilson, 1949-1980 ». Vous y avez fait graver une inscription en grec pour que les gens de l'île ne puissent pas aisément la déchiffrer. Et vous avez déposé, là où Jerry avait planté des fleurs sauvages, un galet qu'il avait ramassé sur la plage. Daniel, l'ange de la mort, contaminé lui aussi par le sida, se jettera dans l'Hudson en 1989 au moment où vous ne serez plus vous-même qu'une poignée de cendres sur le tertre de Somesville aux côtés de ceux qui auront été, direz-vous à Jean-Marie Grénier « les deux plus beaux accords de ma vie ».

Jerry est mort mais vous repartez en voyage. Comme après le deuil de Grace, rien ne peut vous arrêter. Dans la même lettre, vous évoquez votre prochaine expédition en Europe avec Stanley Crantson, ami de Jerry et Monicah, votre infirmière de Nairobi, entre avril et juin 1986. Vous retournerez encore de novembre à mai, dans les mêmes lieux, que vous avez fréquentés avec Grace et surtout avec Jerry. Vous ferez un beau séjour au Maroc, sur ses traces, en compagnie de Jean-Marie Grénier, qui avait lui-même, avant vous, voyagé au Maroc avec Jerry, de son compagnon

Christian Lahache et d'une infirmière hollandaise, Janet Hartlief. Ce sera votre dernier voyage mais vous ne le savez pas.

Vous en aviez programmé un autre, au Népal, quand la mort vous surprend au milieu d'un chapitre, au seuil d'un autre départ. Vous avez quatre-vingt-trois ans. Vous êtes seule. Mais vous restez fidèle au nomadisme de Michel et de votre jeunesse. « On s'en fout, on n'est pas d'ici. On s'en va demain. » Votre père ne vous a jamais quittée. Il est plus que jamais auprès de vous tandis que vous continuez à raconter son histoire, et celle de Jeanne et d'Égon dans votre livre sur l'éternité retrouvée. Son histoire, c'est-à-dire la vôtre. Ces bohèmes ne font que passer, leur éden est le voyage, « ce bris perpétuel de toutes les habitudes, cette secousse sans cesse donnée à tous les préjugés [41] », comme l'a dit un autre de ces itinérants que vous avez appelé l'empereur Hadrien.

La nuit américaine touche à sa fin. Elle s'achève par des voyages, comme elle avait commencé. Peut-on vraiment parler d'exil, dans ce qui est plus errance ou désir d'errance que douloureux déracinement ? Michel parcourant l'Europe comme un autre son village était-il en exil ? La seule époque où vous ayez piaffé d'impatience aux quatre coins de votre jardin non clôturé de Petite Plaisance, la seule où vous n'avez pu malgré votre désir traverser l'Atlantique est aussi celle où votre gloire, vos prix littéraires, vos honneurs divers attirent chez vous toutes sortes de visiteurs, journalistes et lecteurs fanatiques sans oublier les amis, anciens ou nouveaux. Voltaire avait bien été depuis Ferney, qui peut passer pour l'Amérique de l'époque, le plus parisien d'entre les lumières.

Grâce à l'Académie, la nationalité française vous est rendue et la France tout entière, par l'intermédiaire des médias, traverse l'Atlantique pour vous rendre visite à Petite Plaisance. Pendant que Grace se mourait au premier étage, votre cuisine pénétrait dans les foyers de millions de Français. Vous cherchiez à tromper votre exil dans votre œuvre et à vous y réfugier. Maintenant votre œuvre vous permet de triompher de cet exil en le transformant en appartenance.

« Le véritable lieu de naissance est celui où l'on a porté pour la première fois un coup d'œil intelligent sur soi-même : mes premières patries ont été des livres [42] », disait votre frère, l'empereur. Votre volonté de cosmopolitisme s'était exprimée dans votre jeunesse par un rejet de la famille et des conventions qui enracinent à une origine. Dans la vieillesse, l'aspiration universaliste vous conduit à assumer complètement votre origine pour mieux la dépasser : « Je n'ai repensé à mes origines flamandes que sur le tard. Oui, en me penchant sur mes origines, j'ai cru reconnaître en moi un peu de ce que j'appelle " la lente fougue flamande ". Mais je suis française autant que flamande... chose plus importante et vérifiable que les identifications par le sang et par la langue, je suis française de culture. Tout le reste est folklore. Mais la culture française, comme toutes les cultures, se sclérose et s'étiole dès qu'elle refuse de faire partie de la culture universelle. J'ai plusieurs cultures comme j'ai plusieurs pays. J'appartiens à tous [43]. »

Ainsi se boucle la boucle. Jeune, vous n'apparteniez à rien, sauf peut-être à la Grèce, berceau de vos premiers émois poétiques et amoureux. À trente-cinq ans, vous avez vécu l'Amérique dans l'exclusion et le sentiment diffus d'un exil, d'une déchirure. Avec le temps, l'œuvre accomplie et la pratique des sagesses orientales, la séparation se mue en intégration, votre sentiment d'appartenance s'universalise en acceptation de l'origine particulière. Vous devenez un modèle pour tous les immigrés du monde.

Vous n'êtes jamais à proprement parler revenue vivre en Europe mais vous n'avez pas cessé, tant que vous l'avez pu, de faire « le tour de la prison », en étendant à la planète le sentiment d'enfermement que vous avez pu ressentir à Petite Plaisance. « Cet homme en marche sur la terre qui tourne (mais sait-il qu'elle tourne ? En somme, il importe peu) est aussi comme nous tous en marche au-dedans de lui-même [44]. »

Malgré votre passion irrépressible du mouvement, vous savez au fond que couler avec l'eau n'est pas très différent de rester immobile à regarder l'eau qui coule. À terme, irrévocablement, vous savez que vous y coulerez tout entière et y disparaîtrez avec armes et bagages. Vous savez aussi que le sage des sages est celui qui se contente de faire le tour de sa maison, ou qui tel Wang

Fo échappe à sa prison par l'art. Vous n'avez pas toujours pratiqué cette sagesse-là. Vous n'en êtes que plus humaine.

Avant de mourir, vous êtes consciente que vous laissez des traces dans les dizaines de langues où vous êtes traduite. Alors l'exil ou le royaume ? Comprendrez-vous vous-même juste à la fin si ce qui a conduit votre destinée vers la nuit américaine était hasard ou nécessité, chance ou choix existentiel de l'individu et de l'artiste ?

En 1975, vous aviez confié à un astrologue à qui vous aviez demandé de préparer votre thème astral : « Quant à savoir si les résultats heureux de ma propre vie ont été surtout dus à ma propre énergie ou à ma propre application ou au contraire à des chances fortunées, je me suis souvent posé la question sans y répondre. J'ai tâché d'exprimer dans le premier chapitre des *Mémoires d'Hadrien* cet étonnement d'un être devant sa destinée, cette impossibilité de remonter aux causes. J'en suis là moi aussi [45]. »

« Elle est retrouvée. Quoi ? L'éternité. » C'est là que vous en étiez, dans l'île des Monts-Déserts, ce 17 décembre 1987, quand votre cœur, qui avait toujours été vulnérable, a cédé à l'attaque. Vous mourez en Amérique. Qu'importe. « Où qu'on meure, on meurt sur une planète [46]. »

« J'ai toujours aimé imaginer le moment qui suit immédiatement la mort comme celui où pour un instant, une heure, un siècle, on se retrouve *en parfaite* plénitude parmi ceux qu'on aimait avant les autres départs et les autres retours de l'éternité. Il y aura bien là une douzaine de personnes et presqu'autant de chiens. Quelle poignée de main nous nous donnerons ce jour-là [47]. » Le temps est venu pour vous des poignées de main de l'éternité. Il y a là Michel et Jeanne, Fernande et Camille, André ou Andreas, Grace et Jerry, votre ami Charles Orengo et peut-être Jeanne Carayon ou Natalie Barney, Don Blas de Vela et le prieur des Cordeliers, et Monsieur avec Valentine, Hadrien avec Zénon, et sans doute aussi Sophie avec Alexis... Et tous les autres.

Notes *

1939... Le partage des eaux

1. *Lettres à ses amis et quelques autres*, Gallimard, 1995. À Emmanuel Boudot-Lamotte, 16 novembre 1937.

2. Reprise dans *Nouvelles orientales* in *Œuvres romanesques*, Gallimard, Bibliothèque de la Pléiade, 1991.

3. *Souvenirs pieux* in *Essais et Mémoires*, Gallimard, Bibliothèque de la Pléiade, 1991, p. 616.

4. *Lettres à ses amis et quelques autres, op. cit.* À Emmanuel Boudot-Lamotte, 16 novembre 1937.

5. Annexe IV « Commentaires sur soi-même » in Josyane Savigneau, *Marguerite Yourcenar*, Gallimard, 1990, p. 503.

6. *Ibid.*, pp. 503-504.

7. *Ibid.*, p. 504.

8. *Ibid.*, p. 505.

9. *Ibid.*, p. 505.

10. *Carnets de notes de Mémoires d'Hadrien* in *Essais et Mémoires, op. cit.*, p. 522.

11. *Lettres à ses amis et quelques autres, op. cit.* À Emmanuel Boudot-Lamotte, 19 juillet 1939.

12. Annexe IV « Commentaires sur soi-même » in Josyane Savigneau, *Marguerite Yourcenar, op. cit.*, p. 506.

13. *Ibid.*, p. 506.

14. *Quoi ? L'Éternité* in *Essais et mémoires, op. cit.*, p. 1293.

15. *Ibid.*, p. 1293.

16. *Ibid.*, p. 1294.

17. *Feux* in *Œuvres romanesques, op. cit.*, p. 1145.

18. *Ibid.*, p. 1 096.

19. *Quoi ? L'Éternité, op. cit.*, p. 1265.

20. *Souvenirs pieux, op. cit.*, p. 937.

---

* Les cotes des documents déposés à la bibliothèque Honghton de l'université de Harvard sont indiquées en note. La mention Ms Storage 265 désigne les documents en cours de classement.

I. Michel à travers votre miroir

1. Le premier personnage de votre vie

1. *Lettres à ses amis et quelques autres*, op. cit., À Michèle Leleu, 27 novembre 1964.
2. *Archives du Nord* in *Essais et mémoires, op. cit.*, p. 1087.
3. De fait, il en avait cinquante.
4. « Apostrophes », Antenne 2.
5. *Quoi ? L'Éternité, op. cit.*, p. 1292.
6. *Ibid.*, p. 1292.
7. *Ibid.*, pp. 1292-1293.
8. *Ibid.*, p. 1293.
9. *Ibid.*, p. 1293.
10. Josyane Savigneau, *Marguerite Yourcenar, op. cit.*
11. *Archives du Nord, op. cit.*, p. 1127.
12. *Ibid.*, p. 1127.
13. *Quoi ? L'Éternité, op. cit.*, p. 1364.
14. *Ibid.*, pp. 1363-1364.
15. *Archives du Nord, op. cit.*, p. 1031.
16. *Ibid.*, p. 1031.
17. *Quoi ? L'Éternité, op. cit.*, pp. 1315-1316.
18. *Anna, soror...*, « Postface » in *Œuvres romanesques, op. cit.*, pp. 907-908.
19. *Ibid.*, pp. 907-908.
20. *Archives du Nord, op. cit.*, p. 1170.
21. *Ibid.*, p. 1135.
22. *Les Yeux ouverts*, entretiens avec Matthieu Galey, Le Centurion, 1980, p. 25.
23. « Dossier Crayencour ». Fonds Yourcenar à Harvard. MS Storage 265.
24. *Souvenirs pieux, op. cit.*, p. 742.
25. *Ibid.*, p. 742.
26. *Ibid.*, p. 742.
27. Archives Gallimard.
28. Le point d'interrogation est dans le texte.
29. Archives Gallimard.
30. *Ibid.*
31. *Ibid.*
32. *Ibid.*
33. *Quoi ? L'Éternité, op. cit.*, p. 1356.
34. « Sources II », Fonds Yourcenar à Harvard. MS Storage 265.
35. *Les Yeux ouverts, op. cit.*, p. 25.

2. Pygmalion

1. *Quoi ? L'Éternité, op. cit.*, p. 1341.
2. *Ibid.*, p. 1342.

3. *Ibid.*, p. 1344.
4. *Lettres à ses amis et quelques autres, op. cit.* À Camille Letot, 1ᵉʳ mai 1961.
5. Archives Gallimard.
6. *Lettres à ses amis et quelques autres*, 23 septembre 1965.
7. *Souvenirs pieux, op. cit.*, p. 744.
8. *Quoi ? L'Éternité, op. cit.*, p. 1360.
9. *Souvenirs pieux, op. cit.*, p. 744.
10. *Ibid.*, p. 744.
11. *Ibid.*, p. 745.
12. Dans le recueil *Nouvelles orientales, op. cit.*
13. *Quoi ? L'Éternité, op. cit.*, p. 1368.
14. *Ibid.*, p. 1350.
15. *Ibid.*, p. 1350.
16. *Ibid.*, p. 1346.
17. *Ibid.*, p. 1346.
18. *Ibid.*, p. 1346.
19. Dans *Les Yeux ouverts*, la référence est celle de Renée Montlaur, roman-cière « d'une bonne famille languedocienne, protestante, je crois, et elle avait écrit des romans évangéliques ou bibliques », p. 45.
20. *Quoi ? L'Éternité, op. cit.*, p. 1347.
21. *Ibid.*, p. 1347.
22. « Livres lus entre la sixième et la douzième année. » Fonds Yourcenar à Harvard. MS Storage 265.
23. *Ibid.*
24. *Ibid.*
25. *Ibid.*
26. *Ibid.*
27. *Ibid.*
28. *Lettres à ses amis et quelques autres, op. cit.* À Gabriel Germain, 15 juin 1969.
29. *Les Yeux ouverts, op. cit.*, p. 48.
30. *Ibid.*, p. 48.
31. *Ibid.*, p. 48.
32. *Ibid.*, p. 47.
33. *Lettres à ses amis et quelques autres, op. cit.* À Jeanne Carayon, 2 janvier 1975.
34. *Quoi ? L'Éternité, op. cit.*, p. 1345.
35. « Poèmes de la quinzième à la dix-neuvième année », 1919 (1925). Fonds Yourcenar à Harvard. MS Storage 265.
36. *Ibid.*, 1919.
37. *Ibid.*, « Album de vers anciens retouchés », 1920 (1958).
38. *Ibid.*, « Archipel », 1921 (1924).
39. *Ibid.*, « Maria matres », 1924 (1929).
40. *Ibid.*, « Momie du Fayoum : Musicienne », 1918 (1950).
41. *Ibid.*, 1929 (1934).

3. À compte d'auteur

1. *Les Yeux ouverts, op. cit.,* p. 54.
2. *Ibid.,* p. 55.
3. Josyane Savigneau, *Marguerite Yourcenar, op. cit.*
4. Archives Plon, 4 octobre 1920. In Josyane Savigneau, *Marguerite Yourcenar, op. cit.,* p. 70.
5. Annotation de Grace Frick sur la photocopie du « Premier Soir », *Revue de France,* décembre 1929, où elle précise : « She thinks », en parlant de Marguerite. Fonds Yourcenar à Harvard. MS Storage 265.
6. *Souvenirs pieux, op. cit.,* p. 932.
7. *Ibid.,* p. 932.
8. *Ibid.,* pp. 933-934.
9. Michel de Crayencour, « Premier chapitre d'un roman », Album biographies, Petite Plaisance, p. 1.
10. *Ibid.*
11. « Le premier soir », in Marguerite Yourcenar, *Conte bleu Le premier soir Maléfice,* Gallimard, 1993, p. 25.
12. « Premier chapitre d'un roman », *op. cit.,* p. 1.
13. *Le Premier soir, op. cit.,* p. 26.
14. *Ibid.*
15. *Ibid.,* p. 27.
16. *Ibid.*
17. *Ibid.,* p. 34.
18. *Ibid.*
19. *Ibid.,* pp. 36-37.
20. *Ibid.,* p. 45.
21. *Ibid.,* pp. 46-47.
22. *Feux.,* p. 1131.
23. *Chronologie* in *Œuvres romanesques, op. cit.,* p. XV.
24. *Les Yeux ouverts, op. cit.,* p. 72.
25. *Quoi ? L'Éternité, op. cit.,* p. 1285.
26. Josyane Savigneau, *Marguerite Yourcenar, op. cit.,* p. 84.
27. *Quoi ? L'Éternité, op. cit.,* p. 1335.
28. « Carnet de notes », pp. 95-96. Fonds Yourcenar à Harvard. MS Storage 265.
29. *Archives du Nord, op. cit.,* p. 1086.
30. *Souvenirs pieux, op. cit.,* p.810.
31. *Ibid.,* p. 840.
32. *Les Yeux ouverts, op. cit.,* p. 71.
33. Notes préparatoires à *Quoi ? L'Éternité.* Annexe III in Josyane Savigneau, *Marguerite Yourcenar, op. cit.,* p. 500.
34. Sur les détails, voir Josyane Savigneau, *Marguerite Yourcenar, op. cit.*
35. *Les Yeux ouverts, op. cit.,* p. 73.
36. *Ibid.,* p. 73.
37. *Lettres à ses amis et quelques autres,* 15 mai 1986.
38. *Archives du Nord, op. cit.,* pp. 306-307.

4. Jeanne ou la face cachée

1. Annexe III in Josyane Savigneau, *Marguerite Yourcenar, op. cit.*, p. 500.

2. *Quoi ? L'Éternité, op. cit.*, p. 1285.

3. Annexe III in Josyane Savigneau, *Marguerite Yourcenar, op. cit.*, p. 500.

4. *Quoi ? L'Éternité, op. cit.*, pp. 1283-1284.

5. *Ibid.*, p. 1284.

6. *Ibid.*, p. 1375.

7. *Ibid.*, p. 1377.

8. *Ibid.*, p. 1377.

9. *Ibid.*, pp. 1377-1378.

10. *Ibid.*, p. 1382.

11. *Anna, soror..., op. cit.* Postface, p. 908.

12. « Ariane et l'Aventurier », in « Triptyque », *Les Cahiers du Sud*, n° 219, août 1939.

13. *Lettres à ses amis et quelques autres,* 6 juin 1969.

14. *Quoi ? L'Éternité, op. cit.*, p. 1285.

15. Fonds Yourcenar à Harvard. MS Storage 265.

16. *Quoi ? L'Éternité, op. cit.*, p. 1239.

17. *Ibid.*, p. 1266.

18. *Ibid.*, p. 1266.

19. *Ibid.*, p. 1255.

20. *Ibid.*, p. 1402.

21. *Ibid.*, p. 1235.

22. *Ibid.*, p. 1235.

23. *Ibid.*, p. 1236.

24. *Ibid.*, p. 1236.

25. *Ibid.*, p. 1237.

26. *Ibid.*, p. 1268.

27. *Ibid.*, p. 1274.

28. *Ibid.*, p. 1269.

29. *Ibid.*, p. 1282.

30. *Ibid.*, p. 1277.

31. *Ibid.*, p. 1353.

32. *Ibid.*, p. 1324.

33. *Ibid.*, p. 1325.

34. *Ibid.*, p. 1326.

35. *Ibid.*, p. 1271.

36. *Ibid.*, p. 1273.

37. *Ibid.*, p. 1301.

38. *Ibid.*, p. 1352.

39. *Ibid.*, p. 1365.

40. *Ibid.*, p. 1366.

41. *Ibid.*, p. 1366.

42. *Ibid.*, p. 1367.

43. *Ibid.*, p. 1269.

44. *Ibid.*, p. 1269.

5. Le deuil et les livres

1. *Quoi ? L'Éternité, op. cit.*, p. 1237.
2. *Ibid.*, p. 1237.
3. *Ibid.*, pp. 1237-1238.
4. Dans *Les Yeux ouverts*, la visite à la tombe de Jeanne se situe vers 1925.
5. « Sept Poèmes pour une morte » in *Les Charités d'Alcippe*, Gallimard, 1984, p. 34.
6. *Les Yeux ouverts, op. cit.*, p. 83.
7. « Tombeaux », *Le Temps, ce grand sculpteur* in *Essais et Mémoires, op. cit.*, p. 408.
8. *Ibid.*, p. 408.
9. *Ibid.*, p. 219.
10. *Ibid.*, p. 221.
11. *Ibid.*, p. 220.
12. *Ibid.*, pp. 220, 221, 222.
13. *Ibid.*, pp. 223, 224.
14. *Ibid.*, p. 224.
15. *Quoi ? L'Éternité, op. cit.*, p. 1238.
16. *Ibid.*, p. 1238.
17. *Ibid.*, p. 1238.
18. *Les Yeux ouverts, op. cit.*, p. 221.
19. « Sept Poèmes pour une morte » in *Les Charités d'Alcippe*, p. 12.
20. *Ibid.*, p. 32.
21. *Quoi ? L'Éternité, op. cit.*, p. 1384.
22. *Les Yeux ouverts, op. cit.*, p. 8.
23. *Ibid.*, p. 82.
24. *Ibid.*, p. 83.
25. À Yvon Bernier, 5 octobre 1981. Fonds Yourcenar à Harvard. MS Storage 265.
26. *La Nouvelle Eurydice* in *Œuvres romanesques, op. cit.*, p. 1252.
27. *Les Yeux ouverts, op. cit.*, p. 82.
28. *La Nouvelle Eurydice, op. cit.*, p. 1317.
29. *Ibid.*, p. 1310.
30. Dans *Denier du rêve* in *Œuvres romanesques, op. cit.*
31. Dans *Le Coup de grâce* in *Œuvres romanesques, op. cit.*
32. À Jeanne Carayon, 3 août 1974. Fonds Yourcenar à Harvard. MS Storage 265.
33. Jeanne de Vietinghoff, *L'Autre Devoir*, Genève, Éditions Forum, 1924, p. 12.
34. *Ibid.*, pp. 17 et 20.
35. *Ibid.*, p. 20.
36. *Ibid.*, p. 30.
37. *Ibid.*, p. 33.
38. *Ibid.*, p. 33.
39. *Ibid.*, p. 49.
40. *Ibid.*, p. 65.

41. *Ibid.*, p. 71.
42. *Ibid.*, p. 71.
43. *Ibid.*, p. 74.
44. *Ibid.*, p. 75.
45. *Ibid.*, p. 75.
46. *Ibid.*, p. 92.
47. *Ibid.*, p. 105.
48. *Ibid.*, pp. 171 et 175.
49. *Ibid.*, p. 179.
50. *Ibid.*, p. 34.
51. *Ibid.*, p. 34.
52. *La Nouvelle Eurydice, op. cit.*, p. 1317.

6. Ruptures de succession

1. *Quoi ? L'Éternité, op. cit.*, p. 1369.
2. *Ibid.*, p. 1369.
3. *Ibid.*, p. 1369.
4. *Ibid.*, p. 1370.
5. *Ibid.*, p. 1354.
6. *Ibid.*, p. 1354.
7. *Ibid.*, p. 1355.
8. À Eulalie Hovelt, dite « Pixie », 28 mars 1965. Traduit par Michèle Sarde. Fonds Yourcenar à Harvard. MS Storage 265.
9. *Archives du Nord, op. cit.*, p. 1136.
10. *Quoi ? L'Éternité, op. cit.*, p. 1369.
11. « Les carnets de route de la famille Cleenewerck de Crayencour ». Fonds Yourcenar à Harvard. MS Storage 265.
12. *Ibid.*, p. 21.
13. *Ibid.*, p. 22.
14. *Ibid.*, p. 22.
15. *Archives du Nord, op. cit.*, p. 1131.
16. *Ibid.*, p. 1131.
17. *Ibid.*, p. 1132.
18. *Ibid.*, p. 1132.
19. *Ibid.*, p. 1134.
20. *Les Songes et les Sorts* in *Essais et Mémoires, op. cit.*, p. 1548.
21. *Lettres à ses amis et quelques autres, op. cit.*, 7 juillet 1966.
22. Pour les détails, voir Josyane Savigneau, *Marguerite Yourcenar, op. cit.*
23. *Archives du Nord, op. cit.*, p. 1136.
24. *Ibid.*, p. 1136.
25. *Ibid.*, p. 1137.
26. *Ibid.*, p. 1137.
27. *Ibid.*, p. 1042.
28. *Ibid.*, p. 1042.

II. « Hermès » ou le Désir sous le masque

1. L'irrésistible

1. André Fraigneau, *L'Irrésistible*, La Nouvelle Revue française, 1935, p. 31.
2. *Ibid.*, p. 86.
3. *Ibid.*, p. 106.
4. *Ibid.*, p. 57.
5. *Ibid.*, p. 101.
6. *Ibid.*, p. 124.
7. *Ibid.*, p. 160.
8. *Ibid.*, p. 160.
9. *Ibid.*, p. 244.
10. *Ibid.*, p. 214.
11. *Ibid.*, p. 250.
12. *Ibid.*, p. 139.
13. *Ibid.*, p. 263.
14. *Feux, op. cit.*, p. 1090.
15. *Ibid.*, p. 1106.
16. Josyane Savigneau, *Marguerite Yourcenar, op. cit.*, p. 112.
17. *Le Coup de grâce, op. cit.*, p. 89.
18. Matthieu Galey, *Journal II*, Grasset, 1989, p. 92.
19. Josyane Savigneau, *Marguerite Yourcenar, op. cit.*, p. 135.
20. Georges Dezeuze, *Écrit le dimanche*, Les Presses du Languedoc-Max Chaleil éditeur, 1986, p. 229.
21. *Ibid.*, p. 230.
22. Matthieu Galey, *Journal II, op. cit.* , p. 93.
23. *Feux, op. cit.*, p. 1098.
24. *Ibid.*, p. 1146.
25. *Ibid.*, p. 1146.

2. L'invitation au voyage

1. Jean Moal, « Entretien avec André Fraigneau » in *Nouvelle Revue de Paris*, n° 2, juin 1985, p. 27.
2. André Fraigneau, « Triptyque », *op. cit.*, p. 59.
3. Réédité, comme les deux autres articles, dans *En pèlerin et en étranger* in *Essais et mémoires, op. cit.*, sous le titre « À quelqu'un qui me demandait si la pensée grecque vaut encore pour nous ».
4. « Triptyque », *op. cit.*, p. 59.
5. André Fraigneau, *Les Voyageurs transfigurés*, La Nouvelle Revue française, 1933, p. 23.
6. *Ibid.*, p. 26.
7. *Ibid.*, p. 27.
8. *Ibid.*, p. 29.
9. *Ibid.*, p. 31.

10. *Feux, op. cit.*, p. 1111.
11. *Ibid.*, p. 1098.
12. *Les Voyageurs transfigurés, op. cit.*, p. 36.
13. *Feux, op. cit.*, p. 1111.
14. *Le Coup de grâce, op. cit.*, p. 122.
15. *Feux, op. cit.*, p. 1154.
16. *Ibid.*, p. 1155.
17. *Les Voyageurs transfigurés, op. cit.*, p. 40.
18. *Ibid.*, p. 38.
19. *Ibid.*, p. 44.
20. *Ibid.*, p. 52.
21. *Ibid.*, p. 53.
22. *La Petite Sirène* in *Théâtre I*, Gallimard, collection Blanche, 1971, p. 67.
23. *Les Voyageurs transfigurés, op. cit.*, p. 55.
24. *Ibid.*, p. 55.
25. *Ibid.*, p. 55.
26. *En pèlerin et en étranger, op. cit.*, p. 436.
27. *Ibid.*, p. 438.
28. *Feux, op. cit.*, p. 1113.
29. *Ibid.*, p. 1114.
30. « Ariane et l'Aventurier » in « Triptyque », *op. cit.* p. 93.
31. *En pèlerin et en étranger*, p. 437.
32. *Ibid.*, p. 437.
33. *Ibid.*, p. 437.
34. *Feux*, p. 1082.
35. *Ibid.*, p. 1098.
36. *Ibid.*, p. 1120.
37. *Le Coup de grâce*, p. 115.
38. *Les Voyageurs transfigurés, op. cit.*, p. 80.
39. *Ibid.*, p. 80.
40. *Feux*, p. 1086.
41. *Les Voyageurs transfigurés, op. cit.*, p. 101.
42. *En pèlerin et en étranger, op. cit.*, pp. 428-429.
43. *Ibid.*, p. 429.
44. *Les Voyageurs transfigurés, op. cit.*, p. 104.
45. *En pèlerin et en étranger, op. cit.*, p. 429.
46. *Les Voyageurs transfigurés, op. cit.*, p. 104.
47. *Ibid.*, p. 109.
48. *Feux, op. cit.*, p. 1097.
49. *Les Voyageurs transfigurés, op. cit.*, p. 110.
50. *En pèlerin et en étranger, op. cit.*, p. 427.
51. *Les Voyageurs transfigurés, op. cit.*, p. 116.
52. *Ibid.*, p. 119.
53. *Ibid.*, p. 120.
54. *Ibid.*, p. 120.
55. *Lettres à ses amis et quelques autres, op. cit.* À Charles Du Bos, 23 décembre 1937.

56. *Feux, op. cit.,* p. 1131.
57. *En pèlerin et en étranger, op. cit.,* p. 430.

3. Dans le labyrinthe : la jeune fille et l'aventurier

1. *Les Yeux ouverts, op. cit.,* p. 93.
2. « Triptyque », *op. cit.,* p. 61.
3. *Théâtre II,* Gallimard, 1971, p. 176.
4. *Œuvres Romanesques, op. cit.,* p. XXVII.
5. Gaston Baissette, « Thésée » in « Triptyque », *op. cit.,* p. 67.
6. *Ibid.,* p. 78.
7. *Ibid.,* pp. 76-77.
8. La guilde du Livre, Lausanne, 1945.
9. Entretien Jacqueline Baissette-Fabrice Rozié, 16 juin 1993. Archives Fabrice Rozié.
10. « Ariane et l'Aventurier », *op. cit.,* p. 80.
11. *Ibid.,* p. 83.
12. *Ibid.,* p. 85.
13. *Ibid.,* p. 85.
14. *Ibid.,* p. 87.
15. *Ibid.,* p. 88.
16. *Ibid.,* p. 89.
17. *Ibid.,* p. 101.
18. *Ibid.,* p. 93.
19. *Ibid.,* p. 84.
20. *Ibid.,* p. 84.
21. *Ibid.,* p. 95.
22. *Ibid.,* p. 96.
23. *Ibid.,* p. 98.
24. *Ibid.,* p. 83.
25. *Ibid.,* p. 101.
26. *Ibid.,* p. 106.
27. *Ibid.,* p. 102.
28. *Ibid.,* p. 103.
29. *Ibid.,* p. 105.
30. *Ibid.,* p. 103.
31. *Ibid.,* p. 104.

4. Dans le labyrinthe : le point de vue du monstre

1. André Fraigneau, « Le Point de vue du Minotaure » in « Triptyque », *op. cit.,* p. 107.
2. *Ibid.,* p. 107.
3. *Ibid.,* p. 108.
4. *Ibid.,* p. 106.
5. *Ibid.,* p. 108.
6. *Ibid.,* p. 109.

7. *Ibid.*, p. 110.

8. *Ibid.*, p. 111.

9. *Ibid.*, p. 113.

10. *Ibid.*, p. 113.

11. *Ibid.*, p. 114.

12. *Ibid.*, p. 115.

13. *Ibid.*, p. 115.

14. *Ibid.*, p. 116.

15. *Ibid.*, p. 116.

16. *Ibid.*, p. 117.

17. *Ibid.*, p. 117.

18. *Lettres à ses amis et quelques autres*, *op. cit.*, 14 mai 1964.

19. André Fraigneau, « Le Point de vue du Minotaure », *op. cit.*, p. 60.

20. *Qui n'a pas son Minotaure ?*, *Théâtre II*, *op. cit.*

21. *Ibid.*, p. 177.

22. *Ibid.*, p. 177.

23. *Ibid.*, p. 177.

24. *Ibid.*, p. 177.

25. *Ibid.*, p. 177.

26. *Ibid.*, p. 187.

27. *Ibid.*, p. 193.

28. *Ibid.*, p. 200.

29. *Ibid.*, p. 203.

30. *Ibid.*, p. 228.

31. *Ibid.*, p. 191.

32. *Ibid.*, p. 199.

33. *Ibid.*, p. 199.

34. *Ibid.*, p. 204.

35. *Ibid.*, p. 196.

36. *Ibid.*, p. 210.

37. *Ibid.*, p. 210.

38. *Ibid.*, p. 212.

39. *Ibid.*, p. 212.

40. *Ibid.*, p. 227.

41. *Ibid.*, p. 218.

42. *Ibid.*, p. 204.

43. *Ibid.*, p. 222.

44. *Ibid.*, p. 226.

45. *Ibid.*, p. 226.

46. *Ibid.*, p. 228.

47. *Ibid.*, p. 229.

5. Du trapèze au filet

1. « Ton nom » in *Les Charités d'Alcippe, op. cit.*, p. 50.

2. *Feux, op. cit.*, p. 1092.

3. *Ibid.*, p. 1093.

 4. *Ibid.*, p. 1093.
 5. *Ibid.*, p. 1095.
 6. *Ibid.*, p. 1103.
 7. *Ibid.*, p. 1116.
 8. *Ibid.*, p. 1116.
 9. *Ibid.*, p. 1116.
10. *Ibid.*, p. 1124.
11. *Ibid.*, p. 1124.
12. *Ibid.*, p. 1125.
13. *Ibid.*, p. 1126.
14. *Ibid.*, p. 1127.
15. *Ibid.*, p. 1129.
16. *Ibid.*, p. 1130.
17. *Ibid.*, p. 1131.
18. *Ibid.*, p. 1131.
19. *Ibid.*, p. 1147.
20. *Ibid.*, p. 1149.
21. *Ibid.*, p. 1149.
22. *Ibid.*, pp. 1150-1151.
23. *Ibid.*, p. 1152.
24. *Ibid.*, p. 1086.
25. *Ibid.*, p. 1107.
26. *Ibid.*, p. 1110.
27. *Ibid.*, p. 1110.
28. *Ibid.*, p. 1140.
29. *Ibid.*, p. 1144.
30. *Ibid.*, p. 1158.
31. *Ibid.*, p. 1158.
32. *Ibid.*, p. 1158.
33. *Ibid.*, p. 1159.
34. *Ibid.*, p. 1162.
35. *Ibid.*, pp. 1162-1163.
36. *Ibid.*, p. 1163.
37. *Ibid.*, p. 1164.
38. *Ibid.*, p. 1164.
39. *Ibid.*, p. 1165.
40. *Ibid.*, p. 1166.
41. *Les Yeux ouverts, op. cit.*, pp. 97-98.
42. *Feux, op. cit.*, p. 1076.
43. *Les Yeux ouverts, op. cit.*, p. 97.

6. Le mystère de la passion

1. In Josyane Savigneau, *Marguerite Yourcenar, op. cit.*, p. 113.
2. *Feux*. Préface, pp. 1081-1082.
3. *Ibid.*, p. 1082.
4. *Feux*, Plon, 1957, préface, p. 1.

5. *Ibid.*
6. *Feux*, Grasset, 1936, préface, p. 9.
7. « Ton Nom » in *Les Charités d'Alcippe, op. cit.*, p. 50.
8. *Feux, op. cit.*, p. 1081.
9. Dans « Le Lait de la mort » in *Nouvelles orientales, op. cit.*
10. *Feux, op. cit.*, pp. 1078-1079.
11. *Ibid.*, p. 1097.
12. *Ibid.*, p. 1154.
13. *Ibid.*, p. 1092.
14. *Ibid.*, p. 1145.
15. *Ibid.*, pp. 1082, 1089, 1121.
16. *Ibid.*, p. 1090.
17. *Ibid.*, p. 1134.
18. *Ibid.*, p. 1105.
19. *Ibid.*, p. 1132.
20. *Ibid.*, p. 1154.
21. *Ibid.*, p. 1122.
22. *Ibid.*, pp. 1088-1089.
23. *Ibid.*, p. 1132.
24. *Ibid.*, p. 1089.
25. *Ibid.*, p. 1121.
26. *Ibid.*, p. 1121.
27. *Ibid.*, p. 1132.
28. *Ibid.*, p. 1145.
29. André Fraigneau, *Le Val de grâce*, Éditions du Carrefour, 1930, p. 18.
30. *Feux, op. cit.*, p. 1154.
31. *Ibid.*, p. 1166.
32. *Ibid.*, p. 1166.
33. *Les Charités d'Alcippe, op. cit.*, p. 46.
34. Gallimard, 1993.
35. In *Conte bleu Le premier soir Maléfice, op. cit.*
36. *Lettres à ses amis et quelques autres, op. cit.* À Helen Howe Allen, 10 février 1968.
37. *Feux, op. cit.*, p. 1166.
38. *Lettres à ses amis et quelques autres, op. cit.*
39. *Ibid.*

III. Andreas, Grâce et l'amour vagabond

1. Le poète

1. Sans doute le *Pindare*, qui paraîtra chez Bernard Grasset en 1932.
2. *Lettres à ses amis et quelques autres, op. cit.*
3. *Carnets de notes de Mémoires d'Hadrien* in *Œuvres romanesques, op. cit.*, p. 520.
4. Jean Moal, « Entretien avec André Fraigneau », *op. cit.*, p. 37.

5. Josyane Savigneau, *Marguerite Yourcenar, op. cit.*, p. 110.
6. *Chronologie* in *Œuvres romanesques*, p. XIX.
7. Fonds Yourcenar à Harvard bMS Fr 372 (951).
8. *Lettres à ses amis et quelques autres, op. cit.*
9. *Quoi ? L'Éternité, op. cit.*, p. 1293.
10. *Ibid.*, p. 1294.
11. *Mémoires d'Hadrien* in *Œuvres romanesques, op. cit.*, p. 292.
12. *En pèlerin et en étranger, op. cit.*, p. 440.
13. *Ibid.*, p. 428.
14. *Les Yeux ouverts, op. cit*, p. 134.
15. *Mémoires d'Hadrien, op. cit.*, p. 412.
16. *Les Yeux ouverts, op. cit*, p. 332.

2. Les songes sans les sorts

1. *Chronologie* in *Œuvres romanesques*, p.XVI.
2. *En pèlerin et en étranger, op. cit.*, p. 445
3. *Les Songes et les Sorts, op. cit.*, p. 1541.
4. *Ibid.*, p. 1541.
5. *Ibid.*, p. 1537.
6. *Ibid.*, p. 1537.
7. *Ibid.*, pp. 1137-1138.
8. *Ibid.*, p. 1535.
9. *Ibid.*, p. 1534.
10. *Ibid.*, p. 1534.
11. *Ibid.*, p. 1534.
12. *Ibid.*, p. 1595.
13. *Ibid.*, p. 1595.
14. *Ibid.*, p. 1596.
15. *Ibid.*, p. 1574.
16. *Ibid.*, p. 1566.
17. *Ibid.*, p. 1566.
18. *Ibid.*, p. 1577.
19. *Ibid.*, p. 1577.
20. *Ibid.*, p. 1577.
21. *Ibid.*, p. 1591.
22. *Ibid.*, p. 1592.
23. *Ibid.*, p. 1594.
24. *Ibid.*, p. 1545.
25. *Ibid.*, p. 1556.
26. *Ibid.*, p. 1556.
27. *Ibid.*, p. 1584.
28. *Ibid.*, p. 1571.
29. *Ibid.*, p. 1572.
30. *Ibid.*, p. 1572.
31. *Ibid.*, p. 1558.
32. *Ibid.*, p. 1558.

33. *Ibid.*, p. 1558.
34. *Ibid.*, p. 1579.
35. *Ibid.*, pp. 1589-1590.
36. *Ibid.*, p. 1585.
37. *Ibid.*, p. 1590.
38. *Ibid.*, p. 1594.
39. *Ibid.*, p. 1537.
40. *Ibid.*, p. 1544.
41. *Ibid.*, p. 1546.
42. *Ibid.*, p. 1546.
43. « Ton Nom » in *Les Charités d'Alcippe, op. cit.*, p. 51.
44. *Les Songes et les Sorts, op. cit.*, p. 1586.
45. *Ibid.*, p. 1598.
46. *Ibid.*, p. 1598.
47. *Ibid.*, p. 1561.
48. *Ibid.*, p. 1578.
49. *Ibid.*, p. 1599.
50. *Ibid.*, p. 1600.
51. *Ibid.*, p. 1600.
52. *Ibid.*, p. 1601.
53. *Ibid.*, p. 1603.

3. La dame du Village-des-fleurs-qui-tombent

1. *Les Yeux ouverts, op. cit.*, p. 98.
2. *Nouvelles orientales* in *Œuvres romanesques, op. cit.*, p. 1248.
3. In *Essais et Mémoires, op. cit.*, p. 864.
4. *Feux, op. cit.*, p. 1081.
5. *Nouvelles orientales, op. cit.*, p. 1211.
6. *Ibid.*, p. 1218.
7. *Ibid.*, p. 1238.
8. *Lettres à ses amis et quelques autres, op. cit.*
9. *Ibid.*
10. *Ibid.*
11. André Fraigneau, *L'Amour vagabond*, Éditions du Rocher, 1980, p. 286.
12. *Ibid.*, p. 92.
13. *Ibid.*, p. 136.
14. *Ibid.*, p. 554.
15. Josyane Savigneau, *Marguerite Yourcenar, op. cit.*, p. 135.
16. *L'Amour vagabond, op. cit.*, p. 40.
17. *Ibid.*, p. 49.
18. *Ibid.*, p. 266.
19. *Ibid.*, p. 266.
20. *Ibid.*, p. 280.
21. *Feux, op. cit.*, p. 1122.
22. *L'Amour vagabond, op. cit.*, p. 286.

23. Lettre de Cocteau à Fraigneau, 17 juillet 1956, in *L'Amour vagabond, op. cit.*, p. 288.
24. *L'Amour vagabond, op. cit.*, p. 285.
25. *Les Songes et les Sorts, op. cit.*, p. 1540.

4. Grâce, une femme obscure

1. Josyane Savigneau, *Marguerite Yourcenar, op. cit.*, p. 125.
2. *Lettres à ses amis et quelques autres*, 20 avril 1976.
3. *Ibid.*
4. *Lettres à ses amis et quelques autres, op. cit.* À Bertrand Rossi.
5. Josyane Savigneau, *Marguerite Yourcenar, op. cit.*, p. 126.
6. *Ibid.*, p. 127.
7. *L'Amour vagabond, op. cit.*, p. 149.
8. *Ibid.*, p. 179.
9. Fonds Yourcenar à Harvard. MS Storage 265.
10. *Lettres à ses amis et quelques autres, op. cit.*
11. *Ibid.*
12. Fonds Yourcenar à Harvard. MS Storage 265.
13. *Les Yeux ouverts, op. cit.*, p. 121.
14. « L'Homme » in *L'Humanité*, 13 juin 1926, p. 2.
15. « La Faucille et le Marteau » in *L'Humanité*, 20 novembre 1926, p. 4.
16. *Les Yeux ouverts, op. cit.*, pp. 86-87.
17. *Ibid.*, p. 87.
18. *Ibid.*, p. 121.
19. *Ibid.*, p. 121.
20. *Lettres à ses amis et quelques autres*, 29 mars 1974.
21. *Chronologie* in *Œuvres romanesques, op. cit.*, p. 21.
22. *Les Yeux ouverts, op. cit.*, p. 123.
23. *Ibid.*, p. 118.
24. *Ibid.*, p. 87.
25. *Ibid.*, p. 87.

5. Le prix du rêve

1. *Denier du rêve, op. cit.*, p. 164.
2. *Les Yeux ouverts, op. cit.*, p. 85.
3. *Lettres à ses amis et quelques autres, op. cit.* À Jean Lambert, 9 mai 1974.
4. *Denier du rêve, op. cit.*, pp. 209-210.
5. *Ibid.*, pp. 209-210.
6. *Ibid.*, pp. 223-224.
7. *Ibid.*, p. 227.
8. *Ibid.*, p. 195.
9. *Ibid.*, p. 230.
10. *Ibid.*, p. 230.
11. *Lettres à ses amis et quelques autres*, 2 avril 1959.
12. *Ibid.*, à Pierre de Boisdeffre, 4 novembre 1978.

13. *Denier du rêve, op. cit.*, p. 123.
14. *Chronologie* in *Œuvres romanesques, op. cit.*, p. XVIII.
15. In *Œuvres romanesques*, p. 1071.
16. *Lettres à ses amis et quelques autres, op. cit.* À Alain Bosquet, 1ᵉʳ janvier 1964.
17. *Carnets de notes de L'Œuvre au Noir*, in *Œuvres romanesques, op. cit.*, p. 863.
18. *Ibid.*, p. 864.
19. *Souvenirs pieux, op. cit.*, p. 880.
20. *Carnets de notes de L'Œuvre au Noir, op. cit.*, p. 860.
21. *La Mort conduit l'attelage*, Grasset, 1934, p. 212.
22. « Notes from the Warsaw Ghetto ». Fonds Yourcenar à Harvard. MS Storage 265.
23. *La Mort conduit l'attelage, op. cit.*, p. 63.
24. *Ibid.*, p. 65.
25. « D'après Greco », *ibid.*, p. 133.
26. *Ibid.*, p. 155.
27. *Ibid.*, p. 159.
28. *Ibid.*, p. 167.
29. *Ibid.*, p. 102.
30. *Ibid.*, p. 150.
31. *Lettres à ses amis et quelques autres, op. cit.*, 21-23 décembre 1937.
32. *Ibid.*
33. *Ibid.*, 21-23 décembre 1937.
34. *Ibid.*, 6 août 1938.
35. *Ibid.*, 27 avril 1938.
36. *Ibid.*, à Helen Howe Allen [février 1968].
37. Fonds Yourcenar à Harvard. MS Storage 265.

6. L'art de régler ses comptes

1. André Fraigneau, *La Grâce humaine*, Gallimard, 1938, pp. 9-10.
2. *Ibid.*, p. 12.
3. *Le Coup de grâce, op. cit.*, p. 83.
4. *Quoi ? L'Éternité, op. cit.*, p. 1411.
5. *Ibid.*, p. 1412.
6. *Ibid.*, p. 1431.
7. *Le Coup de grâce, op. cit.*, pp. 102-103.
8. *Ibid.*, p. 102.
9. *Ibid.*, p. 103.
10. *Ibid.*, p. 111.
11. *Ibid.*, pp. 106-107.
12. *Ibid.*, p. 98.
13. *Ibid.*, p. 99.
14. *Ibid.*, p. 116.
15. *Ibid.*, p. 117.
16. *Ibid.*, p. 123.

17. *Ibid.*, p. 156.
18. *Ibid.*, p. 157.
19. *Lettres à ses amis et quelques autres, op. cit.* À Helen Howe Allen [février 1968].
20. *Ibid.*, 19 septembre 1978.

7. La fin d'un monde

1. *Le Coup de grâce, op. cit.*, p. 81.
2. *Ibid.*, p. 83.
3. Charlotte Wardi, *Le Juif dans le roman français — 1903-1948*, Nizet, p. 271.
4. « Conférence sur l'Histoire ». Fonds Yourcenar à Harvard. MS Storage 265.
5. *Les Yeux ouverts, op. cit.*, p. 281.
6. *Archives du Nord, op. cit.*, pp. 365-366.
7. *Les Yeux ouverts, op. cit.*, p. 281.
8. *Ibid.*, pp. 40-46.
9. Cité par Charlotte Wardi dans *Le Juif dans le roman français, op. cit.*, p. 217.
10. Romain Rolland, *Dans la maison*, Albin Michel, édition non datée, p. 219.
11. André Gide, *Journal I*, Gallimard, p. 397.
12. Julien Green, *Journal*, 22 novembre 1950. Extrait paru dans *Le Figaro littéraire*, 21 avril 1951.
13. Jean Giraudoux, *Pleins Pouvoirs*, Gallimard, 1945 (écrit en 1939), p. 45.
14. *Les Yeux ouverts, op. cit.*, p. 93.
15. *Le Juif dans le roman français, op. cit.*, pp. 263, 266, 267.
16. Paul Morand, *Je brûle Moscou. L'Europe galante*, Grasset, 1925, p. 177.
17. *Le Coup de grâce, op. cit.*, p. 150.
18. *Le Juif dans le roman français, op. cit.*, p. 42.
19. Josyane Savigneau, *Marguerite Yourcenar, op. cit.*, p. 498.
20. *Denier du rêve, op. cit.*, p 103.
21. *Lettres à ses amis et quelques autres*, 1er mai 1964.
22. *Ibid.*, à Michel Junin, 29 avril 1964.
23. *Ibid.*, à Jeanne Carayon, 21 juin 1974.
24. *Ibid.*
25. *Mémoires d'Hadrien*, p. 312.
26. *Les Yeux ouverts, op. cit.*, p. 129.
27. *Lettres à ses amis et quelques autres*, 21-23 décembre 1937.
28. *Ibid.*
29. *Les Yeux ouverts, op. cit.*, p. 94.
30. *Ibid.*, pp. 93-94.
31. *Ibid.*, p. 94.
32. *Ibid.*, p. 94.
33. *Ibid.*, p. 93.
34. *Ibid.*, p. 93.
35. *Ibid.*, p. 95.
36. *Ibid.*, p. 121.

37. *Lettres à ses amis et quelques autres, op. cit.* À Florence Codman, 16 février 1956.
38. *Ibid.*
39. *Les Yeux ouverts, op. cit.*, p. 89.
40. *Ibid.*, p. 91.
41. *Lettres à ses amis et quelques autres, op. cit.*, 6 août 1938.
42. *Ibid.*, 6 janvier 1939.
43. *Les Yeux ouverts, op. cit.*, p. 123.
44. *Ibid.*, p. 140.

Épilogue : La nuit américaine

Pour servir de florilège à l'histoire de votre nuit

1. *Op. cit.*, p. 41.
2. *Op. cit.*, p. 855.
3. *Op. cit.*, p. 41.
4. *Op. cit.*, p. 163.
5. *Op. cit.*, Fonds Yourcenar à Harvard. MS Storage 265.
6. *Ibid.*
7. *Op. cit.*

Si vous étiez morte à quarante ans

1. Gustave Flaubert, *L'Éducation sentimentale*, Gallimard, Bibliothèque de la Pléiade, tome II, p. 457.
2. *Lettres à ses amis et quelques autres, op. cit.* À Roger Lacombe, 5 mars 1973.
3. Patrick de Rosbo, *Entretiens radiophoniques avec Marguerite Yourcenar*, Mercure de France, 1972, p. 168.
4. Lettre à Jean Roudaut, 10 août 1974, Fonds Yourcenar à Harvard. MS Storage 265.
5. *Carnets de notes de Mémoires d'Hadrien, op. cit.*, p. 539.
6. *Les Yeux ouverts, op. cit.*, pp. 157-158.
7. *Mémoires d'Hadrien, op. cit.*, p. 353.
8. *Lettres à ses amis et quelques autres, op. cit.* À Jean-Louis Côté et André Desjardins.
9. *Ibid.*, à Simon Sautier, 8 octobre 1970.
10. *Ibid.*, à Jeanne Carayon, 21 juin 1974.
11. *Ibid.*, à Alain Bosquet, 8 juillet 1964.
12. Fonds Yourcenar à Harvard. MS Storage 265.
13. *Ibid.*
14. *Ibid.*
15. *Ibid.*
16. *Ibid.*
17. *En pèlerin et en étranger, op. cit.*, p. 478.

18. Fonds Yourcenar à Harvard. MS Storage 265.

19. *Lettres à ses amis et quelques autres,* 29 juillet 1963.

20. *Carnets de notes de L'Œuvre au Noir, op. cit.,* p. 861.

21. *Ibid.,* p. 856.

22. *Lettres à ses amis et quelques autres, op. cit.* À Louise de Borchgrave, 10 mars 1956.

23. Milan Kundera, *L'Immortalité,* Gallimard, 1990, p. 92.

Éviter de tout dire...

1. « L'Autobiographie et la fiction dans le roman moderne à partir de Gide » in *Prétexte,* 1958.

2. *Lettres à ses amis et quelques autres, op. cit.* À Josef Breitbach, 7 avril 1951.

3. *Les Yeux ouverts,* p. 154-155.

4. *Lettres à ses amis et quelques autres, op. cit.* À Jeanne Carayon, 29 octobre 1973.

5. *Ibid.*

6. *Ibid.,* à Nicolas Calas, 18 février 1962.

7. « L'Autobiographie et la fiction dans le roman moderne à partir de Gide », *op. cit.*

8. À Hélène Martin, 19 octobre 1977, in Josyane Savigneau, *Marguerite Yourcenar, op. cit.,* p. 375.

9. *Lettres à ses amis et quelques autres, op. cit.* À Josef Breitbach, 7 avril 1951.

10. Fonds Yourcenar à Harvard. MS Storage 265.

11. *Carnets de notes de Mémoires d'Hadrien, op. cit.,* p. 531.

12. *Ibid.,* p. 528.

13. À Pierre Perrard, 9 novembre 1977. Fonds Yourcenar à Harvard bMS Fr 372 (1016).

14. *Mémoires d'Hadrien, op. cit.,* p. 304.

L'exil volontaire ou la sirène de Hartford

1. *Lettres à ses amis et quelques autres,* 7 décembre 1941.

2. Brouillon adressé à Margaret Smith, 10 mai 1943. Fonds Yourcenar à Harvard. MS Storage 265.

3. *Ibid.* « Codicille à mon testament », 18 novembre 1946.

4. *Carnets de notes de Mémoires d'Hadrien, op. cit.,* p. 522.

5. Entretien de Michèle Sarde avec Jane Bond. Archives Michèle Sarde.

6. *Ibid.*

7. *Carnets de notes de Mémoires d'Hadrien, op. cit.,* p. 523.

8. *Ibid.,* p. 523.

9. *Ibid.,* p. 522.

10. *Ibid.,* p. 522.

11. *Ibid.,* p. 523.

12. *Lettres à ses amis et quelques autres, op. cit.* Au docteur Roman Kyzcum, 29 juin 1954.
13. *Ibid.*, à Josef Breitbach, 7 avril 1951.
14. *La Petite Sirène, op. cit.*, p. 138.
15. *Ibid.*, p. 138.
16. *Lettres à ses amis et quelques autres, op. cit.* À Constantin Dimaras, 8 juillet 1951.
17. *Ibid.*, à Jean Lambert, 23 septembre 1956.
18. *Ibid.*, à Jean Ballard, 14 février 1947.
19. *La Petite Sirène, op. cit.*, p. 154.
20. *Ibid.*, p. 167.
21. *Ibid.*, p. 171.
22. *Ibid.*, p. 146.
23. *Ibid.*, p. 146.
24. *Ibid.*, p. 146.
25. À Jean-Marie Debasse, 5 septembre 1977. Fonds Yourcenar à Harvard. MS Storage 265.
26. *Ibid.*, à Jean Ballard, 4 septembre 1956. Fonds Yourcenar à Harvard bMS Fr 372 (1305).
27. *En pèlerin et en étranger, op. cit.*, p 533.
28. Lettre de Jean-Paul de Dadelsen, 27 octobre 1940. Fonds Yourcenar à Harvard bMS Fr 372 (193).
29. *Ibid.*
30. *Ibid.*
31. *Ibid.*
32. *Ibid.*, 22 novembre 1940.
33. *Ibid.*, 29 novembre 1940.
34. *Ibid.*, 17 février 1941.
35. *Ibid.*
36. *Ibid.*, 24 février 1941.
37. *Ibid.*, 15 mai 1941.
38. *Ibid.*
39. *Ibid.*, 27 octobre 1940.
40. *Ibid.*
41. *Ibid.*
42. Gerhard Heller, *Un Allemand à Paris*, Seuil, 1981, p. 60.
43. *En pèlerin et en étranger, op. cit.*, p. 259.
44. « Notes de lecture ». Fonds Yourcenar à Harvard. MS Storage (265).
45. *Ibid.*

L'expatriation consentie

1. *Les Yeux ouverts, op. cit.*, pp. 135-136.
2. « Entretiens radiophoniques avec Jacques Chancel», *Radioscopie*, France Inter, 11-15 juin 1979.
3. À Josef Breitbach, 8 juillet 1951. Fonds Yourcenar à Harvard bMS Fr 372 (860).

4. *Carnets de notes de Mémoires d'Hadrien, op. cit.*, p. 523.
5. *Lettres à ses amis et quelques autres, op. cit.* À Jean Lambert, 14 mai 1956.
6. « Journal de Mémoires d'Hadrien », Fonds Yourcenar à Harvard. MS Storage 265.
7. *Carnets de notes de Mémoires d'Hadrien, op. cit.*, p. 524-525.
8. *Ibid.*, p. 520.
9. *Ibid.*, p. 519.
10. *Ibid.*, p. 521.
11. *Ibid.*, p. 525.
12. « Journal de Mémoires d'Hadrien », *op. cit.*
13. *Carnets de notes des Mémoires d'Hadrien, op. cit.*, p. 535.
14. *Ibid.*, p. 526.
15. *Ibid.*
16. « Journal de Mémoires d'Hadrien », *op. cit.*
17. *Carnets de notes de Mémoires d'Hadrien, op. cit.*, p. 526.
18. Ce serait les 20, 21, 22 février, d'après Josyane Savigneau.
19. « Journal de Mémoires d'Hadrien ». Fonds Yourcenar à Harvard. MS Storage 265.
20. *Ibid.*
21. *Ibid.*
22. *Ibid.*
23. *Carnets de notes de Mémoires d'Hadrien, op. cit.*, p. 526.
24. « Journal de Mémoires d'Hadrien », *op. cit.*
25. *Ibid.*
26. *Ibid.*
27. *Ibid.*
28. *Ibid.*
29. *Ibid.*
30. *Ibid.*
31. *Ibid.*
32. *Ibid.*
33. *Carnets de notes de Mémoires d'Hadrien, op. cit.*, p. 537.
34. « Journal de Mémoires d'Hadrien », *op. cit.*
35. In Josyane Savigneau, *Marguerite Yourcenar, op. cit.*, pp. 201-202.
36. « Journal de Mémoires d'Hadrien », *op. cit.*
37. *Ibid.*
38. *Carnets de notes des Mémoires d'Hadrien, op. cit.*, p. 537.
39. *Ibid.*, pp. 537-538.
40. *Ibid.*, p. 536.
41. « Journal de Mémoires d'Hadrien », *op. cit.*
42. *Carnets de notes des Mémoires d'Hadrien, op. cit.*, p. 535.
43. *Ibid.*, p. 541.

Le rejet de l'ancien monde

1. Josyane Savigneau, *Marguerite Yourcenar, op. cit.*, p. 235.
2. *En pèlerin et en étranger, op. cit.*, p. 171.

3. « Commentaires sur soi-même » in Josyane Savigneau, *Marguerite Yource-nar, op. cit.*, p. 503.

4. *Lettres à ses amis et quelques autres.* À Jean Chalon, 29 mars 1974.

5. *En pèlerin et en étranger, op. cit.*, p. 192.

6. *Lettres à ses amis et quelques autres, op. cit.* À Julie Tissameno, 4 février 1957.

7. À Daniel Ribet, 19 février 1978. Fonds Yourcenar à Harvard bMS Fr 372 (892).

8. *Mémoires d'Hadrien, op. cit.*, pp. 305-306.

9. *En pèlerin et en étranger, op. cit.*, p. 174.

10. À Paul Dresse de Lébioles, 25 août 1954. Fonds Yourcenar à Harvard bMs Fr 372 (892).

11. *Les Yeux ouverts, op. cit.*, p. 37.

12. *Ibid.*, p. 134.

Retour au monde primordial

1. *En pèlerin et en étranger, op. cit.*, p. 532.

2. *Ibid.*, p. 545.

3. *Ibid.*, p. 532.

4. *Ibid.*, p. 533.

5. *Les Yeux ouverts, op. cit.*, p. 135.

6. *Lettres à ses amis et quelques autres, op. cit.* Au docteur Roman Kyczum, 29 juin 1954.

7. *Les Yeux ouverts, op. cit.*, p. 135.

8. *Lettres à ses amis et quelques autres, op. cit.* À Jean Ballard, 4 septembre 1946.

9. « Marguerite Yourcenar s'explique ». Entretien avec Claude Servan-Schrei-ber in *Lire*, juillet 1976.

10. *Les Yeux ouverts, op. cit.*, p. 145.

11. *Lettres à ses amis et quelques autres, op. cit.* À Jeanne Carayon, 3 août 1973.

12. À Jeanne Carayon, 21 juin 1974. Fonds Yourcenar à Harvard bMS Fr 372 (868).

13. *Les Yeux ouverts, op. cit.*, p. 139.

14. *Lettres à ses amis et quelques autres, op. cit.* À Jeanne Carayon, 2 janvier 1975.

15. *Ibid.*, à Jeanne Carayon, 3 août 1973.

16. *Ibid.*, à Jeanne Carayon, 18 janvier 1976.

17. *Ibid.*, à Jeanne Carayon, 2 janvier 1975.

18. Fonds Yourcenar à Harvard. « Sources II » MS Storage 265.

19. *Ibid.*

20. *Ibid.*

21. *Ibid.*

22. *Ibid.*

23. *Ibid.*

24. Repris dans *En pèlerin et en étranger, op. cit.*

25. Fonds Yourcenar à Harvard « Maison et jardin », MS Storage 265.
26. *Ibid.*
27. *Ibid.*, « Sources II ».
28. *Ibid.*
29. *Ibid.*
30. *Ibid.*
31. C'est en réalité *Kou Fou Kou* qui signifie bonheur en japonais.
32. Fonds Yourcenar à Harvard. « Sources II » MS Storage 265.
33. *Ibid.*
34. *Ibid.*
35. *Ibid.*
36. *Ibid.*
37. *Lettres à ses amis et quelques autres, op. cit.* À Brigitte Bardot, 24 février 1968.
38. *Ibid.* À Jean Lambert, 23 septembre 1956.
39. *Carnets de notes de L'Œuvre au noir, op. cit.*, p. 857.
40. *Ibid.*, p. 853.
41. *Les Yeux ouverts, op. cit.*, pp. 170-171.
42. *Carnets de notes de L'Œuvre au noir, op. cit.*, p. 863.
43. *Ibid.*, p. 857.
44. *Ibid.*, p. 862.
45. *Ibid.*, p. 866.
46. *Ibid.*, p. 867.
47. *Ibid.*, p. 872.
48. Fonds Yourcenar à Harvard. « Notes originales sur *L'Œuvre en noir* » MS Storage 265.
49. *Carnets de notes de L'Œuvre au Noir, op. cit.*, p. 856.

La prison

1. *Carnets de notes de L'Œuvre au Noir, op. cit.*, p. 858.
2. À Josef Breitbach, 30 septembre 1977. Fonds Yourcenar à Harvard. MS Storage 265.
3. *Chronologie* in *Œuvres romanesques*, p. XV.
4. *Lettres à ses amis et quelques autres, op. cit.* À Claude Gallimard, 28 octobre 1976.
5. À René Tavernier, 2 décembre 1977. Fonds Yourcenar à Harvard bMS Fr 372 (1055).
6. À Liliane Wouters, 4 octobre 1977. Fonds Yourcenar à Harvard bMS Fr 372 (1070).
7. *Les Yeux ouverts, op. cit.*, p. 222.
8. À Marcel Croquette, 4 octobre 1977. Fonds Yourcenar à Harvard bMS Fr 372 (883).
9. *Lettres à ses amis et quelques autres, op. cit.* À Madame Waultre Terrien, 30 novembre 1977.
10. À Mr. J. Norbutt, 3 avril 1979. Fonds Yourcenar à Harvard. Ms Storage 265.

11. À Anne de Labriffe, 26 août 1978. Fonds Yourcenar à Harvard. MS Storage 265.
12. *Chronologie* in *Œuvres romanesques, op. cit.*, p. XXXI.
13. *Lettres à ses amis et quelques autres*. À Jeanne Carayon, 14 janvier 1971.
14. À Denis Magne, 28 août 1971. Fonds Yourcenar à Harvard. MS Storage 265.
15. *Lettres à ses amis et quelques autres*. À Jeanne Carayon, 13 octobre 1973.
16. *Ibid.*
17. Fonds Yourcenar à Harvard, « Sources II ». MS Storage 265.
18. *Ibid.*
19. *En pèlerin et en étranger, op. cit.*, p. 478.
20. « Sources II ». Fonds Yourcenar à Harvard. MS Storage 265.
21. *Ibid.*
22. *Coffin* signifie cercueil en anglais.
23. « Sources II ». Fonds Yourcenar à Harvard. MS Storage 265.
24. *Ibid.*
25. *Ibid.*
26. *Chronologie* in *Œuvres romanesques, op. cit.*, p. XXX.
27. *Le Tour de la prison*, in *Essais et mémoires, op. cit.*, p. 610.
28. *Lettres à ses amis et quelques autres*. À Josef Breitbach, 4 février 1977.
29. *Chronologie* in *Œuvres romanesques, op. cit.*, p. XXXI.
30. *Lettres à ses amis et quelques autres*, 28 mai 1979.
31. *Ibid.*, 17 septembre 1979.
32. *Ibid.*
33. *Ibid.*
34. *Chronologie* in *Œuvres romanesques, op. cit.*, p. XXXI.
35. « Sources II ». Fonds Yourcenar à Harvard. MS Storage 265.
36. *Ibid.*
37. *Ibid.*
38. *Ibid.*
39. « Grace Frick ». Fonds Yourcenar à Harvard. MS Storage 265.
40. *Ibid.*
41. *Ibid.*
42. *Lettres à ses amis et quelques autres*. À Matthieu Galey, 13 octobre 1979.
43. *Ibid.* À Georges de Crayencour, 8 décembre 1979.
44. *Les Yeux ouverts, op. cit.*, p. 332.
45. « L'ordre des choses de Marguerite Yourcenar », entretien avec Claude Servan-Schreiber, in *Figaro Magazine*, n° 25, mars 1980.
46. *Lettres à ses amis et quelques autres*, 29 novembre 1979.

L'ange de la mort

1. Entretien de Michèle Sarde avec Jean-Marie Grénier.
2. « Sources II ». Fonds Yourcenar à Harvard. MS Storage 265.
3. *Ibid.*
4. *Ibid.*
5. *Ibid.*

6. *Ibid.*
7. *Ibid.*
8. *Ibid.,* « Note de lecture sur le livre de Ernest Samuels — *Bernard Berenson, The making of a connaisseur* », Harvard University Press, 1979.
9. *Ibid.*
10. À Marie Pauty-Marcillat, 8 mars 1976. Fonds Yourcenar à Harvard bMS Fr 372 (1011).
11. *Lettres à ses amis et quelques autres, op. cit.* À Louise de Borchgrave, 1er mars 1978.
12. *Ibid.* À Marthe Lamy, 15 février 1978.
13. *Ibid.* À Jean d'Ormesson, 22 octobre 1979.
14. *Le Tour de la prison, op. cit.*, p. 615.
15. « Agendas de Grace Frick », novembre 1978. Traduit par Michèle Sarde. Fonds Yourcenar à Harvard. MS Storage 265.
16. *Ibid.*
17. *Le Tour de la prison, op. cit.*, p. 608.
18. *Chronologie, op. cit.*, p. XXI.
19. *Le Tour de la prison, op. cit.*, p. 102.
20. *Jours de France*, mai 1987.
21. *Ibid.*
22. *Lettres à ses amis et quelques autres, op. cit.* À André Desjardins, 23 mai 1981.
23. *Ibid.*
24. *Ibid.*
25. *Ibid.*
26. *Ibid.*
27. *La Voix des choses*, Gallimard, 1987, p. 7.
28. Entretien de Michèle Sarde avec Jean-Marie Grénier, *op. cit.*
29. *Lettres à ses amis et quelques autres, op. cit.* À Georges de Crayencour, 21 avril 1985.
30. *Ibid.*
31. *Ibid.*, 6 mai 1985.
32. *Le Tour de la prison, op. cit.*
33. Rapporté par Josyane Savigneau dans *Marguerite Yourcenar, op. cit.*
34. *Lettres à ses amis et quelques autres, op. cit.* À Georges de Crayencour, 7 novembre 1985.
35. *Ibid.*, 18 novembre 1985.
36. *Ibid.* À Fance Franck, 4 mars 1986.
37. *Ibid.*
38. *Ibid.* À Isis Zaki, 3 novembre 1986.
39. *Ibid.* À Yannick Guillou, 23 février 1986.
40. *Ibid.*
41. *Mémoires d'Hadrien, op. cit.*, p. 381.
42. *Ibid.*, p. 310.
43. *Les Yeux ouverts, op. cit.*, p. 273.
44. *Le Tour de la prison, op. cit.*, p. 603.

45. *Lettres à ses amis et quelques autres, op. cit.* À Jean de Walque, 28 mai 1975.
46. *Les Yeux ouverts, op. cit.*, p. 140.
47. « Sources II », fonds Yourcenar à Harvard. MS Storage 265.

Repères biographiques

1903 Naissance à Bruxelles, le 8 juin, de Marguerite, Antoinette, Jeanne, Marie, Ghislaine de Crayencour. Mort, dix jours plus tard, de Fernande née de Cartier de Marchienne, sa mère.
Retour de la petite Marguerite et de son père Michel Cleenewerck de Crayencour dans la propriété familiale du Mont-Noir, dans le nord de la France près de Bailleul.

1904-1905 * Lettre de Jeanne de Vietinghoff à Michel de Crayencour.

1905-1908 Étés à Scheveningue auprès de Jeanne. Michel traduit *Le Labyrinthe du monde* de Comenius.

1909 * Rupture de Jeanne et de Michel
Mort de Noémi, grand-mère paternelle de Marguerite.

1912 Vente du Mont-Noir. Installation à Paris, avenue d'Antin. Camille Debocq (future épouse Letot) entre au service de la famille. Études à la maison. Achat de la villa de Westende sur la côte belge pour les étés.

1914 Départ, dans une maison de la banlieue londonienne, de la famille Crayencour.

1915 Retour à Paris. Marguerite s'initie au grec.

1917 Départ pour le midi de la France (Menton, Monte-Carlo). Marguerite écrit des poèmes dont certains figureront dans *Les Dieux ne sont pas morts*.

---

* Dates incertaines.

1919-1920   Marguerite passe à Nice la première partie du baccalauréat (latin-grec) avec la mention passable. Compose « Icare », poème dialogué. Choisit avec son père son pseudonyme : Yourcenar (anagramme de son nom de famille).

1921   Parution du *Jardin des chimères* (« Icare »), à compte d'auteur, Librairie académique Perrin, signé Marg Yourcenar.

1922-1923   Parution des *Dieux ne sont pas morts*, recueil de poèmes, à compte d'auteur, aux éditions Sansot R. Chiberre, signé Marg Yourcenar.
Commence « Remous », projet de grand roman familial, dont elle ne conservera que des fragments (aboutissant plus tard à *La Mort conduit l'attelage* et au *Labyrinthe du monde*). Début des années italiennes.

1924   Découverte de la Villa Adriana. Commence à travailler sur « Hadrien » (qui connaîtra plusieurs versions jusqu'en 1929).

1925   Compose « Anna de la Cerna » (qui deviendra *Anna, soror*).

1926   Mort de Jeanne de Vietinghoff.

1926-1928   Mariage de Michel de Crayencour avec l'Anglaise Christine Brown-Hovelt à Monaco. Installation en Suisse. Marguerite écrit *Pindare*, publie dans *L'Humanité* « L'Homme » [couvert de dieux], et « La Faucille et le Marteau », propose à Fasquelle un « Antinoos », commence « Alexis ».

1929   Mort de Michel de Crayencour à Lausanne.
Écrit les textes sur la mort de Jeanne.
Parution d'*Alexis ou le Traité du vain combat*, Au Sans-Pareil, signé Marg Yourcenar.
Parution du « Premier soir », nouvelle écrite par Michel, qu'elle corrige et signe, dans *La Revue de France*.

1930-1931   Rencontre l'écrivain André Fraigneau, alors lecteur chez Grasset, où elle publie sous son égide en 1931 *La Nouvelle Eurydice*, signé M. Yourcenar.

1932-1933   Découverte de la Grèce. Publication des *Voyageurs transfigurés* d'André Fraigneau. Séjours en Italie et en Autriche. Le *Pindare* est publié chez Grasset en 1931 et signé pour la première fois Marguerite Yourcenar. Cette dernière publie « Le dialogue dans le marécage », écrit « Ariane et l'Aventurier », fragment d'un triptyque auquel collaborent André Fraigneau et Gaston Baissette.

1934   Publication chez Grassez de *La Mort conduit l'attelage* (issu de trois fragments de « Remous » et de *Denier du rêve* (1re version).

1935-1938   Années grecques. Navigue en mer Noire et en Méditerranée en compagnie du poète et psychanalyste grec Andreas Embirikos. Écrit *Feux* (paru en 1936 chez Grasset), *Les Songes et les Sorts* (parus en 1938 chez Grasset), *Nouvelles orientales* (paru en 1938 chez Gallimard).

En 1937, visite à Londres de Virginia Woolf, dont Marguerite traduit *The Waves (Les Vagues)*. Elle rencontre à Paris Grace Frick, Américaine de son âge, étudiante de doctorat à l'université de Yale qui l'invite auprès d'elle à New Haven.

Premier séjour aux États-Unis. En 1938, retour à Capri, puis à Sorrente, où elle rédige « Le Coup de grâce ». Passe les « anxieuses journées de Munich » à Sierre dans le Valais, puis le nouvel an au Tyrol avec Lucy Kyriakos, son amie grecque.

1939   Publication du *Coup de grâce* aux éditions Gallimard. Départ pour les États-Unis, le 15 octobre.

1940-1948   Installation à New York puis à Hartford. Écrit « Le Mystère d'Alceste », « La Petite Sirène », « Électre », « Qui n'a pas son Minotaure ? » (Publiés dans *Théâtre I* et *Théâtre II)*.

En 1942, entre à Sarah Lawrence College, dans la banlieue de New York, pour un enseignement de littérature française à mi-temps qu'elle gardera jusqu'en 1949. Étés dans l'île des Monts-Déserts (Mount Desert Island) à Somesville à partir de 1942.

En 1947, elle devient citoyenne américaine sous le nom légal de Marguerite Yourcenar, traduit *What Maisie knew (Ce que savait Maisie)* de Henry James, paru chez Robert Laffont.

1949-1952   Réception de caisses expédiées d'Europe dans lesquelles elle retrouve quelques brouillons d'une version de « Mémoires d'Hadrien ». Elle se remet immédiatement au projet. *Mémoires d'Hadrien* paraît chez Plon en 1951. C'est l'occasion, pour Yourcenar et Grace Frick, d'un retour en Europe, notamment en France où *Mémoires d'Hadrien* obtient le prix Femina-Vacaresco en 1952. En même temps, installation définitive à Bar Harbor, Mount Desert Island, où Grace et Marguerite acquièrent la maison qu'elles nommeront Petite Plaisance.

1953-1958   Alternance de longs séjours à Petite Plaisance et de voyages en Europe (Allemagne, France, Belgique sur les traces familiales des châteaux et des cimetières). Entreprend ce qui deviendra *L'Œuvre au Noir*.

En 1954 : *Électre ou la Chute des masques* chez Plon. Dans les années 1955-1958, Yourcenar s'engage de plus en plus dans des mouvements pacifistes, écologiques et antiractistes.

Parution en 1956 d'un recueil de poèmes *Les Charités d'Alcippe*, La Flûte enchantée, Liège. Réédition Gallimard, 1984 ; en 1958 de *Présentation critique de Constantin Cavafy 1863-1933,* suivie d'une traduction intégrale de ses poèmes, chez Gallimard.

En juillet 1958, Grace Frick subit l'ablation d'un sein.

1959   Publication de *Denier du rêve* (deuxième version) chez Plon.

1960-1965   Quelques voyages en Europe du Sud et du Nord et en Europe orientale, mais la maladie de Grace entraîne le renoncement à certains projets. Compose « L'Œuvre au noir », achevée en août 1965.

1966-1967   Années « immobiles ». Litiges avec les éditeurs.

1968   Parution, au printemps, de *L'Œuvre au Noir*, chez Gallimard. Retour en France de Marguerite et de Grace après une absence de douze ans. En novembre, le roman reçoit le prix Femina. À partir de là, toute la production yourcenarienne sera publiée aux éditions Gallimard.

1969-1971   Parution en 1969 de *Présentation critique d'Hortense Flexner suivie d'un choix de poèmes,* et en 1971 du *Théâtre I et II* ainsi que du *Discours de réception à l'Académie royale belge de langue et littérature françaises précédé du discours de réception de Carlo Bronne.*
                Élection en 1970 à l'Académie royale belge. Séjours en France, Belgique et Hollande. Reçoit à Paris la Légion d'honneur. Entreprend « Souvenirs pieux ».

1972-1978   La vie immobile à Petite Plaisance.
                Les honneurs : 1972, prix littéraire Prince Pierre de Monaco ; 1974, prix national de la Culture pour *Souvenirs pieux* paru la même année ; 1977, grand prix de l'Académie française. Intense activité épistolaire. Travaille à *Archives du Nord*, publié en 1977. *Le Coup de grâce* est porté à l'écran par Volker Schlöndorff.
                Dernier long voyage avec Grace au Canada et en Alaska en 1977.

1979   Parution de *La Couronne et la Lyre, présentation critique et traduction d'un choix de poètes grecs.*
                Mort de Grace Frick à Petite Plaisance en novembre.

1980-1984   La vie itinérante avec Jerry Wilson. Entreprend « Le Tour de la prison ».
                En 1980, élection à l'Académie française où elle est reçue le 22 janvier 1981. À la même époque : les Caraïbes et le Guatemala, les réserves naturelles américaines, l'Angleterre, l'Europe du Nord, la Hollande, la Belgique et le Mont-Noir.
                En 1981 paraissent *Anna, soror* (L'ancien « Anna de la Cerna »), *Mishima ou la vision du vide* et le *Discours de réception à l'Académie française de Mme Marguerite Yourcenar et réponse de M. Jean d'Ormesson.*
                En 1982 : *Comme l'eau qui coule.* En 1982 : l'Égypte, l'Italie, le premier bref retour en Grèce depuis avant-guerre, le Japon.

Entrée dans la Bibliothèque de la Pléiade pour les *Œuvres romanesques*.
En 1983, la Thaïlande, l'Inde, la Grèce, l'Italie, la France. Retour à Petite Plaisance. Amsterdam où elle reçoit le prix Érasme. Départ pour le Kenya où elle est blessée dans un accident de la circulation. *Le Temps, ce grand sculpteur*. Traduction du *Coin des « Amen »* de James Baldwin.
En 1984, traduction et présentation de *Cinq Nô modernes* de Yukio Mishima (avec la collaboration de Jun Shiragi), traduction et présentation de *Blues et Gospels* (images réunies par Jerry Wilson).

1985-1986   En 1985 : *Un homme obscur* suivi d'*Une belle matinée*. Le voyage en Inde avec Jerry et l'ami de ce dernier, Daniel, est interrompu par la maladie de Jerry.
Marguerite elle-même subit une grave intervention chirurgicale en 1985 aux États-Unis.
En 1985, *Le Cheval noir à tête blanche*. Traduction et présentation de contes pour enfants indiens.
Jerry Wilson meurt du sida en février 1986 à Paris.
Séjours en Europe. À Zurich, revoit Égon de Vietinghoff, fils de Jeanne.

1987   Hiver au Maroc avec Jean-Marie Grénier et Christian Lahache.
Travaille, avec la collaboration de Yannick Guillou, de chez Gallimard, devenu un ami (son futur exécuteur littéraire avec Claude Gallimard et Marc Brossollet), à *La Voix des choses*, parue en 1987 et à *Quoi ? L'Éternité*, qui paraîtra, inachevé, après sa mort en 1988.
Attaque cérébrale en novembre.
17 décembre. Mort de Marguerite Yourcenar à l'hôpital de Bar Harbor

1988   André Delvaux porte *L'Œuvre au noir* à l'écran.

1989   *En pèlerin et en étranger*.

1991   *Le Tour de la prison*. Édition établie par Valérie Cadet.
Essais et Mémoires, Bibliothèque de la Pléiade. Ce volume regroupe les essais publiés chez Gallimard et des « textes oubliés » en caractères réduits.

1993   *Conte bleu Le Premier Soir Maléfice*. Préface de Josyane Savigneau.

Sélection bibliographique

ÉTUDES

Andersson, Kajsa, *Le « don sombre ». Le thème de la mort dans quatre romans de Marguerite Yourcenar*, Uppsala, Acta Universitatis Upsaliensis. Studia Romanica Upsaliensa, 43, 1989, 274 p.

Blot, Jean, *Marguerite Yourcenar*, Paris, Seghers, 1971. Réédition et mise à jour en 1980, 179 p.

Bonali-Fiquet, Françoise, « Réception de l'œuvre de Marguerite Yourcenar. Essai de bibliographie chronologique 1922-1994 », *Société internationale d'études yourcenariennes* (SIEY), Université de Tours, sous presse.

Boussuges, Madeleine, *Marguerite Yourcenar. Sagesse et mystique*, Grenoble, Éditions des Cahiers de l'Alpe, 1987, 258 p.

Delcroix, Maurice, « Marguerite Yourcenar entre le oui et le non », Liège, *Marche romane*, XXXI, 1981.

Catinchi, Philippe-Jean « L'écho du temps : musique et voix à l'époque moderne », Actes du 2ᵉ colloque de Tours, SIEY, 1990.

Farrell et Farrell, C. Frederick Jr. et Edith R., *Marguerite Yourcenar in Counterpoint*, Lanham-New York-London, University Press of America, 1983, 118 p.

Galey, Matthieu, *Les Yeux ouverts*, Éditions Le Centurion, 1980, 336 p.

Gaudin, Colette, *Marguerite Yourcenar. À la surface du temps*, Amsterdam-Atlanta, Éditions Rodopi, 1994, 21, 143 p.

Harris, Nadia, *Marguerite Yourcenar : vers la rive d'une Ithaque intérieure*, Stanford French and Italian Studies 78, 1994, 152 p.

Horn, Pierre, *Marguerite Yourcenar*, Boston, Twayne Publishers, 1985, 121 p.

Howard, Joan E., *From Violence to Vision. Sacrifice in the Works of Marguerite Yourcenar*, Edwardsville, USA, Southern Illinois University Press, 1992, 324 p.

Julien, Anne-Yvonne, *L'Œuvre au noir de Marguerite Yourcenar*, Paris, Gallimard, 1993, 205 p.

Levillain, Henriette, *Mémoires d'Hadrien de Marguerite Yourcenar*, Paris, Gallimard, 1992, 252 p.

Marchand, Hélène, *Fiction, semblance et crédulité. Incursions dans deux univers de Marguerite Yourcenar*, Québec, Éditions Balzac, 1993, 190 p.

Ness, Béatrice, *Mystification et créativité dans l'œuvre de Marguerite Yourcenar*, Chapel Hill, North California Studies in the Romance Languages and Literature, 247, 1994, 208 p.

Papadopoulos, Christiane, *L'Expression du temps dans l'œuvre romanesque et autobiographique de Marguerite Yourcenar*, Berne, Publications universitaires européennes, 1988, 211 p.

Poignault, Rémy, *L'Antiquité dans l'œuvre de Marguerite Yourcenar. Littérature, mythe et histoire*, Bruxelles, coll. « Latomus », sous presse.

Pont, Carmen Ana, *Yeux ouverts, yeux fermés : la poétique du rêve dans l'œuvre de Marguerite Yourcenar*, Amsterdam, Éditions Rodopi, 1994.

Rosbo, Patrick de, *Entretiens radiophoniques avec Marguerite Yourcenar*, Paris, Mercure de France, 1972, réédition 1980, 172 p.

Savigneau, Josyane, *Marguerite Yourcenar. L'invention d'une vie*, Paris, Gallimard, coll. « Biographies », 1990, 542 p.

Spencer-Noël, Geneviève, *Zénon ou le thème de l'alchimie dans L'Œuvre au noir*, Paris, Nizet, 1981, 168 p.

Vazquez de Parga, María-José, *En torno a Yourcenar*, ACT, Cabildo, Insular de Tenerife, 1990, 384 p.

A paraître : Bernier, Yvon, « Inventaire de la bibliothèque de Marguerite Yourcenar », *Société internationale d'études yourcenariennes*, université de Tours.

OUVRAGES COLLECTIFS

Dossier Marguerite Yourcenar, Livres de France, 5, mai 1964, p. 2-14.

Dossier Marguerite Yourcenar, Magazine littéraire, 153, octobre 1979, p. 8-21.

Marguerite Yourcenar, in *Sud*, 55, 1984, pp. 5-87.

Marguerite Yourcenar : Biographie, Autobiographie. Textes réunis par Elena Real, Universidad de Valencia, 1988, 275 p.

REPÈRES BIOGRAPHIQUES

Voyage et connaissance dans l'œuvre de Marguerite Yourcenar. Mélanges coordonnés par Carminella Biondi et Corrado Rosso, Pise, Libreria Goliardica, 288 p.

Marguerite Yourcenar. Études réunies par Adolphe Nysenholc et Paul Aron, *Revue de l'Université de Bruxelles*, 1988, 176 p.

Marguerite Yourcenar. Textes réunis par François Wasserfallen, *Équinoxe*, 2, automne 1989, pp. 11-158.

Dossier critique : L'Œuvre au noir de Marguerite Yourcenar. Études réunies par Anne-Yvonne Julien, *Roman 20-50, Revue d'étude du roman du XXᵉ siècle*, université de Lille-III, 9, mai 1990, pp. 3-138.

Marguerite Yourcenar. Une écriture de la mémoire. Textes réunis par Daniel Leuwers et Jean-Pierre Castellani, *Sud*, mai 1990, 278 p.

Dossier Marguerite Yourcenar, Magazine littéraire, 283, décembre 1990, p. 16-53.

Bulletins de la *Société internationale d'études yourcenariennes* (SIEY). Coordination Rémi Poignault, université de Tours.

Bulletins du *Centre international de documentation Marguerite Yourcenar* (CIDMY). Coordination Michèle Goslar, Bruxelles.

RADIO, TÉLÉVISION

Dasnoy, Philippe, *Marguerite Yourcenar*, Radiodiffusion Télévision belge, avril 1975.

Montalbetti, Jean, Matthieu, André, *Marguerite Yourcenar*, France-Culture, février 1978.

Chancel, Jacques, *Radioscopie. Entretiens radiophoniques avec Marguerite Yourcenar*, France-Inter, juin 1979.

Pivot, Bernard, *Apostrophes*, Télévision française A2, décembre 1979.

Remerciements

Pour son indéfectible soutien, et son infatigable travail de lecture, j'exprime toute ma gratitude à Joseph Brami.

Je remercie Elyane Dezon-Jones qui n'a ménagé ni son temps ni ses compétences et m'a soutenue constamment.

Je suis très reconnaissante à Yannick Guillou pour son encouragement. C'est grâce à ce dernier ainsi qu'à Marc Brossollet, tous deux exécuteurs littéraires de Marguerite Yourcenar, que ce livre a pu bénéficier de documents inédits.

Je remercie Fabrice Rozié qui m'a apporté une aide inappréciable.

Je suis redevable au Centre international de documentation Marguerite Yourcenar (CIDMY) et à la Société internationale d'études yourcenariennes (SIEY) pour leur indispensable apport de documentation.

Je tiens enfin à remercier tous celles et ceux qui par leurs informations, leurs conseils ou leurs témoignages m'ont aidée à concevoir ce livre : Donatella Andréani, Jacqueline Baissette, Yvon Bernier, Jane Bond, Jean Chalon, Jean-Pierre Corteggiani, Marie-Françoise de Courtivron, Georges de Crayencour, Georges Dezeuze, Vassiliki Dikopoulou, Marcel Duval, Madame Embirikos, William Fenton, Colette Gaudin, Michèle Goslar, Jean-Marie Grénier, Madeleine Hage, Anya Kayaloff, Jeannie Lunt, Alain Mangin, Colette Piault, Rémy Poignault, Isis Zaki.

Cet ouvrage est publié avec l'autorisation de la bibliothèque Houghton, Harvard University. Je remercie tout particulièrement Elisabeth Falsey, Susan Halpert et Leslie Morris, pour leur courtoisie et leur efficacité.

Index

Index des œuvres

INDEX DES ŒUVRES

Table des matières

1939... Le partage des eaux

La photocomposition de cet ouvrage
a été réalisée par
GRAPHIC HAINAUT
59690 Vieux-Condé

Achevé d'imprimer en janvier 1995
sur presse CAMERON
dans les ateliers de B. C. I.
à Saint-Amand-Montrond (Cher)

- N° d'édit. : 35869. - N° d'imp. : 1/273. -
Dépôt légal : février 1995.

Imprimé en France